Stefan Beck, Jörg Niewöhner, Estrid Sørensen
Science and Technology Studies

D1723201

VerKörperungen/MatteRealities
Perspektiven empirischer Wissenschaftsforschung   Band 17

Editorial

Die neuere empirische Wissenschaftsforschung hat sich seit den späten 1970er Jahren international zu einem der wichtigsten Forschungszweige im Schnittfeld von Wissenschaft, Technologie und Gesellschaft entwickelt. Durch die Zusammenführung kulturanthropologischer, soziologischer, sprachwissenschaftlicher und historischer Theorie- und Methodenrepertoires gelingen ihr detaillierte Analysen wissenschaftlicher Praxis und epistemischer Kulturen. Im Vordergrund steht dabei die Sichtbarmachung spezifischer Konfigurationen und ihrer epistemologischen sowie sozialen Konsequenzen – für gesellschaftliche Diskurse, aber auch das Alltagsleben. Jenseits einer reinen Dekonstruktion wird daher auch immer wieder der Dialog mit den beobachteten Feldern gesucht.

Ziel dieser Reihe ist es, Wissenschaftler/-innen ein deutsch- und englischsprachiges Forum anzubieten, das

- inter- und transdisziplinäre Wissensbestände in den Feldern Medizin und Lebenswissenschaften entwickelt und national sowie international präsent macht;
- den Nachwuchs fördert, indem es ein neues Feld quer zu bestehenden disziplinären Strukturen eröffnet;
- zur Tandembildung durch Ko-Autorschaften ermutigt und
- damit vor allem die Zusammenarbeit mit Kollegen und Kolleginnen aus den Natur- und Technikwissenschaften unterstützt, kompetent begutachtet und kommentiert.

Die Reihe wendet sich an Studierende und Wissenschaftler/-innen der empirischen Wissenschafts- und Sozialforschung sowie an Forscher/-innen aus den Naturwissenschaften und der Medizin.

Die Reihe wird herausgegeben von Martin Döring und Jörg Niewöhner.
Wissenschaftlicher Beirat: Regine Kollek (Universität Hamburg, GER), Brigitte Nerlich (University of Nottingham, GBR), Stefan Beck (Humboldt Universität, GER), John Law (University of Lancaster, GBR), Thomas Lemke (Universität Frankfurt, GER), Paul Martin (University of Nottingham, GBR), and Allan Young (McGill University Montreal, CAN).

Stefan Beck, Jörg Niewöhner, Estrid Sørensen

Science and Technology Studies
Eine sozialanthropologische Einführung

[transcript]

Bibliografische Information der Deutschen Nationalbibliothek
Die Deutsche Nationalbibliothek verzeichnet diese Publikation in der Deutschen Nationalbibliografie; detaillierte bibliografische Daten sind im Internet über http://dnb.d-nb.de abrufbar.

Umschlagkonzept: Kordula Röckenhaus, Bielefeld
Satz: Nora Walther
Druck: Majuskel Medienproduktion GmbH, Wetzlar
ISBN 978-3-8376-2106-8

Gedruckt auf alterungsbeständigem Papier mit chlorfrei gebleichtem Zellstoff.
Besuchen Sie uns im Internet: *http://www.transcript-verlag.de*
Bitte fordern Sie unser Gesamtverzeichnis und andere Broschüren an unter:
info@transcript-verlag.de

Inhalt

Vorwort

Dieser Band vermittelt eine sozialanthropologische Perspektive auf das Forschungsfeld der *Science and Technology Studies,* kurz STS. Alle Autorinnen und Autoren waren zum Zeitpunkt seiner Konzeption und Produktion mit unterschiedlichen Lehr- und Forschungstätigkeiten am Institut für Europäische Ethnologie der Humboldt-Universität zu Berlin angesiedelt. Ihre einführenden Beiträge zu verschiedenen grundlegenden und aktuellen Aspekten der Wissenschafts- und Technikforschung orientieren sich an ihren jeweiligen Forschungsinteressen. Sie stellen deshalb zumindest in dreifacher Hinsicht situierte Einführungen dar: in epistemischer, institutioneller und biographischer Hinsicht.

Die Beiträge eint ihre sozialanthropologische Ausrichtung, die den Blick vor allem auf Fragen von Materialität, Praxis und Rationalität legt und ethnographischen Methoden den Vorzug gibt. Dabei ist selbstverständlich, dass andere Aspekte hinter diesen Schwerpunkten zurücktreten müssen. Wir verweisen daher auf die einschlägigen englischsprachigen Einführungen in dieses Forschungsfeld, sowie auf die deutschsprachigen Texte aus der Wissenschafts- und Techniksoziologie sowie der Wissenschaftsgeschichte der letzten 25 Jahre.

Die *Science and Technology Studies* sind im internationalen Vergleich in Deutschland bislang nur schwach institutionalisiert. Gleichwohl zeigt sich auf der Ebene der Promotionen und post-DoktorandInnen ein deutlicher Anstieg an Forschungsansätzen, die sich in der einen oder anderen Form an den vor allem im angloamerikanischen und französischen Sprachraum vorgelegten Studien im Feld der STS orientieren. Wir hoffen, dass dieser Band zum einen diesen Trend fördert und zum anderen dazu beiträgt, die Schnittfelder zwischen STS und sozial- und kulturanthropologischer Forschung weiter zu stärken und fruchtbar zu machen.

Wir danken an dieser Stelle ganz herzlich allen Autorinnen und Autoren, die mit uns die Gunst der Stunde genutzt haben, diese Einführung zu schreiben. Gerade weil es der Natur des Wissenschaftsbetriebs entspricht, dass sich eine solche Gruppe rasch wieder zerstreut und in Deutschland und Europa verteilt, laden wir Euch und natürlich alle anderen Forschenden der Science and Technology Studies herzlich ein, immer einmal wieder unserem Labor: Sozialanthropologische Wissenschafts- und Technikforschung in Berlin einen Besuch abzustatten. (www.csal.de)

Wir danken ebenfalls unserer studentischen Mitarbeiterin Nora Walther für die unersetzliche Unterstützung bei der Vorbereitung des Manuskripts und beim Satz sowie dem transcript Verlag für die unkomplizierte Abwicklung dieses Projekts.

Berlin, Februar 2012   Stefan Beck
                                                         Jörg Niewöhner
                                                         Estrid Sørensen

Einleitung

Science and Technology Studies –
Wissenschafts- und Technikforschung aus sozial- und
kulturanthropologischer Perspektive

JÖRG NIEWÖHNER, ESTRID SØRENSEN, STEFAN BECK

Wissenschaft, wissenschaftliches Wissen und Technologien sind allgegenwärtig in den Alltagen westlich-moderner Gesellschaften. Sie leisten entscheidende Beiträge zu gesellschaftlichen Ordnungsprozessen und formen damit unsere Selbstverständnisse und unser Zusammenleben. Gleichzeitig verläuft diese Wirkkette aber auch andersherum. Gesellschaft formt Wissensproduktion und Technologieentwicklung. Wissenschaft vollzieht sich in Alltagen und diese Alltage in Laboren, in Designstudios, in Krankenhäusern oder in Unternehmen sind immer auch vielfältig geprägt von den sozialen, kulturellen, politischen und ökonomischen Kontexten, in denen sie sich entfalten. Aus einer sozial- und kulturwissenschaftlichen Perspektive auf Alltagsleben sind Wissenschaft, Technologie und Gesellschaft also untrennbar miteinander verknüpft.

Es ist eine zentrale Aufgabe des Forschungsfelds der *Science and Technology Studies*, diese Verschränkung von Wissenschaft, Technologie und Gesellschaft im Alltag zu untersuchen und damit unter anderem auch die Rolle von Wissen und Technologie in gesellschaftlichen Ordnungsprozessen näher zu bestimmen. Konkret bedeutet dies, dass in empirischen Studien vornehmlich solche Felder untersucht werden, in denen verschiedene Wissensformen und Technologien um Deutungshoheit und Wirkmacht konkurrieren; in denen sie stabilisierend oder irritierend wirken; in denen Wissen und Technologien weiterentwickelt werden oder in Vergessenheit geraten; in denen Wissen und technische Artefakte im Gebrauch beobachtet werden können; und in denen entscheidende Veränderungen der gegenwärtigen Ordnungsprozesse entweder Wissenschaft und Technologieentwicklung entscheidend beeinflussen oder durch solche angetrieben werden.

Dieser Band konzentriert sich auf ein Teilgebiet der *Science and Technology Studies* (STS), namentlich STS in seiner sozialanthropologischen Ausrichtung. Dies bedeutet, dass zum einen vor allem solche Forschungsansätze vorgestellt werden, die sich auf das Theorie- und Methodenrepertoire der internationalen Sozial- und Kulturanthropologie beziehen bzw. von diesem inspiriert sind. Zum anderen heißt es, dass disziplinübergreifende Forschungsansätze, wie z. B. die Akteur-Netzwerk Theorie, immer aus sozial- und kulturanthropologischer Perspektive diskutiert werden. Aus dieser Auswahl ergibt sich ein besonderes Interesse der folgenden Kapitel an:

* praxistheoretischen Forschungsansätzen, die Alltag in den Vordergrund stellen und ethnographisch vorgehen;
* Fragestellungen, die einen Bezug zu wichtigen, Theorie-prägenden Figuren aus der sozial- und kulturanthropologischen Fachgeschichte und -diskussion herstellen, vor allem zu Fragen nach Rationalität, Materialität, Wissen und Praxis;
* Veränderungen im Verhältnis von Natur und Kultur und damit auch Veränderungen in den Konstitutionsprozessen von Individualität und Sozialität, sowie schließlich
* Forschungsfeldern, deren Untersuchung das Potential birgt, wichtige Impulse in die Sozial- und Kulturanthropologie zurückzugeben, wie es vielleicht in den letzten Jahren am deutlichsten im Feld der Reproduktionsmedizin und der neuen Verwandtschaftsethnologie geworden ist. (z. B. Beck et al. 2007)

Mit dieser Setzung ist selbstverständlich keine Wertung intendiert. Sie reflektiert die Forschungsinteressen und Prioritätensetzungen der Herausgeberinnen und Herausgeber wie auch der Autorinnen und Autoren, die zum Zeitpunkt der Erstellung dieses Bandes von 2009 bis 2011 allesamt am Institut für Europäische Ethnologie der Humboldt-Universität zu Berlin gearbeitet haben.

Die folgenden einleitenden Abschnitte gliedern sich in drei Teile. Zunächst wird das Forschungsfeld der *Science and Technology Studies* in einem kurzen, chronologisch aufgebauten, thematischen Abriss skizziert, um den Leserinnen und Lesern, die mit dem Forschungsfeld bisher noch gar nicht in Berührung gekommen sind, einen ersten Einstieg zu ermöglichen. Ein solcher Versuch, das Forschungsfeld quasi neutral mit einem »view from nowhere« (Nagel 1986) zu beschreiben, widerspricht teilweise den zentralen Anliegen der Wissenschafts- und Technikforschung, die sich immer um die Analyse von Forschung und Wissen als historisch wie sozial situiert bemühen. Ein solches Vorgehen erschien uns in diesem Kontext aber aus didaktischen Gründen unvermeidlich. Dieser allgemeinen Einführung folgt ein zweiter Teil, der in einiger Ausführlichkeit die sozialanthropologische Perspektivierung dieses Bandes näher erläutert. Leserinnen und Leser, die mit den Grundzügen des Forschungsfelds vertraut sind, finden hier einen Einstieg in die Spezifik dieses Bandes. Abschließend werden in einem kurzen dritten Teil die Struktur dieses Bandes vorgestellt und einige didaktische Hilfestellungen zu den Kapiteln näher erläutert.

VIEW FROM NOWHERE

Was sind die Fragestellungen der Science and Technology Studies?

Science and Technology Studies bezeichnet ein hochgradig transdisziplinäres Forschungsfeld. Sein vorrangiges Ziel ist die empirische Untersuchung der vielfältigen Rollen von Wissen und Technologie in modernen Gesellschaften unter Verwendung von Methoden der Sozial-, Kultur- und Geschichtswissenschaften.

Das Forschungsfeld der STS ist in den späten 1970er Jahren vor allem am Schnittfeld von Wissenschaftsphilosophie, -geschichte und -soziologie auf der einen und Technikphilosophie, -geschichte und -soziologie auf der anderen Seite entstanden. Zentrales Anliegen war es, wissenschaftliches Wissen und Technik als soziale und kulturelle Phänomene zu verstehen und einer kritischen Analyse zugänglich zu machen. Ausgangspunkt war dabei die Beobachtung zahlreicher Forscherinnen und Forscher, dass erstens Wissenschaft und Technologie moderne Lebensweisen zwar zutiefst prägen, diese Prägungen von Handeln und Denken, von Politik und Ökonomie, von

11

menschlichen Selbstverständnissen und moralischen Ordnungen jedoch nur unzureichend analysiert wurden. Zweitens wurde Wissenschaft zunehmend als eine Institution und Praxis verstanden, die ihrerseits in relevanter Weise durch Gesellschaft, d. h. durch lokale soziale und historische Konfigurationen geprägt ist. Und drittens wuchs die Unzufriedenheit mit hierarchischen Verständnissen verschiedener Wissensformen, die wissenschaftliches Wissen über oder zumindest abseits von anderen »alltäglichen« Wissensformen positionierten.

Die kritische Reflexion von Wissenschaft war bis dahin vorwiegend als Domäne der Philosophie angesehen worden, und den Geschichtswissenschaften blieb es vorbehalten, die Entwicklung technischer Innovationen nachzuvollziehen. Vor allem im Feld der Wissenschaftsforschung wurden Fragen nach Ontologie und Epistemologie, d. h. danach, was und wie Phänomene sind und wie wir dies wissen können, lange Zeit nicht empirisch mit Blick auf wissenschaftliche Praxis untersucht. Der Alltag von Wissenschaft spielte keine Rolle. Stattdessen wurde entweder theoretisch, innerhalb etablierter logischer oder rationaler Denkmodelle vorgegangen oder anhand von historischen Fallbeispielen, die anekdotisch oder mittels Quellenanalyse erschlossen wurden. (WISSENSCHAFTSTHEORIE)[1] Auch die Wissenschaftssoziologie konzentrierte sich Mitte der 1950er und 1960er Jahre nicht auf Fragen nach alltäglichem Wissenschaftshandeln und wissenschaftlichem Wissen, sondern rückte Wissenschaft als Institution in den Vordergrund. (WISSENSCHAFTSSOZIOLOGIE)

Das Forschungsfeld der STS hat daher die alte Aufgabenteilung zwischen den Disziplinen grundlegend verändert und begonnen, sich Fragen von Wissensproduktion und seinen epistemologischen Voraussetzungen wie Konsequenzen empirisch zu widmen. Die Kombination der Perspektiven auf Wissenschaft und Technologie ermöglichte neue Einsichten – etwa dadurch, dass der Beitrag von Apparaten, Aufzeichnungsinstrumenten und Maschinen für die Produktion wissenschaftlichen Wissens genauer untersucht wurde. Die Frage, wie wir etwas wissen und wie Erkenntnis entsteht, war damit Ende der 1970er Jahre nicht länger lediglich eine abstrakt zu erörternde Frage nach geistigen Prozessen, sondern auch eine empirisch zu beantwortende Frage nach konkreter Forschungspraxis. Wissenschaft er-

---

1 Begriffe oder Phrasen in Kapitälchen verweisen immer auf das entsprechende Kapitel in diesem Band.

schien in diesen Studien nicht mehr nur als Ergebnis rein intellektueller kontemplativer Tätigkeit, sondern als Ergebnis *praktischen Tuns* und *sozialen Handelns*. Dieser Wandel brachte mit der Soziologie wissenschaftlichen Wissens zunächst vor allem die verschiedenen Interessen der Forschenden ins Zentrum der Untersuchungen, die bis dahin bestenfalls als Störfaktor oder Barriere für wirkliche Erkenntnis thematisiert und damit *de facto* ausgeblendet worden waren. (SOCIOLOGY OF SCIENTIFIC KNOWLEDGE) Rasch kamen mit den so genannten Laborstudien ethnographische Untersuchungen verschiedener Forschungsalltage in Laboren hinzu. (LABORSTUDIEN) Auch die Untersuchungen von Technologie und Technologienutzung und -entwicklung reichten bald über die philosophischen und sozial- und kulturtheoretischen Analysen von Technik, als determinierendem und antihumanistischem Phänomen, hinaus. Stattdessen setzte sich ein empirischer Zugriff durch, der Technologie stets im Kontext seiner Produktions- und Nutzungspraxen begreift – ob in Wissenschaft oder Alltag. (SOZIALE KONSTRUKTION VON TECHNOLOGIE)

In der frühen STS Forschung, in den 1980er Jahren, standen vor allem Formen und Orte der Wissensproduktion und der Technologieentwicklung im Zentrum der Aufmerksamkeit. Durch Analysen dieser Zentren von wissenschaftlicher Wissensproduktion, gewissermaßen dem säkularen Hort von Fortschritt und Modernisierung der westlichen Welt, gelang es STS, wissenschaftliches Wissen und Technologie sozialwissenschaftlichen Analysen zugänglich zu machen. Im Rückblick erscheint dies für die heutigen Sozial- und Kulturwissenschaften mehr als selbstverständlich; Anfang der 1980er Jahre hatte dies jedoch durchaus ein provokatives Potential. Denn die sozialkonstruktivistische Wende entzauberte wissenschaftliches Wissen und ließ seinen epistemologischen Sonderstatus verblassen.[2] Wissen jeder Art gilt heute Vielen in den Sozial- und Kulturwissenschaften lediglich als das profane Ergebnis eines hochgradig kontingenten sozialen Prozesses; wissenschaftliches Wissen wird damit prinzipiell genauso behandelt, wie andere Wissenstypen auch, z. B. Alltagswissen. Seine Besonderheit liegt nun in seinen spezifischen Produktionsbedingungen,

---

2 Dabei sei angemerkt, dass es sich hier um eine Entzauberung von Wissenschaft selbst handelt und nicht, wie noch bei Max Weber, um eine Entzauberung *durch* Wissenschaft. (Weber 1922)

seinem – kulturell zertifizierten – Sonderstatus und seiner herausgehobenen Funktion als Mittel der »gesellschaftlichen Selbsteinwirkung«, etwa bei der Entwicklung technischer Innovationen oder als Reflexionsinstrument. Die Science and Technology Studies haben entscheidend zu diesem veränderten Blick auf Wissen beigetragen.

Jedoch wurde schon früh deutlich, spätestens in den späten 1980er Jahren, dass die sozialkonstruktivistische Wende zwar wissenschaftliches Wissen entzaubert hatte, dass damit allerdings keineswegs drängende Fragen nach den vielfältigen Rollen wissenschaftlichen Wissens in den Ordnungsprozessen moderner Gesellschaften beantwortet waren. Zwei Entwicklungen, die eng mit den Forschungen der *Science and Technology Studies* assoziiert sind, haben in dieser Zeit ihren Ursprung. Erstens beginnt die Akteur-Netzwerk Theorie jenseits von sozialkonstruktivistischer Kritik, die für die Moderne kennzeichnende Trennung von Natur und Kultur in Frage zu stellen und sie durch netzwerkorientierte und relationale Analysen wenn nicht aufzuheben, so doch für wichtige Zusammenhänge zu suspendieren. (AKTEUR-NETZWERK THEORIE) Dieser Schritt vollzieht sich in theoretischer Nähe zu einer in den 1980er Jahren an Bedeutung gewinnenden, zweiten Welle feministischer Kritik, die vor allem die US amerikanische Kulturanthropologie signifikant beeinflusst hat. Und Wissenschaftlerinnen aus diesem Feld der Kulturanthropologie waren es auch, die in einer viel beachteten Entwicklung ein anthropologisch orientiertes, theoretisches Programm für das Feld der *Science and Technology Studies* entworfen haben, das das Feld bis heute herausfordert. Wissenschaft, so ihre Argumentation, solle als integraler Bestandteil von Kultur und gesellschaftlichen Machtverhältnissen verstanden werden und nicht als wie auch immer geartete außerkulturelle oder vorkulturelle Praxisform. Dieser Ansatz formuliert vor allem den Anspruch, Wissen und Technologie nicht nur in seinen (Produktions-)Zentren abseits von gesellschaftlichem Alltag zu untersuchen, sondern als Bestandteil des Alltags. Damit wird wissenschaftliches Wissen in einem Kontinuum von Wissenspraxen verortet und zugleich werden fundamentale Unterscheidungen, etwa zwischen »Expertin« und »Laie«, hinterfragt. Wissen wird im Rahmen dieser Entwicklungen der 1990er Jahre zu einer materiell-semiotischen Praxis, die historisch, sozial, kulturell und epistemisch situiert analysiert werden soll.

Theoretisch wie empirisch geht das Forschungsfeld der *Science and Technology Studies* damit in seinen Erklärungs- und Kritikansprüchen wesentlich über die Erforschung von Wissenschaft und Technologieentwicklung hinaus. Stattdessen etabliert es sich als ein Ansatz, der die vielfältigen Rollen von Wissen und Technologie – immer verstanden und analysiert als eingebettet in Praxis – in gesellschaftlichen Ordnungsprozessen empirisch untersucht, historisch situiert und auf ihre epistemologischen und ontologischen Auswirkungen hin problematisiert und theoretisiert. In dieser Ausrichtung stellt das Forschungsfeld der *Science and Technology Studies* eine wichtige Forschungsrichtung in der internationalen Sozial- und Kulturanthropologie und damit auch der Europäischen Ethnologie dar.

Aktuelle Forschungsfelder der STS schließen dabei an Themen an, die in der internationalen *social-cultural anthropology* und der Europäischen Ethnologie teilweise eine lange Tradition haben. Die Analyse von aktuellen Entwicklungen in den Lebenswissenschaften und der Biomedizin etwa stellt fruchtbare Bezüge zu den Arbeiten der Medizinanthropologie her, Forschungen zur Nutzung von neuen Medien und ihren Konsequenzen können Untersuchungen des Faches zur Massenkultur und der neueren *media anthropology* aufgreifen. Studien zur ökologischen Anthropologie aus den 1950er und 60er Jahren können theoretische wie methodologische Hinweise für aktuelle Untersuchungen des Klimawandels mit seinen wichtigen Implikationen für Lebensstile, Landnutzung und Siedlungs- und Migrationsbewegungen sowie den damit befassten wissenschaftlichen Kontroversen bieten. Eine solche, durch historische und vergleichende Analysen angereicherte Perspektive kann produktiv gemacht werden für die Untersuchung der Steuerbarkeit von Innovation und ihrer Bedeutung für wirtschaftliche, politische und soziale Entwicklungen.[3] Allen diesen Feldern ist gemein, dass in ihnen Wissensproduktion nie abseits von oder gar als determinierend für gesellschaftliche Kontexte und Entwicklungen untersucht wird, sondern immer als wichtiger Bestandteil von vielfältigen Wechselwirkungen zwischen verschiedenen gesellschaftlichen Feldern.

---

3 Beispiele für Studien dieser Art aus den Arbeiten des »Labors: Sozialanthropologische Wissenschafts- und Technikforschung« am Institut für Europäische Ethnologie der Humboldt-Universität zu Berlin finden sich u.a. hier: Niewöhner, et al. 2011; Beck, et al. 2007; Mathar 2010; Scheffer and Niewöhner 2010; Kontopodis, et al. 2011; Niewöhner, et al. 2011a; Mathar and Jansen 2010; Niewöhner, et al. 2008.

Wie wird in den Science and Technology Studies geforscht?

Das Methodenspektrum in den *Science and Technology Studies* ist sehr breit und reicht von quantitativen Verfahren beispielsweise zur Analyse von Innovationsprozessen, über historische Quellenanalysen und verschiedene Interviewtypen bis zu teilnehmender Beobachtung in einzelnen Feldern über lange Zeiträume hinweg. Dabei orientiert sich die Methodenauswahl, wie in Wissenschaft üblich, primär an den zentralen Forschungsfragen und Forschungsfeldern der je konkreten Projekte. Da es sich bei den *Science and Technology Studies* um ein transdisziplinäres Forschungsfeld handelt, kommt allerdings hinzu, dass die Forschungsfragen und die Perspektiven auf Forschungsfelder in den meisten Fällen zumindest »Rückstände« von disziplinären Orientierungen – etwa der Soziologie, Anthropologie, Psychologie oder Politikwissenschaften – aufweisen und mit diesen auch immer methodische Präferenzen einhergehen. Ein methodischer Kanon, im Sinne eines verbindlich gemachten Methodenspektrums, lässt sich demnach nicht ausmachen und Forschende, die sich in dieses Forschungsfeld einarbeiten, tun gut daran, sich eine methodische Offenheit zu erhalten.

Es sei hier ebenfalls herausgestellt, dass in den *Science and Technology Studies* Methoden immer als zentraler Teil von Wissenspraxis verstanden werden. Methoden sind nicht einfach Werkzeug, um eine Wirklichkeit »da draußen« mehr oder weniger genau abzulesen. Vielmehr tragen Methoden zu spezifischen Konfigurierungen von Realität bei. Forschende legen daher zum einen Wert auf das Transparent-Machen des methodischen Zugriffs; zum anderen werden Art und Reichweite von Wissen nie abseits der Methoden diskutiert, mit denen es produziert wurde. Unterschiedliche Methoden produzieren unterschiedliche Formen von Wissen. Methoden haben daher in den *Science and Technology Studies* argumentativen Charakter und sind nicht nur Mittel zum Zweck.

Interviews und Diskursanalyse

Trotz dieser Offenheit lassen sich Schwerpunkte und Präferenzen ausmachen, von denen die folgenden Abschnitte drei herausgreifen. Begonnen haben die *Science and Technology Studies* in ihrer soziologischen Orientierung mit qualitativen Interviews mit Forschenden in der Physik.

Die im Entstehen begriffene Soziologie wissenschaftlichen Wissens (SOCI-OLOGY OF SCIENTIFIC KNOWLEDGE) hatte es sich zum Ziel gesetzt, die *Asymmetrie* in den damaligen wissenschaftstheoretischen Untersuchungen zu beheben. Die Wissenschaftstheorie, vor allem in ihrer historistischen und retrospektiven Prägung im Stile eines Thomas Kuhn, hatte den Bedingungen von Erkenntnis, wie sie sich für die Wissenschaftler in der Situation der Wissensproduktion stellten, bis dahin nur insofern Beachtung geschenkt, als dass sich mit ihnen Irrtümer und Abweichungen vom geraden Weg des wissenschaftlichen Fortschritts im positivistischen Sinne erklären ließen. Es herrschte vielmehr die Annahme, dass erfolgreiches – und als »wahr« gesehenes – wissenschaftliches Wissen nicht aus seinen sozialen Entstehungskontexten erklärt werden musste, da es sich dem systematischen Einsatz von Methoden und rationalen Theorien verdankte, die keiner besonderen Nachfrage bedurften. (WISSENSCHAFTSTHEORIE)

Hieran wurde aus zwei Richtungen Kritik geübt, die beide »Interesse« als wesentliches Moment wissenschaftlicher Praktiken thematisierten, dabei jedoch sehr unterschiedlich ansetzten: Die Kritische Theorie der Frankfurter Schule versuchte mit dem Begriff des »erkenntnisleitenden Interesses« herauszuarbeiten, dass die in der Wissenschaft geltenden Normen und Praktiken, mit denen eigene Objektivitätsansprüche gegen Subjektivität und partikulare Interessen, gegen religiöse Doktrinen und weltliche Herrschaftsansprüche verteidigt wurden, selbst nicht kritisch reflektiert würden. Erst die systematische, kulturhistorisch informierte Analyse der menschlichen Erkenntnisfähigkeit, die stets an Selbsterhaltungsinteressen der in Gesellschaften lebenden Menschen gebunden sei, erlaube es zu erkennen, dass »wissenschaftliche Objektivität« stets sozial und kulturell imprägniert sei: »erkenntnisleitende Interessen bilden sich im Medium von Arbeit, Sprache und Herrschaft«, womit auch Naturerkenntnis stets relativ zu gesellschaftlichen Formationen sei. (Habermas 1969: 163)

Während die Kritische Theorie ausgehend von einem philosophisch-anthropologischen Argument die Objektivitätsansprüche der Wissenschaft durch das Konzept des »erkenntnisleitenden Interesses« grundsätzlich zu entzaubern suchte und daraus eine Kritik von Wissenschaft und Technologie als »Ideologie« westlicher Gesellschaften ableitete, ging die *Sociology of Scientific Knowledge*, wie sie in Großbritannien entwickelt wurde, empirischer vor. Auch sie ging davon aus, dass alles Wissen sozial konstruiert sei, auch jenes, dass als »wahr« angesehen wurde – auch »wahres Wissen«

könne nicht beanspruchen, unvermittelt Natur zu repräsentieren. Notwendig sei daher eine *symmetrische* Analyse von »wahrem« wie »falschem« Wissen in Bezug auf seine jeweiligen Konstruktionsbedingungen und -prozesse. (Bloor 1976) So entwickelte diese Forschungsrichtung zunächst einen sozialwissenschaftlichen Zugang, im Besonderen zu den Interessen der führenden Wissenschaftler, z. B. in Teilgebieten der Physik. (Collins 1975) Um diese Interessen zu untersuchen, brachten die Forschenden erstmals in der Geschichte der Untersuchung von Wissenschaft systematisch qualitative Interviews zum Einsatz. Damit war die Analyse der Produktionsbedingungen von wissenschaftlichem Wissen dem Monopol der Philosophie und Wissenschaftstheorie entzogen und der Sozialforschung zugänglich gemacht worden.

Verschiedene Formen des semi-strukturierten Interviews und der qualitativen Analyse dieses Materials haben sich bis heute als die wohl wichtigste Form der Datenerhebung in den *Science and Technology Studies* gehalten. Dabei geht es heute meist nicht mehr, oder zumindest nicht mehr nur, um die Interessen von einzelnen Forschenden, sondern um ein breites Themenspektrum von Forschungsinfrastrukturen, epistemologischen Konsequenzen von Forschungsansätzen oder Auswirkungen auf benachbarte Felder und Praxiskontexte sowie gesellschaftliche Alltage. Angelehnt an die Arbeiten des französischen Sozialtheoretikers und Philosophen Michel Foucault zur Mikrophysik der Macht und der engen Verschränkung von Macht und Wissen in der Herstellung und Aufrechterhaltung von Wahrheitsdiskursen, werden heute häufig qualitative Interviews mit Schlüsselfiguren in den jeweiligen Forschungsfeldern mit Analysen der wissenschaftlichen und technischen Literatur, Medienanalysen und Untersuchungen der »grauen« Literatur kombiniert, um die Konstruktion eines spezifischen Wissensregimes und seine Auswirkungen auf Gesellschaft nachzuzeichnen. Der Begriff *Diskursanalyse* für diese Art des Vorgehens ist dabei ein wenig irreleitend und gründet eher auf der theoretischen Nähe zu Foucault, als auf einer tatsächlichen methodischen Anwendung seines Ansatzes. Selten erreichen Forschungen eine Breite über verschiedene Felder und Domänen hinweg und eine historische Tiefe, die es rechtfertigen würden, von der Untersuchung eines Diskurses im Foucaultschen Sinne zu sprechen (vgl. Foucault 1981).

18

Ethnographische Methoden

Einen zweiten methodischen Schwerpunkt bilden Forschungsansätze, die im weitesten Sinne als »ethnographisch« klassifiziert werden können. Im Kontext der *Science and Technology Studies* wird mit dem Adjektiv ethnographisch nicht notwendig auf die vielschichtige Karriere dieses Konzepts in der internationalen Sozial- und Kulturanthropologie angespielt, in der Ethnographie immer das Dreierlei aus Theorie-Empirie-Nexus, Feldforschung und Monographie bezeichnet. (ETHNOGRAPHISCHE PRAXIS) Vielmehr markiert die Selbstbeschreibung vieler Studien als ethnographisch lediglich methodische Vorgehensweisen, die teilnehmende Beobachtungen zur systematischen Datenerhebung einsetzen und damit über Interview-zentrierte Ansätze hinausgehen. Ethnographische Zugriffe auf Wissens- und Technologieproduktion etablierten sich gegen Ende der 1970er und frühen 1980er Jahre im Zuge der so genannten Laborstudien. (LABORSTUDIEN) Ethnographische Beobachtungen ermöglichten dabei einen Zugriff auf alltägliche wissenschaftliche Praxis, auf tat–sächliches Handeln wissenschaftlicher Akteure. Dies ist zunächst vor allem dort von Bedeutung, wo Formen von implizitem und verkörpertem Wissen für die Fragestellung eine Rolle spielen und daher Interviews zu kurz greifen, da sie lediglich die Untersuchung von explizierbarem und diskursivem Wissen ermöglichen.

Ferner bringen anthropologisch motivierte Laborstudien bereits früh das Argument in Anschlag, dass es sich bei wissenschaftlichen Gemeinschaften in Laboren oder Forschungszentren um Kollektive handele, die dem »Stamm« oder »der Kultur« der frühen anthropologischen Untersuchungen nicht prinzipiell unähnlich seien. Solche Studien betrachten wissenschaftliche Gruppen nicht primär als Expertengruppe, die hochgradig spezialisiertes Wissen produziert, sondern als ausdifferenzierte soziale Gemeinschaft, die unter spezifischen Bedingungen Alltag lebt. Ethnographisches Arbeiten im sozial- und kulturanthropologischen Sinne ist hier unerlässlich, denn es geht um die Kulturen von Laboren und den Habitus oder die Kosmologien von Forschenden, kurz um jene Handlungsorientierungen, die den Akteuren als »selbstverständlich« und unproblematisch erscheinen. Diese, »im Rücken der Akteure« wirkenden Orientierungen in Interviews zu erfragen, wäre daher zwecklos. Stattdessen verspricht der Blick »über die Schultern der Akteure« eine neue Perspektive. (Geertz 1973) Dies gilt ebenfalls für An-

19

sätze, die nach der Reichweite wissenschaftlichen Wissens hinein in gesellschaftliche Alltage fragen.

Seite Mitte der 1990er Jahre nehmen Forschungen immer mehr diese Schnittfelder zwischen Wissenschaft und Gesellschaft in den Blick. Dabei geht die Entwicklung dahin, diese Schnittfelder nicht als Bereiche zu verstehen, in denen eine simple Übersetzung oder Popularisierung wissenschaftlichen Wissens für eine »Laien-Öffentlichkeit« stattfindet, wie dies etwa in manchen Ansätzen des *public understanding of science* bis in die 1990er Jahre überwiegend erfolgte. Vielmehr werden diese Schnittfelder als »Transaktionszonen« konzipiert und Interaktionen und Rückkoppelungs-Effekte zwischen gesellschaftlicher Ordnung und Wissens- und Technologieentwicklung unterstellt. (Vgl. Callon 1999; Hacking 2006; KLASSIFIKATIONEN) Um diesen vielschichtigen Interaktionen in gesellschaftlichen Alltagen nachzuspüren, sind ethnographische Methoden unerlässlich. Nur eine genaue Kenntnis der lokalen Praxen und Konfigurationen, der konkreten Aneignungspraktiken ermöglicht die Beobachtung und Analyse von langsamen und oft subtilen und indirekten Veränderungen. (Vgl. auch Hirschauer 1994) Gerade die unintendierten Nebeneffekte von Technologie- und Wissensentwicklung, die im Zuge der Reflexivisierung der Moderne seit spätestens den 1980er Jahren eine solch wichtige Rolle in Debatten um den Umgang mit Wissen und Technologie spielen, sind durch Diskurs-basierte Methoden nur begrenzt zu erfassen. (Beck 1986) Hier geht es vielmehr im klassischen Sinne um anthropologische Untersuchungen von sozialen und kulturellen Ordnungsprozessen und ihre Veränderungen unter Bedingungen von raschem Wissenszuwachs und technologischer Neuerung.

Allerdings darf bei allem sozialanthropologischem Enthusiasmus für ethnographische Methoden nicht außer Acht geraten, dass die Anwendung eines engen Methodenspektrums immer blinde Flecken mit sich bringt. Im Falle des ethnographischen Arbeitens liegen diese blinden Flecken vor allem darin, dass qualitativ-intensive Methoden nur die Analyse relativ kleiner, exemplarisch ausgewählter Untersuchungseinheiten erlauben. Ethnographische Methoden sind weniger gut geeignet, den strukturellen Rahmenbedingungen vieler Entwicklungen nachzugehen – hier sind etwa die Bourdieusche Feldanalyse oder historisch angelegte Untersuchungen, die längerfristige Zeiträume beobachten, Erfolg versprechender. Der genaue Blick auf den Alltag birgt also stets das Risiko einer präsentistisch verengten Analyse; ein Problem, das gerade in den typischen Forschungsfeldern der *Science and Technology Studies*, die häufig durch langsame Verschiebungen statt durch abrupte Brüche gekennzeichnet sind, durchaus einige Brisanz besitzt.

Praxeographie

Praxeographie bezeichnet, ähnlich der Ethnographie, verschiedene Formen der teilnehmend beobachtenden Verfahren, ruht allerdings auf einem deutlich anderen theoretischen Fundament. Sie geht davon aus, dass soziale Phänomene, z. B. Menschen, Dinge oder Diskurse, sich nicht durch ein stabiles, ihnen innewohnendes, quasi essentielles Wesen auszeichnen, das dann in sozialer Praxis interagiert, sondern dass Phänomene immer nur so sind, wie sie in einer spezifischen Praxis gemacht werden. Nichts ist außerhalb von Praxis. (Vgl. DeLanda 2006; Mol 2002; Barad 1999) Praxis wird damit zur grundlegenden Untersuchungseinheit und nicht, wie in der Ethnographie, Akteure oder Strukturen. Dabei legt die Praxeographie Wert darauf, dass sie selbst immer notwendig Teil der Praxis ist, in der das zu untersuchende Phänomen produziert wird. (Mol et al. 2010) Die Forschenden sind also involviert, und dies hat nicht nur politische, moralische und epistemologische Konsequenzen, wie dies häufig für die Ethnographie diskutiert wird, sondern auch ontologische Konsequenzen für das zu untersuchende Phänomen. Ohne die Beteiligung einer Beobachterin wäre es anders, weil die das Phänomen (mit)produzierende Praxis anders wäre. Die Assoziation dieses Ansatzes mit der Praxistheorie des französischen Ethnologen, Soziologen und Kulturtheoretikers Pierre Bourdieu bleibt dabei implizit. (Bourdieu 1976) Bourdieu hat mit seiner Praxeologie eine Theorie entworfen, die weniger situativ und stärker auf die Analyse sozial differenzierter, stabiler Praxisformen in Gesellschaften gerichtet ist, während die Praxeographie eher dazu tendiert, Mikro-Praktiken detailliert zu analysieren. (weiterführend dazu der Abs. Praxis und Praxistheorie in diesem Kapitel)

Governance und Steuerungsanalysen

Ein dritter methodischer Schwerpunkt der *Science and Technology Studies* liegt auf der Analyse von politischen Prozessen im Bereich der Steuerung und Regulierung von Innovation, Wissenschaft und Technologieentwicklung. (z. B. Hagendijk/Irwin 2006; Jasanoff et al. 1995) Hier orientieren sich Forschende vornehmlich an den organisations- und prozessanalytischen Methoden der Politik- und Sozialwissenschaften. Unter dem Stichwort *governance* geht es in diesem Teilgebiet der STS um ein besseres Verständnis der Entwicklungsdynamiken von Wissenschaft und Technologie und wie in diese Dynamiken mit spezifischen Zielvorstellungen interveniert werden kann. Ein wichtiges Ziel dieser Forschungsansätze ist es, den Wissensfundus und die Kompetenzen, die die Forschung in den *Science and Technology Studies* in den letzten dreißig Jahren erarbeitet hat, für wissenschafts- und hochschulpolitische aber auch wissensökonomische Entscheidungsprozesse fruchtbar zu machen.

Die Verfahren reichen hier von bibliometrischen und szientometrischen Forschungen zu Leistungs- und Qualitätsindikatoren in Wissenschaft- und Technologieentwicklung (Hornbostel 2006), über Akteurs- und Strukturanalysen von Innovationsinfrastrukturen bis hin zu politischen Analysen von Regulierungs- und Steuerungsprozessen vor allem unter Bedingungen von wissenschaftlicher Unsicherheit und Unwissen in Mehrebenensystemen. (Weingart 2002; Simon et al. 2001) Studien aus diesem Teilgebiet konzentrieren sich tendenziell auf die Makroebene gesellschaftlicher Entwicklung und verbinden sich nur in Ausnahmefällen mit Analysen von praktischem Alltag in der Wissensproduktion. Verbindungspunkte zu sozial- und kulturanthropologischen Perspektiven entstehen vor allem um Fragen nach den epistemologischen Konsequenzen spezifischer Rahmenbedingungen von Wissensproduktion. Dieser Art Fragen stellen allerdings eine methodische Herausforderung dar, da sie die Verbindung von makro- und mikroanalytischen Methoden notwendig machen. Umfassende Analysen dieser Art sind daher selten.

DIE SOZIALANTHROPOLOGISCHE SPEZIFIK DIESER EINFÜHRUNG

Es ist offensichtlich, dass diese Einführung ihre Akzente und Auslassungen vor deutlich disziplinärem Hintergrund vornimmt. Ein sozialanthropologischer Blick auf die *Science and Technology Studies* rückt zwangsläufig ethnographische Methoden in den Vordergrund, misst Praxis-orientierten Forschungsansätzen viel Raum zu und präferiert, wie im Folgenden deutlich wird, Problematisierungen mit einer sozial- und kulturanthropologischen Komponente. Auch die in diesem Band vorgenommene Zusammenstellung von Themen, die Auswahl der Beispielstudien und die selektive Darstellung von historischen Entwicklungslinien des Feldes der *Science and Technology Studies* ist als *situierte Praxis* zu interpretieren: als (fach-) diszipliniertes Tun, das vor dem Hintergrund mancher Kompetenz auch charakteristische blinde Flecke, Abneigungen und Ignoranzen offenbart.

Drei Verschränkungen zwischen Sozialanthropologie und STS: Rationalität & westliche Moderne

Die Forschungen in den *Science and Technology Studies* untersuchen häufig Wissen und Technologie in ihren jeweiligen Konstruktionsprozessen. Was aber genau ist mit Konstruktion gemeint? Der kanadische Wissenschaftshistoriker und Philosoph Ian Hacking stellt zu Recht klar, dass die Aussage, dass wissenschaftliches Wissen das Ergebnis eines sozialen Prozesses darstellt, in vielerlei Hinsicht trivial ist. (Hacking 1999) Insoweit, als dies lediglich bedeuten soll, dass an seinem Entstehen Menschen beteiligt sind, die kommunizieren und interagieren, d. h. die in sozialen Prozessen kooperieren, hält die sozialkonstruktivistische Kritik wenig Aufregendes bereit. Ihr Verdienst liegt vor allem darin, wissenschaftliches Wissen und Technologie für sozialwissenschaftliche Analysen verfügbar gemacht und sie damit in Untersuchungen von Herrschaft und sozialer Ordnung eingebettet zu haben. Neben der bereits oben angeführten feministischen Kritik, ist dieser Schritt vor allem auch dem französischen Sozialtheoretiker und Philosophen Michel Foucault zu verdanken, der mit seinen mikropolitischen Analysen von Macht und Wissen den Weg für den Durchbruch des Sozialkonstruktivismus ebnete. (Vgl. Foucault 1974; Foucault 1978; Foucault 1980)

Michel Foucaults Verständnis des Zusammenhangs von Diskurs, Wissen und Herrschaft hat das Feld der *Science and Technology Studies* entscheidend geprägt und wirkt bis heute in fast alle Teilbereiche der STS nach. Das Interessante und Wichtige an dieser Perspektive ist jedoch nicht oder zumindest nicht mehr, dass Wissen und Technologie das Ergebnis von sozialen Prozessen darstellen. Vielmehr geht es darum zu zeigen, *wie genau* diese Konstruktionsprozesse ablaufen, und wie sie daher spezifische Herrschaftskonstellationen reproduzieren oder verändern. Da dieses *Wie* für viele Forschende nicht nur menschliche Akteure wie Wissenschaftlerinnen, Ärzte oder Mediendesigner einschließt, sondern auch deren Techniken und Technologien, verkörpert und situiert in je spezifischen Apparaten und Konstellationen, sprechen heute viele Forschende in den STS nicht mehr von Sozialkonstruktivismus, sondern von Konstruktivismus, konstruktivistischem Realismus (Latour 2002; Barad 1999) oder Post-Konstruktivismus (Lynch 1990; Kneer 2008), um deutlich zu machen, dass die Konstruktion von wissenschaftlichen Fakten nicht lediglich ein Ergebnis von – im ursprünglich soziologischen Sinne – sozialen Ursachenfaktoren ist, sondern eine Koproduktion aus Akteuren von unterschiedlichen ontologischen Status. (AKTEUR-NETZWERK THEORIE und POST-ANT) Post-konstruktivistische Analysen versuchen, die in vielen Bereichen der Sozial- wie Naturwissenschaften angelegten ontologischen Hierarchien nicht zu reproduzieren, sondern gehen stattdessen ontologisch »flach« zuwerke.

Mit dieser post-konstruktivistischen Perspektive gehen vor allem in der sozial-anthropologischen Lesart der STS, wie sie in diesem Band vorgestellt wird, eine Reihe weiterer wichtiger Verschiebungen in Bezug auf die Problematisierung von Rationalität, Materialität, Wissen und Praxis einher, auf die in den folgenden Abschnitten kurz eingegangen werden soll. Zunächst zur Frage von Rationalität und westlicher Moderne: Man hat dem Sozialkonstruktivismus zu Recht vorgeworfen, dass er einem problematischen Relativismus Tür und Tor geöffnet habe. Radikale Verfechter des Sozialkonstruktivismus argumentieren bis heute, dass wissenschaftliches Wissen als Ergebnis eines sozialen Konstruktionsprozesses sich in keiner Weise von anderen Wissensformen unterscheidet. Diese Position wird als Relativismus bezeichnet, weil wissenschaftliches Wissen damit seine Rückbindung an Absolutheit wie Wahrheit oder Realität verliert und nur noch relativ zu seinen Konstruktionsbedingungen verstanden werden kann. Diese radikale Position hat durchaus ihre Berechtigung, erlaubt sie den Forschenden die Interessen und Machtverhältnisse innerhalb des wissenschaftlichen Feldes in den Vordergrund zu rücken.

Sie misst aber einer wichtigen Einsicht wenig Bedeutung bei, die bereits Foucault hatte. Aus Foucaultscher Sicht ist Wissenschaft vor allem die Produktion eines Diskurses – oder zumindest in vielen Feldern ein wichtiger Beitrag dazu –, der bestimmt, was als wahr gilt und was nicht. Wahrheitsdiskurse sind jedoch nicht einfach zu produzieren und zu stabilisieren. Vor allem in hochgradig ausdifferenzierten westlich-modernen Gesellschaften braucht es eine Menge Arbeit verschiedenster Art, um eine hochgradig stabile Wahrheitsproduktionsmaschine wie die Natur- und Ingenieurswissenschaften am Laufen zu halten. »Wahrheiten« in vielen anderen Feldern abseits der Wissenschaft sind von deutlich flüchtigerer Natur. Sie bestehen in recht spezifischen, gesellschaftlichen Konstellationen und vergehen, sobald sich diese Konstellationen verändern. Die Naturwissenschaften jedoch spielen seit der europäischen Aufklärung, also etwa seit dem späten 17. Jahrhundert, eine zunehmend wichtigere Rolle in gesellschaftlichen Ordnungsprozessen.

Im Laufe des 20. Jahrhunderts und vor allem seit dem 2. Weltkrieg haben sie eine derart dominante Position eingenommen, dass viele Kommentatorinnen und Kommentatoren gesellschaftlicher Entwicklung bereits das Wirken einer Expertokratie bemängeln. (STS UND POLITIK) Damit problematisieren sie den Grad, bis zu dem Entscheidungen, die lange Zeit als politisch-moralische Entscheidungen galten, die eine Gesellschaft zu treffen hat, nun beinahe ausschließlich durch Expertengremien getroffen werden, die mit wissenschaftlichen Spezialisten[4] besetzt sind. Hier zeigt sich nicht nur die unglaubliche Dominanz naturwissenschaftlichen Wissens, sondern auch die Unanfechtbarkeit des Wahrheitsdiskurses, den diese Wissenschaften produzieren. Naturwissenschaftliche Erklärungen sind heutzutage derart plausibel, dass es schon fast nicht mehr auffällt, dass es sich nur um ein Erklärungsmodell von Welt handelt – und ein hochgradig spezifisches noch dazu.

An dieser Selbstverständlichkeit von naturwissenschaftlichen Wahrheitsdiskursen setzt die sozialanthropologisch orientierte Forschung in den *Science and Technology Studies* an. Sie macht sich ihren vergleichenden

---

4 Die rein maskuline Form ist hier durchaus intendiert.

Blick und ihren kulturvergleichenden Theoriekorpus zu Nutze, um naturwissenschaftliches Wissen als eine kontingente, westliche, moderne und hochgradig rationale Form von Wissen im Blick zu behalten. (RATIONALITÄT) Dies ist kein relativistisches Argument. Es geht keineswegs darum, Naturwissenschaft mit anderen Wissensformen gleichzusetzen, auch wenn es natürlich einen sozial und kulturell geprägten Alltag von wissenschaftlichem Handeln gibt. Es geht vielmehr um die Spezifik dieser Alltage. Ein molekularbiologisches Labor heutzutage hat in vielerlei Hinsicht sehr wenig gemein mit subsaharischem Schamanismus oder vernakularem Alltagswissen in den Subkulturen westlicher Metropolen. Wissenschaftliche Wissensproduktion muss also auch als solche, in ihren je spezifischen Eigenheiten und Alltagen, beschrieben und analysiert werden.

Die entscheidende Frage aus sozialanthropologischer Sicht ist jedoch: wie trägt dieses Wissen als Praxis im Alltag zu gesellschaftlichen Ordnungsprozessen bei? Auf dieser Ebene geht es um die Reichweite und die Wirkweisen wissenschaftlichen Wissens hinein in alle möglichen Alltage. Es geht um die Art und Weise, wie dieses Wissen Alltage erreicht, z. B. als verschriftlichtes Wissen in populären Medien, als materialisiertes Wissen in technologischen Neuerungen oder als Praxiswissen in den Behandlungen durch Spezialisten und Spezialistinnen, bspw. in der Medizin. Es geht um Aushandlungsprozesse zwischen verschiedenen Wissensformen, um konkrete, praktische Interaktion und die Vermittlung von Sprache, Technologien, Repräsentationen usw. in Alltagspraxis. In allen Fällen mischt sich wissenschaftliches Wissen *in der Praxis* mit bereits existierenden alternativen und häufig konkurrierenden Ordnungsansprüchen.

Spätestens seit den Arbeiten des britischen Sozialanthropologen E.E. Evans-Pritchard bei den Azande im heutigen Sudan, in den späten 1930er Jahren, sind die damit aufgerufenen Fragen zentrale Arbeitsfelder der Anthropologie. Wie erklärt sich eine spezifische Gruppe von Menschen bestimmte Ereignisse? Welche Wissensformen werden dabei mobilisiert von wem und in welcher Art und Weise? Evans-Pritchard hat mit seiner Studie der Rolle von Magie bei den Azande hier eine wichtige Perspektive eröffnet. Anhand eines Kornspeichers, der kollabiert und dabei eine Reihe von Menschen unter sich begräbt, stellt er die Frage, wie dieses Ereignis bei den Azande erklärt wird. Während sich durch die westliche Moderne geprägte Beobachter damit zufrieden geben, dass das Holzgebäude wohl durch Termiten zum Einsturz gebracht wurde, ist dies für die Azande keine ausreichende Erklärung. Sie wollen auch erklären, warum es genau zu diesem Zeitpunkt zusammenfiel und bestimmte Menschen – und nicht andere – tötete. Was für westliche Betrachter durch den Verweis auf einen »Zufall« wegerklärt wird, interpretieren die Azande als das Ergebnis eines Zaubers – wohlgemerkt: den Zeitpunkt, nicht die Tatsache des Einsturzes. (RATIONALITÄT)

Hier wird deutlich, dass westliche, modern-naturwissenschaftliche Vorstellungen von Kausalität, von Rationalität und von Reduktionismus nur einen möglichen Erklärungsansatz darstellen, der dabei immer mit alternativen Erklärungsmöglichkeiten konkurriert. Selbstverständlich nimmt die naturwissenschaftlich-rationale Erklärung in westlichen Gesellschaften eine zentrale Rolle ein. Aber es ist und bleibt eine wichtige Aufgabe der sozialanthropologischen *Science and Technology Studies* immer wieder die Kontingenz dieses Zugriffs auf Welt vor Augen zu führen, d. h. mittels empirischer Methoden und epistemologischer Analysen zu zeigen, dass diese Art der Erklärung eine mögliche, aber keinesfalls die notwendige ist; und zu zeigen, wie diese Art der rationalen Erklärung mit alternativen Erklärungen um Plausibilität, Nützlichkeit und Wirkmacht streitet. Letztlich ist mit diesem Ansatz die Frage formuliert, in welcher Art und Weise Wissenschaft gesellschaftlichen Alltag formt, ordnet und auf spezifische Art und Weise stabilisiert. Und die gleiche Frage wird natürlich auch in die andere Richtung gestellt, nämlich: wie ist Wissenschaft als Alltagspraxis vielfach situiert. Wie macht sich bemerkbar, dass Wissenschaft ein integraler Bestandteil von Kultur ist und wie reflektieren und reproduzieren die Ordnungsansprüche von Wissenschaft immer auch politische Werte, wirtschaftliche Prioritäten oder kulturelle wie kosmologische Konfigurationen?

Materielle Kultur & Körperlichkeit

Materialität hat in der Sozial- und Kulturanthropologie stets eine wichtige Rolle gespielt. So widmete sich die Sachkulturforschung der deutschsprachigen Volkskunde der Analyse von materiellen Artefakten und die internationale Anthropologie entwickelte das Feld der *material culture studies*. Von Seiten der Anthropologie hört man daher oft, dass die Behauptung der *Science and Technology Studies*, ihre Besonderheit liege nicht zuletzt darin, Materialität ernst zu nehmen, vor allem der Unkenntnis der Fachgeschichte der Anthropologie seitens der STS Gemeinde geschuldet sei. Dies ist ein fundamentales Missverständnis. Zwar gibt es einige wichtige Parallelen in der Art und Weise wie Anthropologie und *Science and Technology Studies* mit Materialität umgehen. Auch hat vor allem die kulturanthropologisch orientierte Forschung innerhalb der STS viel zum jetzigen Umgang mit Materialität in den *Science and Technology Studies* beigetragen. Jedoch ignoriert die Behauptung, dass die Anthropologie seit jeher Materialität in ihren Analysen berücksichtigt habe und STS in dieser Hinsicht nichts Neues zu bieten hätte, die Entwicklungen in der feministischen Anthropologie und der Akteur-Netzwerk Theorie der letzten zwanzig Jahre. Denn in diesen Studien wurde vor allem die traditionelle Subjekt–Objekt Unterscheidung problematisiert und weitgehend aufgehoben. Damit wurde Materialität gänzlich neu als Akteur im Alltagshandeln konzipiert. Diese Entwicklung ist besonders fruchtbar gewesen in Studien zu neuen Formen von Körperlichkeit und Verkörperungen (*embodiment*).

Zunächst jedoch zur Rolle von Materialität in der anthropologischen Fachgeschichte: Die Thematisierung materieller Kultur hat in der Anthropologie eine lange Geschichte, die sogar noch bis in ihre Gründungsphase reicht. Einige der Wurzeln der heutigen Kulturanthropologie US-amerikanischer Ausrichtung liegen etwa in der deutschen Anthropogeographie der Romantik, die zu Beginn des 19. Jahrhunderts wesentlich durch die Brüder Humboldt geprägt wurde. Anthropogeographie in der damaligen Lesart bezeichnete ein Forschungsprogramm, dass die Entwicklung von Völkern in enger Verbindung mit den Bedingungen in ihrer materiellen Umwelt, d. h. ihrer Ökologie, untersuchte. Hier wird also schon in den Geburtsstunden der Kulturanthropologie Materialität wesentlich für die Analyse von menschlicher Entwicklung; jedoch nicht in Form von Artefakten, d. h. als Symbolträger, sondern im Sinne der physischen Umwelt von menschlichen Gruppen, die nicht getrennt von, sondern als konstitutiv für einen Volksgeist oder Nationalcharakter zu betrachten sei. Das, was die Anthropologie dann kurze Zeit später weniger romantisch als Kultur einer spezifischen Gruppe bezeichnete, spielte sich also immer in einer materiellen Umwelt ab, die es mit zu berücksichtigen galt.

Franz Boas, einer der geistigen Väter der amerikanischen Kulturanthropologie, trug wesentlich dazu bei, diese Perspektive auf Menschen in ihrer Umwelt weiter zu entwickeln und dabei Materialität nicht aus dem analytischen Blick zu verlieren. Boas konzipierte und beforschte neben der materiellen Umwelt den Menschen selbst immer auch als physischen Körper, d. h. in seiner Materialität. Zwar wandte er sich rasch und sehr bewusst von

der Idee ab, dass menschliche Entwicklung und menschliches Zusammenleben Gesetzmäßigkeiten im Sinne von Naturgesetzen folge, die man entschlüsseln könne; eine Position, wie sie Ende des 19. Jahrhunderts vor allem die Verfechter evolutionistischer Ansätze vertraten. Jedoch konzipierte
er den Menschen in seiner historisch spezifisch situierten Weise immer
auch als biologisches und nicht nur als soziales oder kulturelles Wesen,
ähnlich, wie das Vertreter der STS später forderten. Und seine empirischen
Methoden zielten fast immer ab auf ein historisches Verständnis der konkreten Lebensbedingungen einer Gruppe von Menschen *und* den Versuch,
Wirkungen dieser Lebensbedingungen auf physiologische Parameter dieser
Gruppen zu messen. (Vgl. Boas 1922) Materialität bezog sich also in dieser
frühen Form der Kulturanthropologie nicht nur auf »natürliche« Umwelt,
sondern immer auch auf Körperlichkeit bzw. Physiologie in seiner spezifischen, historisch-kulturellen Ausformung.

In seiner dritten, und im 20. Jahrhundert sicherlich dominantesten
Form, tritt Materialität in der Kulturanthropologie in Form von Untersuchungen von Artefakten auf. Viele der hochgradig ritualisierten Praxisformen, die die Anthropologie der 1930er, 40er und 50er Jahre in den »primitiven« Kulturen untersuchte, beziehen materielle Artefakte in ihre Abläufe
ein. Als prominentes Beispiel könnte man hier an den Totemismus denken,
bei dem verschiedene Artefakte – oft aufwendige Holzschnitzereien –
symbolisch aufgeladen werden und etwa die Ahnen der jeweiligen Gruppe
verkörpern und in relevanter Weise in Ritualen präsent machen. In ähnlicher Weise untersucht die Sachkulturforschung der deutschen Volkskunde
beispielsweise den Aufbau einer typischen süddeutschen Schreinerwerkstatt
als Repräsentant für eine spezifische handwerkliche Tradition. (SOZIALE
KONSTRUKTION VON TECHNOLOGIE) Die Dinge können hier als Repräsentanten einer Kultur gelten, da ihr Gebrauch sie über die Jahre mit den Eigenheiten dieser Kultur aufgeladen hat. Materialität wird also vornehmlich
als Speicher für Kultur verstanden, der durch die Analyse von materieller
Kultur ausgelesen werden kann. Eine ganz ähnliche Perspektive auf Materialität findet sich auch in der französischen Kulturtheorie eines Pierre
Bourdieu und seinem Konzept der verkörperten Wissens; hier allerdings in
einer praxistheoretisch unterfütterten Lesart, auf die in den folgenden Abschnitten noch näher eingegangen wird.

Zumindest der US-amerikanischen Kulturanthropologie ging mit der
Wende zur interpretativen oder deutenden Anthropologie in den 1970er

Jahren dieser Zugriff auf Materialität weitestgehend verloren. Clifford Geertz' Konzept der dichten Beschreibung richtete anthropologische Analysen
auf die Erfassung von Bedeutung aus, auf das Lesen von Kultur als Text.
(Geertz 1973) Dichte Beschreibung bezeichnet im Kern das Nachvollziehen
der Beschreibungen eines Phänomens aus verschiedenen, lokalen Perspektiven durch die Ethnographin bzw. den Ethnographen. Damit rückten Sinn,
Bedeutung und Text in den Vordergrund der Analyse und verdrängten die
materiellen Aspekte von Kultur und von menschlichem Zusammenleben;
eine Entwicklung, die die britische Sozialanthropologie nie in diesem Maße
nachvollzogen hat. (z. B. Bloch 2005; Ingold 2000; Edwards 1995)

In den späten 1980er und 1990er Jahren wandelt sich die Rolle von Materialität im Schnittfeld von Kulturanthropologie und *Science and Technology Studies* in signifikanter Art und Weise. Dies hatte erstens mit den feministisch kritischen Ansätzen zu tun, wie sie vor allem die amerikanische
Kulturanthropologin Donna Haraway bis heute vertritt. (Vgl. Haraway
1984; Haraway 1988) Sie prägte das Konzept der materiell-semiotischen
Praxis und verknüpfte damit unauflöslich Dinge und Bedeutung. Bedeutung
existiere niemals abseits von materieller Form, so Haraway, und das Materielle erlange erst spezifische Form durch die Verknüpfung mit Bedeutung.
Diese beiden Bewegungen sind kennzeichnend für jede Form von Praxis
und Alltag. Materialität verliert damit seine Rolle als träges Speichermedi-
um von Kultur, das nur so von Bedeutung für das Leben der Menschen ist,
wie es von diesen mit Bedeutung aufgeladen wird. Haraway insistiert, dass
Praxis abseits ihrer materiellen Formen zu untersuchen, schlichtweg keinen
Sinn mache. Sie beginnt also, Materialität gegenüber der Bedeutung auf-
zuwerten.

Anders theoretisch hergeleitet, doch im Ergebnis sehr ähnlich, argumentieren der französische Ethnologe, Soziologe und Sozialphilosoph
Bruno Latour und seine Kolleginnen und Kollegen beim Entwurf der Akteur-Netzwerk Theorie. (Latour 1988) Sie lösen die aus ihrer Sicht spezifisch moderne Trennung von Natur und Kultur auf und beginnen, der frühen Anthropologie nicht unähnlich, Beziehungen zu analysieren; Beziehungen sowohl zwischen Menschen, als auch zwischen Menschen und
Dingen. Menschliches Zusammenleben wird nun nicht mehr nur aus Sicht
der menschlichen Akteure erklärt, sondern durch das netzwerkartige, sich
ständig verändernde Beziehungsgeflecht zwischen Menschen und Dingen.
(AKTEUR-NETZWERK THEORIE) Materialität wird, in dieser Perspektive

noch stärker als bei Haraway, zum Akteur und leistet einen aktiven Beitrag bei der Ausformung von sozialen Phänomenen, die dementsprechend als sozio-materielle, bzw. hybride Phänomene bezeichnet werden. Diese Lesart, der sehr aktiven Rolle von Dingen, macht vor allem in Analysen von naturwissenschaftlichen Feldern viel Sinn, da Forschungsfelder wie z. B. die Molekularbiologie in den letzten fünfzig Jahren ganz entscheidend immer auch durch die Rolle von Technologie geprägt wurden. So liegt es nahe, eine DNA-Sequenziermaschine in der Genomik nicht nur als materiellen Speicher biologischen Wissens zu verstehen, sondern sie ebenfalls als aktiven Akteur in die Analyse der Entwicklungen von genetischen Experimenten einzubeziehen. Soziologisch formuliert, überantwortet diese Form der Analyse den Maschinen und den Dingen Handlungsträgerschaft.

Eine solch aktive Rolle hat die Anthropologie der ersten Hälfte des 20. Jahrhunderts den Dingen niemals zugedacht. Sicherlich kann man darüber streiten, ob es nicht doch ein wenig zu viel französischen Chics ist, Dinge zu aktiven Akteuren zu machen. Schließlich scheint es auch sehr plausibel anzunehmen, dass es letztlich doch immer wieder der Mensch ist, der die Dinge aktiv werden lässt und der bestimmt, wie sie in Handlungsabläufe eingebunden werden. Diese Debatte ist lange und hart geführt worden und setzt sich bis heute fort. (SOCIOLOGY OF SCIENTIFIC KNOWLEDGE) Unabhängig von der epistemologischen Position, die man in diesem Feld beziehen möchte, ist jedoch unstrittig, dass feministische Kritik und Akteur-Netzwerk Theorie einen neuartigen, relationalen Blick auf Forschungsfelder erwirkt haben, der die Rolle von Dingen, von Technologien und von Artefakten in neuen Zusammenhängen problematisiert und dass hinter diese theoretischen Entwicklungen kein Zurückgehen möglich ist. (Vgl. auch Effekte der *writing culture* Debatte auf Ethnographie als Text: ETHNOGRAPHIE)

Praxis & Praxistheorie

Der Begriff der Praxis hat in der sozial- und kulturanthropologischen wie der soziologischen Forschung eine lange Tradition, wobei der Begriff in wechselnden Ausprägungen Verwendung fand; deshalb ist nicht einfach zu fassen, was mit diesem Konzept gemeint ist. Eine erste Annäherung: stellt man sich die Frage, wie Menschen in Gruppen zusammenleben, so wie dies Anthropologie und Soziologie häufig tun, so nehmen die Antworten verschiedene Dimensionen in den Blick. Eine dieser Dimensionen hat mit

Ordnungsprozessen zu tun, d. h. mit der Beobachtung, dass menschliches Zusammenleben häufig in geregelten Bahnen verläuft. Antworten auf die Fragen, woher diese Bahnen kommen, wie sie wirken, wo sie gespeichert und wie sie reproduziert werden, fallen dabei unweigerlich in ein Spektrum, dessen entgegengesetzte Endpunkte auf der einen Seite von individualistischen und auf der anderen von kollektivistischen Konzepten gebildet werden. Dabei können abhängig vom Denkstil für den individualistischen Endpunkt Begriffe wie Hirn, Geist, Akteur oder Subjekt einstehen, während auf der kollektivistischen Seite häufig von Struktur, Gesellschaft oder Klasse gesprochen wird. Zentraler wissenschaftlicher Streitpunkt mit hoher politischer Sprengkraft ist dabei die Frage, inwieweit ein Individuum sein eigenes Handeln selbstbestimmt zu steuern vermag bzw. bis zu welchem Grad menschliches Handeln durch den jeweiligen sozialen und materiellen Kontext vorgegeben ist. Denn weder die Annahme völliger individueller Freiheit, noch die Annahme, dass Menschen lediglich vorgegebene »Programme« realisieren, scheint empirisch überzeugend begründbar.

Das Konzept der Praxis steht nun zwischen diesen beiden Endpunkten. Praxis bezeichnet das *Wie* konkreten lokalen menschlichen Zusammenlebens und begreift dieses als Ergebnis des Zusammenwirkens kollektivistischer und individualistischer Elemente. Dem Praxisbegriff stehen die Konzepte Handlung, Praktik und Alltag nahe, die häufig auch synonym verwendet, bzw. unsauber voneinander abgegrenzt werden.[5] Dies gilt im besonderen Maße für den Alltagsbegriff der Sozial- und Kulturanthropologie. Dies liegt vor allem daran, dass die Anthropologie Alltag meist als Gefüge von Routinen versteht, d. h. als ein in geregelten Bahnen verlaufendes Mit-

---

5 Allerdings kann man zumindest Tendenzen in der Verwendung ausmachen, mittels derer diese Begriffe abgegrenzt werden können. Handlung bezeichnet in der Regel ein individuelles Tun, das erstens auf einen mit Motivation und Intention ausgestatteten Akteur zurückzuführen ist, und zweitens diesem in einem spezifischen sozialen Kontext als sinnhaft erscheint. Der Begriff der Praktik, wenn er denn überhaupt von Praxis unterschieden wird (vgl. *practice* im Englischen), wird eher in Bezug auf ein klar umrissenes Handlungsgefüge verwendet und steht häufig in Bezug zu spezifischen individuellen Fähigkeiten. So würde man im Zusammenhang mit den Abläufen in einem medizinischen Operationssaal wohl von den Praktiken des Operierens sprechen, wenn man die individuellen Abläufe meint, die eine Operateurin zu meistern hat, aber von der Praxis des Operierens, wenn es um den Operationsstil z. B. eines spezifischen OP Teams ginge. Die Trennung ist alles andere als scharf.

einander von Menschen in spezifischen Settings. Wenn man Praxis und Alltag unterscheiden möchte, dann am ehesten so, dass Alltag vor allem solche Praxen meint, die im Allgemeinen durch Normalität, Routine und Gewohnheit bestimmt sind, wohingegen der Praxisbegriff diese Verengung nicht notwendig mit sich bringt.

So unscharf diese Begriffe sein mögen, ergibt sich doch aus dem Praxisbegriff, wie er im Folgenden erläutert und situiert wird, eine spezifische Forschungsperspektive. Nämlich eine Perspektive, die auf überindividuelle, gleichsam habituelle Konfigurationen schaut, ohne eine deterministische Wirkweise dieser Konfigurationen im Sinne von Strukturen oder Gesetzmäßigkeiten zu postulieren; die materielle und soziale Elemente symmetrisch berücksichtigt, statt die einen zu Vorbedingungen für die anderen zu machen; und die zwar Muster und Netzwerke rekonstruiert, aber immer noch größeres analytisches Interesse an ihren Dynamiken und Kontingenzen entwickelt. Praxis bezeichnet damit eine analytische Perspektive, die menschliches Zusammenleben als mannigfaltig situiert begreift. In der konkreten, ethnographischen Arbeit wird deshalb zwar dem direkt erfahrbaren Geschehen die größte Aufmerksamkeit gewidmet, darüber werden aber nie die historischen, materiellen und kulturellen Bedingtheiten eines jeden Geschehens aus den Augen verloren. Praxis bezieht damit verschiedene Zeithorizonte, verschiedene Räumlichkeiten und die materiell-gegen-ständlichen Kontexte in die Analyse des konkreten *Wie* menschlichen Zusammenlebens ein.

Drei Stränge aus dem Rhizom der Praxistheorien[6]

In der Sozial- und Kulturanthropologie hat der Praxisbegriff durch das gesamte 20. Jahrhundert mehr oder minder explizit eine zentrale Rolle gespielt. Die Interaktivität ethnographischen Forschens, die Beschäftigung mit dem Alltag fremder Kulturen und die Zusammenführung verschiedener analytischer Ebenen von individuellem Verhalten bis hin zu Kosmologien, waren immer schon Problematisierungsformen, die zumindest mit impliziten Praxisbegriffen operiert haben. Allerdings standen in der anthropologischen Forschung der 1950er – 1970er Jahre lange Zeit andere Konzepte im Vordergrund.

---

6 Die folgenden beiden Abschnitte zu Bourdieu und Regelmäßigkeit/Kontingenz sind in wesentlichen Zügen entlehnt aus Beck (1996).

33

Sherry B. Ortner, amerikanische Kulturanthropologin, skizziert die Entwicklung wie folgt (Ortner 1984; Sahlins 1993): Ende der 50er Jahre seien die »erschöpften« Theorien des britischen Strukturfunktionalismus (verbunden mit den »Gründungsvätern« einer akademisch respektablen Anthropologie in Großbritannien, A.R. Radcliffe-Brown und Bronislaw Malinowski), der amerikanischen Kulturanthropologie (wie sie etwa von Margaret Mead oder Ruth Benedict vertreten wurde) und der amerikanischen evolutionistischen Anthropologie (wie sie etwa Leslie White und Julian Steward konzipiert hatten) durch drei mit viel Aggressivität und Innovationskraft platzierte theoretische Bewegungen einer jüngeren Generation von Anthropologen abgelöst worden: (a) die symbolisch-interpretative Anthropologie von Clifford Geertz und Victor Turner, (b) die Kulturökologie, ausgearbeitet etwa von Marshall Sahlins oder Roy Rappaport, und schließlich (c) durch die Rezeption der in Frankreich dominierenden strukturalen Anthropologie von Claude Lévi-Strauss'. (Vgl. Sahlins 1993; Lévi-Strauss 1968; Geertz 1973)

Diese drei Bewegungen bergen in und zwischen sich vielfältige Spannungen, von denen diejenige zwischen idealistisch, symboltheoretisch-interpretativen einerseits und materialistischen Perspektiven andererseits wohl die offensichtlichste darstellt. In dieser Konstellation der frühen 1970er Jahre bietet die neue Orientierung hin auf die Problematisierung von Praxis, Handeln oder – allgemeiner – der Tätigkeit von gesellschaftlichen Akteuren eine explizite Schlichtungsgrundlage: Indem Ideologie ebenso wie die materiellen Bedingungen sozialen Lebens Berücksichtigung fanden, konnten Fragestellungen der symbolischen Anthropologie ebenso aufgegriffen werden wie die Problemformulierungen der materialistisch argumentierenden Kulturökologie und im Rahmen einer Theorie interpretiert werden. Gleichzeitig wurden hierdurch wieder soziologische Kategorien in die amerikanische Kulturanthropologie eingeführt, was einen An-knüpfungspunkt an die Arbeiten der britischen Sozialanthropologie ermöglichte. Reichte bis zum Ende der 1970er Jahre noch der Einfluss des marxistisch inspirierten Strukturalismus als theoretisches Fundament für die Neuausrichtung der Forschung auf Praxis, so kommt diese Phase in der anthropologischen Theoriebildung spätestens zu Beginn der 1980er Jahre mit expliziten Praxistheorien, die sich deutlich von ihren Vorgängern absetzen, zu einem Ende. Eine zentrale Rolle spielte hier der französische Kultursoziologe und Ethnologe Pierre Bourdieu.

Pierre Bourdieu

Bourdieu beklagt, die bisherigen Ansätze der strukturalen und symbolischen Anthropologie betrachteten Handeln stets nur »negativ, d. h. als Ausübung/Ausführung«. Diese Ansätze brächten verdinglichte Abstraktionen dank eines Fehlschlusses hervor, »der darin besteht, die von der Wissenschaft konstruierten Objekte wie ›Kultur‹, ›Struktur‹, ›soziale Klassen‹, ›Produktionsweisen‹ usw. wie autonome Realitäten zu behandeln, denen gesellschaftliche Wirksamkeit eignet«. (Bourdieu 1976) Kurz: der Fehler der Anthropologen bestehe darin, aus der Beobachtung der Muster konkreten Handelns abzuleiten, dass es irgendwo einen mächtigen, determinierenden Steuerungsmechanismus geben müsse – den sie dann als »Kultur« oder »Struktur« postulierten und der daraufhin ein theoretisches wie praktisches Eigenleben zu führen beginne. Alle diese Spielarten einer »fallacy of false concreteness« (Alfred North Whitehead) kritisiert Bourdieu als grundlegende Fehler einer objektivistischen Ethnologie, die eine wirkliche Theorie der Praxis verhindere:

»Die Theorie des Handelns als einer einfachen Ausübung des Modells ... stellt nur ein Beispiel unter anderen für jene imaginäre Anthropologie dar, die der Objektivismus erschafft, wenn er, in Marx' Worten ›die Sache der Logik‹ für die ›Logik der Sache‹ ausgebend, die objektive Bedeutung der Praxisformen und Werke zum subjektiven Zweck des Handelns der Produzenten dieser Praxisformen, Praktiken und Werke erhebt, mitsamt seinem unmöglichen homo oeconomicus, der seine Entscheidungen dem rationalen Kalkül unterwirft, seinen Akteuren, die bloße Rollen ausführen oder Modellen gemäß handeln«. (Bourdieu 1976: 159)

Bourdieu greift mit seiner Kritik der Praxisverständnisse der 1970er Jahre die bereits angesprochene Dimension zwischen Akteur und Struktur, zwischen Individuum und Kollektiv wieder auf und fügt ihr einen weiteren wichtigen Aspekt hinzu, nämlich den der Situativität. Um Praxis nicht einfach als Ausführung eines durch Strukturen vorgegebenen »Programms« zu verstehen, betont Bourdieu den situativen, improvisierenden und kreativen Charakter von Praxis. Er gesteht damit den Einzelnen deutlich mehr Freiheitsgrade und Möglichkeiten zu, innerhalb bestimmter Rahmenbedingungen und Situationen Formen des Zusammenlebens zu bestimmen, als dies bis dahin der Fall war.

Als Ziel dieses Ansatzes fordert Bourdieu unter Verweis auf die Feuerbach-Thesen von Marx, dass eine Theorie der Praxis zu erarbeiten sei, »die die Praxis als Praxis konstituiert« (ebd.: 143); hierzu müssten alle Theorien aufgegeben werden, »die explizit oder implizit die Praxis zu einer mechanischen, durch die vorhergehenden Bedingungen unmittelbar determinierten Reaktionsform stempeln«. (ebd.: 169) Damit wird ein Rückgriff auf Konzepte wie Normen oder Rollen, die dem konkreten Handeln vorgängig sind, explizit ausgeschlossen. Ausgeschlossen werden muss jedoch gleichzeitig auch ein rein voluntaristisches Konzept des Handelns, mit dem ausschließlich der freie schöpferische Wille des Handelnden herausgestrichen würde. Bourdieu löst dieses zweifache Problem von ausreichender aber nicht überschießender Handlungsfreiheit durch eine doppelte Operation: einerseits durch die konzeptuelle Einführung des Habitus als einer verkörperten, die Praxis strukturierenden Struktur, mit dem dauerhafte Dispositionen und Geschmackspräferenzen erzeugt werden, andererseits durch die Berücksichtigung »der dialektischen Beziehung zwischen Dispositionen und Ereignis«. (Bourdieu 1976: 183) Hiermit betont Bourdieu den zentralen Stellenwert der jeweiligen Handlungssituation für die Praxen, in denen sich aus dem Spannungsverhältnis zwischen objektiven, situativ gegebenen Handlungsoptionen – einem ereignishaften, kontingenten Element – und dauerhaften, durch den Habitus erzeugten Handlungsdispositionen – dem strukturellen, statischen Element – eine »Konjunktur« ergebe, Handlungsumstände, die von den Handelnden genützt werden könnten. Praxis in diesem Sinne benötigt mithin zweierlei, wenn sie ans Licht treten soll: Situation und Disposition.

Regelmäßigkeit und Kontingenz

Bourdieu selbst hat seinen praxeologischen Anspruch in empirischen Studien allerdings nur bedingt eingelöst. Immer wieder kippt ihm der so wichtige Balanceakt zwischen Situativität und Disposition zu Ungunsten der situativen Faktoren in eine analytische Sprache, in der doch letztlich strukturelle Konzepte wie Ordnung und Klasse vorherrschen. Vor allem dieser Tendenz zur strukturalistischen Lesart von Praxis stellen sich in den späten 1980er Jahren eine Reihe von Autorinnen und Autoren entgegen, die die Situativität und vor allem die Unbestimmtheiten und Unsicherheiten von Praxis in den Vordergrund stellen. So schreibt beispielsweise die Anthropologin Sally Falk Moore: »Order never fully takes over, nor could it.

The cultural, contractual, and technical imperatives leave gaps, require adjustments and interpretations to be applicable to particular situations, and are themselves full of ambiguities, inconsistencies, and often contradictions.« (Moore 1975: 220)

Neben den für die klassische Ethnographie typischen Fokus auf Regelmäßigkeit, Konsistenz und Übereinstimmung des Handelns mit »Ordnung« müsse daher »a focus on change, or process over time, and on paradox, conflict, inconsistency, contradiction, multiplicity and manipulability in social life« treten. (ebd.: 217) Unter einer akteurszentrierten Perspektive könnten somit zwei sich ergänzende Handlungsmuster untersucht werden: erstens der Versuch der Akteure »to control their situations by struggling against indeterminacy, by trying to fix social reality, to harden it, to give it form and order and predictability« und zweitens gegenläufige Prozesse »by means of which people arrange their immediate situations [...] by exploiting the indeterminacies in the situation, or by generating such indeterminacies, or by reinterpreting or redefining the rules or relationships.« (Moore 1975: 234)

Im Gegensatz zu Bourdieu argumentiert Moore ausgehend von der Annahme unvollständiger, unsicherer Ordnung und Kontingenz. Hierdurch kann sie Ordnung als eine Strategie der Praxis analysieren: Ordnung stellt sich aus dieser Perspektive nicht als ein vorgängiges, alle Praxisformen bis ins letzte Detail prägendes, deterministisch wirkendes Konstrukt dar, sondern als ein von den Akteuren ausgehender, provisorischer und notwendig unvollständiger Stabilisierungsversuch des Sozialen. Diesem »ordnungsstiftenden« Akteur stellt Moore den Handelnden gegenüber, der günstige Gelegenheiten durchaus zu ergreifen weiß, indem er entweder Kontingenzen und Unbestimmtheiten in den gesellschaftlichen Ordnungssystemen im eigenen Interesse nutzt oder solche freien Räume zum eigenen Vorteil aktiv schafft.[7]

---

7 Ein ganz ähnlicher Ausgleich zwischen Ordnung und Handlungsfreiheit findet sich in den Konzepten strategischen und taktischen Handelns bzw. der darin manifestierten Handlungstheorie des französischen Soziologen Michel de Certeau (1984) sowie in den soziologischen Entwürfen von Anthony Giddens (1984).

Praxiskonzepte heute

In den letzten gut fünfzehn Jahren etablierte sich eine weitere Variante des Praxisbegriffs, der an der Mooreschen Lesart ansetzt, diese aber um eine wesentliche Dimension erweitert. Sowohl Marx als letztlich auch Moore, Giddens und de Certeau arbeiten mit einer scharfen Trennung von Subjekt und Objekt. In ihrem Denken und in ihrer Forschung existieren materielle Umwelten und in ihnen soziale und humane Akteure. Diese klare Trennung gerät Mitte der 1980er Jahre zunehmend unter Druck. Wie bereits im Abschnitt zu Materialität kurz angerissen, wird diese Trennung zum einen durch eine zunehmend elaborierte feministische Kritik aufgelöst, die vor allem in der US Amerikanischen Kulturanthropologie wichtige Resonanzen produziert. Zum anderen beginnt mit dem Ende der 1980er Jahre die Entwicklung der Akteur-Netzwerk Theorie vornehmlich in der europäischen Wissenschafts- und Technikforschung. Paradigmatisch für diese beiden Entwicklungsstränge stehen die Namen Donna Haraway und Bruno Latour. Beide entwickeln in praxistheoretisch orientierten Forschungsarbeiten Konzepte, die die herkömmlichen Grenzen von Objekt und Subjekt bzw. Natur und Kultur aufheben.

Haraway entwickelt das Konzept der materiell-semiotischen Praxis als eine neue fundamentale ontologische Einheit, die Materialität und Bedeutung notwendig und unwiederbringlich in Praxis miteinander verbindet. Das Eine ist nicht mehr ohne das Andere zu haben. Latour spricht in einer sehr ähnlichen Stoßrichtung, wenn auch aus einer deutlich anderen Motivation und Genealogie heraus, von sozio-technischen Netzwerken und konfiguriert damit »das Soziale« neu; nämlich nicht als präformierte Einheit, die materieller Praxis vorgeschaltet wäre, sondern als ontologisch mit Technik, mit Materialität und mit Körper Verbundenes. Das Akteur-Netzwerk, das zu Beginn der 1990er Jahre noch häufig als tatsächliches Netzwerk im Sinne von Knotenpunkten und Verbindungen verstanden wurde, ist rasch dynamisiert worden, so dass es schon Ende der 1990er Jahre vor allem um den Bindestrich in Akteur-Netzwerk geht und damit um die Frage, wie Akteure in spezifischen Konstellationen zueinander in Bezug gesetzt werden, wie diese Beziehungen stabilisiert werden und wie sie sich wieder lösen. (POST-ANT)

Die Marx'sche Trennung von Subjekt und Objekt, d. h. von Produktionsbedingungen und ihren Konsequenzen, »is too weak. [...] We need to think about agency – performance, doing things.« (Pickering 2001: 163)

Mit dieser aktuellsten Praxiswende werden nun also Handlungsträgerschaft und Kreativität verstanden als verteilt zwischen menschlichen und nicht-menschlichen Akteuren – Dinge handeln hier gleichsam mit, sie sind als »Aktanten« anzusehen. Im Vordergrund steht eine prozessuale Perspektive auf die Art und Weise, wie Beziehungen zwischen menschlichen und nicht-menschlichen Akteuren hergestellt werden. Der US Amerikanische Soziologe Theodore Schatzki fasst dementsprechend den neuen Praxisbegriff sehr weit: »By ›practices‹ I mean organized spatial-temporal manifolds of human activity.« (Schatzki 2010) Und noch eine weitere Radikalisierung des Praxiskonzepts folgt zu Beginn des 21. Jahrhundert. Die niederländische empirische Philosophin Annemarie Mol denkt die Implikationen der feministischen Kritik bzw. der Akteur-Netzwerk Bewegung konsequent zu Ende und formuliert daraus ein Praxisverständnis, bei dem Praxis die fundamentale analytische Einheit darstellt und aus ihr heraus überhaupt erst Akteure entstehen. (Mol 2002)

Mols Welt beginnt also weder mit Struktur noch Akteur, nicht mit Habitus oder Unsicherheit, sondern mit Praxis, mit Dingen, die sich ereignen, mit Tun, mit Alltag und mit Bewegung. Praxis wird, wie die amerikanische Anthropologin und Physikerin Karen Barad überspitzt formuliert (Barad 1999), gewissermaßen ontologisch primitiv, d. h. nur noch an sich selbst gebunden und der Existenz von Akteuren vorgeschaltet. Entitäten jeglicher Art, d. h. Menschen und Dinge, entstehen überhaupt erst aus Praxis heraus. Sie sind quasi zeitlich begrenzt eingefrorene, stabilisierte oder suspendierte Praxis. Sie kristallisieren sich aus Praxis heraus und erreichen dabei verschiedene Härtegrade. Entitäten, Menschen und Dinge verlieren aus dieser Sicht ein ihnen innewohnendes und unveränderliches Wesen. Sie sind immer nur so, wie sie in und durch eine spezifische lokale und kontingente Praxis gemacht werden. Und nur als solche lassen sie sich auch praxeographisch beforschen. Alles andere – Subjekt oder Identität – sind genau die Projektionen, die schon Bourdieu den Strukturalisten und Symbolisten vorgeworfen hat und die auch in der frühen feministischen Anthropologie einer Donna Haraway noch immer nicht völlig getilgt sind.

Wissen und Technologie als Praxis

Das Forschungsfeld der *Science and Technology Studies* hat diese aktuellsten Entwicklungen entscheidend mit vorangetrieben. Laborforschung, feministische Anthropologien und Akteur-Netzwerk-Bewegung prägen die Genealogien, die die Sozial- und Kulturanthropologie eng mit einer ethnographischen Wissenschafts- und Technikforschung verschränkt. (Kontopodis et al. 2011) Es ist daher wenig verwunderlich, dass der Praxisbegriff, wie er hier eingeführt worden ist, für die sozialanthropologischen *Science and Technology Studies* eine elementare Rolle spielt. Er markiert die empirische wie analytische Perspektive. Wissen und Technologie, zwei zentrale Akteure in den Forschungsfeldern der *Science and Technology Studies*, werden niemals als wie auch immer präformierte, essentielle Entitäten begriffen. Wissen ist weder abstraktes Gut, noch mentalistisches Werkzeug oder lediglich Ergebnis rein kognitiver Prozesse. Und Technologie ist niemals nur Ding, Gebrauchsgegenstand oder Träger von symbolischem Gehalt im Sinne eines Artefakts.

Beide, Wissen und Technologie, werden im Forschungsfeld der sozialanthropologischen *Science and Technology Studies* immer als Teil von Praxis begriffen und beforscht. Das bedeutet nicht nur, dass sie in ihrem Alltagsgebrauch untersucht werden, auch wenn dieser eine wichtige Rolle spielt. Es bedeutet, dass Wissen und Technologie erst durch die lokalen Praxen in ihrem konkreten So-Sein bestimmt werden. Sie existieren nicht außerhalb von Praxis und können daher auch nur als Teil von Praxis untersucht werden. Dabei ist es häufig charakteristisch für naturwissenschaftliches Wissen und Technologien in westlichen Modernen, dass sie eine hohe Stabilität über verschiedene Praxisformen hinweg erreichen, d. h. sie produzieren Kontinuität. Diese Stabilität, z. B. einer wissenschaftlichen Methode, einer klinischen Diagnose oder eines Messinstruments, wird allerdings in der Praxis hergestellt; ihren Produktionsprozess gilt es mittels ethnographischer Forschung zu zeigen. Stabilität ist niemals vorausgesetzt durch die Forschungsperspektive. Sie ist keine Eigenschaft von Wissen oder Technologie. Sie ist immer Ergebnis spezifischer Praxis – und kann daher auch schnell wieder zusammenbrechen. Sie ist eine Regelmäßigkeit, die sich über verschiedene Praxen hinweg ergibt, und in keiner Weise ein Apriori, das Praxis determiniert.

Wissen ist also immer Wissens*praxis* und als solche situiert, eingebettet, verortet, verkörpert und eingeschrieben. Gleiches gilt für Technologie:

sie wird erst in konkreten Produktions- und Nutzungskontexten geformt. Und sie ist Akteur. Denn die hier vorgestellte Praxisperspektive geht nicht davon aus, dass Handlungsträgerschaft und Kreativität notwendig an die Intentionen menschlicher Akteure gebunden sind. Vielmehr werden Handlungsträgerschaft und Kreativität auf der Ebene von konkreter Praxis und damit als verteilt über menschliche und nicht-menschliche Akteure untersucht. Technologie kann in dieser Perspektive sehr wohl einen wichtigen Beitrag zur Ausformung spezifischer Praxisformen leisten. Ein solches Verständnis von Wissen und Technologie als Praxis macht auch deutlich, warum ethnographisches und praxeographisches Arbeiten eine so zentrale Methode für die sozialanthropologischen *Science and Technology Studies* darstellt. Es geht nicht nur um die Beobachtung von Alltagen und implizitem Wissen, sondern es geht in einem fundamentaleren Sinne um Praxis als analytische Ebene auf der Wissen und Technologie überhaupt erst auf relevante Weise geformt und bestimmt werden. Und Praxis in diesem Sinne ist über Diskurs und Sprache nur unzureichend bestimmt. Sie muss immer auch in ihrem konkreten Ablauf, ihrem Getan-Werden beobachtet werden.

Dabei sei an dieser Stelle nochmals angemerkt, dass diese Lesart von Praxis ein hohes Risiko birgt, präsentistisch zu forschen, d. h. das Beforschte aus sich selbst heraus zu erklären. Der Schlüssel zum Verständnis einer spezifischen Praxis wird dann nur in dieser Praxis selbst gesucht. Das ist nicht beabsichtigt. Zwar geht es nicht mehr primär darum, eine, wie auch immer geartete, Eigenlogik einer Praxis zu destillieren. Auch wird nicht, in einer Marx'schen Interpretation von Geschichte, davon ausgegangen, dass sich Praxis quasi automatisch reproduziert. Und vor allem betont praxeographisches Arbeiten die Rolle der Forschenden in der Koproduktion des Forschungsfeldes und der untersuchten Phänomene. Alle drei Einwände dürfen jedoch nicht darüber hinwegtäuschen, dass jede Praxis eine historische wie soziale und kulturelle Tiefe mit sich bringt. Zwar müssen alle Elemente, die eine Praxis formen, in jedem konkreten Moment aktualisiert werden, daraus folgt aber nicht, dass sie präsent und ethnographisch fassbar sein müssen.

Vieles bestimmt eine konkrete Praxis gerade durch seine Abwesenheit oder durch eine spezifische Form der Anwesenheit, die andere Formen der Anwesenheit verdrängt. Ein klassisches Beispiel, das diese Problematik veranschaulicht, ist die Krankengeschichte von Patienten. Sie ist natürlich relevant in der konkreten Situation der ärztlichen Konsultation. Allerdings muss sie dort nicht sichtbar sein. Sie ist in Akten, Hirnen und Daten gespeichert und beeinflusst so das Arzt-Patienten Gespräch als absent-present. (Law/Mol 2002) In anderen Situationen wird eine Krankengeschichte vielleicht auf vielfache Art und Weise präsent gemacht, z. B. in dem Ärztin und Patient gemeinsam die Krankenakte durchgehen, um über ein neues Medikamentenregime zu entscheiden. Praxis ist also selten nur aus dem heraus erklärbar, was in der konkreten Situation erfahrbar wird. Daher sollten zu ihrer Erforschung auch niemals nur ethno- und praxeographische Methoden herangezogen werden. Methoden, die es ermöglichen, eine Genealogie der Praxis und ihre Interaktion mit alternativen Ordnungsprozessen relevant zu machen, d. h. historische Analysen und mit einem weiteren Objektiv agierende anthropologische und soziologische Methoden, z. B. Feldanalysen, stehen gleichberechtigt neben Ethno- und Praxeographie und sollten, wo immer möglich, komplementär zum Einsatz kommen.

ZUM AUFBAU DIESER EINFÜHRUNG

Die *Science and Technology Studies* stellen ein Forschungsfeld dar, das an deutschsprachigen Universitäten in der Lehre wesentlich weniger präsent ist als beispielsweise im Angloamerikanischen Raum. Allgemeine und umfassende Einführungen existieren deshalb bereits in englischer Sprache sowohl als Monographien, wie auch als breit aufgestellte und sehr renommiert besetzte Sammelbände. (Hess 1997; Hess 1995; Biagioli 1999; Jasanoff et al. 1995; Hackett et al. 2008) Der vorliegende Band ist allerdings keinesfalls eine bloße Übertragung dieser Werke ins Deutsche. Stattdessen präsentieren wir hier eine dezidiert sozialanthropologische Perspektive auf die *Science and Technology Studies*. Diese Perspektive ist einerseits eng an unsere eigenen Arbeiten im »Labor: Sozialanthropologische Wissenschafts- und Technikforschung« des Instituts für Europäische Ethnologie der Humboldt-Universität zu Berlin gebunden. Andererseits weist sie entscheidend darüber hinaus, stärkt ein international etabliertes Forschungsfeld und stützt damit eine Entwicklung, die institutionell in Deutschland nicht stark verankert ist. (Vgl. Kneer 2008) Wir hoffen, durch diesen auswählenden Zugriff weniger allgemein über STS sprechen zu dürfen, gerade dadurch aber den Blick immer wieder auf Themen, Zugriffe und Problematisierungen zu lenken, die auch für Studierende, Kolleginnen und Kollegen sowie Interessierte aus anderen Disziplinen und Feldern von Interesse sind, die sich bereits mit Wissenschafts- und Technikforschung befasst haben. Es sei aber an dieser Stelle dringend darauf hingewiesen, dass ein tieferer Einstieg in die hier eingeführten Themen und Problematisierungen immer der weiteren Lektüre auch in den jeweiligen Disziplinen bedarf. Wo es den Autorinnen und Autoren dieses Bandes von besonderer Notwendigkeit oder Nützlichkeit zu sein schien, haben sie auf weiterführende Texte und Zugänge explizit verwiesen.

Dieser Band ist in eine Einleitung und drei Hauptabschnitte gegliedert. Der erste Abschnitt umfasst die ersten beiden inhaltlichen Kapitel und beschäftigt sich mit den wissenschaftsphilosophischen und –soziologischen Grundlegungen sozialanthropologisch ausgerichteter *Science and Technology Studies*, namentlich der Wissenschaftstheorie (Kapitel 1) und der frühen Wissenschaftssoziologie (2). Es folgt der zweite Abschnitt mit den Kapiteln drei bis sieben, der die theoretischen Bewegungen und Forschungsansätze im Kern der *Science and Technology Studies* vorstellt: sociology of scientific knowledge (3), soziale Konstruktion von Technologie (4), Laborstudien (5) und Akteur-Netzwerk Theorie (6). Der dritte Abschnitt beschäftigt sich mit den Schnittfeldern zu sozialanthropologischen Kernthemen. Dabei steht in Kapitel sieben die Beziehung zwischen STS und Politik im Vordergrund. In Kapitel acht werden Fragen nach der Rolle verschiedener Rationalitäten in gesellschaftlichen Ordnungen diskutiert. Kapitel neun widmet sich der Ethnographie als Methode, Theorie-Methode-Nexus und Text und bezieht diese Diskussion auf Untersuchungen von Wissenschaft und Technologie in modernen Gesellschaften. Kapitel zehn widmet sich der Frage nach Klassifikationen und ihren Wechselwirkungen mit Selbstkonstitutions- und gesellschaftlichen Ordnungsprozessen. Kapitel elf konzentriert sich ebenfalls auf Wechselwirkungen zwischen Wissenschaft und Gesellschaft, untersucht diese aber mit einer Perspektive auf Infrastrukturen. Infrastrukturen residieren als analytisches Konzept zwischen Praxis und Struktur und ermöglichen vor allem eine genauere Untersuchung der materiellen Bedingungen von Wissensproduktion und Wissenstransfer. Der Band schließt in Kapitel zwölf mit einem Überblick über aktuelle Diskussionen und Theoriestränge, die sich im Zuge von Debatten um die Weiterentwicklung von Akteur-Netzwerk Theorie gebildet haben. Dies ist derzeit ein sehr aktives Forschungsgebiet und weist damit über diese Einführung hinaus in die aktuelle Literatur, wie sie sich in den einschlägigen Zeitschriften darstellt, wie z. B. in Social Studies of Science; Science, Technology & Human Values; BioSocieties; Science, Technology and Innovation; Science Studies und vielen weiteren.

Allen Kapiteln ist eine kurze einführende Passage vorangestellt, die die wichtigsten Punkte des Kapitels zusammenfasst und gegebenenfalls in einen breiteren Kontext von methodischen und theoretischen Entwicklungen einfügt. Diese Einführungen sind in didaktischer Absicht verfasst und kristallisieren die *take home message* jedes Kapitels heraus. Dieser extremen Verkürzung steht eine Liste mit zwei oder drei weiterführenden Texten zur Seite, die den im Kapitel vorgestellten Ansatz ergänzen, vertiefen oder die Problematisierung in einer Studie tatsächlich zur Anwendung gebracht haben. Dabei sollen die Kurzzusammenfassungen dieser Texte lediglich der Orientierung dienen und keinesfalls als ausreichende Inhaltsangabe aufgefasst werden. Der Band verfügt über einen Personen- und Sachindex, der bei der Orientierung und Erschließung von theoretischen Konzepten helfen soll. Der Band folgt zumindest in den Hauptteilen eins und zwei einer chronologischen Ordnung. Die Kapitel erheben aber den Anspruch alleinstehend lesbar und verständlich zu sein. Querverweise auf andere Kapitel sind durch den Kurztitel des Kapitels in Klammern und Kapitälchen gekennzeichnet.

LITERATUR

Barad, Karen (1999): »Agential Realism. Feminist Interventions in understanding Scientific Practices«. In: Mario Biagioli (Hg.), The Science Studies Reader, New York: Routledge, S. 1–11.

Beck, Stefan (1997): Umgang mit Technik: kulturelle Praxen und kulturwissenschaftliche Forschungskonzepte, Berlin: Akademie Verlag.

Beck, Stefan/Cil, Nevim/Hess, Sabine/Klotz, Maren/Knecht, Michi (2007): Verwandtschaft Machen. Soziale Formen der Reproduktionsmedizin und Adoption in Deutschland und der Türkei, Sonderheft der Berliner Blätter – Ethnographische und Ethnologische Beiträge, Berlin: LIT-Verlag.

Beck, Ulrich (1986): Risikogesellschaft. Auf dem Weg in eine andere Moderne, Frankfurt/M.: Suhrkamp.

Biagioli, Mario (1999): The Science Studies Reader, London/New York: Routledge.

Bloch, Maurice (2005): Essays on Cultural Transmission, London: Berg Publishers.

Bloor, David (1976): Knowledge and Social Imagery, Routledge Direct Editions, London/Boston: Routledge & K. Paul.

Boas, Franz (1982/1922): Report on an anthropometric Investigation of the Population of the United States«. In: Franz Boas (Hg.), Race, Language and Culture, Chicago/London: University of Chicago Press, S. 28–59.

Bourdieu, Pierre (1976): Entwurf einer Theorie der Praxis auf der ethnologischen Grundlage der Kabylischen Gesellschaft, 1. Aufl, Frankfurt/M: Suhrkamp.

Callon, Michel (1999): »Some Elements of a Sociology of Translation. Domestication of the Scallops and the Fishermen of St.Brieuc Bay«. In: Mario Biagioli (Hg.), The Science Studies Reader, New York: Routledge, S. 67–84.

Collins, Harry M. (1975): »The Seven Sexes: A Study in the Sociology of a Phenomenon, or the Replication of Experiments in Physics«. Sociology 9(2), S. 205–24.

de Certeau, Michel (1984): The Practice of Everyday Life, Berkeley: University of California Press.

DeLanda, Manuel (2006): A New Philosophy of Society: Assemblage Theory and Social Complexity, London/New York: Continuum.

Edwards, Jeanette (1995): »Explicit Connections: Ethnographic Enquiry in North-West England«. In: Jeanette Edwards/Sarah Franklin/Eric Hirsch/Frances Price/Marily Strathern (Hg.), Technologies of Procreation. Kinship in the Age of Assisted Conception, Manchester: Manchester University Press, S. 42–66.

Foucault, Michel (1974): Die Ordnung der Dinge, Frankfurt/M.: Suhrkamp.

Foucault, Michel (1978): Dispositive der Macht. Über Sexualität, Wissen und Wahrheit, Berlin: Merve.

Foucault, Michel (1980): »Power/Knowledge: Selected Interviews and Other Writings 1972–1977«. In: Colin Gordon (Hg.), ebd., New York: Harvester Wheatsheaf.

Foucault, Michel (1981): Archäologie des Wissens, Frankfurt/M.: Suhrkamp.

Geertz, Clifford (1973): The Interpretation of Cultures, New York: Basic Books.

Geertz, Clifford (1973): »Thick Description. Toward an interpretive Theory of Culture«. In: Clifford Geertz (Hg.), The Interpretation of Cultures: Selected Essays, New York: Basic Books, S. 3–30.

Giddens, Anthony (1984): The Constitution of Society: Outline of the Theory of Structuration, Cambridge/Cambridgeshire: Polity Press.

Habermas, Jürgen (1969): Technik und Wissenschaft als »Ideologie«, Frankfurt/M.: Suhrkamp.

Hackett, Edward J. (2008): The Handbook of Science and Technology Studies, Published in cooperation with the Society for the Social Studies of Science, Cambridge/MA.: MIT Press.

Hacking, Ian (2006): »Kinds of People: Moving Targets«. British Academy Lecture 10, S. 1–18.

Hacking, Ian (1999): The Social Construction of What?, Cambridge/MA: Harvard University Press.

Hagendijk, Rob/Irwin, Alan (2006): »Public Deliberation and Governance: Engaging with Science and Technology in Contemporary Europe«. Minerva 44(2), S. 167–84.

Haraway, Donna (1984): »Primatology Is Politics by Other Means«. PSA: Proceedings of the Biennial Meeting of the Philosophy of Sciences Association, Symposia and Invited Papers, S. 489–524.

Haraway, Donna (1988): »Situated Knowledges: The Science Question in Feminism and the Privilege of Partial Perspective«. Feminist Studies 14, S. 575–99.

Hess, David (1997): Science Studies – an Advanced Introduction, New York: New York University Press.

Hess, David J. (1995): Science and Technology in a Multicultural World. The Cultural Politics of Facts and Artifacts, New York: Columbia University Press.

Hirschauer, Stefan (1994): »Towards a Methodology of Investigations into the Strangeness of One's Own Culture: A Response to Collins«. Social Studies of Science. An International Review of Research in the Social Dimensions of Science and Technology 24, S 335–46.

Hornbostel, Stefan (2006): »Leistungsmessung in der Forschung. Von der Qualitätssicherung der Lehre zur Qualitätsentwicklung als Prinzip der Hochschulsteuerung«. Beiträge zur Hochschulpolitik 1, S 219–28.

Ingold, Tim (2000): The Perception of the Environment: Essays on Livelihood, Dwelling & Skill, London/New York: Routledge.

Jasanoff, Sheila/Markle, Gerald E./Petersen, James C./Pinch, Trevor (1995): Handbook of Science and Technology Studies, Thousand Oaks/Calif.: Sage Publications.

Kneer, Georg (2008): »Die Debatte über Konstruktivismus und Postkonstruktivismus«. In: Georg Kneer/Stephan Moebius (Hg.), Soziologische Kontroversen. Beiträge zu einer anderen Geschichte der Wissenschaft vom Sozialen, Frankfurt/M: Suhrkamp.

Kontopodis, Michalis/Niewöhner, Jörg/Beck, Stefan (2011): »Investigating Emerging Biomedical Practices: Zones of Awkward Engagement on Different Scales«. Science, Technology & Human Values, online first.

Latour, Bruno (1988): »Mixing Humans and Nonhumans Togester: The Sociology of a Door-Closer«. Social Problems 35(3), S. 294–311.

Latour, Bruno (2002): Die Hoffnung der Pandora, Frankfurt/M: Suhrkamp.

Law, John/Mol, Annemarie (2002): Complexities: Social Studies of Knowledge Practices, Science and Cultural Theory, Durham: Duke University Press.

Lévi-Strauss, Claude (1968): Das wilde Denken, Frankfurt/M.: Suhrkamp.

Lynch, Michael/Woolgar, Steve (1990): Representation in Scientific Practice, Cambridge: MIT Press.

Mathar, Thomas (2010): »Der Digitale Patient. Zu Den Konsequenzen Eines Technowissenschaftlichen Gesundheitssystems«. Bielefeld: transcript.

Mathar, Thomas/Jansen, Yvonne J.F.M. (Hrsg.) (2010): »Health Promotion and Prevention Programs in Practice. How Patients' Health Practices are Rationalised, Reconceptualised and Reorganised«. Bielefeld: transcript.

Mol, Annemarie (2002): The Body Multiple: Ontology in Medical Practice, Durham: Duke University Press.

Mol, Annemarie/Moser, Ingunn/Pols, Jeannette (Hrsg.) (2010): »Care in Practice. On Tinkering in Clinics, Homes and Farms«. Bielefeld: transcript.

Moore, Sally Falk (1975): »Epilogue: Uncertainties in Situations, Indeterminacies in Culture«. In: Barbara G. Myerhoff Sally Falk Moore (Hg.), Symbol and Politics in Communal Ideology. Cases and Questions, Ithaca/London: Cornell University Press, S. 210–39.

Nagel, Thomas (1986): The View from Nowhere, New York: Oxford University Press.

Niewöhner, Jörg/Kehl, Christoph/Beck, Stefan (Hrsg.) (2008): »Wie geht Kultur unter die Haut? Emergente Praxis am Schnittfeld von Medizin, Sozial- und Lebenswissenschaften«. Bielefeld: transcript.

Niewöhner, Jörg/Döring, Martin/Kontopodis, Michalis/Madarász, Jeannette/Heintze, Christoph (2011): »Cardiovascular Disease and Obesity Prevention in Germany: An Investigation into a Heterogeneous Engineering Project«. Science, Technology & Human Values, online first.

Niewöhner, Jörg/Kehr, Janina/Vailly, Joelle (Hrsg.) (2011a): »Leben in Gesellschaft. Biomedizin – Politik – Sozialwissenschaften«. Bielefeld: transcript.

Ortner, Sherry B. (1984): »Theory in Anthropology since the Sixties«. Comparative Studies in Society and History 26(1), S. 126–66.

Sahlins, Marshall (1993): »Goodby to Tristes Tropes: Ethnography in the Context of Modern World History«. The Journal of Modern History 65(1), S. 1–25.

Schatzki, Theodore (2010): »Material and Social Life«. Nature and Culture 5(2), S. 123–49.

Scheffer, Thomas/Niewöhner, Jörg (2010): Thick Comparison. Reviewing the Ethnographic Aspiration, Amsterdam: Brill.

Simon, Dagmar/Knie, Andreas/Hornbostel, Stefan (2001): Handbuch Wissenschaftspolitik. Wiesbaden: VS Verlag.

Weingart, Peter (2002): »The Moment of Truth for Science. The Consequences of the ›Knowledge Society‹ for Society and Science«. Embo Reports 3(8), S. 703–6.

Teil I
Wissenschaftsphilosophische und
-soziologische Grundlegungen

Von der Wissenschaftstheorie zur Soziologie der Wissenschaft

Das Forschungsfeld der Science and Technology Studies hat wesentliche Impulse für seine Entstehung und Entwicklung aus der Wissenschaftstheorie, vor allem der ersten Hälfte des 20. Jahrhunderts bezogen. Der logische Positivismus des Wiener Kreises, Karl Poppers kritischer Rationalismus und der Historizismus, entscheidend geprägt von Thomas Kuhn, stellen bis heute die zentralen philosophischen Grundpfeiler der Analyse von Erkenntnisprozessen dar. Alle drei Ansätze untersuchen Erkenntnis mehr oder weniger idealistisch, d. h. auf der Ebene von Konzepten, die losgelöst von den sozialen und materiellen Bedingungen ihrer Produktion verstanden werden. Die Untersuchung dieser Produktionsbedingungen war lange Zeit der Wissenschaftsgeschichte vorbehalten. Eine für die Science and Technology Studies prägende Ausnahme in der ersten Hälfte des 20. Jahrhunderts bildet Ludwik Flecks Analyse von Erkenntnis als abhängig von historisch und sozial geformten Denkstilen. Erkenntnisprozesse werden durch Fleck weder idealistisch noch psychologisch gefasst, sondern als fortlaufender Prozess kollektiven sozialen Handelns. Es ist diese Perspektive auf Wissenschaft und Technologieentwicklung, die deutlich macht, wie Wissensproduktion und Erkenntnis zentrale Themen sozialanthropologischer Studien sein können: als situierte, sozial und historisch kontingente Praxis wissenschaftlichen Alltags.

49

Weiterführende Literatur

Young, Allan (1995): The Harmony of Illusions: Inventing Post-Traumatic Stress Disorder, Princeton: Princeton University Press.
Eine anthropologische Untersuchung der Entstehung der Diagnose Post-Traumatische Belastungsstörung in den USA in der Folge des Vietnamkriegs. Allan Young greift auf das Fleck'sche Konzept der Harmonie der Täuschung zurück und analysiert umfassend die Entwicklung medizinisch-psychiatrischen Wissens in einem spezifischen Kontext.

Hacking, Ian (1992): »›Style‹ for Historians and Philosophers«. Studies in History and Philosophy of Science Part A, 23(1), 1–20.
Eine wissenschaftshistorische Analyse, die Philosophie und Geschichte über das Konzept des ›Stils‹ zusammenführen möchte. Präzise geschrieben und mit vielen hilfreichen Bezügen zwischen Fleck und zentralen wissenschaftsphilosophischen und -historischen Positionen.

EINLEITUNG

Dieser Beitrag zeichnet die Wurzeln des Forschungsfeldes der *Science and Technology Studies* in der Wissenschaftstheorie des frühen 20. Jahrhunderts nach und verfolgt diese bis in die Anfänge der Wissenschaftssoziologie in den 1950er Jahren. Das Forschungsfeld der *Science and Technology Studies*, so wie es sich heute darstellt, integriert eine Vielzahl verschiedener Disziplinen: Soziologie und Anthropologie (Europäische Ethnologie), aber auch Wissenschaftsgeschichte und -philosophie, Politik- und Sprachwissenschaften ebenso wie Psychologie. Wichtige theoretische Anregungen gingen zudem aus von interdisziplinären Feldern wie den *gender, postcolonial* oder *cultural studies*. Es ist daher keine einfache Aufgabe, den Wurzeln dieses heterogenen Feldes nachzuspüren. Je nach disziplinärer Zugehörigkeit würden eine jede Autorin und ein jeder Autor wohl unterschiedliche theoretische Aspekte, Methoden und Personen hervorheben. Dieser Beitrag ordnet die wissenschaftstheoretischen Entwicklungen aus der Sicht der heutigen Sozial- und Kulturanthropologie. Er stellt drei Kernpositionen der philosophischen Wissenschaftstheorie des 20. Jahrhunderts den Überlegungen des Mediziners Ludwik Fleck gegenüber und betont damit eine sozial wie historisch situierte Perspektive auf Wissen, Denken und Erkenntnis. Diese Herangehensweise betont die Schnittstellen und Anschlussfähigkeiten von Wissenschaftstheorie und anthropologischen Verständnissen von Wissen als Praxis. Es ist aber auch eine spezifisch disziplinäre Lesart der Entwicklungen, die keinesfalls als umfassender Überblick verstanden werden kann. Stattdessen empfiehlt es sich, dieses Kapitel einerseits durch auf Englisch verfügbare Einführungen in die Wissenschaftsforschung und ihre Grundlagen in der *philosophy of science* zu ergänzen; andererseits sie durch Lektüre einschlägiger wissenschaftstheoretischer und -historischer Texte zu vertiefen.

Bevor sich dieser Beitrag seinem eigentlichen Kern zuwendet, soll einführend die Frage erörtert werden, warum die Entstehung von Wissen überhaupt ein anthropologisches Thema ist. In der Tat entsteht in den folgenden Abschnitten rasch der Eindruck, dass die Entstehung von wissenschaftlichem Wissen ein universelles Phänomen ist, das wenig mit der Spezifik gelebter Alltage und spezifischen – zeitlich und räumlich lokalisierten – Bedingungen zu tun hat. Wissenschaftstheorie ist zuvorderst ein Feld der Philosophie. Ihr Metier ist das abstrakte Konzept, das losgelöst von seinen konkreten lokalen, historischen und epistemischen Produktionsbedingungen erörtert werden kann. Aus sozialanthropologischer Perspektive scheint eine solche un-verortete oder nicht-situierte Arbeit an und mit Konzepten ein wenig fremd. Mehr noch: die Vorstellung, man könne über Erkenntnis, Wahrheit und Wissen sprechen, als seien es Konzepte losgelöst von konkreter Praxis, stellt an sich eine hochgradig spezifische, westliche Sichtweise dar. Der US amerikanische Anthropologe Marshall Sahlins hat in seinem wegweisenden Aufsatz »The Sadness of Sweetness. The native Anthropology of Western Cosmology« (Sahlins 1996) deutlich gemacht, bis zu welchem Grad Vorstellungen von Rationalität und Logik und damit auch von Wissen, Wissensproduktion und durch Wissen ermöglichter technologischer Fortschritt spezifisch westlich moderne Phänomene darstellen. Dass wissenschaftliche Methoden zur objektiven Erkenntnis und zur Produktion von wissenschaftlich gesicherter Wahrheit befähigen, d. h. zu objektivem Wissen über die Natur und darauf basierender Technologieentwicklung, ist eine kontingente – d. h. historisch unter spezifischen Bedingungen entstandene, tradierte und weiterentwickelte – Perspektive. Sie hat ihre Wurzeln in der Antike, ist seit der Aufklärung in Euro-Amerika dominant und wird für gewöhnlich für den wissenschaftlich-technologischen Fortschritt in der industriellen Moderne verantwortlich gemacht. Sie ist aber keineswegs in irgendeinem Sinne notwendig die einzige oder die richtige Perspektive. Für westlich geprägte, anthropologisch Forschende im Feld der *Science and Technology Studies* ist es daher eine zentrale Aufgabe, die spezifisch westlichen Vorannahmen, die die Entwicklung von Wissenschaft und Technologie in unseren Gesellschaften prägen, auf ihre soziale und historische Kontingenz hin zu hinterfragen und aus den Differenzen zu alternativen Ordnungsvorstellungen Erkenntnisse zu gewinnen. Diese Überlegungen bilden in den folgenden Abschnitten einen Subtext und werden in der abschließenden Diskussion von Ludwik Flecks Ansatz zur Analyse wissenschaftlichen Denkens und Handelns explizit relevant gemacht.

Das Forschungsfeld der *Science and Technology Studies* entsteht in den 1970er Jahren vor allem aus einer Kritik bestehender Ansätze in der Wissenschaftstheorie und der Wissenschaftssoziologie. Um zu verstehen, warum und wie dieses neue Forschungsfeld wissenschaftliche Wissensproduktion und Technologieentwicklung anders analysiert, als bis dahin meist der Fall, ist es daher von Bedeutung, die ihm vorgehenden Forschungsansätze und -ziele zumindest in ihren Grundzügen nachzuvollziehen. Daher widmet sich dieses Kapitel der Wissenschaftsphilosophie und hier speziell der Wissenschaftstheorie (und bis zu einem gewissen Grad der von Philosophen betriebenen Wissenschaftsgeschichte), bevor das folgende Kapitel die Wissenschaftssoziologie vor allem in seiner frühen Prägung durch den amerikanischen Soziologen Robert K. Merton näher untersucht. Der Fokus liegt dabei auf der Frage, wie diese Forschungsansätze die Entstehung von Wissen analysieren. Technologieentwicklung und die Geschichte seiner Beforschung wird vor allem in Kapitel vier dieses Bandes zur sozialen Konstruktion von Technologie dargelegt.

Vereinfacht gesagt, befasst sich die Wissenschaftstheorie abstrakt mit dem Erkenntnisprozess in den Wissenschaften und die Wissenschaftssoziologie mit der Entwicklung der Wissenschaft als Institution. Es mag heute Vielen offensichtlich scheinen, dass sich diese beiden Forschungsrichtungen in vielen Fragen nur unzureichend klar voneinander trennen lassen. Denn viele der wegweisenden wissenschaftstheoretischen Debatten des 20. Jahrhunderts sind gerade um dieses Schnittfeld zwischen Epistemologie, Soziologie und Psychologie herum organisiert. Und es ist ein Charakteristikum der *Science and Technology Studies*, dass sie genau in diesem Schnittfeld zuhause sind, denn sie untersuchen Fragen von Erkenntnis nie abseits von ihren Produktionsbedingungen, sondern sie befragen Produktionsbedingungen von Wissen immer auch in Hinsicht auf ihre epistemologischen Aspekte. Die recht scharfe Trennung von Wissenschaftstheorie und Wissenschaftssoziologie in zwei verschiedene Kapitel ist also überwiegend didaktischen Überlegungen geschuldet. Sie dient der Vereinfachung des ersten Zugriffs und darf keinesfalls als tatsächliche Trennung verstanden werden.

Dieser Beitrag widmet sich den für die *Science and Technology Studies* (STS) relevanten Grundlagen der Wissenschaftstheorie. Zu diesem Zweck beleuchtet er die Arbeiten von vier Wissenschaftlern genauer, deren Namen weit über die Wissenschaft hinaus geläufig sind: Rudolf Carnap, Karl Popper, Thomas Kuhn und Ludwik Fleck. Carnap, Popper und Kuhn stehen exemplarisch für wichtige Denkrichtungen in der Wissenschaftstheorie des 20. Jahrhunderts. Rudolf Carnap prägte den logischen Positivismus des frühen 20. Jahrhunderts bis hinein in die frühen 1960er Jahre. Er war ein zentraler Vertreter des so genannten »Wiener Kreises« und damit eine Schlüsselfigur der Wiener Moderne. Karl Popper wird gemeinhin dieser Phase des Positivismus zugerechnet, vertrat aber mit seiner Idee der Falsifikation wissenschaftlicher Theorien eine Ausrichtung, die sich in wesentlichen Punkten bewusst vom logischen Positivismus des Wiener Kreises absetzt. Mit Thomas Kuhns berühmt gewordenem Konzept des Paradigmenwechsels begann in den späten 1960er Jahren eine neue Denkrichtung, die als Historizismus in der Wissenschaftsforschung bekannt geworden ist. Ihr gehörten neben Thomas Kuhn auch Paul Feyerabend, Imre Lakatos und Stephen Toulmin an; Namen, die nicht nur in diesem Band, sondern in Veröffentlichungen aus dem Feld der *Science and Technology Studies* immer wieder auftauchen. Mit Beginn der 1980er Jahre setzten sich in einem dritten Schritt vor allem neue naturalistische und realistische Positionen durch, die bis heute diskutiert werden und die für STS eine wichtige Rolle spielen. Dieser Beitrag beschäftigt sich zunächst ausführlich mit diesen drei Phasen und wendet sich erst dann Ludwik Fleck zu. Fleck veröffentlichte seine Ideen zur Entstehung wissenschaftlicher Tatsachen zwar schon in den 1920er und 30er Jahren, blieb aber bis 1970 weitgehend ungelesen. Die dann einsetzende intensive Auseinandersetzung mit seinem Ansatz machte deutlich, dass Vieles, was Popper, Kuhn und andere entwickelt hatten, bei Fleck bereits ausgearbeitet war – viele Forschende im Feld der *Science and Technology Studies* würden heute sagen: sogar wesentlich überzeugender ausgearbeitet.

LOGISCHER POSITIVISMUS UND WIENER MODERNE

Der logische Positivismus, auch als Neopositivismus bekannt (engl. v.a. *logical positivism*), stellt eine zentrale wissenschaftstheoretische Position der westlichen Welt des 20. Jahrhunderts dar, die nach dem Ende des ersten Weltkriegs vor allem in Wien und Berlin entwickelt wurde und die eine Weiterentwicklung des Positivismus darstellte, wie er von Auguste Comte und anderen bereits in der ersten Hälfte des 19. Jahrhunderts entworfen worden war.[1] Zentrale Figur des logischen Positivismus im so genannten

---

1 Auf den Positivismus allgemein kann in diesem Zusammenhang nicht eingegangen werden. Interessierte, denen diese Denkrichtung bisher nicht vertraut ist, finden in David Hess' »Advanced Introduction to Science Studies« (1997) einen sinnvollen Einstieg. Gleiches gilt für die Abgrenzung des logischen Positivismus von damals verbreiteten naturalistischen Denkrichtungen.

Wiener Kreis war der Philosoph Rudolf Carnap (*1871 im heutigen Wuppertal - †1970 Santa Monica, Kalifornien). In den Treffen dieses Zirkels von 1922 bis 1936 unter der Leitung von Moritz Schlick entwickelte maßgeblich Carnap auf der Grundlage der Schriften von Bertrand Russell, Alfred North Whitehead und Friedrich Gottlob Frege eine logische Analyse der Wissenschaft(ssprache) (Carnap 1934/1968).

Der logische Positivismus geht davon aus, dass Aussagen nur dann sinnvoll sind, wenn sie verifiziert, d. h. belegt werden können. ›Belegen‹ bedeutet in diesem Kontext, dass Aussagen auf Beobachtungen rückführbar und durch einen rationalen Prozess auf ihren Wahrheitsgehalt hin überprüfbar sind. Anders formuliert: Empirismus und Rationalismus bilden die Grundlage für Unterscheidungen zwischen wahren und falschen Aussagen und damit die Grundlage für Erkenntnis und folglich Wissenschaft. Damit grenzen sich die logischen Positivisten vor allem von theologischen und metaphysischen Begründungen von Erkenntnis ab. Erkenntnis wird untrennbar mit Erkennen im Sinne von Beobachten verbunden. Erkennbar ist nur, was beobachtbar ist. Andere Formen der Erkenntnis, z. B. spiritueller, religiöser oder metaphysischer Art, werden damit als der Wissenschaft nicht zugehörig ausgeschlossen. Diese Trennung wird dadurch zementiert, dass die Herstellung eines Zusammenhangs zwischen Beobachtungen und allgemeinen Aussagen oder Theorien nur auf dem Wege des rationalen Folgerns möglich ist. Rationale und nachvollziehbare Prozedere allein garantieren die gültige Unterscheidung zwischen wahr und falsch, und nicht wie auch immer geartete Glaubenssätze.

Der logische Positivismus geht also davon aus, dass letztlich jedes Phänomen auf der Grundlage von Beobachtungen und rationaler Folgerung analysierbar ist. In einem zweiten Schritt folgt daraus häufig die weitergehende Annahme, dass jedes Phänomen auf seine naturwissenschaftlichen, sprich physikalischen Grundlagen rückführbar ist. Diese Annahme basiert auf einer spezifischen Form des Reduktionismus, d. h. auf dem Glauben, dass ein Phänomen, dass auf der analytischen Ebene A beobachtbar, aber nicht erklärbar ist, auf einer anderen, tiefer gelegenen analytischen Ebene B abbildbar und erklärbar wird. Das Phänomen ist nicht mehr, als die Summe seiner Teile. So lässt sich beispielsweise eine körperliche Reaktion durch ein Verständnis bestimmter Organe verstehen, oder ein spezifisches Organ durch Analysen auf zellulärer Ebene usw. Es sei an dieser Stelle angemerkt, dass diese Position nicht erst im logischen Positivismus entwickelt wird.

Schon die Cellularpathologie Rudolf Virchows hatte Mitte des 19. Jahrhunderts diese Form der Reduktion überzeugend demonstriert. (Virchow 1858) Der logische Positivismus abstrahiert sie von konkreten Fällen und erhebt sie zum allgemeinen Prinzip. Diese Form der Reduktion ist bis heute für die Naturwissenschaften prägend. Erkenntnis sei nur möglich, so die Denker des Wiener Kreises, wenn man diesen Grundsätzen folge. Wissen, das abseits der wissenschaftlichen Methode generiert werde, habe keine Gültigkeit.[2]

Auch der frühen Kulturanthropologie war diese Perspektive keineswegs fremd. Franz Boas betrieb seine Studien zu körperlichen und geistigen Adaptionen an die neuen Lebensbedingungen von Immigranten in den Vereinigten Staaten oder Lautverschiebungen bei den Inuit mit genau diesem Anspruch. (z. B. Boas 1889) Und auch die Ethnographien im Stile eines Bronislaw Malinowski wurden lange Zeit als Vertextlichungen systematischer Beobachtung und damit auch als objektive Repräsentation von Welt verstanden. (z. B. Malinowski 1920) Bis in die 1950er Jahre hinein trat die Kultur- und Sozialanthropologie noch überwiegend als positivistische Wissenschaft auf. Margaret Mead, Gregory Bateson oder Edward T. Hall sind prominente Vertreterinnen und Vertreter dieser Phase (vgl. Mead 1961), die mit der Debatte zwischen Talcott Parsons und Alfred Kroeber über den Kulturbegriff (Parsons/Kroeber 1958) und dieser Debatte folgend der zumindest für die amerikanische Kulturanthropologie wegweisenden semiotischen Bestimmung von Kultur durch Clifford Geertz, zu einem Ende kam. (Geertz 1973) Einher damit ging der Aufstieg des Sozialkonstruktivismus in der Kulturanthropologie und vielen Bereichen der Sozialwissenschaften. Seit dieser Wende hat die Bezeichnung ›Positivist‹ lange Zeit eher als Schmähung oder Schimpfwort gegolten und den so Bezeichneten eine mangelnde Reflektionsleistung und analytische Fähigkeit unterstellt. Eine solche Nutzung des Konzepts war allerdings zu keinem Zeitpunkt besonders höflich oder besonders hilfreich. Hinzukommt, dass zunehmend realistische Positionen seit dem Niedergang klassischer sozialkonstruktivistischer Ansätze in den 1990er Jahren eine Renaissance erleben. Diese Ansätze sind von den späten positivistischen Denkansätzen keineswegs so weit entfernt, wie oft angenommen wird. (z. B. Barad 1999) Vor allem die wichtige Rolle, die der materielle Körper in seiner physischen Umwelt für Mead, Bate-

---

2 Diese Denkweise wird auch als Szientismus bezeichnet.

son, Hall und andere in der Analyse von menschlichem Zusammenleben gespielt hat, wird seit einiger Zeit am Schnittfeld von Sozial- und Kulturanthropologie und *Science and Technology Studies* wieder aufgegriffen. Dies ist vor allem feministischen Strömungen in der amerikanischen Kulturanthropologie (vgl. hierzu etwa die Arbeiten von Donna Haraway, Emily Martin oder Rayna Rapp, die in anderen Kapiteln vorgestellt werden) und stark praxistheoretisch orientierten Ansätzen in der britischen Sozialanthropologie geschuldet (vgl. hierzu Maurice Bloch oder Tim Ingold).[3]

In seiner Reinform wurde der logische Positivismus in der deutschsprachigen Philosophie mit der Auflösung des Wiener Kreises in den späten 1930er Jahren weitgehend aufgegeben. Danach spielte er vor allem in der amerikanischen analytischen Philosophie eine Rolle. Der kanadische Wissenschaftshistoriker und –philosoph Ian Hacking fasst die Grundposition der Positivisten wie folgt zusammen (Hacking 1983: 4–5):

- Beobachtung kann klar von Theorie getrennt werden;
- Wissen wächst kumulativ;
- Wissenschaft als Ganzes hat eine deduktive Struktur;
- Terminologie ist oder sollte präzise sein;
- alle Wissenschaften gemeinsam bilden eine Einheit und
- es ist möglich zwischen dem Inhalt einer Entdeckung und dem Kontext seiner Rechtfertigung zu unterscheiden.

Diese Zusammenfassung macht deutlich, dass die Grundsätze des logischen Positivismus heutzutage keineswegs obsolet sind. In vielen Bereichen der empirischen Wissenschaften, sowohl in den Natur-, als auch den Sozialwissenschaften, wird weitgehend selbstverständlich davon ausgegangen, dass Wissenschaft diesen Grundsätzen folgt und folgen sollte. Diese Grundsätze entsprechen auch weitgehend dem Bild von Wissenschaft, wie es im öffentlichen und medialen Diskurs präsent ist. Dabei ist zu beachten, dass diese Grundsätze zu Zeiten ihrer Entstehung sowohl deskriptiv wie normativ gedacht waren, d. h. sie beschrieben nicht nur, wie Erkenntnisgewinn durch

---

3 Letztere haben die Verschiebung in der Anthropologie hin zu Analysen von Bedeutungsproduktion, die die amerikanische Kulturanthropologie mit Geertz vollzog, nie wirklich mitgetragen.

Wissenschaft von statten ging, sondern auch, wie Wissenschaftshandeln sein sollte. Rudolf Carnap war der festen Überzeugung, dass die Unterscheidung zwischen dem Inhalt einer Entdeckung und dem Kontext seiner Rechtfertigung klar voneinander zu trennen seien. Die Untersuchung des Kontexts der Rechtfertigung, d. h. die Umstände unter denen eine Entdeckung gemacht wurde, komme dabei den Geschichtswissenschaften zu und habe in der Wissenschaftsphilosophie lediglich illustrierenden und anekdotischen Wert. Der Inhalt der Entdeckung jedoch könne mittels des gerade geschilderten Verifikationsansatzes auf Wahrheit untersucht werden. Diese glasklare Trennung stieß schon früh auf Skepsis – nicht zuletzt bei Karl Popper, der dieser Sicht seinen kritischen Rationalismus entgegensetzte.

KRITISCHER RATIONALISMUS UND FALSIFIKATION

Karl Popper (1902–1994), in Wien geborener österreichisch-britischer Philosoph, wird häufig fälschlicher Weise dem Positivismus des Wiener Kreises zugerechnet. Zwar entspringt seine Argumentationslinie den Diskussionen um den Wiener Kreis. Auch teilt er mit der Carnapschen Position, dass Wissenschaft eine Einheit bildet, die sich letztlich in der Rückführbarkeit von Wissen auf eine universelle, wissenschaftliche Methode begründet. Popper selber wurde jedoch zu den Sitzungen des Kreises nicht eingeladen[4] und entwickelte in seinem erkenntnistheoretischen Hauptwerk »Logik der Forschung« (Popper 1935; Popper 1959) eine Position, die in wichtigen Aspekten von den Überlegungen des logischen Positivismus abweicht.

Während der logische Positivismus des Wiener Kreises davon ausging, dass Aussagen durch Empirie und rationales Folgern verifiziert werden könnten, drehte Popper diese Sicht um. Verifizierung beruhe auf der Vorstellung der Möglichkeit induktiven Arbeitens, d. h. es werde von theoriefreien Beobachtungen ausgehend abstrahiert und theoretisiert. Da aber eine theoriefreie Beobachtung gänzlich unmöglich sei, also Theorie immer schon in Beobachtung enthalten sei, mache die Verifizierung von Theorie

---

4 Dies wohl hauptsächlich, weil Moritz Schlick sich von Poppers Art sowie seinem Gedankengut unangenehm berührt fühlte.

durch Beobachtung keinen Sinn. Vielmehr stelle Wissenschaft Hypothesen auf, d. h. Verbindungen von Theorie und Empirie, die dann mittels Vernunft und wissenschaftlicher Methode kritisch hinterfragt werden müssten: daher kritischer Rationalismus. Hypothesen würden nicht durch Beobachtung verifiziert, sondern besäßen – einmal aufgestellt – so lange Gültigkeit bis sie widerlegt würden. Popper stellte dem Verifizierungsprinzip des logischen Positivismus sein *Konzept der Falsifikation* gegenüber. Dieses wird am verständlichsten, wenn man sich vor Augen hält, dass Popper sich mit behavioristischen, psychologischen Lerntheorien beschäftigt hatte. Er ging davon aus, dass der Mensch aktiv Erwartungen formuliert, die durch alltägliche Praxis, d. h. Versuch und Irrtum, erfüllt oder enttäuscht würden. Erkenntnistheoretisch gewendet und auf Wissenschaft angewandt, ergab sich daraus die Überlegung, dass Wissenschaft zunächst Hypothesen generiert und diese dann zu widerlegen sucht. Popper schrieb:

»Those among our theories which turn out to be highly resistant to criticism, and which appear to us at a certain moment of time to be better approximations of truth than other known theories, may be described, together with the reports of their tests, as ›the science‹ of that time. Since none of them can be positively justified, it is essentially their critical and progressive character – the fact that we can argue about their claim to solve our problems better than their competitors – which constitutes the rationality of science.« (Popper 1963: XII)

Wissenschaft besteht also laut Popper im Kern aus der kontinuierlichen Überprüfung von Hypothesen. Grundlage von Wissensproduktion ist damit nicht der Empirismus, d. h. der Versuch, Theorie durch empirische Befunde zu verifizieren, der den Wiener Kreis gekennzeichnet hatte, sondern ein kritischer Rationalismus. Dabei bildet Popper eine Figur des Übergangs zwischen den *flat formalities*[5] des Wiener Kreises (Hacking 1983: 5) und den historisch fundierten Studien eines Thomas Kuhn und des nachfolgenden Historizismus insgesamt. Popper glaubte in positivistischer Manier an linearen Fortschritt, an eine Annäherung von Repräsentationen an Welt

---

5 Mit dem Begriff der *flat formalities* verweist Ian Hacking auf die eng formale und damit fast schon mechanische Anwendung von Logik als einzigem Mittel des philosophischen und damit wissenschaftlichen Erkenntnisgewinns durch die Vertreter des Wiener Kreises.

und von wissenschaftlichen Aussagen an Wahrheit. Er war allerdings nicht überzeugt davon, dass der Wahrheitsgehalt von Aussagen positiv gerechtfertigt werden könne. Hypothesen könnten immer nur wieder überprüft werden. Dies ist nicht zu verwechseln mit einem wie auch immer gearteten Relativismus oder Nihilismus. Popper nahm an, dass wissenschaftliche Methode uns der Wahrheit näher bringt und dass unser Wissen wächst, auch wenn wir niemals irgendetwas mit letzter Sicherheit wissen können. Dies wird anschaulich in der folgenden Replik Poppers auf die Kritik Thomas Kuhns, der ihn als Relativisten bezeichnet hatte:

»I should like just to indicate briefly why I am not a relativist: I do believe in an absolute or objective truth, in Tarski's sense (although I am, of course, not an absolutist in the sense of thinking that I or anybody else has the truth in his pocket). I do not doubt that this is one of the points on which we are most deeply divided; and it is a logical point. I do admit that at any moment we are prisoners caught in the framework of our theories; our expectations; our past experiences; language. But we are prisoners in a Pickwickian sense: if we try, we can break out of our framework at any time. Admittedly, we shall find ourselves again in a framework, but it will be a better and roomier one; and we can at any moment break out of it again.« (Popper 1970: 56)

Auch wenn Popper in den hitzigen Diskussionen der 1960er und frühen 1970er Jahre den Wert historischer, soziologischer und psychologischer Argumentation für zentrale Fragen der Wissenschaftstheorie als gering erklärte (vgl. Lakatos/Musgrave 1970), so begann er doch in seiner Wissenschaftstheorie, die enge, unausweichliche und formale Verschränkung von Beobachtung und Theorie, die der Wiener Kreis postuliert hatte, aufzuweichen. Ebenfalls stand er dem Projekt einer neutralen und universellen Beobachtungssprache skeptisch gegenüber. Er ging davon aus, dass der einzelne Wissenschaftler notwendig immer durch Interessen geleitet sei, d. h. Einzelergebnisse immer einen partikularen Status hätten. Dies hieß für ihn jedoch nicht, dass Wissenschaft als Ganzes lediglich partikulare oder subjektiv geprägte Befunde produziere. Er redete nicht einem Relativismus das Wort, da er davon ausging, dass Wissenschaft als Ganzes diese partikularen Interessen auf quasi evolutionäre Weise über einen zeitlichen Verlauf hinweg ausselektieren würde. Zu einiger Berühmtheit gelangte seine gemäßigt positivistische Position in der als *Positivismusstreit* berühmt gewordenen Debatte mit Theodor W. Adorno, in der verhandelt wurde, welche Erkenntnismöglichkeiten und -notwendigkeiten modernen Gesellschaften in der zweiten Hälfte des 20. Jahrhunderts zur Verfügung stünden. (WISSENSCHAFTSSOZIOLOGIE)

PARADIGMENWECHSEL UND HISTORIZISMUS

Der dritte hier vorgestellte Wissenschaftstheoretiker des 20. Jahrhunderts, Thomas Kuhn (1922–1996) in Cincinnatti als Sohn jüdischer Eltern geboren und zunächst in Harvard als Physiker ausgebildet, vertrat explizit nicht die logische Position eines Carnap oder Popper, sondern eine historische Argumentationslinie: daher wird die von ihm propagierte Variante der Wissenschaftstheorie auch als Historizismus bezeichnet. Er kritisierte zunächst Popper dafür, dass dieser seine allgemeinen Überlegungen zum kritischen Rationalismus aus der Analyse von ungewöhnlichen Beispielen entwickelt hatte. Ungewöhnlich seien diese Beispiele aus Sicht Kuhns insofern, als dass sie Perioden des Umbruchs darstellten, in denen bisherige Grundannahmen scheinbar plötzlich verworfen und durch neue ersetzt würden. Klassischer Weise hatten sich positivistische und rationalistische Analysen an den großen Debatten und Umbrüchen in der theoretischen Physik abgearbeitet, beispielsweise dem Aufkommen der Quantenmechanik zur Beschreibung atomarer und subatomarer Vorgänge.

In dieser Kritik am Fokus der frühen wissenschaftstheoretischen Studien auf ungewöhnliche Phasen sind bereits die beiden zentralen Konzepte Kuhns angelegt: (1) Er unterscheidet zwischen *Normalwissenschaft* und *wissenschaftlichen Revolutionen*: Normalwissenschaft bezeichnet den wissenschaftlichen Arbeitsalltag, der im Wesentlichen aus dem routinisierten Lösen von Rätseln und Problemen besteht (Engl. *puzzle-solving*). In diesem Arbeitsalltag werden in der Regel keine theoretischen Grundannahmen in Frage gestellt. Vielmehr geschieht diese Arbeit innerhalb *eines* breit anerkannten theoretischen Rahmens. (2) Diesen Rahmen hat Kuhn in seinen frühen Arbeiten als Paradigma bezeichnet: »A paradigm is what members of a scientific community, and they alone, share.« (Kuhn 1977) Paradigmenwechsel, so schreibt Kuhn in seinem berühmtesten Werk »The structure of scientific revolutions« (Kuhn 1970), vollziehen sich durch wissenschaftliche Revolutionen, in denen inkommensurable Paradigmen aufeinander treffen, d. h. Denkrahmen, die nicht miteinander vereinbar sind und daher nicht zur selben Zeit am selben Ort sein können.

Ein berühmtes Beispiel sind die Mechanik Newtons und Einsteins. Beide lassen sich in der Frage der Absolutheit des Raumes bzw. des Äthers nicht miteinander vereinbaren. Zu einem Paradigmenwechsel kommt es dann, wenn empirische Befunde nicht mehr innerhalb des etablierten Paradigmas erklärt werden können und ad-hoc Theorien nicht genügen, um die Abweichungen zu erklären. Kuhn vergleicht diesen Prozess mit einem Gestaltwechsel, wie er beispielsweise in dem bekannten Ente-Kaninchen Vexierbild auftritt (siehe Abb. 1).

Abbildung 1: Ente-Kaninchen Vexierbild

Quelle: Jastrow, J. (1899). The mind's eye. Popular Science Monthly, 54, 299–312.

Wir können in dieser Abbildung gegebenenfalls mit entsprechender Anleitung einen Hasen oder eine Ente sehen; nur niemals beide gleichzeitig. Kuhn entlehnt dieses Konzept der Inkommensurabilität von Paradigmen aus der Mathematik und entwickelt es zeitgleich mit Paul Feyerabend, der allerdings mit seiner globalen Inkommensurabilität radikaler denkt, als Kuhn dies mit seiner Form der lokalen Inkommensurabilität tut. (Vgl. Feyerabend 1975)[6] Der Prozess des Lernens, als dessen Ergebnis dann

---

6 Zur Erläuterung: Kuhn begrenzte sein Konzept der Inkommensurabilität auf verschiedene Wissensschaftsgemeinschaften oder Forschergruppen, die in einer spezifi-

entweder ein Hase oder eine Ente zu sehen ist, entspricht für Kuhn der wissenschaftlichen Disziplinierung. Er strukturiert Denken, Erfahrung und Handeln der Forschenden, ohne dass diese sich notwendiger Weise dessen bewusst sind. Der hierdurch entstehende blinde Fleck spielt in der Forschung der *Science and Technology Studies* eine wichtige, und nicht unproblematische Rolle, wie viele der Beiträge in diesem Band immer wieder vor Augen führen.

Kuhns Rolle in der Entwicklung der *Science and Technology Studies* ist ambivalent. Einerseits hat seine Idee des Paradigmenwechsels eine absolut zentrale Rolle in der Entwicklung der empirischen Wissenschaftsforschung gespielt. Dieses Konzept hat zunächst historische, dann aber auch sozialwissenschaftliche und ethnographische Studien von Wissenschaft als Praxis zu legitimieren geholfen. Kuhns Beitrag zum Feld der *Science and Technology Studies* kann also gar nicht hoch genug eingeschätzt werden. Andererseits jedoch hat die empirische Wissenschaftsforschung Kuhns Beiträge in fast allen Belangen so rigoros überarbeitet, dass sein Konzept des Paradigmenwechsels heutzutage lediglich eine wissenschaftshistorische Präsenz und Bedeutung besitzt – auch wenn es in der breiten Öffentlichkeit nach wie vor als Klassiker und wohl am meisten rezipiertes Konzept der Wissenschaftstheorie und –geschichte überhaupt gelten kann.

Die kritische Lesart von Kuhns Texten ist allerdings kein Phänomen der letzten zwanzig Jahre, sondern begann bereits 1962 mit Erscheinen seiner »Scientific Revolutions«. Erstens wurde die Unterscheidung zwischen Normalwissenschaft und wissenschaftlicher Revolution von seinen Kritikern angezweifelt und letztlich aufgelöst. Das Beharren auf Theorien und ihre Ausweitung würden immer Hand in Hand gehen, und es mache weder deskriptiv noch normativ Sinn, zwischen normal und revolutionär so rigoros zu unterscheiden, wie Kuhn dies tue. Diese Argumente brachten vor allem John W.N. Watkins, Popper und Feyerabend vor (Watkins 1970, Feyerabend 1970, Popper 1970). Stephen Toulmin verabschiedete das Konzept der wissenschaftlichen Revolution endgültig, in dem er mittels einer Analogie aus den Politikwissenschaften deutlich machte, dass das Konzept der Revolution immer nur ein Platzhalter für etwas sei, was im ersten Moment

---

schen Frage konträre Paradigmen entwickeln. Feyerabend war der Überzeugung, dass es unabhängig von lokalen Bedingungen, global inkommensurable Paradigmen oder Denkstile gäbe.

nicht fassbar, bei genauerer Analyse aber durchaus verständlich und strukturierbar sei (Toulmin 1970). Kuhns Konzept der wissenschaftlichen Revolution sei also hauptsächlich der Art der Analyse geschuldet, die nicht hoch genug auflösend bzw. detailliert vorgegangen sei. Zweitens wurde das Konzept des Paradigmas von vielen als unscharf kritisiert und, wenn man die Idee überhaupt gut hieß, häufig auf Überlegungen des britischen Wissenschaftsphilosophen Robin G. Collingwood zurückgeführt, der sein sehr ähnliches Konzept der *absolute presuppositions* bereits 1940 entwickelt hatte (Collingwood 1940/1972). Kuhn selbst sagte nicht lange vor seinem Tod: »Paradigm was a perfectly good word, until I messed it up.« (Kuhn 2000) Drittens wurde von Anfang an das Konzept des Paradigmenwechsels als Abfolge von inkommensurablen Paradigmen in Frage gestellt. Ohne die Leitunterscheidung zwischen normaler und revolutionärer Wissenschaft mache der schlagartige Wechsel wenig Sinn und so wurde dem abrupten Paradigmenwechsel bereits früh das Konzept eines langsameren und vielschichtigeren, wenn nicht sogar kontinuierlichen Übergangs gegenübergestellt, der nur durch sehr selektive Historisierung als schlagartiger Wechsel beschreibbar sei.

Trotz dieser frühen elementaren Kritik hat sich das Konzept des Paradigmenwechsels zu einem Selbstläufer entwickelt und enorme Karriere gemacht – eben auch in den frühen empirischen Wissenschaftsforschungsstudien. Allerdings wurde in den detaillierten Analysen von wissenschaftlichem Alltag schnell deutlich, dass Kuhns Analyse wissenschaftliche Praxis lediglich in sehr idealistischer Weise schilderte und begreifbar machte – nicht aber in der Art und Weise, wie sie tatsächlich von statten ging und geht. Dieser idealistische Analysestil mag der Zeit und der Notwendigkeit geschuldet sein, eine Anschlussfähigkeit in die Wissenschaftsphilosophie herzustellen. Er rührt aber auch von der Tatsache her, dass Kuhn, der selbst als Physiker in Harvard begonnen hatte, bevor er in die Geschichte und Philosophie der Wissenschaft wechselte, vor allem die großen Konzeptentwicklungen und -brüche in der Physik vor Augen hatte. Diese wurden aber historisch immer als abstrakte Auseinandersetzungen über Theorie kolportiert und nicht als situierte Alltage von tatsächlichen Physikerinnen und Physikern; eine ideengeschichtliche oder eben idealistische Lesart von Wissenschaftstheorie lag also auch im empirischen Material Kuhns begründet. Gerade diese idealistische Art des Paradigmakonzepts war es jedoch, die diejenigen, die ethnographische Analysen von Wissensproduktion und

Technologieentwicklung als spezifische, situierte Praxis durchführten, anregten, alternative Konzepte zu entwerfen, um die verschiedenen Facetten von tatsächlichem Wissenschaftsalltag in den Blick zu bekommen. Konzepte wie Plattform, Experimentalsystem oder Assemblage sind nur einige Begriffe, die den Alltag von Wissensproduktion weniger idealistisch und stärker gebunden an Technologie, Episteme oder Macht-Wissen verstehen. (Ong/Collier 2005; Cambrosio et al. 2009; Rheinberger 1997; LABORSTUDIEN)

LUDWIK FLECK: DENKSTILE UND DENKKOLLEKTIVE

Der polnische Mediziner und Mikrobiologe Ludwik Fleck (1896–1961) arbeitete in den 1920er und 1930er Jahren in der Abteilung Innere Medizin des Allgemeinen Krankenhauses von Lemberg (heutige Ukraine; ukrainisch: Lwiw, polnisch: Lwów) und in verschiedenen bakteriologischen Instituten, wo er sich vor allem mit der Diagnose und Bekämpfung von Infektionskrankheiten wie Typhus und Syphilis beschäftigte. Lemberg wurde 1939 sowjetisch besetzt und kurze Zeit später von deutschen Truppen eingenommen. Fleck, seine Frau und sein Sohn wurden wegen ihrer jüdischen Herkunft im jüdischen Ghetto von Lemberg interniert. Als ausgewiesener Experte in der Impfstoffentwicklung wurde Fleck von den Nazis gezwungen, seine Arbeit zunächst in Lemberg, später in den Konzentrationslagern Auschwitz und Buchenwald fortzusetzen. Angeblich hat Fleck die SS mit wirkungslosen, die Mithäftlinge aber mit wirksamen Impfseren versorgt.[7] Fleck, seine Frau und sein Sohn überlebten den Zweiten Weltkrieg. Fleck setzte nach dem Krieg seine Karriere fort, emigrierte nach Herzinfarkt und Krebsdiagnose mit seiner Frau zu seinem Sohn nach Israel und starb dort 1961.

Bereits 1935 publizierte Fleck auf Deutsch sein Hauptwerk »Die Entstehung und Entwicklung einer wissenschaftlichen Tatsache« (Fleck 1935/1980). In der polnischen Schule der Wissenschaftstheorie fand dieses Werk zunächst wenig Beachtung (Löwy 1990). Kuhn erwähnte es in seinem Vorwort zu »Scientific Revolutions« und verhalf ihm damit posthum

---

7 Zur Debatte über Flecks Studien in den Konzentrationslagern, siehe Fehr et al. (2008) und Weisz (2010).

zu internationaler Sichtbarkeit. Trotzdem wurde es erst 1979 ins Englische übersetzt mit dem Titel »Genesis and development of a scientific fact« (Fleck 1979). Dieses Buch, das wohl eher einen Entwurf denn eine voll entwickelte Theorie darstellt, ist insofern Urgestein der *Science and Technology Studies*, als es als erstes Werk den Produktionsprozess von Erkenntnis als Praxis und nicht als logische Struktur in den Mittelpunkt wissenschaftlicher Überlegungen stellt. Fleck schreibt nicht aus dem abstrakten Interesse des Philosophen am Erkenntnisprozess heraus, sondern vor allem als medizinischer und mikrobiologischer Praktiker. Er reflektiert seinen eigenen Arbeitsalltag, seine Ausbildung und damit das Feld, in dem er arbeitet, und wendet diese Reflektionsleistung präzise in eine wissenschaftstheoretische Glanzleistung, die sich abseits des damals gängigen philosophischen Vokabulars bewegt und die bis heute prägend ist. Diese Form des Arbeitens, die man heutzutage vielleicht als para-ethnographisch bezeichnen würde (Marcus 2008), ist in den *Science and Technology Studies* nicht ungewöhnlich. Im Gegenteil: das Forschungsfeld hat bis heute immer wieder in entscheidenden Momenten seiner Entwicklung von Wissenschaftlerinnen (seltener Wissenschaftlern) mit Doppelausbildung profitiert. Gerade das Schnittfeld von feministischer Anthropologie und Wissenschaftsforschung hat sich hier als fruchtbar erwiesen: Donna Haraway, Karen Barad, Margaret Lock sind prominente Vertreterinnen dieser Richtung mit ursprünglich naturwissenschaftlicher Ausbildung. Allerdings muss angemerkt werden, dass die Kenntnis des zu untersuchenden Feldes als quasi »Eingeborene« nur dann von Vorteil ist, wenn die betroffene Person die unterschiedlichen Perspektiven klar zu trennen und analytisch zu ihrem Vorteil zu wenden versteht. Fleck jedenfalls – wie auch den erwähnten feministischen Anthropologinnen – ist dies hervorragend gelungen und er kann mit Fug und Recht als einer der ersten praxistheoretischen Wissenschaftsforscher gelten. Sein Hauptwerk, wohlwollend gelesen, hat bis heute wenig an Aktualität eingebüßt. (Vgl. Löwy 2008)

Fleck stellt gleich zu Beginn seines Werks deutlich heraus, wo er das Hauptproblem der philosophischen Wissenschaftstheorie seiner Zeit sieht, d. h. vor allem das Hauptproblem des Wiener Kreises. Die Wissenschaftstheorie untersuche den Erkenntnisprozess als rationalen, individuellen Akt und ziehe immer wieder Beispiele aus der Vergangenheit statt der aktuellen wissenschaftlichen Praxis heran, d. h. »alte Tatsachen«. Deren Entstehungsprozess sei nicht mehr sichtbar und nachvollziehbar:

»[Die Tatsache] ist uns selbstverständlich geworden und sie dünkt uns fast gar kein Wissen mehr, wir fühlen nicht mehr unsere Aktivität bei diesem Erkenntnisakte, nur unsere vollständige Passivität gegenüber einer von uns unabhängigen Macht, die wir Existenz oder Realität nennen.« (Fleck 1935: 1)

Fleck ging es also darum, die Entstehung und Entwicklung von Tatsachen anders zu erklären, als dies die Philosophen und Historiker seiner Zeit zu tun pflegten. Fleck arbeitete hauptsächlich mit Syphilis als Beispiel, speziell der Entstehung und Entwicklung des Nachweises von Syphiliserregern, der sogenannten *Wassermannreaktion*, benannt nach August von Wassermann, der diesen Test im frühen 20. Jahrhundert entwickelte. Fleck legte Wert auf den Produktionsprozess von Tatsachen aus historischer, psychologischer und soziologischer Sicht. Die gängige Analyse erkenntnistheoretischer Entscheidungen – welcher Theorie folge ich, wie baue ich ein Experiment auf? – berücksichtige, laut Fleck, viel zu wenig ihre kulturhistorische Bedingtheit: »Es besteht eine stilmäßige Bindung aller – oder vieler – Begriffe einer Epoche, die auf ihrer gegenseitigen Beeinflussung beruht. Deshalb kann man von einem Denkstil sprechen, der den Stil jedes Begriffes bestimmt.« (Fleck 1935: 15) *Denkstil* bezeichnet ein denkgeschichtlich geprägtes Gefüge von Konventionen. Diese Konventionen binden dann jeweils Wissensproduktion kultur- wie erkenntnisgeschichtlich und verstellen den einzelnen Forschenden die Möglichkeit der freien, rationalen Wahl. Im Gegensatz zum Konzept des Paradigmas ist das Konzept des Denkstils situiert in einer spezifischen Epoche, einem wissenschaftlichen Kollektiv und vor allem in wissenschaftlicher Praxis.

Anders als alle seine Zeitgenossen (und viele Wissenschaftler_innen bis heute) betonte Fleck immer wieder die soziale Komponente dieser Konventionen und des Erkenntnisprozesses als Praxis. Zunächst erklärte er, dass Denkstile immer an ein Denkkollektiv gebunden seien: »Ein Denkkollektiv ist immer dann vorhanden, wenn zwei oder mehrere Menschen Gedanken austauschen. [...] Persönliche Heldentaten bleiben nur dann bestehen, wenn sie Suggestivwirkung ausüben.« (ebd.: 60) Auch wenn Fleck nicht notwendiger Weise von den anthropologischen Denkerinnen und Denkern seiner Zeit wusste[8], so hat er doch eine im Kern beinahe kultur- und sozialanthropologische Perspektive vertreten, die später auch immer wieder von anthropologisch Forschenden aufgegriffen wurde. Marilyn Strathern, eine der einflussreichsten britischen Anthropologinnen der zweiten Hälfte des 20. Jahrhunderts, spricht 70 Jahre später davon, dass Wissen immer nur dann interessant sei, »if others can invent around it« (Strathern 2002) und fasst damit ebenfalls genau die soziale Komponente von Wissensproduktion, die auch für Fleck schon zentral steht. (in ähnlicher Form auch bei Mary Douglas; KLASSIFIKATIONEN) Fleck schreibt bereits 1935: »Das Erkennen stellt die am stärksten sozial bedingte Tätigkeit des Menschen vor und die Erkenntnis ist das soziale Gebilde [schlechthin]. [...] Wessen Gedanke ist es, der weiter kreist? Ein Kollektivgedanke eben, einer, der keinem Individuum angehört.« Und weiter:

»Jede Erkenntnistheorie, die diese soziologische Bedingtheit allen Erkennens nicht grundsätzlich und einzelhaft ins Kalkül stellt, ist Spielerei. Wer aber die soziale Bedingtheit für ein malum necessarium, für eine leider existierende menschliche Unzulänglichkeit ansieht, die zu bekämpfen Pflicht ist, verkennt, dass ohne soziale Bedingtheit überhaupt kein Erkennen möglich sei, ja, dass das Wort ›Erkennen‹ nur im Zusammenhang mit einem Denkkollektiv Bedeutung erhalte.« (Fleck 1935: 59)

Ungewöhnlicher für seine als für die heutige Zeit mutet auch folgender Vergleich an:

»Das Individuum ist dem einzelnen Fußballspieler vergleichbar, das Denkkollektiv der auf Zusammenarbeit eingedrillten Fußballmannschaft, das Erkennen dem Spielverlaufe. Vermag und darf man diesen Verlauf nur vom Standpunkte einzelner Fußstöße aus untersuchen? Man verlöre allen Sinn des Spieles!« (Fleck 1935: 62)

Wichtiger Bezugspunkt für dieses Gedankengut ist für Fleck wohl weniger die Anthropologie als die Soziologie und die (Wissenschafts-)Philosophie seiner Zeit. Er zitiert beispielsweise einen der Gründerväter der eu-

---

8 Untersuchungen, inwieweit Fleck von anthropologischen Zeitgenossen beeinflusst war, und wer noch in die Genealogie seines Denkens gehört, finden sich bei Gonzales et al. 1995.

ropäischen Soziologie, den polnischen Juristen Ludwig Gumplowicz, der bereits 1905 schrieb:

»Der größte Irrtum der individualistischen Psychologie ist die Annahme, der Mensch denke. Aus diesem Irrtum ergibt sich dann das ewige Suchen der Quelle des Denkens im Individuum und der Ursachen, warum er so und nicht anders denke, woran dann die Theologen und Philosophen Betrachtungen darüber knüpfen oder gar Ratschläge erteilen, wie der Mensch denken solle. Es ist dies eine Kette von Irrtümern. Denn erstens, was im Menschen denkt, das ist gar nicht er, sondern seine soziale Gemeinschaft. Die Quelle seines Denkens liegt gar nicht in ihm, sondern in der sozialen Umwelt, in der er lebt, in der sozialen Atmosphäre, in der er atmet, und er kann nicht anders denken als so, wie es aus den in seinem Hirn sich konzentrierenden Einflüssen der ihn umgebenden sozialen Umwelt mit Notwendigkeit sich ergibt.« (Gumplowicz 1905 in Fleck: 63 ff.)

Fleck scheint von dieser Argumentationslinie stark beeindruckt gewesen zu sein und wendet sie gegen den Wiener Kreis, das dominante Denkkollektiv seiner Zeit in der Wissenschaftstheorie:

»Einen [...] ebenfalls sehr charakteristischen Fehler begehen die philosophierenden Naturforscher. Sie wissen, dass es keine ›einzig und allein objektiven Merkmale und Verhältnisse‹ gebe, sondern nur Relationen in Bezug auf ein mehr oder weniger willkürliches Bezugssystem. Aber sie begehen ihrerseits den Fehler, allzu großen Respekt vor Logik, eine Art religiöser Hochachtung vor logischem Schließen zu haben. Für diese naturwissenschaftlich gebildeten Erkenntnistheoretiker, z. B. des so genannten Wiener Kreises (Schlick, Carnap u.a.) ist menschliches Denken (wenigstens als Ideal, als Denken, wie es sein soll) ein Fixum, ein Absolutum - die empirische Tatsache dagegen das Relative. Umgekehrt sehen die angeführten humanistisch gebildeten Philosophen in der Tatsache das Fixum, im menschlichen Denken hingegen das Veränderliche. Charakteristisch, wie beide Parteien das Fixum in den ihnen fremden Bereich verlegen!« (Fleck 1935: 69)

Wie entsteht und entwickelt sich also nun eine wissenschaftliche Tatsache laut Fleck? Im chaotischen anfänglichen Denken zeigt sich zunächst was Fleck as *Widerstandsaviso* bezeichnet, d. h. eine erste Ahnung, dass etwas Signifikantes im Entstehen begriffen ist, das sich mit dem bisherigen Wissen nicht greifen und erklären lässt. Oft entsteht dieses Widerstandsaviso durch ein sich regen der »Realität«, die Widerstand leistet dagegen, auf eine bestimmte Art und Weise gedacht oder experimentell geformt zu werden. Es formt sich sodann ein bestimmter Denkzwang und »schließlich eine unmittelbar wahrzunehmende Gestalt«. Dieser Prozess der Erkenntnis ist erstens immer das Ergebnis denkgeschichtlicher Zusammenhänge und eines bestimmten Denkstils. »Vergangenheit lebt in übernommenen Begriffen, Problemfassungen, schulmäßiger Lehre, Institutionen, Sprache und alltäglichem Leben weiter.« Zweitens arbeitet wissenschaftliche Erkenntnis mittels der Erfahrung und des Experiments. »Kann Experiment als einfache Frage und Antwort gedeutet werden, so ist Erfahrung bereits als verwickelte Erzogenheit zu verstehen.« Hier nimmt Fleck sowohl den Foucaultschen medizinischen Blick als auch die materiell-semiotischen Koproduktionstheorien der feministischen Anthropologie vorweg. (STS UND POLITIK) Ebenfalls setzt er sich hier in drei wichtigen Punkten sowohl vom logischen Positivismus wie vom kritischen Rationalismus seiner Zeit ab:

Erstens verleiht er mit dem Konzept des Stils dem Erkenntnisprozess eine kultur- und sozialhistorische Tiefe und betont dabei auch die Rolle von Technologie und Materialität, die in der Wissenschaftsphilosophie bis dato keine Rolle gespielt hatten: »Tradition, Erziehung und Gewöhnung rufen eine Bereitschaft hervor für stilgemäßes, d. h. gerichtetes und begrenztes Empfinden und Handeln. Bis in der Frage die Antwort größtenteils vorgegliedert ist und man sich nur für ein Ja oder Nein oder für ein zahlenmäßiges Feststellen entscheiden muss. Bis Methoden und Apparate den größten Teil des Denkens für uns von selbst ausführen.«

Zweitens postuliert er jenseits von Verifikation und Falsfikation, dass der Zusammenhang von Theorie und Beobachtung vielmehr eine Frage von Plausibilisierung sei: »Wäre ein Forschungsexperiment klar, so wäre es überhaupt unnötig: denn um ein Experiment klar zu gestalten, muss man sein Ergebnis von vornherein wissen, sonst kann man es nicht begrenzen und zielbewusst machen.«

Drittens merkt er die Koproduktion von Erkenntnis und Erkennenden an: »Das Erkennen verändert den Erkennenden, ihn an das Erkannte harmonisch anpassend, und dieser Umstand sichert die Harmonie innerhalb der herrschenden Meinung über die Entstehung der Erkenntnis. [....] Jede empirische Entdeckung kann also als Denkstilergänzung, Denkstilentwicklung oder Denkstilumwandlung aufgefaßt werden.« (alle vorangegangen Zitate, Fleck 1935: 120ff.)

Ähnlich wie später Kuhn, geht Fleck von Theoriephasen aus. In den klassischen Phasen stehen die regelmäßigen Fälle im Vordergrund: Plausibilität, Abgeschlossenheit und Propagandafähigkeit von Theorien ist kennzeichnend. Mit zunehmender Spezialisierung nehmen die Knotenpunkte zu. Fleck unterscheidet in diesem Zusammenhang zwischen aktiven und passiven Kopplungen. *Aktive Kopplungen* bezeichnen die von den Forschenden gestalteten Kopplungen, die sich denkhistorisch, denkpsychologisch und denksozial erklären lassen. *Passive Kopplungen* ergeben sich zwangsweise im Forschungsprozess aus den sachlichen und materiellen, den »wirklichen« Verbindungen. Aktive und passive Kopplungen sind notwendiger Weise miteinander verschränkt. Je dichter verschränkt diese Kopplungen, desto geringer die Meinungsdifferenzen und desto stabiler ein Denkstil. Wenn die »Ausnahmen die regelmäßigen Fälle zu überwuchern« beginnen (Paul Ehrlich zitiert in Fleck: 42), nimmt die Beharrlichkeit von Meinungssystemen ab. Ein Widerstandsaviso tritt auf und der Prozess beginnt von vorn.

Wie nun soll man diesen Prozess untersuchen? Auch hier nimmt Fleck Vieles, was in der zweiten Hälfte des 20. Jahrhunderts entwickelt wird, bereits vorweg. Sein Plädoyer gilt einer *vergleichenden Epistemologie als Sozialtheorie*. Fleck argumentiert, dass sich in bestimmten Epochen und so auch in der Gegenwart, relativ stabile Gebilde aus Auffassungen, Denkstilen, Präideen usw. ausprägen. Fleck prägt den Begriff der *Harmonie der Täuschungen*, um zu beschreiben, wie diese verschiedenen Elemente derart ineinander greifen, dass sie in ihrer Gesamtheit nicht mehr als kontingentes Phänomen erscheinen. Sie verlieren scheinbar ihre ontologische Verhandelbarkeit und täuschen in ihrem harmonischen Zusammenwirken vor, dass die Welt – und das Wissen und Beforschen von Welt – immer nur so sein kann, wie es gerade ist. Aufgabe der *Science and Technology Studies* ist es nun, diese Harmonie der Täuschungen aufzulösen, d. h. für ein Wissensgebiet die verschiedenen Entwicklungslinien zunächst separat, dann in ihren Wechselwirkungen und Verbindungen nachzuzeichnen, ohne den Blick für die Entwicklung des gesamten Feldes zu verlieren. Gerade bei der Untersuchung aktueller Themen ist dies vor allem deswegen schwierig, weil die Harmonie der Täuschung die Untersuchenden schnell selbst hinter das Licht führt. Vor allem dann, wenn sie sich nur in einem Feld bewegen.

FAZIT

Fleck, ganz Anthropologe, schlägt daher vor, diesen Harmonien der Täuschungen komparatistisch, d. h. vergleichend zu begegnen. Dadurch erführe man zum einen etwas über die spezifischen Ideen, also z. B. die Wassermannreaktion oder ein spezifisches Impfserum. Zum anderen lerne man aber über das Vergleichen und Erforschen der Zusammenhänge, die zur Harmonie der Täuschungen führen, viel über den Kontext in dem diese Harmonie sich zusammenfügt, d. h. über die Epoche, die Gesellschaft und das wissenschaftliche Milieu. Dies gilt natürlich im Besonderen für ethnographische Forschung in der eigenen Gesellschaft. Die vergleichende Analyse verschiedener Täuschungen ermöglicht es daher, den blinden Fleck einer Einzelperspektive zu verkleinern, den man in Studien der eigenen Epoche zwangsläufig ausprägt. Daher: Vergleichende Epistemologie als Sozial- und Kulturtheorie.[9] Denn die *Science and Technology Studies*, zumindest in ihrer sozialanthropologischen Ausprägung, wie sie in diesem Band vorgestellt werden, untersuchen die Entwicklungen von Wissenschaft und Technologie und ihre verschiedenen Anwendungsfelder nicht nur, um diese Entwicklungen selbst besser zu verstehen oder um ihre gesellschaftlichen Folgen im engeren Sinne abzuschätzen. Vielmehr verrät die vergleichende Ethnographie dieser verschiedenen Entwicklungen immer auch etwas über die Gesellschaft, in der diese Entwicklungen stattfinden. Sie verrät etwas über soziale Ordnungen, über die vielfältigen Verschränkungen von Natur und Kultur und über moralische Ordnungen und Kosmologien. (Herzfeld 1997) In Fleckscher Tradition stehend, versteht daher die sozialanthropologische Wissenschafts- und Technikforschung Wissen und Technologie nicht als etwas außerhalb von Kultur, das sich auf diese auswirkt, sondern als etwas zutiefst Menschliches, historisch wie kulturell Situiertes und in mannigfaltig ausdifferenzierter Praxis immer wieder Reproduziertes – und damit als zentrales Element ethnographischer Forschung.

---

9 Siehe vertiefend die exzellente Arbeit des US amerikanischen Medizinanthropologen und Wissenschaftshistorikers Allan Young »The Harmony of Illusions« zur Entstehung und Entwicklung von posttraumatischer Belastungsstörung bei US amerikanischen Vietnamkriegsveteranen (Young 1995).

LITERATUR

Barad, Karen (1999): »Agential Realism. Feminist Interventions in Understanding Scientific Practices«. In: Mario Biagioli (Hg.), The Science Studies Reader, New York: Routledge, S 1–11.

Boas, Franz (1889): »On Alternating Sounds«. American Anthropologist 2,(1), S. 47–54.

Cambrosio, Alberto, Peter Keating, Pascalle Bourret, Phillipe Mustar, and Susan Rogers. (2009): »Genomic Platforms and Hybrid Formations«. In: Paul Atkinson/Peter Glasner/Margaret Lock (Hg.), Handbook of Genetics and Society. Mapping the New Genomic Era, London: Routledge.

Carnap, Rudolf (1934/1968): Logische Syntax der Sprache, Wien: Springer.

Collingwood, Robin G. (1940/1972) An Essay on Metaphysics, Chicago: H. Regnery Co

Feyerabend, Paul (1970): »Consolations for the Specialist«. In: Alan Musgrave/Imre Lakatos (Hg.), Criticism and the Growth of Knowledge, Cambridge: Cambridge University Press, S. 197–230.

Fleck, Ludwig (1935/1980): Entstehung und Entwicklung einer wissenschaftlichen Tatsache. Einführung in die Lehre vom Denkstil und Denkkollektiv. Mit einer Einleitung herausgegeben von Lothar Schäfer und Thomas Schnelle. (1935 Basel: Benno Schwabe & Co.), Frankfurt/M.: Suhrkamp.

Fleck, Ludwik (1979): Genesis and Development of a Scientific Fact, Chicago: University of Chicago Press.

Geertz, Clifford (1973): The Interpretation of Cultures, New York: Basic Books.

Gonzales, R. J., Laura Nader, & Ou:, C. J. (1995): »Between two Poles: Bronislaw Malinowski, Ludwik Fleck, and the Anthropology of Science«. [Anthropologie] Current Anthropology, 36(5), S. 866–869.

Hacking, Ian (1983): Representing and Intervening: Introductory Topics in the Philosophy of Natural Science, Cambridge: Cambridge University Press.

Herzfeld, Ma. (1997). Cultural Intimacy. Social Poetics in the Nation State. New York Routledge.

Kuhn, Thomas (2000): The Road since Structure. Philosophical Essays 1970–1993, Chicago: Chicago University Press.

Kuhn, Thomas S. (1977): The Essential Tension: Selected Studies in Scientific Tradition and Change, Chicago: University of Chicago Press.

Kuhn, Thomas S. (1970): The Structure of Scientific Revolutions, Chicago: University of Chicago Press.

Lakatos, Imre, and Alan Musgrave, eds. Criticism and the Growth of Knowledge. Proceedings of the International Colloquium in the Philosophy of Science, London, 1965. dt.: Kritik und Erkenntnisfortschritt, Braunschweig 1973 ed. Vol. 4. Cambridge Cambridge University Press, 1970.

Löwy, Ilana (1990): The Polish School of Philosophy of Medicine : From Tytus Chalubinski (1820–1889) to Ludwik Fleck (1896–1961), Philosophy and Medicine, Dordrecht/Boston: Kluwer Academic.

Löwy, Ilana (2008): »Ways of seeing: Ludwik Fleck and Polish debates on the perception of reality, 1890–1947«. Studies in the History and Philosophy of Science 39, S. 375–383.

Malinowski, Bronislaw (1920): Argonauts of the Western Pacific, London: Routledge.

Marcus, George (2008): »The End(S) of Ethnography: Social/Cultural Anthropology's Signature Form of Producing Knowledge in Transition«. Culture Anthropology 23(1), S. 1–14.

Mead, Margaret (1961): »Anthropology among the Sciences«. American Anthropologist 63(3), S. 475–82.

Ong, Aihwa/Collier, Stephen J. (2005): Global Assemblages Technology, Politics, and Ethics as Anthropological Problems, Malden/MA: Blackwell Publishing.

Parsons, Talcott/Kroeber, Alfred L. (1958): »The Concepts of Culture and of Social Systems«. American Sociological Review 23, S. 582–83.

Popper, Karl R. (1935/2005): Die Logik der Forschung, 11. Ausg., Tübingen: Mohr Siebeck.

Popper, Karl R. (1959): The Logic of Scientific Discovery, New York: Basic Books.

Popper, Karl R. (1970): »Normal Science and Its Dangers«. In Alan Musgrave/Imre Lakatos (Hg.), Criticism and the Growth of Knowledge, Cambridge: Cambridge University Press, S. 51–58.

Popper, Karl R. (1963): Conjectures and Refutations, London: Routledge and Kegan Paul.

Rheinberger, Hans-Jörg (1997): Toward a History of Epistemic Things. Synthesizing Proteins in the Test Tube, Stanford: Stanford University Press.

Sahlins, Marshall (1996): »The Sadness of Sweetness. The Native Anthropology of Western Cosmology«. Current Anthropology 37(3), S. 395–428.

Strathern, Marilyn (2002): »Not Giving the Game Away«. In Andre Gingrich/Richard G. Fox (Hg.), Anthropology, by Comparison, London: Routledge, xiii-xvii.

Toulmin, Stephen (1970): »Does the Distinction between Normal and Revolutionary Science Hold Water?«. In Alan Musgrave/Imre Lakatos (Hg.), Criticism and the Growth of Knowledge, Cambridge: Cambridge University Press, S. 39–48

Virchow, Rudolf (1858): Die Cellularpathologie in ihrer Begründung auf physiologische und pathologische Gewebelehre. Zwanzig Vorlesungen, Berlin: August Hirschwald.

Watkins, J. W. N. (1970): »Against ›Normal Science‹«. In Alan Musgrave/Imre Lakatos (Hg.), Criticism and the Growth of Knowledge, Cambridge: Cambridge University Press, S. 25–38.

Weisz, George M. (2010): »Dr Fleck Fighting Fleck Typhus«. Social Studies of Science 40(1), S. 145–153.

Young, Allan (1995): The Harmony of Illusions: Inventing Post-Traumatic Stress Disorder, Princeton: Princeton University Press.

Von der Wissenschaftssoziologie zur Soziologie wissenschaftlichen Wissens

JÖRG NIEWÖHNER

Robert K. Merton begründete in den 1930 und 40er Jahren die Wissenschaftssoziologie mit seinen Untersuchungen über die Entwicklung der Wissenschaft im England des 17. Jahrhunderts und ihren wechselseitigen Zusammenhang mit gesellschaftlichen Entwicklungen, speziell dem Puritanismus. Wissenschaft wird durch diesen Forschungsansatz als Institution bzw. als Organisation erstmals Untersuchungen durch die Sozialwissenschaften zugänglich. Aus diesem Verständnis von Wissenschaft heraus entwickelt Merton seine Imperative des wissenschaftlichen Ethos: Universalität, Kommunismus, Uneigennützigkeit und organisierter Skeptizismus. Die Wissenschaftssoziologie der Nachkriegszeit wird vor allen Dingen von immer neuen Angriffen auf diesen Ethos und Vereinnahmungsversuchen der Wissenschaft durch politische und wirtschaftliche Interessen geprägt. Die Technokratiedebatte und der Positivismusstreit in Deutschland, und die Untersuchungen und Streitschriften für wissenschaftliche Unabhängigkeit eines Michael Polanyi oder Jerry Ravetz in der anglo-amerikanischen Soziologie, sind so immer Ausdruck einer grundlegenden und hart geführten Debatte über Erkenntnismöglichkeiten in konkreten sozialen Institutionen. Nicht gestellt wird die Frage nach den Auswirkungen von institutionellem Wandel auf Wissen selbst. Dies ist das entscheidende Forschungsdesiderat, dessen sich die Science and Technology Studies in den 1970er Jahren annehmen: sie überführen die Wissenschaftssoziologie und ihre Untersuchun-

gen von Wissenschaft als Institution in eine Soziologie wissenschaftlichen Wissens und machen damit Wissen selbst zum Untersuchungsgegenstand sozialwissenschaftlicher Forschung.

Weiterführende Literatur

Gieryn, Thomas F. (1983): »Boundary-Work and the Demarcation of Science from Non-Science: Strains and Interests in Professional Ideologies of Scientists«. American Sociological Review 48(6), S. 781–795.

Der Soziologe Thomas Gieryn zeichnet in diesem Artikel im Stile eines Robert Merton die verschiedenen Strategien nach, die Wissenschaftler verwenden, um ihre eigene Arbeit als wissenschaftlich darzustellen und damit klar von technischen oder handwerklichen Tätigkeiten abzugrenzen. Ein wichtiger Teil der Arbeit von Forschenden wird damit zur »Grenzarbeit« – ein Konzept, auf das in der Wissenschaftsforschung in verschiedenen Facetten immer wieder verwiesen wird.

Bourdieu, Pierre (1975): »The Specificity of the Scientific Field and the Social Conditions of the Progress of Reason. [Volkskunde]«. Social Science. Infrmation sur les sciences sociales XIV-(6), 19–47.

Ein Klassiker der Kulturwissenschaft: Bourdieu entwickelt in diesem Aufsatz seinen »Feld« Begriff und zeigt anschaulich, wie wissenschaftliche Arbeit und das Streben nach Plausibilisierung von Ideen immer auch ein Streben nach Autorität und Deutungshoheit darstellt.

EINLEITUNG

Die zentralen wissenschaftstheoretischen Positionen, die im vorange-
gangenen Kapitel kurz vorgestellt worden sind, beruhen mit Ausnahme von
Ludwik Fleck auf theoretischen, historischen und normativen Überlegung-
en. Sie untersuchen den Erkenntnisprozess und damit auch den Charakter
wissenschaftlichen Wissens entweder theoretisch als Ergebnis formal-
logischer oder rationaler Folgerungen, oder auf der Basis von historischen
Fallstudien, d. h. vergangenen Entwicklungen in bestimmten Wissen-
schaftsfeldern, die aus Quellenanalysen und Sekundärliteratur erschlossen
werden. Für Forschende in der Kulturanthropologie sind das relevante, aber
nicht zwingend die zentralsten Zugänge. Wichtiger ist hier die Frage, wie
Wissenschaft, bzw. der Prozess der Produktion wissenschaftlichen Wissens
konkret von statten geht. Wie operiert Wissenschaft im Alltag und wie entstehen Erkenntnis und Wissen als Ergebnis von lokal, sozial und kulturell
spezifischer Praxis? Diese Fragen nach Wissenspraxis sind wissen-
schafts*theoretisch* nicht befriedigend zu beantworten, und doch wird bereits
in den 1930er und 40er Jahren deutlich, dass diese Fragen nach den
konkreten Bedingungen von Wissenschaft und Wissensproduktion für moderne Gesellschaften eine große Relevanz besitzen. Wissenschaftliches
Wissen prägt zunehmend Alltage, Arbeitsprozesse und soziale Ordnung.
Seine Entstehungskontexte besser zu verstehen, ist daher ein wichtiger
Aspekt für das Verständnis gesellschaftlicher Ordnungsprozesse im Allgemeinen.[1]

Die *Sozio-Logik* von Wissenschaft avanciert also Mitte des 20. Jahrhunderts zu einem wichtigen Thema – vornehmlich als eine Frage der
Soziologie. Die Anthropologie interessiert sich zu diesem Zeitpunkt zwar
ebenfalls für die Zusammenhänge zwischen Erkenntnis, Wissen und gesellschaftlicher Ordnung, dies aber beinahe ausschließlich außerhalb von Euro-
Amerika, bzw. der westlichen Welt. Die Untersuchung nicht-westlicher

---

1 Gerade in dieser Hinsicht verschränken sich selbstverständlich Wissen und Technologie auf mannigfaltige Art und Weise. Fortschritt und Wachstum in westlichen
  Gesellschaften sind untrennbar mit Wissenszuwachs *und* technologischer Entwicklung verbunden. In diesem Kapitel liegt der Fokus jedoch nur auf den Anfängen der Wissenschaftssoziologie. Die verschiedenen Untersuchungen der Entwicklung und Rolle von Technologie für Gesellschaft finden sich im Kapitel SO-
  ZIALE KONSTRUKTION VON TECHNOLOGIE.

Gruppen von Menschen als »Andere« der westlichen, modernen Rationalität, konstruiert deren Wissenspraktiken als defizitär und als Vorstufe, für die Magie und Zauber, Irrationalität oder primitives, d. h. noch nicht entwickeltes Wissen charakteristisch seien. (Warneken 2006, Kuper 1988, Kuper 2005 und RATIONALITÄT) Nach heutiger Sicht verraten uns diese Analysen zwar mindestens genauso viel über westliche Rationalität wie über das Wissen der »Primitiven«, weil in diesen Studien zumindest implizit westliche Rationalitätskonzepte als Maßstab herangezogen oder diese hinsichtlich ihres Universalitätsanspruches in Kontrastierung mit nichtwestlichen Handlungsmustern hinterfragt werden. Damals jedoch stand nur für wenige Forschende der Anthropologie die kulturkritische Überlegung im Vordergrund, dass die Untersuchungen des Fremden immer auch das Eigene mit beleuchten.

Die Untersuchung von Wissenschaft als organisiertem Prozess entwickelt sich demnach zu einem Forschungsfeld, das vor allem von der Soziologie, weniger von anderen Sozialwissenschaften oder der Philosophie dominiert wird. Es entsteht die *Wissenschaftssoziologie*. Sie erwächst in den 1930er und 1940er Jahren vornehmlich aus einer bereits etablierten Organisationssoziologie und untersucht Wissenschaft zunächst als eine Organisationsform von Handlung oder als eine Institution wie andere auch. Mit dieser soziologischen Perspektive – dies sei hier eingefügt, weil es bis heute eine Relevanz hat – geht allerdings ein Verlust an epistemologischen Fragestellungen einher. Die soziologische Untersuchung Wissen schaffender Institutionen vernachlässigt bis heute vielfach die Frage nach den epistemologischen Konsequenzen dieser institutionellen Strukturen.[2] Was Ludwik Fleck gefordert hatte, nämlich eine vergleichende Epistemologie, die wissenschaftliche Praxis auf ihre Verschränkung mit Erkenntnisgewinn hin untersucht und dabei sowohl etwas über Wissen und Wissenschaft als auch über Gesellschaft verrät, gerät mehr oder minder in Vergessenheit und führt bis heute eher ein Nischendasein. Eine gewiss nicht intendierte Konsequenz dieses Zugriffs auf Wissenschaft als Institution ist eine Weiterführung der

---

2 Dies hat selbstverständlich weniger mit der Disziplin Soziologie an sich zu tun, als vielmehr mit dem häufig mit dieser Disziplin verbundenen quantifizierenden Zugriff. Der Beitrag zu Laborstudien in diesem Band (LABORSTUDIEN) zeigt, dass einige soziologische Studien gerade dort, wo sie auf qualitative und ethnographische Methoden setzen, wissenschaftliche Arbeit und epistemologische Konsequenz als verknüpft untersuchen. (Knorr-Cetina 1981)

wahrgenommenen Sonderrolle oder Exzeptionalität von wissenschaftlichem Wissen im Vergleich zu anderen Wissensformen. Wissenschaftliches Wissen wird, wie in der Wissenschaftstheorie, nach wie vor weitgehend getrennt von gesellschaftlicher Entwicklung untersucht.

Im Gegensatz dazu hatte der US-Amerikanische Philosoph John Dewey bereits um die Jahrhundertwende zum 20. Jahrhundert dafür plädiert, wissenschaftliches und alltägliches Denken entlang eines Kontinuums zu konzeptionalisieren. (Dewey 2008: 86f.) Diese pragmatistische Position findet in zahlreichen Debatten der letzten zwanzig Jahre in der Wissenschaftsforschung (vgl. etwa Knorr-Cetina 1999) sowie der Anthropologie großen Widerhall. Auch hier wird zunehmend betont, dass Wissenschaft keineswegs vor- oder außerkulturell konzipiert werden dürfe. Wissenschaft, so das Argument der Anthropologie, sei eng mit gesellschaftlichem Wandel verwoben, *als Teil* von Kultur, nicht als außerhalb von ihr stehend oder ihr gar übergeordnet. (Vgl. Kontopodis et al. 2011) Wenn Wissenschaft in modernen Gesellschaften auch eine zentrale Rolle zukommt, so rechtfertigt dies keineswegs die Annahme eines prinzipiellen Unterschiedes zwischen verschiedenen Wissenspraxen.

DIE ANFÄNGE DER WISSENSCHAFTSSOZIOLOGIE: ROBERT K. MERTON

Die Soziologie der 1930er und 1940er Jahre ist stark strukturfunktionalistisch geprägt. Untersuchungen von Praxis spielen darin keine wesentliche Rolle. Die Makrotheorien von Talcott Parsons in Harvard stehen der im Entstehen begriffenen empirischen Sozialforschung von Paul Lazarsfeld an der Columbia University in New York gegenüber. In diesem Milieu schreibt der amerikanische Soziologe Robert King Merton (*1910 – †2003) seine Dissertation in Harvard über die Entwicklung der Wissenschaften im England des 17. Jahrhunderts (Merton 1938) und beginnt damit seine Karriere als erster ausgewiesener Wissenschaftssoziologe.

Dabei ist Mertons Forschung keineswegs auf die Untersuchung von Wissenschaft beschränkt. Schon in seiner Dissertation verfolgte er eine ähnliche Problematik, wie sie auch Fleck aufgeworfen hatte (WISSEN-SCHAFTSTHEORIE): es ging ihm um die Analyse eines Denkstils, der für die Epoche der frühen Moderne generell charakteristisch war. Auch seine Ar-

beiten zu Struktur, Anomie und Devianz sind bis heute maßgebend und seine Konzepte der »sich selbst erfüllenden Prophezeiung« und des »Matthäus
Effekts«[3] Allgemeinwissen. Seine Beiträge zur Wissenschaftsforschung
hingegen werden heute respektiert, aber auch sehr kritisch beurteilt. Man
könnte sogar sagen, dass die Wissenschaftsforschung in den späten 1970er
Jahren bewusst von Merton Abstand genommen hat. Das geschah zum einen, weil man seine Analysen von Wissenschaft keineswegs uneinge-
schränkt teilte. Zum anderen musste man sich bewusst von der ungemeinen
Dominanz der Merton'schen Ansätze befreien, um Raum für neue Entwicklungen zu schaffen. Dabei darf man allerdings nicht aus den Augen verlieren, dass Merton selbst diesen neuen Entwicklungen mit seinen Untersuchungen und Perspektiven entscheidend den Weg bereitet hat. Es ist daher
sicherlich mehr als angemessen, seinen Untersuchungen und Konzepten
trotz aller berechtigten Kritik achtsam gegenüberzutreten.

Stephen Cole, ein langjähriger Student und Kollege von Robert Merton,
schreibt 2004 in einem Nachruf auf Merton im Sonderheft des Journals *Social Studies of Science*:

»Merton appeared to be an extreme workaholic and would, notoriously, rise at 4:30
and be at work at 5:00 so he could do the most important part of his work early in
the morning when he was at his brightest. He would finish his writing and then go
on to his teaching, thus saving his consulting for the late afternoon when he was
tired and needed wits less then when writing. And to our knowledge as students,
since we never got to see him at home, this pattern was followed seven days a
week.«

---

3 »Sich selbst erfüllende Prophezeiung« bezeichnet das Phänomen, dass sich Vorhersagen häufig erfüllen, weil die Vorhersagenden sich dementsprechend verhalten, ohne sich dessen bewusst zu sein. Der Name des Matthäus Effekts geht auf
das Matthäusevangelium zurück: »Denn wer da hat, dem wird gegeben werden,
dass er Fülle habe; wer aber nicht hat, von dem wird auch genommen, was er hat.«
– Mt 25,29 LUT Er bezeichnet das Phänomen der positiven Rückkopplung ursprünglich untersucht an Zitationshäufigkeiten von wissenschaftlichen Aufsätzen.
Bekannte Autoren werden öfter zitiert als unbekannte. Es findet also eine zentrie-
rende Bewegung statt. Gleiches gilt auch für andere Felder, z. B. für die Verteilung von Kapital und Vermögen in westlichen Gesellschaften. Zu den Konzepten
Anomie und Devianz, siehe vor allem Merton (1957).

Es ist wohl nicht unfair zu sagen, dass Merton als Mensch wie als Wissenschaftler eine nicht allseits und immer beliebte Persönlichkeit war. Glaubt man seinen Schülerinnen und Schülern, Kolleginnen und Kollegen, dann stellt sich Merton als ein kreativer Wissenschaftler dar, der bis zum Starrsinn an seinen Ideen festhielt. Dieses Beharren auf einmal formulierten Konzepten dürfte maßgeblich dazu beigetragen haben, dass seine Ansichten nicht den Wandel der Zeit mitgemacht haben, sondern bald in ein gewisses Abseits gerieten. Gerade diese konzeptionelle Schärfe und Pointierung jedoch ist es auch, die seine Konzepte bis heute als klar formulierte Reibungsfläche für alternative Ideen anbietet.

Mertons deskriptive Seite

Mertons Dissertation befasste sich mit dem Zusammenhang zwischen Puritanismus und Wissenschaft, im England des 17. Jahrhunderts. In ihrem ersten Teil machte Merton auf der Basis einer quantitativen Analyse der *National Biography Database* sichtbar, dass Wissenschaft im dritten Viertel des 17. Jahrhunderts einen deutlichen Entwicklungssprung vollzog. Er begründete dies, in bewusster Anlehnung an die Religionssoziologie Max Webers (Weber 1934), mit dem zunehmenden Einfluss einer puritanischen Gesinnung. Was Weber für den Zusammenhang zwischen Puritanismus und Wirtschaft herausgearbeitet hatte, zeigte Merton für den Zusammenhang zwischen Puritanismus und Wissenschaft. Er argumentierte, dass die Puritaner ihre wachsende Macht auf mindestens drei Wegen absicherten: (1) durch ihre positive Gesinnung gegenüber Wissenschaft und Technologie, die ihre Macht widerspiegelten und gleichzeitig zu mehren versprachen; (2) durch ihren glühenden Glauben an Fortschritt, der in direktem Zusammenhang mit ihrer wachsenden sozialen wie ökonomischen Rolle stand; (3) durch ihre Feindseligkeit gegenüber den damaligen feudalen Herrschaftsstrukturen, die ihrer Beteiligung an politischer Kontrolle und Macht im Wege standen.

Der zweite Teil der Mertonschen Dissertation befasste sich mit einer Analyse der Frage, wie Wissenschaftler Themen auswählen und Aufmerksamkeit fokussieren. Es gelang ihm zu zeigen, dass es in der Hauptsache die praktischen Angelegenheiten der jeweiligen Zeit sind – wie z. B. das Problem der Schiffsnavigation im England des 17. Jahrhunderts – die den Auswahlprozess relevanter Probleme steuern. Dass der Prozess der Themen- und Problemwahl als ein sozialer und historisch eingebetteter Prozess zu untersuchen ist, der maßgeblich durch Faktoren außerhalb von Wissenschaft angetrieben wird, wird durch Merton zu einem Standardtopos der Wissenschaftssoziologie. (Cole 2004: 836 ff.) Vor allem der Schritt, den Merton vom ersten zum zweiten Teil seiner Dissertation vollzog, ist aus anthropologischer Sicht bemerkenswert. Während er im ersten Teil das Entstehen einer spezifischen gesellschaftlichen Organisationsform – die Wissenschaft – noch mit »dem Puritanismus« begründete, d. h. dem anthropologisch fragwürdigen Postulat einer homogenen Wertegemeinschaft, arbeitete er im zweiten Teil mit einer Begründung, die deutlich näher an einem anthropologischen Praxisbegriff liegt. Während er im ersten Teil noch die puritanische Gesinnung verantwortlich macht für eine spezifische Entwicklung der Wissenschaft, lenkt er den Blick im zweiten Teil auf die »praktischen Angelegenheiten«, die seines Erachtens Blick-, Denk- und Handlungsperspektiven der Wissenschaftler steuern. Mit der Erforschung des Einflusses dieser praktischen Kontexte auf Wissenschaft und Erkenntnis bereitete Merton den Weg für die Entwicklung der STS. Bis heute ist diese Frage ein zentraler Bestandteil der empirischen Wissenschaftsforschung.

Merton ebnet also den Weg für die Untersuchung von Wissenschaft als gesellschaftliche Institution. Dabei kommen zunächst die Strukturen von Wissenschaft selbst in den Blick. So schreibt er bereits 1938, dass die Wissenschaft als Institution – einmal etabliert, wie z. B. in Großbritannien die Royal Society Mitte des 17. Jahrhunderts – zweierlei Anziehungskräfte auf ihre Mitglieder ausübe, nämlich »generally prized opportunities of engaging in socially approved patterns of association with one's fellows and the consequent creation of cultural products which are esteemed by the group.« (Merton, 1938: 231) Entscheidend ist hier, dass wissenschaftliche Erkenntnis als Ergebnis der Erfüllung sozialer Bedürfnisse – Anerkennung und rollenkonformes Verhalten – ihrer Protagonisten und nicht als Resultat eines quasi naturwüchsigen Strebens nach Wahrheit und Erkenntnis erscheint. An diese frühen Arbeiten Mertons knüpfen bis heute zahlreiche Studien der Wissenschaftssoziologie und –politik an, die versuchen, wissenschaftliches Arbeiten durch strukturelle und funktionale Indikatoren zu erklären: soziale Netzwerke, Zitationskartelle, Belohnungsstrukturen, Förderstrukturen, Hierarchien, Kooperationsvereinbarungen, usw. So ziemlich jeder Aspekt der Institution Wissenschaft ist bis heute auf die eine oder andere Art und Weise operationalisiert und untersucht worden. Vor allem große Trends und

Entwicklungen auf der Makroebene lassen sich auf diese Art und Weise sehr gut erfassen und analysieren.[4]

Merton hat mit seinen Arbeiten aber nicht nur den Untersuchungen von institutionellen Strukturen in Wissenschaft den Weg gebahnt. Bemerkenswerter aus kulturanthropologischer Sicht ist die Tatsache, dass Merton bereits Ende der 1930er Jahre Wissen nicht als ein abstraktes Gut definierte, sondern als ein Kulturprodukt. Zwar verstand er dies nicht so, wie man es heute nach der konstruktivistischen Wende zumeist auffasst. Merton blieb Positivist insofern, als er an realen Wissens*fortschritt* glaubte. Trotzdem betonte er schon früh gegenüber den etablierten wissenschaftstheoretischen Positionen die Relevanz des *Entstehungskontextes* von Wissen. Es ist daher eigentlich verwunderlich, dass es mehr als 30 Jahre dauerte, bis die Kultursoziologie und -anthropologie diese Perspektive aufgriff und weiterentwickelte. In den 1970er Jahren war es vor allem Pierre Bourdieu, der durch eine kritische Analyse der sozialen Bedingtheit von Wissenschaft diese als spezifisches Feld darstellte und damit ebenfalls unterstrich, auf welche Art und Weise wissenssoziologische Untersuchungen fruchtbare Ansätze für allgemeinere Sozialtheorien bereithalten können. (Bourdieu 1975)

Merton untersuchte also nicht nur die Struktur von Wissenschaft, als Institution, sondern auch ihr Verhältnis zur Gesellschaft. Vorsicht ist bei der Lektüre vieler seiner Schriften insofern geboten, als dass Merton, wie zuvor bereits Kuhn, nur unzureichend Deskription und Präskription voneinander trennt[5], d. h. Mertons Schriften enthalten häufig Anteile deskriptiver soziologischer Analyse, vermengen diese aber mit normativen Aussagen über die Struktur von Wissenschaft, wie sie nach Meinung Mertons sein *sollte*. Aus dieser Verquickung entstehen vielfältige Probleme, auf die hier im Einzelnen nicht eingegangen werden muss. Stephen Cole springt Merton *posthum* zur Seite, wenn er schreibt: »Merton chose not to take the route of examining how social factors influenced specific pieces of science; rather, he was

---

4 Diese Formen der Wissenschafts- und Hochschulforschung sind nicht Bestandteil des vorliegenden Bandes, da dieser sich vor allem praxistheoretisch orientiert und auf ethnographische Mikro-Studien fokussiert. Einen guten Einstieg in die makrologische Wissenschafts- und Hochschulforschung vermitteln z. B. Hornbostel (2006) und Simon (2001).

5 Ob dies (wissenschafts-)politische Absicht ist oder lediglich die Folge einer unzureichenden empirischen Dichte, sei hier dahingestellt. Eine detaillierte Diskussion dieser Ambivalenz in Mertons Analysen findet sich bei Paul Feyerabend (1990).

interested in how social factors influenced science in a broader sense (for example, the influences on the foci of attention of scientists in England during the last part of the 17th century).« (Cole 2004: 842 ff.) Eine kritischere Lesart, und dies zeigen die folgenden Beiträge dieses Bandes, macht deutlich, dass detaillierte historische, wie soziologische und ethnographische Untersuchungen des Einflusses sozialer Faktoren auf Wissenschaft Mertons Befunde zumindest in ihrer Generalität in Frage stellen.

Mertons präskriptive Seite

Konzentriert man sich auf die normativen Elemente von Mertons Analysen, so kommt man nicht umhin, sein sehr positivistisches Verständnis von Wissenschaft und Erkenntnisgewinn zu bemerken. Wie Cole zurecht hervorhebt (Cole 2004: 842 ff.), machte Merton in der annotierten Version seines Aufsatzes von 1942 zur gesellschaftlichen Bedingtheit von Wissenschaft deutlich, dass er der Meinung war, die Soziologie könne die *Inhalte der Wissenschaft* nicht erklären, da diese letztlich durch die Natur selbst determiniert würden. In einem Kommentar der damaligen Entwicklungen in der Sowjetunion, die seines Erachtens Wissenschaft als »national in form and class in content« darstellten, schreibt Merton:

»This view confuses two distinct issues: first the cultural context in any given nation or society may predispose scientists to focus on certain problems, to be sensitive to some and not other problems on the frontiers of science. This has long since been observed. But this is basically different from the second issue; the criteria of validity of claims to scientific knowledge are not matters of national taste and culture. Sooner or later, competing claims to validity are settled by the universalistic facts of nature, which are consonant with one and not with another theory.« (1957 [1949]: 554)

In einem Nachdruck des Essays 1973 ändert Merton zwar den letzten Satz – »sooner or later, competing claims to validity are settled by universalistic criteria« (Merton 1942/1973: 271) – aber diese Verschiebung von »universalistic facts of nature« hin zu »universalistic criteria« ändert seine Grundposition nur unwesentlich. Diese positivistische Position, die immer noch starke Anklänge an den ersten Wiener Kreis und Karl Popper offenbart, muss man bei der Lektüre von Mertons Überlegungen zum Zusammenhang von Wissenschaft und Gesellschaft im Hinterkopf behalten. Merton definiert vor diesem Hintergrund vier institutionelle Gebote, die die Position von Wissenschaft in der Gesellschaft sowie ihren Ethos bestimmen sollen:

Universalität

»Aussagen mit Wahrheitsanspruch müssen vorher festgesetzten unpersönlichen Kriterien[6] genügen, die in Einklang mit Beobachtung und mit bereits bestätigtem Wissen stehen.«[7] (Merton 1942/1973: 271f.) Objektivität schließt Partikularismen aus; hieraus folgte für ihn zudem, dass Karrierepfade Talentierten ohne Unterschied offen stehen müssten.

Kommunismus

Kommunismus versteht sich bei Merton nicht eigentlich politisch, sondern im erweiterten Sinne als die gemeinsame Eigentümerschaft an Waren. Merton konstatierte, dass der Anspruch des Wissenschaftlers auf ›sein‹ geistiges ›Eigentum‹ darauf beschränkt bleiben solle, Anerkennung und Achtung zu erzeugen. »Aus der institutionellen Konzeption von Wissenschaft als Teil der öffentlichen Domäne folgt auch das Gebot, Ergebnisse zu veröffentlichen. Geheimhaltung ist die Antithese dieser Norm.« (ebd.: 274) Und weiter: »Die Bescheidenheit des wissenschaftlichen Genies ist nicht nur kulturell angemessen, sondern resultiert aus der Erkenntnis, dass wissenschaftlicher Fortschritt die Zusammenarbeit von vergangenen und gegenwärtigen Generationen erfordert.« (ebd.: 275). Merton betonte mit feiner

---

6 In diesem Kontext steht auch Mertons Auseinandersetzung mit der Marxistisch-Leninistischen Position zu Wissenschaft: »Only a cosmopolitan without a homeland, profoundly insensible to the actual fortunes of science, could deny with contemptuous indifference the existence of the many-headed national forms in which science lives and develops. In place of the actual history of science and the concrete paths of its development, the cosmopolitan substitutes fabricated concepts of a kind of supernational, classless science, deprived, as it were, of all the wealth of national coloration, deprived of the living brilliance and specific character of a people's creative work, and transformed into a sort of disembodied spirit. [...] Marxism-Leninism shatters into bits the cosmopolitan fictions concerning supra-class, non-national, ›universal‹ science, and definitely proves that science, like all culture in modern society, is national in form and class in content.« (Editorial in Voprosy filosofii no.2 1948; transl. in Current Digest of the Soviet Press 1 (1), 1949, zitiert in Merton 1973: 271)

7 Übersetzung dieses und der folgenden Zitate durch JN.

Ironie, dass Wissenschaftler häufig einen professionellen Habitus an den Tag legen würden, der die Originalitätsansprüche ihrer Arbeit herausstelle und dabei die Einbettung der ›eigenen‹ Gedanken in ›fremde‹ übersehe. (Merton 1965)

Uneigennützigkeit [disinterestedness]
Mit Uneigennützigkeit bezeichnete Merton kein Persönlichkeitsmerkmal, auch wenn diese Norm oft ausgelegt wird als ein Plädoyer für altruistisches Verhalten und gegen Missbrauch in der wissenschaftlichen Praxis und die Privatisierung von Wissen. Vielmehr ging es im Kern darum, dass Wissenschaft die Nachprüfbarkeit von Ergebnissen beinhalte und wissenschaftliche Arbeit damit immer einer genauen Überprüfung durch Kollegen gerecht werden müsse. »Die Übersetzung der Uneigennützigkeitsnorm in die Praxis, wird letztlich genau dadurch unterstützt, dass Wissenschaftler ihren Kollegen gegenüber rechenschaftspflichtig sind. Hier stehen Gemeinschaftsgefühl und Zweckmäßigkeit miteinander im Einklang.« (Merton 1965: 276)

»It is probable that the reputability of science and its lofty ethical status in the estimate of the layman is in no small measure due to technological achievements. Every new technology bears witness to the integrity of the scientist. Science realizes its claims.« (ebd.: 277)

Organisierter Skeptizismus
Organisierter Skeptizismus stellte einen klaren Bezug zu Poppers Falsifikationismus her und forderte das ständige Hinterfragen neuer Erkenntnisse, aber auch etablierter Gewissheiten. Merton betonte, dass organisierter Skeptizismus sowohl einen methodologischen wie institutionellen Auftrag darstelle, d. h. für jedes einzelne Mitglied der Wissenschaftsgemeinde im Alltag gelten solle, wie auch für das Feld als Ganzes.

Diesen vier institutionellen Geboten nun sollte Wissenschaft folgen: Universalität, Kommunismus, Uneigennützigkeit, organisierter Skeptizismus. Aus heutiger Sicht scheint offensichtlich, dass dies keine Beschreibung und Analyse von Wissenschaft sein kann, wie sie tatsächlich praktiziert wird. Und auch 1940 und im Umfeld ehrenwerter Institutionen wie der Royal Society und der *Ivy League* Universitäten wird deutlich gewesen sein, dass Anspruch und Wirklichkeit hier nicht immer Deckungsgleichheit erreichten. Merton selber kokettierte in seinem essayistischen Werk »On the shoulders of giants« mit den etablierten Vorstellungen von Erkenntnisgewinn, Lernen und akademischem Habitus und zeigte damit, dass er sich mehr als bewusst war, dass Erkenntnisgewinn immer verschlungeneren Pfaden folgt und folgen muss, als mit vier normativen Imperativen zu erklären und zu bestimmen wäre. (Merton 1965) Seine eigene Karriere und Arbeitsweise verkörperte diese Diskrepanz bis zu einem gewissen Grad. Denn einerseits stellte er in seinen Werken immer wieder heraus, dass Erkenntnisgewinn eine kollektive Errungenschaft sei, die weder als abstrakter Prozess, noch als Akt individuellen Genius' verstanden werden dürfe. Dabei betonte er vor allem den inter-generationalen Aspekt und räumte einer synchronen Perspektive auf Kollektivität weniger Raum ein als dies beispielsweise die Analysen eines Ludwik Fleck von Denkstilen und -kollektiven getan hatten. Andererseits trug seine eigene Arbeitsweise doch stark individualistische Züge. Das ist formal keine Paradoxie. Auch meinungsstarke Personen können sich selbstverständlich mit Vorgängern und Kollegen auseinandersetzen. Jedoch kann man nicht umhin, zwischen Mertons eigener Arbeitsweise und seinem normativen Verständnis von Wissenschaft immer wieder einen gewissen Widerspruch zu entdecken.

Wichtiger als Mertons persönliche Arbeitsweise ist jedoch, dass Wissenschaft als Institution in der ersten Hälfte des 20. Jahrhunderts noch nicht die zentrale Stellung im Spannungsfeld von Politik, Wirtschaft und Gesellschaft innehatte, die sie bald darauf, maßgeblich nach dem 2. Weltkrieg und im Zuge des Kalten Krieges, erreichte. Dies wird zum Beispiel deutlich am Bild des charismatischen Führungsstils, das Max Weber noch zu Beginn des Jahrhunderts entwerfen konnte. (Weber 1922/2002) In diesem Bild konsultieren Politiker zwar Wissenschaft – schließlich handelt es sich um moderne, fortschrittliche Gesellschaften – sie sind aber in ihren Entscheidungsmöglichkeiten nicht in vergleichbarer Weise auf wissenschaftlichen Rat angewiesen, wie das heute der Fall ist. Umgekehrt gilt, dass Wissenschaft als Institution, in der Zeit, in der Merton seine Hauptwerke verfasste, noch nicht in dem Maße mit Versuchen der Inanspruchnahme durch außerwissenschaftliche Interessen konfrontiert war, wie dies für die Nachkriegszeit festgestellt werden muss.

WISSENSCHAFTS- UND TECHNOLOGIEFORSCHUNG IN DEN NACHKRIEGSJAHREN

In den 1950 und 60er Jahren ändert sich dies in signifikanter Weise. Wissenschaft rückt zunehmend ins Zentrum politischer Strategieentwürfe. Dies wird zum einen angetrieben durch eine zunehmend wissens- und technologieintensive industrielle Entwicklung, die zu gezielten privaten Investitionen in Wissenschaft führt. Zum anderen, und zumindest zu Beginn dieser Entwicklung wichtiger, nimmt der Grad der Militarisierung politischer Strategien stetig zu. Das schlägt sich auf beiden Seiten des Eisernen Vorhangs in gigantischen Investitionen in militärische Forschung und Entwicklungen nieder. Große Förderprogramme des US-Amerikanischen Verteidigungsministeriums konzentrieren sich auf Technologieentwicklung. Dabei darf nicht übersehen werden, dass auch die scheinbar ›harmlosen‹ Wissenschaften, d. h. die ›weichen‹ Sozial- und Kulturwissenschaften, von dieser Entwicklung massiv betroffen und beeinflusst waren.

So spielte gerade die Kulturanthropologie in diesem Kontext eine wichtige Rolle, da sie doch rascher als mancher vermutet hätte dazu bereit war, ihre ausgeprägten regionalen, kulturellen und historischen Kompetenzen in den Dienst strategischer Interessen amerikanischer Außenpolitik zu stellen. (Vgl. Rabinow et al. 2008) Dabei handelte es sich seltener um Auftragsforschung in dem trivialen Sinne. Vielmehr waren Großprogramme, wie z. B. die *human relations area files* (HRAF) seit 1949 an der Yale University angesiedelt[8], natürlich immer auch, und vielleicht auch zuerst, Programme, die auf wissenschaftliche Erkenntnis orientiert waren; im Falle der HRAF zur vergleichenden und quantifizierenden Analyse, Kartierung und Katalogisierung ›fremder‹ Kulturen. Jedoch kamen die Gelder für diese Forschung immer wieder aus dem Verteidigungsministerium. Bevor dieses Kapitel die Reaktion der amerikanischen Wissenschaftssoziologie und -philosophie auf diese veränderte Konstellation ein wenig genauer in den Blick nimmt, um damit den Übergang von einer Wissenschafts- zu einer Wissenssoziologie und damit die Geburt der *Science and Technology Studies* im heutigen Sinne zu beleuchten, sei an dieser Stelle in aller Kürze die Konfiguration in der Bundesrepublik Deutschland der 1960er Jahre skizziert.

---

8 Siehe z. B. Naroll et al. (1976).

Das Ende des Wirtschaftswunders am Übergang zu den 1960er Jahren und der Bau der Mauer 1961 charakterisierten das politische und wirtschaftliche Milieu in der Bundesrepublik Deutschland, in dem sich ein Zeitgeist manifestierte, der wesentlich durch »wissenschaftlich-technische Naturbeherrschung und wissenschaftliche Politikberatung zur rationalen Steuerung von Individuen, Gesellschaft und Ökonomie« ausgerichtet war. (Vgl. Stapelfeld 2005) Die als *Positivismusstreit* in die Geschichte eingegangene Auseinandersetzung zwischen Karl Popper und Theodor Adorno bzw. in der Folge zwischen Hans Albert und Jürgen Habermas, hatte die Idee der Möglichkeit des Erkenntnisgewinns mittels Induktion endgültig verabschiedet. Beobachtung sei, da waren sich die Kontrahenten einig und folgten Poppers im kritischen Rationalismus formulierten Ansichten, niemals vortheoretisch, sondern immer bereits theoriegeleitet. Popper gestand seinen Streitpartnern zu, dass *theoriegeleitet* zwar für individuelle Wissenschaftler auch immer *interessengeleitet* bedeute, er vertrat jedoch die Auffassung, dass Interessenorientierung sich über einen längeren Zeitraum verlöre, da Wissenschaft als Institution dafür sorge, dass Theorie und Welt sich einander annäherten. Die kollektive Praxis der Wissenschaft würde, so Popper in einer quasi-evolutionären Argumentation, über Zeit die interessengeleiteten Aspekte von Theorie ausselektieren und damit eine Annäherung von Theorie an Wahrheit befördern.

Adorno verstand diese Sicht auf Wissenschaft und Gesellschaft letztlich als der Utopie technischer Weltbeherrschung verfallen. (vgl. Tiedemann/ Adorno 1990) Tatsachen waren für ihn die Verdinglichungen des Gesellschaftlich-Allgemeinen. Theorie könne sich daher nicht den Tatsachen annähern, d. h. nach Wahrheit im kritisch-rationalistischen Sinne streben, da sie immer schon in ihnen enthalten sei. Anders als bei Popper müssten *Tatsachen selbst* daher notwendig als Produkt gesellschaftlicher Bedingungen gedeutet werden. Theorie im Popperschen Sinne dupliziere bloß die Tatsachenwelt. Das könne nicht das Ziel sein. Vielmehr, so Adorno, müsse diese Tatsachenwelt überschritten und dadurch erkannt werden, dass Kritik »nicht auf wahre Theorie, sondern auf eine ›wahre‹, eine bewusste Gesellschaft ihrer selbst bewusster Individuen« ziele. (Stapelfeld 2005: 143) Jürgen Habermas wendete Adornos Argumentation noch einmal philosophisch-anthropologisch und schaffte damit die Möglichkeit, innerhalb von Kommunikation die Utopie der herrschaftsfreien Gesellschaft zu denken. (Vgl. u. a. Habermas 1968)

Für den Kontext dieses Kapitels sind zwei Aspekte dieser grundlegenden Debatte der deutschen Nachkriegszeit wichtig. Sie verdeutlicht erstens, wie die Erfahrungen des Dritten Reiches in Deutschland das Verständnis des Zusammenhangs von Wissenschaft, Gesellschaft und Erkenntnismöglichkeiten geprägt haben. Wissenschaft und Gesellschaft werden als viel fundamentaler verschränkt begriffen, als dies in der anglo-amerikanischen Wissenschaftssoziologie der Fall ist. Allerdings verläuft die Debatte im deutschsprachigen Raum deutlich philosophisch-abstrakter und verliert rasch die konkreten Bedingungen von Wissensproduktion aus dem Blick. Zweitens ist der Positivismusstreit eng verzahnt mit einer zweiten für die Wissenschafts- und Technikforschung in Deutschland prägenden Auseinandersetzung: der *Technokratiedebatte*. Diese wurde ebenfalls am Übergang zu den 1960er Jahren ausgelöst, diesmal vor allem durch kulturkritische Beiträge von Arnold Gehlen und Helmut Schelsky. (Gehlen 1957, Schelsky 1965)

Im Kern dieser Debatte stand die Vorstellung, dass Technologie und technologische Entwicklung den Bereich des sozialen und natürlichen Kosmos unter eine technokratische, d. h. rational-totalitäre Herrschaft subsumieren würde. In einer zunehmend ökonomisch dominierten Gesellschaft, in der Automatisierung und Perfektionierung zentrale Triebkräfte darstellten, war es den Verfechtern der Technokratiekritik nicht vorstellbar, wo moralische Entscheidungen überhaupt noch ansetzen sollten. Man sah Gesellschaft als politisches, moralisches und soziales Gebilde grundlegend in Gefahr. Diese Debatte offenbart eine wichtige Prägung durch die frühe deutsche philosophische Anthropologie, denn sie positioniert unmenschlich-rationale Technik gegen ein zutiefst menschliches, von ›unnatürlichen‹ Einflüssen freies und immer ein wenig romantisches Menschenbild. Hier setzt, wie das Kapitel zur SOZIALEN KONSTRUKTION VON TECHNOLOGIE in diesem Band zeigt, in den 1970er Jahren die Techniksoziologie in Deutschland an, die sich Technik deutlich empirischer zuwendet und damit zunehmend ein zutiefst menschliches Verständnis von Technik zu prägen beginnt. (z. B. Weingart 2003, Joerges 1987, Maasen 2009, Rammert 1988)

Positivismusdebatte und Technokratiedebatte prägen also die Analyse von Wissen, Wissenschaft und Technologieentwicklung in der Bundesrepublik Deutschland in den 1950er, 60er und frühen 70er Jahren. Analysen von Wissenschaft und Technologieentwicklung werden hier immer notwendig und explizit auch als Gesellschaftstheorie und -kritik verstanden.

Ihre Grundlage sind Verständnisse von gesellschaftlicher Entwicklung und ihren moralischen Dimensionen, die selten auf detaillierten empirischen Studien fußen. Sie sind damit aber ein wichtiger theoretischer Wegbereiter für eine Verschiebung in der Wissenschaftssoziologie, die nun im Folgenden anhand der anglo-amerikanischen Entwicklung dieses Feldes in den 1960er und 1970er Jahren skizziert wird und die als direkter Vorläufer der *Science and Technology Studies* verstanden werden kann.

1960er Jahre: Wissenschaft unter Druck

Im anglo-amerikanischen Raum änderte der Beginn des Kalten Krieges die Rolle von Wissenschaft in Gesellschaft. Jerome Ravetz – Wissenschaftsphilosoph, Vater des Begriffs *post-normal science* und selbst betroffen von der anti-kommunistischen Linie der McCarthy Ära – beschrieb Ende der 1960er Jahre sehr gut die neue Stimmung, in der zunehmend die Sorge über eine staatliche und wirtschaftliche Vereinnahmung von Wissenschaft zum Ausdruck kam:

»The activity of modern natural science has transformed our knowledge and control of the world about us; but in the process it has also transformed itself; and it has created problems, which natural science alone cannot solve. Modern society depends increasingly on industrial production based on the application of scientific results; but the production of these results has itself become a large and expensive industry. All this has happened so quickly within the past generation, that the new situation, and its implications are only imperfectly understood. [...] The illusion that there is a natural science standing pure and separate from all involvement with the society is disappearing rapidly; but it tends to be replaced by the vulgar reduction of science to a branch of commercial or military industry. Unless science itself is to be debased and corrupted, and its results used in the headlong rush to social and ecological catastrophe, there must be a renewed understanding of the very special sort of work, so delicate and so powerful, of scientific inquiry.

Science is no longer a marginal pursuit of little practical use carried on by a handful of enthusiasts; and it no longer needs to justify itself by a direct answer to the challenge of other fields of knowledge claiming exclusive access to truth. As the world of science has grown in size and in power, its deepest problems have changed from the epistemological to the social. ... Before an understanding of this extended and enriched science, we must consider those sorts of disciplined inquiry whose goals include power as well as knowledge. [...] Science is so important, and expensive, that the major policy decisions concerning its development are increasingly being taken by the state, rather than being left to the judgement of the scientists and their private patrons. Accordingly, the progress of science becomes a matter of politics.«

Hier wird sehr deutlich, dass die Bedenken der Wissenschaftsphilosophen der ersten Hälfte des 20. Jahrhunderts, nämlich die Abgrenzung der Wissenschaft (sprich der Naturwissenschaft) von der Philosophie, nun in den Hintergrund tritt. Stattdessen muss sich Wissenschaft zunehmend in Abgrenzung zur *politischen* Sphäre definieren.[9] Die Fragen an sie sind nicht nur noch epistemologischer, sondern zunehmend auch sozialer und explizit politischer Natur. Dabei rückte Ravetz zwei Aspekte in den Vordergrund, die bis heute in der Wissenschaftsforschung eine zentrale Rolle spielen:

Erstens die Tatsache, dass Wissenschaft keineswegs als eine vorsoziale Suche nach Erkenntnis verstanden werden kann, sondern als ein Prozess untersucht werden muss, der auf mannigfaltige Art und Weise mit gesellschaftlicher Praxis verwoben ist. Hier zeigen sich deutliche Parallelen zu den oben skizzierten Debatten in Deutschland und hier liegen auch wichtige Wurzeln für die feministische Kritik, die in den 1980er Jahren und 1990er Jahren vor allem die kulturanthropologische Wissenschaftsforschung entscheidend geprägt hat. So greift die US Amerikanische Kulturanthropologin Emily Martin (1997; 1998) beispielsweise dieses ineinander Verwoben-Sein von Wissenschaft und Gesellschaft in einem in der Wissenschaftsforschung viel beachteten Aufsatz auf, um aus anthropologischer Sicht deutlich zu machen, dass Wissenschaft nicht als Elfenbeinturm zu verstehen sei, der in und über Gesellschaft throne, sondern dass Wissenschaft wie ein Fadenspiel untrennbar mit Gesellschaft verwoben sei und als integraler Bestandteil von kultureller Praxis untersucht werden müsse. (Martin 1997)

Zweitens wies Ravetz zu Recht daraufhin, dass Wissenschaft in den 1960er Jahren längst kein exotisches Feld einiger weniger Enthusiasten mehr darstellte, sondern eine in Größe und Wirkmacht ständig wachsende Domäne mit enormer wirtschaftlicher, politischer und gesellschaftlicher Bedeutung. Wissenschaftliches Wissen wurde hier als zentrale gesellschaft-

---

9 Zur Problematik des Politikbegriffs in der Wissenschaftsforschung siehe STS UND POLITIK.

liche Ordnungskraft konzipiert, dessen Analyse im Zentrum von Sozial-
und Kulturforschung angesiedelt sein sollte. Die damit in engem Zusammenhang stehende unmittelbare und unwiderrufliche Verknüpfung von
Wissen und Macht bereitete den Weg für Michel Foucaults Konzept des
Macht-Wissens und etablierte damit endgültig Wissen und Wissenschaft als
politisch im dem sub- oder mikropolitischen Sinne eines Ulrich Beck oder
Bruno Latour. (Foucault 1972, 1976; Beck 1993; Latour 2005)

Im Laufe der 1960er Jahre begannen eine Reihe kritischer Beobachter der
gesellschaftlichen Entwicklungen, wie der ungarische Chemiker und
Philosoph Michael Polanyi und der österreichische Wissenschaftsphilosoph
und -theoretiker Paul Feyerabend (1976), vor einer Vereinnahmung der
Wissenschaft durch staatliche oder wirtschaftliche Interessen zu warnen.
Aus diesen Arbeiten erwuchs unter anderem eine Neuformulierung der
frühen Mertonschen Gebote an den wissenschaftlichen Ethos, um die Autonomie der Wissenschaft wieder zu stärken. Polanyi veröffentlichte bereits
1962 seinen berühmt gewordenen Aufsatz *The Republic of Science*, in dem
er Wissenschaft als engmaschiges Netzwerk von Wissenschaftlern
beschrieb, deren Kompetenzen überlappten. Diese Überlappungen ermöglichten gegenseitige Kontrolle und Aufsicht. Niemand arbeite völlig
isoliert, sondern immer zu einem gewissen Grad in Kompetenzfeldern anderer Forschender und damit auch unter ihrer Kontrolle. Wissenschaftlicher
Verdienst, schrieb Polanyi, würde nach Plausibilität, wissenschaftlichem
Wert (Genauigkeit, Bedeutung für das System, intrinsische Attraktivität des
Themas) und Originalität beurteilt. Die Autorität, dies zu beurteilen liege
dabei, und das ist entscheidend, *zwischen* den Forschenden und nicht *über*
ihnen. (Polanyi 1962: 4ff.) Die Kriterien für wissenschaftliche Qualität und
Güte ergäben sich *aus der wissenschaftlichen Praxis und Organisation
selbst*, residierten also *im* Netzwerk Wissenschaft. Sie könnten und sollten
nicht außerhalb von wissenschaftlicher Praxis entwickelt und begründet
werden, um dann Wissenschaft zu steuern.

Mit dieser Analyse übernahm Polanyi im wesentlichen Mertons Gebote,
lokalisierte aber die Autorität zur Beurteilung, ob diesen Geboten ausreichend Folge geleistet werde, explizit in Wissenschaft selbst. Er erteilte damit jeglicher Form von äußerer Steuerung und Ausrichtung von Wissenschaft eine klare Absage. Politische und wirtschaftliche Maßgaben seien
den wissenschaftsinternen Kriterien und Maßstäben immer nachzuordnen.

Ebenfalls wies er in diesem Zusammenhang darauf hin, dass Wissenschaft auf Respekt im öffentlichen Diskurs angewiesen sei, um ungehindert voranschreiten zu können. Eine Wissenschaft, die öffentlichen Respekt verliere, werde ihren Freiraum einbüßen und damit notwendig externer Kontrolle unterworfen werden. Polanyi entwickelte diese Position allerdings nicht aus der Annahme heraus, dass Wissenschaft tatsächlich ein rein erkenntnisgeleitetes Unterfangen sei, sondern aus der Sorge heraus, dass Wissenschaft im Dienste einer anderen institutionellen Autorität nicht funktionieren könne:

»It appears that a society bent on discovery must advance by supporting independent initiatives, coordinating themselves mutually to each other. [...] Even so, all these independent initiatives must accept for their guidance a traditional authority, enforcing its own self-renewal by cultivating originality among its followers.« (Polanyi 1962: 20)

Und diese wissenschaftliche Arbeitsweise, so Polanyi, erzwingt ihre eigene Fortführung im Allgemeinen; gerade um ihre Subversion im Einzelfall zu kultivieren. (Ebd.: 17) Wir sehen hier durchaus noch Anklänge an das alte positivistische Bild von Wissenschaft des frühen 20. Jahrhunderts, erfahren aber bei Polanyi als einem der ersten auch bereits die Ausrichtung auf ganz neue Problemstellungen.

Die politischen Aspekte von Polanyis Linie griff Paul Feyerabend in seinem Buch »Wider den Methodenzwang« auf. (Feyerabend 1976) »Anything goes« ist seine berühmt gewordene Forderung für die wissenschaftliche Methode. Er argumentierte damit für einen Methodenpluralismus vor allem, weil ihm keine einzelne Methode absolut verbindliche Grundsätze für wissenschaftliches Arbeiten zu liefern schien und keine noch so gut begründete Regel nicht irgendwann bereits verletzt worden und damit Fortschritt erzielt worden wäre: »[Erkenntnis] ist ein stets anwachsendes Meer miteinander unverträglicher Alternativen; jede einzelne Theorie, jedes Märchen, jeder Mythos, der dazugehört, zwingt die anderen zu deutlicherer Entfaltung, und alle tragen durch ihre Konkurrenz zur Entwicklung unseres Bewußtseins bei.« (Feyerabend 1976) Diese Konkurrenz jedoch erfordere die intensive und systematische Auseinandersetzung mit vergangenen und gegenwärtigen Generationen, wie schon Merton und Polanyi gefordert hatten, und dürfe keineswegs mit Chaos oder Willkür gleichgesetzt werden.

FAZIT

Statt Naturwissenschaft über die Unterscheidung von der Philosophie wissenschaftstheoretisch zu charakterisieren, ging es also in den 1960er und 70er Jahren vermehrt um eine kritische Untersuchung von Wissenschaft im Allgemeinen – nicht nur den Naturwissenschaften – als Institution in sozial und historisch spezifischen Kontexten. Damit gewann auch eine genauere Analyse wissenschaftlicher Praxis, ihrer Motive und Motivationen, ihres Arbeitsalltags und ihrer Rituale, und ihrer technologischen Manifestationen an Relevanz. Zugleich veränderte sich im Zuge des Kalten Krieges das Verhältnis von Wissenschaft, Politik, Wirtschaft und Gesellschaft grundlegend. Eine zunehmende Inanspruchnahme von Wissenschaft durch Politik und Wirtschaft stellte sich ein. Diese legitimierte zunächst weitere Untersuchungen der Produktionsbedingungen und -kontexte von Wissen und Technologie. Im Zentrum dieser Analysen stand nach wie vor Wissenschaft als Institution, wie es einer Mertonschen Wissenschaftssoziologie entspricht. Ziel war es, ungerechtfertigte Einflussnahmen von Gesellschaft auf Wissenschaft aufzuzeigen und sich so den nötigen Freiraum für wissenschaftliches Arbeiten gegen anderweitige Interessen zu erkämpfen. Diese Form der wissenschaftssoziologischen und wissenschaftspolitischen Arbeit hat bis heute eine wichtige Funktion und hat gerade in den letzten zehn Jahren wieder an Bedeutung gewonnen. Diskussionen um *mode 2 science*, Förderinstrumente des Bundes und der Europäischen Union, wie z. B. die Exzellenz-Initiative, oder neue Evaluationsverfahren von universitärer Forschung haben dazu beigetragen, dass Überlegungen zur Steuerung von Wissenschaft durch gesellschaftliche Interessen wieder neue Aktualität erlangt haben. (z. B. Nowotny et al. 2003)

In den 1970er Jahren kam aber eine weitere Frage auf, die dem Feld der *Science and Technology Studies* seine eigentliche Daseinsberechtigung verliehen hat: Welche Konsequenzen haben diese unterschiedlichen Steuerungsversuche und damit einhergehende Veränderungen von universitärer Infrastruktur eigentlich auf das Wissen selbst, das an diesen Orten produziert wird? Diese epistemologische Komponente war bis dahin völlig vernachlässigt worden, da Wissenschaft als Institution konzipiert, und damit ihr Innenleben weitgehend ausgeblendet worden war. Die positivistische Position des Wiener Kreises hatte bis in die 1970er Jahre nachgewirkt und verhindert, dass der epistemologische Gehalt und Status von wissenschaftlichem Wissen zum Gegenstand sozialwissenschaftlicher Forschung wurde. Erst die zunehmende Politisierung von Wissenschaft und die Entzauberung wissenschaftlichen Wissens durch Positivismusstreit, Technokratiedebatte und die zunehmend kritischen Anmerkungen der amerikanischen Wissenschaftssoziologie machten deutlich, dass wissenschaftliches Wissen selbst sehr wohl Bestandteil soziologischer Analysen sein sollte.

Diese Erkenntnis markiert die Geburtsstunde der *Science and Technology Studies*, wie sie in diesem Band vorgestellt werden. Sozial- und kulturwissenschaftliches Interesse sollte sich nicht nur auf Wissenschaft richten, sondern auch auf Wissen: von der Wissenschaftssoziologie zur Soziologie wissenschaftlichen Wissens. In den späten 1970er und frühen 1980er Jahren, das zeigen die folgenden Kapitel, entwickelte sich aus diesem Interesse an wissenschaftlichem Wissen rasch eine breit gefächerte empirische Forschungslandschaft. Diese baute damals ganz entscheidend auf den theoretischen Debatten der 1960er Jahre auf, ging aber auf der Basis der empirischen Befunde bald deutlich über diese Debatten hinaus und problematisierte Wissenschaft als Praxis, als tatsächliche Arbeit in ganz neuer Weise.

LITERATUR

Beck, Ulrich (1993): Die Erfindung des Politischen. Zu einer Theorie reflexiver Modernisierung, Frankfurt/M.: Suhrkamp.

Bourdieu, Pierre (1975): »The Specificity of the Scientific Field and the Social Conditions of the Progress of Reason«. Social Science. Information sur les sciences sociales XIV (6) 19–47.

Cole, Stephen (2004): »Merton's Contribution to the Sociology of Science«. Social Studies of Science 34(6), S. 829–44.

Dahms, Hans-Joachim (1994): Positivismusstreit: Die Auseinandersetzungen der Frankfurter Schule mit dem logischen Positivismus, dem amerikanischen Pragmatismus und dem kritischen Rationalismus, Frankfurt/M.: Suhrkamp.

Dewey, John (2008): Logik. Die Theorie der Forschung, Frankfurt/M.: Suhrkamp

Feyerabend, Paul (1970): »Consolations for the Specialist«. In: Alan Musgrave/Imre Lakatos (Hg.), Criticism and the Growth of Knowledge, Cambridge: Cambridge University Press, S. 197–230.

Feyerabend, Paul. Wider den Methodenzwang. Skizze einer anarchistischen Erkenntnistheorie, Frankfurt/M.: Suhrkamp.

Foucault, Michel (1972): »Truth and Power«. In: Colin Gordon (Hg.), Power/Knowledge: Selected Interviews and Other Writings 1972–1977, New York: Pantheon Books, S. 109–33.

Foucault, Michel (1976): Überwachen und Strafen. Die Geburt des Gefängnisses, Frankfurt/M.: Suhrkamp.

Gehlen, Arnold (1957): Die Seele im technischen Zeitalter. Sozialpsychologische Probleme in der industriellen Gesellschaft, Hamburg: Rowohlt.

Habermas, Jürgen (1968): Erkenntnis und Interesse. Frankfurt/M.: Suhrkamp.

Hornbostel, Stefan (2006): »Leistungsmessung in der Forschung. Von der Qualitätssicherung der Lehre zur Qualitätsentwicklung als Prinzip der Hochschulsteuerung«. Beiträge zur Hochschulpolitik 1, S 219–28.

Joerges, Bernward (1987): Technik, Umwelt, Alltag - Eine Bestandsaufnahme neuerer Soziologischer Forschung, Berlin: Wissenschaftszentrum.

Knorr-Cetina, Karin (1981): The Manufacture of Knowledge – an Essay on the Constructivist and Contextual Nature of Science, Oxford: Pergamon Press.

Knorr Cetina, Karin (1999): Epistemic Cultures. How the Sciences make Knowledge, Cambrigde: Harvard University Press.

Kuper, Adam (1988): The Invention of Primitive Society: Transformations of an Illusion, London/New York: Routledge.

Kuper, Adam (2005): The Reinvention of Primitive Society: Transformations of a Myth, 2. Aufl., Milton Park/Abingdon/Oxon/New York: Routledge.

Latour, Bruno (2008): What is the Style of Matters of Concern? Two Lectures in Empirical Philosophy, Spinoza Lectures: University of Amsterdam, Publication of the Department of Philosophy (independent pamphlet).

Maasen, Sabine (2009): Wissenssoziologie, 2. komplett überarbeitete Aufl., Bielefeld: transcript.

Martin, Emily (1998): »Anthropology and the Cultural Study of Science«. Science, Technology & Human Values 23(1), S. 24–43.

Martin, Emily (1997): »Anthropology and the Cultural Study of Science: From Citadels to String Figures«. In: James Ferguson/Akhil Gupta (Hg.), Anthropological Locations. Boundaries and Grounds of a Filed Science, Berkeley: University of California Press, S. 131–46.

Merton, Robert K. (1942/1973): »The Normative Structure of Science«.In: Norman W. Storer (Hg.), The Sociology of Science. Theoretical and Empirical Investigations, London: University of Chicago Press, S. 267–78.

Merton, Robert K. (1938): »The Puritan Spur to Science«. In: Norman W. Storer (Hg.), The Sociology of Science. Theoretical and Empirical Investigations, London: University of Chicago Press S.228–53.

Merton, Robert K. (1957): Social Theory and Social Structure, Rev. and enl. ed. Glencoe Ill., New York: Free Press.

Merton, Robert K. (1965): On the Shoulders of Giants, a Shandean Postscript, New York: Free Press.

Merton, Robert K. (1938): »Science, Technology and Society in Seventeenth Century England«. In George Sarton (Hg.), OSIRIS: Studies on the History and Philosophy of Science and on the History of Learning and Culture. Brügge: The St. Catherine Press, 362–632

Naroll, Raoul/Michik, Gary L./Naroll, Frada (1976): Human Relations Area Files inc. Worldwide Theory Testing, New Haven: Human Relations Area Files.

Nowotny, Helga/Scott, Peter/Gibbons, Michael (2003): »›Mode 2‹ Revisited: The New Production of Knowledge«. Minerva 41, S. 179–94.

Polanyi, Michael (1962): »The Republic of Science: Its Political and Economic Theory«. Minerva I(1), S. 54–73.

Rabinow, Paul/Marcus, George E./Faubion, James D./Rees, Tobias (2008): Designs for an Anthropology of the Contemporary, Durham/London: Duke University Press.

Rammert, Werner (1988): »Technisierung im Alltag. Theoriestücke für eine spezielle soziologische Perspektive«. In: Bernward Joerges (Hg.), Technik im Alltag, Frankfurt/M.: Suhrkamp, S. 165–97.

Ravetz, Jerome (1971): Scientific Knowledge and its Social Problems, Oxford: Clarendon Press.

Schelsky, Helmut (1965) »Der Mensch in der technischen Zivilisation«. In: Helmut Schelsky (Hg.), Auf der Suche nach der Wirklichkeit, Düsseldorf: Diederichs.

Simon, Dagmar/Knie, Andreas/Hornbostel, Stefan (2001): Handbuch Wissenschaftspolitik. Wiesbaden: VS Verlag.

Stapelfeld, Gerhard (2005): Zur deutschen Ideologie. Soziologische Theorie und gesellschaftliche Entwicklung in der Bundesrepublik, Münster: LIT Verlag.

Tiedemann, Rolf/ Adorno, Theodor W. (1990): Gesammelte Schriften. Teil 8: Soziologische Schriften. 3. Aufl., Frankfurt/M.: Suhrkamp.

Warneken, Bernd Jürgen (2006): Die Ethnographie popularer Kulturen – Eine Einführung, Wien/Köln/Weimar: Böhlau-Verlag.

Weber, Max (1934): Die protestantische Ethik und der Geist des Kapitalismus, Tübingen: J.C.B. Mohr.

Weber, Max (1922/2002): »Wirtschaft und Gesellschaft - Grundriß der verstehenden Soziologie«. In: Johannes Winckelmann (Hg.), ebd., 5. Aufl., Tübingen: Mohr.

Weingart, Peter (2003): Wissenschaftssoziologie, Bielefeld: transcript.

Teil II
Forschungsansätze der
Science and Technology Studies

Eine neue Wissenschaftssoziologie: Die *Sociology of Scientific Knowledge* und das *Strong Programme*

CHRISTOPH KEHL, TOM MATHAR

Obwohl die Wurzeln des Forschungsfeldes der Science and Technology Studies bis in die erste Hälfte des 20. Jahrhunderts zurückreichen, entstand es in seinen Grundzügen erst in den 1970er Jahren. Damals entwickelte sich in Großbritannien eine neue Form der Wissenschaftssoziologie, die Sociology of Scientific Knowledge, die eine konsequent sozial-konstruktivistische Perspektive auf die Wissenschaft propagierte. Insbesondere das Strong Programme um David Bloor und Barry Barnes – neben der Bath School eine der prägenden Schulen der Sociology of Scientific Knowledge –, grenzte sich radikal und dezidiert von den damals dominierenden Ansätzen der Wissenschaftsphilosophie und -soziologie ab. Anstatt wissenschaftlichen Erkenntnissen einen epistemologischen Sonderstatus zuzuweisen, postulierten die Vertreter des Strong Programme, dass nicht nur falsche Wissensbestände, sondern ebenso unumstößlich erscheinende Erkenntnisse durch ihren spezifischen sozialen Kontext geprägt sind. Mit dieser für die damaligen Verhältnisse skandalträchtigen These war der Weg gebahnt für eine Vielzahl von Studien, die sich der wissenschaftlichen Praxis mit sozialanthropologischen Methoden annäherten.

Weiterführende Literatur

Barnes, Barry/Bloor, David/Henry, John (1996): Scientific Knowledge: A Sociological Analysis, Chicago: University of Chicago Press.
20 Jahre nach Bloors »Knowledge and Social Imagery« legen die Gründerväter des Strong Programme ein systematisches Kompendium vor, das als Einführung in die Sociology of Scientific Knowledge konzipiert ist. Jedes Kapitel befasst sich anhand von Fallstudien mit einem Schlüsselprozess der Wissenschaftspraxis (Beobachtung, Interpretation, etc.).

Collins, Harry (1992): Changing Order: Replication and Induction in Scientific Practice, Chicago: University of Chicago Press. (Original 1985 erschienen)
Dieses Buch geht anhand von drei Fallstudien – Replikation des TEA-Lasers, Entdeckung von Gravitationswellen, Experimente zum Paranormalen – der Frage nach, wie Wissenschaftler Experimente durchführen und welche Schlüsse sie daraus ziehen. Harry Collins greift dabei auf Wittgensteins Konzept der Lebensform (form of life) zurück, um Wissenschaft als eine Kultur unter vielen zu beschreiben und ihre Reproduktion und Veränderung zu analysieren.

Pickering, Andrew (1999): Constructing Quarks: A Sociological History of Particle Physics, Chicago: University of Chicago Press. (Original 1984 erschienen)
In diesem Klassiker rekonstruiert der Physiker und Wissenschaftsforscher Andrew Pickering die Geschichte der Teilchenphysik nach dem Zweiten Weltkrieg. Einer der Schwerpunkte seiner soziologischen Untersuchung bildet die Symbiose von experimenteller und theoretischer Praxis, aus der schließlich die Quarks als soziale Konstrukte hervorgehen.

EINLEITUNG

In den 1970er Jahren wurde in Großbritannien eine neue Richtung der Wissenschaftssoziologie entwickelt, die als *Sociology of Scientific Knowledge* (SSK) bekannt wurde. Die Soziologen und Philosophen, die dieses Programm maßgeblich geprägt haben, machten sich zum ersten Mal systematisch darüber Gedanken, wie Wissenschaft als soziales Phänomen zu begreifen und mit sozialwissenschaftlichen Methoden zu analysieren ist. Sie brachen mit den dominanten theoretischen Ansätzen der Wissenschaftsforschung und legten einen der Grundsteine für das Feld der *Science and Technology Studies* (STS) heutigen Zuschnitts.

In diesem Kapitel werden die Entwicklung und die grundlegenden Prämissen dieser neuen Form der Wissenschaftssoziologie vorgestellt, wobei vor allem das sogenannte *Strong Programme* exemplarisch im Mittelpunkt stehen soll. Dieser Ansatz ist zwar heute etwas aus der Mode geraten, er basiert jedoch auf besonders prägnanten Prinzipien und Grundsätzen, die kontrovers diskutiert wurden und das Feld der *Science and Technology Studies* bis heute prägen. Die Vertreter des *Strong Programme* gehörten zu den Ersten, die das seinerzeit radikale Argument zur Diskussion stellten, dass wissenschaftliches Wissen sozial konstruiert ist und wie jede andere Wissensform analysiert werden kann. Wissenschaftliches Wissen sei, einfach ausgedrückt, genauso von einer legitimierenden Kultur abhängig wie astrologisches Wissen oder die Geschlechterverhältnisse in Migrantenmilieus in Berlin-Kreuzberg. Kurzum, dem *Strong Programme* zufolge können Biologen in ihren Laboratorien von Sozialwissenschaftlern aufgesucht und ebenso wie Ureinwohner Amerikas, Australiens oder Skandinaviens untersucht werden, da die von ihnen produzierten Wissensbestände ebenfalls soziokulturellen Einflussfaktoren unterliegen. Obwohl es der Europäischen Ethnologie oder der Sozialanthropologie nicht besonders nahe steht, bereitete das *Strong Programme* somit maßgeblich vor, dass die Wissenschaften zu einem Feld für die Ethnografie werden, das mit Methoden der empirischen Sozialforschung erschlossen und beforscht werden kann. Zugleich gingen vom *Strong Programme* auch Anregungen aus, die für die Untersuchung von alltäglichen Wissenspraktiken auch außerhalb des engeren Feldes der Wissenschaft nützlich sind.

Im Folgenden wird erstens ein Überblick über jene wissenschaftsphilosophischen Debatten gegeben, die von SSK-Vertretern reflektiert und kritisiert wurden. Zweitens wird verdeutlicht, dass sich das ›Programmatische‹ des *Strong Programme* in vier wegweisenden Prinzipien ausdrückt. Anschließend werden exemplarisch zwei empirische Studien vorgestellt, die sich der *Sociology of Scientific Knowledge* zurechnen lassen, um aufzuzeigen, wie sich die erkenntnistheoretischen Grundsätze in konkrete Forschungen umsetzen lassen. Zum Schluss werden einige Debatten um das *Strong Programme* rekonstruiert, um nachvollziehbar zu machen, wie sich die *Science and Technology Studies* aufgrund welcher Kritik fortentwickelt haben.

THEORETISCHE ABGRENZUNGEN

Bis zur Mitte des letzten Jahrhunderts wurde das Feld der Wissenschaftsforschung fast ausschließlich von Wissenschaftsphilosophen dominiert (WISSENSCHAFTSTHEORIE). Zu den prägenden Figuren jener Zeit gehörten Rudolf Carnap und Karl Popper. Obwohl sie in vielen zentralen Punkten konträre Ansichten vertraten – Carnap vertrat ein induktives Verifikationskonzept, Popper ein deduktives Falsifikationskonzept (vgl. Hacking 1996) – teilten sie, wie die meisten damaligen Wissenschaftsphilosophen und -soziologen, zentrale Grundüberzeugungen. Dazu gehörte, dass sie von einer einheitlichen Methode ausgingen, die alle wissenschaftlichen Disziplinen miteinander verbinde. Sie waren zudem davon überzeugt, dass diese Methode den Erfolg der Wissenschaften und eine besondere Nähe zu Wahrheit und Objektivität garantiere, die andere Wissenssysteme (wie zum Beispiel die Religion) nicht besitzen. Selbst wenn irregeleitete Theorien aufgestellt würden, so sei es dank der rigorosen Anwendung dieser wissenschaftlichen Methoden nur eine Frage der Zeit, bis sich die wahren Theorien schließlich durchsetzen würden.

Ein immer wieder genanntes Beispiel in diesem Zusammenhang ist die Phlogistontheorie, eine Hypothese über Verbrennungsvorgänge, die im 18. Jahrhundert von Georg Ernst Stahl ausgearbeitet wurde und für kurze Zeit sehr erfolgreich war (vgl. Laupheimer 1992). Phlogiston bezeichnete einen masselosen Materiebestandteil, den gemäß der Hypothese alle brennbaren Stoffe enthalten und der bei Verbrennung und beim Rösten entweicht. Mithilfe dieser Annahme ließen sich verschiedene chemische Phänomene im Zusammenhang mit Oxidationsvorgängen plausibel erklären. Zweifel an der Theorie traten auf, als beobachtet wurde, dass Stoffe durch das Verbrennen an Gewicht zunehmen statt abnehmen, wie postuliert worden war. Um die Theorie mit den experimentellen Beobachtungen in Einklang zu bringen, nahm man an, dass Phlogiston über ein negatives Gewicht verfügt. Ende des 18. Jahrhunderts jedoch gelang es Antoine Lavoisier, die Rolle von Sauerstoff bei Verbrennungsprozessen experimentell nachzuweisen und die Phlogistontheorie durch die bis heute anerkannte Oxidationstheorie abzulösen (vgl. Toulmin 1957). Für Wissenschaftstheoretiker vom Schlage Poppers und Carnaps ist diese Episode der Wissenschaftsgeschichte ein Beleg dafür, dass sich die Wissenschaft schrittweise zur Wahrheit hinbewegt und sich wahre Theorien früher oder später durchsetzen. Die Tendenz zur Wahrheit und Objektivität galt als das zentrale Wesensmerkmal von Wissenschaft. Entsprechend wurde dem komplexen Entstehungskontext wissenschaftlicher Fakten, dem Hantieren mit Instrumenten im Labor, den vielfältigen sozialen und institutionellen Bedingungen der wissenschaftlichen Arbeit, keine große Bedeutung zugemessen. Selbstverständlich wurde die Existenz eines sozialen Rahmens von Wissenschaftsphilosophen nicht bestritten, aber für die Erklärung der Entstehung von Wissen galt er als weitgehend irrelevant – zumindest dann, wenn es sich um Tatsachenwissen handelte: Wie genau Lavoisier zu seiner richtigen Überzeugung kam, wurde als nicht relevant erachtet. Genau hier setzt später die Kritik der Vertreter der *Sociology of Scientific Knowledge* an.

Popper et al. vertraten insofern ein traditionelles Wissenschaftsverständnis, als sie Wissenschaft als Theoriegebäude konzeptionalisierten, als Ergebnis einer Tätigkeit, die vor allem durch logisches Schlussfolgern charakterisiert sei. Die Rolle der Wissenschaftssoziologen jener Zeit entsprach weitgehend diesem Bild, wie etwa Studien Mannheims und vor allem Mertons zeigen (vgl. Mannheim 1995; Merton 1964). Charakteristischerweise war Merton, der als Gründungsvater der Sociology of Science gilt, Organisationssoziologe und orientierte sich bei der Frage, was wissenschaftliches Wissen ausmacht, an philosophischen Definitionen. Er untersuchte Wissenschaft als soziales System und nahm die Formen ihrer Institutionalisierung in den Blick, nicht jedoch den Produktionsprozess von Wissen selbst. Wissenschaftssoziologen kamen höchstens dann ins Spiel, wenn es etwa darum ging, die Entstehung einer fehlgeleiteten Theorie wie der Phlogistontheorie zu erklären. Dazu deckten sie jene externalen Faktoren (zum Beispiel eine politische Ideologie oder soziale Machtverhältnisse) auf, welche die Wissenschaftler vom richtigen, das heißt rationalen Weg abgebracht hatten. Über ihre institutionellen Rahmenbedingungen hinaus wurde wissenschaftliches Wissen kaum zum Gegenstand systematischer soziologischer Untersuchungen gemacht (WISSENSCHAFTSSOZIOLOGIE).

Dies änderte sich zu Beginn der 1970er Jahre, als die »Sociology of Scientific Knowledge« (SSK) ins Leben gerufen wurde. SSK ist der Sammelbegriff für eine Reihe wissenschaftssoziologischer Ansätze, die sich alle auf eine sozialkonstruktivistische Perspektive berufen, um die Produktion und Verbreitung wissenschaftlichen Wissens zu erklären. Zu den frühen und besonders prägenden Richtungen zählt das *Strong Programme*, das von einer Gruppe von Philosophen um Barry Barnes und David Bloor an der *Science Studies Unit* der Universität Edinburgh initiiert wurde. Die *Edinburgh School* – wie das *Strong Programme* auch genannt wird – verfolgte in erster Linie einen makro-soziologischen Ansatz. Es lässt sich damit von der *Bath School* um Trevor Pinch, Harry Collins und David Travis abgrenzen, deren Forschungsarbeiten vornehmlich auf mikro-soziologische Prozesse fokussierten. Die *Sociology of Scientific Knowledge* war ursprünglich eine fast ausschließlich britische Angelegenheit (vgl. Shapin 1995) und die folgende Darstellung beschränkt sich deshalb auf Ansätze aus diesem Umfeld; Parallelen zur deutschsprachigen Wissenschaftssoziologie werden unten kurz aufgegriffen.

Bloors Text »Knowledge and Social Imagery« von 1976 gilt als der kanonische Grundlagentext des *Strong Programme* (Bloor 1991). Scharf argumentiert Bloor dort gegen die oben dargestellte, seinerzeit gängige Wissenschaftsauffassung und bringt seine zentralen Forderungen in Form von vier knappen Grundsätzen auf den Punkt, die zusammengenommen den theoretischen Kern des *Strong Programme* bilden: das Symmetrieprinzip, das Kausalitätsprinzip, die Prinzipien der Unparteilichkeit und der Reflexivität. Mit dem *Prinzip der Unparteilichkeit* fordert Bloor vom Soziologen zuallererst Unvoreingenommenheit in Bezug auf Wahrheit und Falschheit ein. Weder Wahrheit noch Falschheit, weder Rationalität noch Irrationalität, weder Erfolg noch Misserfolg einer Erkenntnis dürfe den Soziologen in seiner Analyse beeinflussen. Gelten Wissensbestände als gesichert und absolut unumstößlich, sollte das den Wissenschaftssoziologen nicht davon abbringen, auch dort aktiv zu werden. Das Prinzip der Unparteilichkeit hängt eng mit dem *Symmetrieprinzip* zusammen. Der Soziologe hat nämlich nicht nur unvoreingenommen an Wissensphänomene heranzutreten, so

Bloors Forderung, er soll zudem methodisch neutral vorgehen. Die Oxidationstheorie Lavoisiers, bei der es heute niemandem in den Sinn käme, sie zu bezweifeln, soll also mit den genau gleichen soziologischen Methoden untersucht werden wie die Phlogistontheorie, die heute nur noch von historischem Interesse ist. Es darf nicht sein, so Bloor, dass im Fall der gescheiterten Theorie soziale Faktoren als wesentlich erachtet werden, im anderen Fall nicht. Im Gegensatz dazu plädiert das *Strong Programme* dafür, den soziokulturellen Kontext stets als eine wesentliche Einflusssphäre von Wissenschaft anzuerkennen. Die zentrale These lautet also, dass jede Art wissenschaftlicher Erkenntnis prinzipiell sozialen Einflüssen unterliegt und soziale Faktoren deshalb in jedem konkreten Einzelfall in Betracht gezogen werden müssen, um die wissenschaftliche Dynamik zu verstehen und zu erklären. Doch wie sind Unparteilichkeit und Symmetrie möglich? Wurde die Oxidationstheorie nicht gerade deshalb akzeptiert, weil sie wahr ist? Ist sie das nicht für alle Zeit? Gilt sie nicht an jedem Ort dieses Planeten, sodass sie also anderen Erklärungsprinzipien unterliegen sollte als etwa die Phlogistontheorie oder das ptolemäische Weltbild?

Nach dem *Strong Programme* führen diese Fragen in die Irre, denn sie beruhen auf der Idee, dass wissenschaftliches Wissen oder Theorien einen besonderen Status besitzen. Diesen Status besäßen sie jedoch nur deshalb, weil der Wissensbegriff seit Aristoteles eng an den Wahrheitsbegriff gekoppelt worden sei. Nach der gängigen philosophischen Definition von Wissen weiß jemand nur dann etwas, wenn seine Meinung gerechtfertigt und gleichzeitig wahr ist. Die Wissenschaftstheoretiker haben sich deshalb besonders eingehend mit epistemologischen Fragen beschäftigt: Was ist unter Wahrheit und Erkenntnis zu verstehen? Wann ist eine Theorie hinreichend begründet? Und wie lässt sich feststellen, ob wissenschaftliche Aussagen die Wirklichkeit korrekt abbilden? Bloor hält solche metaphysischen Fragen, wie sie die Epistemologie zu beantworten sucht, für überflüssigen Ballast. Die richtige Fragestellung im Sinne des *Strong Programme* laute stattdessen: Wie kommt es, dass bestimmte Überzeugungen und Theorien von den Experten einer bestimmten Epoche akzeptiert werden, andere hingegen nicht? Formuliert man die Frage so, werden Wahrheit, Wissen und Wissenschaft zu durch und durch sozialen Phänomenen umgedeutet. Die zentrale Frage für das *Strong Programme* ist nicht, was Erkenntnis ist, sondern wie sich Fakten in einer historisch und sozial stets situierten Expertengemeinschaft ausbilden. Was wir heute als wahr anerkennen, könnte sich ja jederzeit als falsch herausstellen – das gilt auch für Lavoisiers Oxidationstheorie wie für viele andere Theorien zuvor, die einmal als unumstößlich galten, inzwischen aber längst überholt sind.

Dass Lavoisiers Oxidationstheorie sich schließlich durchsetzte, hat Bloor zufolge also nichts damit zu tun, dass diese Theorie über eine Eigenschaft verfügte – nämlich einen besonderen Wirklichkeitsbezug –, welche die Phlogistontheorie nicht aufwies. Bei beiden Theorien handelt es sich in soziologischer Hinsicht um gleichberechtigte Wissensphänomene, die – so fordert es Bloor mit einem weiteren seiner Prinzipien, dem *Kausalitätsprinzip* – ursächlich herzuleiten sind. Die Vertreter des *Strong Programme* interessiert, aufgrund welcher Faktoren sich die jeweiligen Theorien durchsetzten oder an Wert verloren. Was hat etwa die Zeitgenossen Lavoisiers dazu gebracht, dessen Oxidationstheorie der Phlogistontheorie vorzuziehen? Waren bestimmte Interessen oder Machtkonstellationen dafür verantwortlich? Oder waren die Experimente Lavoisiers empirisch einfach überzeugender als jene seiner Gegenspieler? Mit anderen Worten: Für das *Strong Programme* bilden die Wahrheit und Falschheit wissenschaftlicher Überzeugungen nicht den Ausgangspunkt, sondern den Endpunkt der Analyse – Wahrheit wird als soziales Konstrukt relativiert, eine besonders für die etablierte Wissenschaftsphilosophie skandalträchtige These. Zwar spielen selbstverständlich auch andere als soziale Faktoren eine entscheidende Rolle, denn ohne »input from the world« (Bloor 1991: 36) ist Naturwissenschaft nicht machbar. Materielle Faktoren sind wesentlicher Bestandteil der kausalen Prozesse, die wissenschaftlichen Umbrüchen zugrunde liegen. Aber dem *Strong Programme* zufolge wäre es ein Fehler, diese Faktoren von sozialen Einflüssen wie Interessen oder Autoritäten abzukoppeln. Denn die wissenschaftliche Praxis werde fundamental von sozialen Konventionen – etwa von Standards und Methoden – gelenkt, und zudem seien es hauptsächlich soziale Rahmenbedingungen, die über den Erfolg von experimentellen Befunden entscheiden. Bloor kommt deshalb zum Schluss: »The differences in laboratory findings [...] is not in itself a sufficient explanation for these facts.« (Bloor 1991: 36)

Zu erwähnen bleibt noch der letzte der vier Grundsätze, der *Grundsatz der Reflexivität*. Er besagt, dass die Erklärungsmuster des *Strong Programme* auf sich selbst anzuwenden sind. Da es den Anspruch erhebt, die Wissenschaft vom Wissen zu sein, darf es sich nicht über seine eigenen

Grundsätze erheben und sollte insofern die eigenen Wissensbestände einer kritischen Reflexion nach den eigenen Prinzipien unterziehen.

Zusammenfassend kann gesagt werden, dass sich das *Strong Programme* aus dem starken Impuls entwickelte, das hauptsächlich von Philosophen beanspruchte Feld der Wissenschaftsanalyse für die Soziologie zu reklamieren. Mit der deutschen Wissenschaftssoziologie, die vor allem am Institut für Wissenschafts- und Technikforschung der Universität Bielefeld stark positioniert ist, verbindet das *Strong Programme* den konstruktivistischen Grundansatz in der Tradition von Fleck oder Kuhn. Es gibt aber auch wichtige Unterschiede: Während die »Bielefelder Schule« die institutionalistische und die konstruktivistische Tradition zu verbinden versucht, grenzen sich die *Sociology of Scientific Knowledge* und insbesondere das *Strong Programme* von strukturfunktionalistischen Wissenschaftssoziologen wie Merton deutlich ab. Anstatt nur die Entstehung falscher wissenschaftlicher Erkenntnisse soziologisch zu problematisieren, soll sich eine ›starke‹ Wissenschaftssoziologie auch mit jenen ›harten‹ Erkenntnissen aus der Mathematik und Naturwissenschaft beschäftigen, die als unumstößlich gelten (Bloor 1991) – deshalb der Name *Strong Programme*. Dessen Postulate richten sich vor allem gegen ein einseitig rationalistisches Wissenschaftsverständnis, wonach Rationalität oder Wahrheit das wesentliche Merkmal wissenschaftlicher Erkenntnis sei und rationales Wissen sich somit grundlegend von irrationalem unterscheide. Mit den Prinzipien der Kausalität, der Unparteilichkeit und der Symmetrie fordert Bloor stattdessen, wissenschaftliches Wissen als ein empirisches Phänomen zu behandeln: Als Wissen gilt das, was von einer bestimmten *Scientific Community* zu einem bestimmten Zeitpunkt als Wissen akzeptiert wird. Das *Strong Programme* hat dann die Aufgabe, die Variation von Überzeugungen als soziales Phänomen zu beschreiben: »The sociology of knowledge focuses on the distribution of belief and the various factors which influence it.« (Bloor 1991: 5) Diese Analyse habe nach wissenschaftlichen Prinzipien zu erfolgen, deren Ziel »a naturalistic understanding of knowldege in which society plays a central role« (ebd.: ix) sei.

Trotz ihres Anspruchs, eine neue Wissenschaftssoziologie zu etablieren, sind die meisten Gründungsmitglieder des *Strong Programme* keine Soziologen, sondern Wissenschaftsphilosophen. Das schlägt sich auch im rationalen Argumentationsstil nieder, der etwa Bloors Grundlagentext durchzieht: Dort finden sich kaum empirische, wissenschaftshistorische Beispiele, dafür bezieht Bloor bei abstrakten Themen wie »Wahrheit«, »Relativismus«, »Empirismus« etc. detailliert Stellung. Hier wird deutlich, dass er sich gegen ein spezifisch westliches Rationalitätsverständnis wendet, dem auch sein Denken teilweise verhaftet ist. Praktiker des *Strong Programme* haben die theoretischen Debatten, die von Bloor et al. angestoßen wurden, allerdings schnell verlassen und sich der Frage zugewandt, wie sich eine ›starke‹ Soziologie der Wissenschaft im Feld konkret umsetzen ließe.

WAS SIND EXPERIMENTE?
FORSCHUNGEN DES *STRONG PROGRAMME*

Einige der zentralen Thesen und erkenntnistheoretischen Grundannahmen sowie der Forschungsansatz der *Sociology of Scientific Knowledge* werden im Folgenden anhand zweier Studien verdeutlicht: Harry Collins' Studie zur Verhandlung von Gravitationswellen (Collins 1975) und Simon Schaffers und Steven Shapins Untersuchung der Kontroversen rund um Luftpumpen-Experimente im 17. Jahrhundert (Shapin/Schaffer 1985).

Harry Collins, der in den 1970er Jahren an der University of Bath forschte und bis heute als ein wichtiger Vertreter der *Sociology of Scientific Knowledge* gilt, stellte auf der Basis von Interviews mit Gravitationswellenphysikern fest, dass die um deren Untersuchungsgegenstand entflammten Debatten nicht mit der ›objektiven‹ Natur der Gravitationswellen zusammenhingen. Entscheidend sei vielmehr gewesen, dass sich noch keine Kultur oder soziale Struktur und damit kein Konsens herausgebildet habe, welche Parameter und Kriterien bei der Vermessung von Gravitationswellen als relevant erachtet werden könnten. In seiner Studie rekonstruierte Collins den sozialen Prozess der Erarbeitung und der Verhandlung dieser Parameter und belegte damit, dass es sich schon allein bei Experimenten zur Vermessung von Gravitationswellen um ein soziales Ereignis handelt, das nur Ergebnisse produzieren kann, die durch ihren sozialen Kontext gefärbt sind. Collins zeigte auf, welche Aspekte relevant sind bei der Erarbeitung dessen, was als relevanter Parameter gelten könnte und wie Konsens darüber hergestellt wird. Er stellte fest, dass Gewohnheiten und Autoritäten eine ebenso zentrale Rolle spielen wie persönliche Interessen einzelner Akteure und institutionelle Ziele. In seiner Studie zur Erarbeitung und Verhandlung eines Kanons zur Vermessung von Gravitationswellen lieferte

Collins somit eine sozialwissenschaftliche Erklärung für die Entstehung wissenschaftlicher Tatsachen und definierte mit seinem Fokus auf das Soziale – auf Akteure, ihre Interessen, die Ziele von Gruppen, Hierarchien in wissenschaftlichen Gruppen etc. – die relevanten Analysekategorien für diese Untersuchung.

In einer ebenso bekannten Studie von Vertretern des *Strong Programme* – die auch zu den meistzitierten im Bereich der *Science and Technology Studies* gehört – untersuchten Simon Schaffer und Steven Shapin gleichfalls Kontroversen um Experimente. Ihre Studie »Leviathan and the airpump« von 1985 ist jedoch historisch angelegt. Die Autoren erforschten die Debatten und Dispute zwischen Robert Boyle (1627–1691) und Thomas Hobbes (1588–1679), die unterschiedliche Auffassungen darüber vertreten hatten, wie man zu »wahrhaftigen Aussagen« über die Beschaffenheit der Natur gelangt. Schaffers und Shapins Studie macht die Relevanz des soziohistorischen Umfelds deutlich, in das die Kontroverse eingebettet war. Der Umstand, dass sich Europa damals gerade vom Zeitalter der Religionskriege und England von Bürgerkriegswirren erholten, hatte einen wesentlichen Einfluss auf die Überzeugungen und Argumente der beiden Kontrahenten.

So war der irische Naturphilosoph Robert Boyle der Ansicht, dass die bis dahin zwar schon häufig beobachteten, jedoch nie systematisch bewiesenen Gesetze der Natur durch Experimente objektiv erschlossen werden können. Damit einher ging eine spezifische, methodisch angelegte Untersuchungsanordnung, die heute als trivial gelten könnte, zu einer Zeit, als Meinungsunterschiede nicht selten in blutigen Gefechten ausgetragen wurden, jedoch neu und bahnbrechend war. Zentral war die Nutzung von kostspieligen, komplizierten und aufwendigen Maschinen wie der Luftpumpe, mit der Boyle unter anderem behauptete, Vakuen herstellen zu können. Er nutzte die Luftpumpe, um Versuche (zum Beispiel zum Blutkreislauf lebender Organismen, über die Eigenschaften von Luft und Schall usw.) durchzuführen und somit letztendlich noch heute akzeptierte Aussagen über den Zusammenhang zwischen Druck und Volumen von Gasen zu machen. Jedoch konnte er damals nicht allein über die Existenz eines experimentellen Faktums (*matter of fact*) entscheiden; gemäß der geltenden Konventionen mussten geeignete Zeugen die Fakten bestätigen, die sich um die Versuchsanlage versammelten und das Experiment vor Ort beobachteten – meist um die fünfzig ›ehrwürdige Herren‹ aus der englischen Oberschicht, die Mitglieder der Royal Society waren. Das heißt, über die Bewertung der Ergebnisse von wissenschaftlichen Experimenten entschied ein Kollektiv von als vertrauenswürdig angesehenen Personen, hochrangige englische Gentlemen, deren soziale Stellung ihre Unabhängigkeit und Unvoreingenommenheit zu garantieren schien.

Da die Replikation von technisch komplizierten Experimenten schwierig ist, schuf Boyle ein neues Genre der Veröffentlichung und einen Stil des Berichtes, der auch Nicht-Anwesenden ein – wie Schaffer und Shapin dies nennen – »virtual witnessing« (Shapin/Schaffer 1985: 30) der Experimente ermöglichen sollte. Damit ist die möglichst genaue Beschreibung des Ablaufs und der Vorgänge des Experiments gemeint, die es Boyle gestattete, die experimentellen Ergebnisse durch einen noch weiteren Personenkreis überprüfen zu lassen. Mit all diesen sozialen Neuerungen erfand Boyle nicht nur das Genre des wissenschaftlichen Aufsatzes, sondern grundsätzlicher, den empirischen Argumentations-, Forschungs- und Beweisstil, dem zufolge Aussagen nur auf der Grundlage von empirischen Daten (das heißt auf der Grundlage von Beobachtungen oder Sinneserfahrungen) getroffen werden können.

Heute handelt es sich bei diesem empirischen Stil um ein Verfahren, das in den Wissenschaften als unproblematisch gilt; seinerzeit widersprach Boyle jedoch der Mathematiker, Staatstheoretiker und Philosoph Thomas Hobbes, der in dieser experimentellen Praxis diverse Probleme sah. Hobbes bezweifelte zum Beispiel, dass man mit Hilfe von Zeugen zu Aussagen über die Beschaffenheit der Natur gelangen kann. Zeugen könnten manipuliert werden, so monierte er – ohnehin hätten Menschen immer unterschiedliche Interessen und würden nie einen Konsens finden, wenn man sie nicht dazu zwinge. Die Luftpumpe, so Hobbes weiter, sei kein vertrauenswürdiges Instrument, um zu Aussagen über die Natur zu gelangen, eher »of the nature of a pop-gun which children use, but great, costly and more ingenious« (Shapin/Schaffer 1985: 307). Hobbes kritisierte ferner, dass nur, weil ein Experiment an einem bestimmten Ort funktioniere, es nicht unbedingt an anderen Orten funktionieren müsse. »We cannot from experience conclude […] any proposition universal whatsoever.« (ebd.: 151) Hobbes vertrat stattdessen die Auffassung, dass die (euklidische) Geometrie als Vorbild für Naturphilosophie gelten sollte. Naturphilosophen müssten genau analysieren und schlussfolgern. Die Geometrie verpflichte zur Zustimmung durch ihre mathematische Exaktheit. Linien und Figuren seien nicht durch menschliche Interessen, durch Interpretation oder durch Manipulation hintergehbar. Aussagen über die Natur sollten entsprechend dadurch zustande kommen, dass diverse Dinge, die man schon weiß, addiert oder zusammengerechnet werden. In kleinen vernünftigen Schritten, so Hobbes, gelangen wir so zu wahrhaftigen Aussagen über die Beschaffenheit der Natur.

Wie Simon Schaffer und Steven Shapin gezeigt haben, stimmen diese Auffassungen Hobbes' mit seinem politischen Werk zum »Leviathan« überein, mit seinem Konzept einer rationalen und absolutistischen Staatsführung also, in der ein Gesellschaftsvertrag zustande kommt auf der Grundlage von rationaler Beweisführung und Argumentationsmethode und nicht durch (kirchlichen) Glauben oder andere irrationale Einstellungen (Hobbes 1998). Robert Boyle und seine Mitstreiter, die für jenen empirischen Stil warben, in dem Naturwahrheiten durch Menschen beobachtet werden, die sich weitgehend der Kontrolle des Staates entziehen, gefährdeten insofern Hobbes' Vision des starken Staates, der für ihn als Garant für eine friedliche Gesellschaft fungiert.

Schaffer und Shapin haben die Debatte zwischen Boyle und Hobbes als einen politischen Streit rekonstruiert, den Boyle am Ende gewann. Aber Boyles experimentelle Wahrheit gewann nur, weil sie Hobbes Angriffen widerstehen konnte. Und sie konnte Hobbes Angriffen nur widerstehen, weil sie genau dafür entwickelt worden war. Anders ausgedrückt: Die experimentelle Wahrheit entstand durch spezifische historische Verhältnisse, die aber auch anders hätten sein können. Ebenso wie Collins in seiner Studie über Gravitationswellen haben Shapin und Schaffer in ihrer historischen Studie somit illustriert, wie wissenschaftliche Aussagen verflochten sein können mit persönlichen politischen Interessen, mit sozialen Unruhen, oder allgemeiner, mit sozialen Kontexten. Wissenschaft ist ein durch soziale Faktoren organisierter Konsens. Wissenschaftliche Aussagen, so zeigen die SSK-Fallstudien, entspringen nicht allein den gedanklichen Leistungen von intelligenten Personen, sondern sind beeinflusst von sozialen Prozessen, das heißt von Akteuren in bestimmten sozialen Konstellationen, ihren Interessen und ihren Beziehungen zu anderen Akteuren (mit wiederum eigenen Interessen).

DEBATTEN UM DAS *STRONG PROGRAMME*

Die Bedeutung der hier skizzierten wissenschaftssoziologischen Wende für die Herausbildung des STS-Feldes kann kaum genug betont werden. Die Vertreter des *Strong Programme* brachen mit der damals fast ausschließlichen Fokussierung auf den Begründungskontext, rückten den Entstehungskontext in den Fokus und machten so jede Form von Wissenschaft einer empirisch-soziologischen Analyse zugänglich (WISSENSCHAFTSSOZIOLOGIE). In ihrem Bild der Wissenschaft steht nicht der individuelle Denker im Vordergrund, sondern das soziale, handelnde Kollektiv. Dennoch spielt das *Strong Programme* in seiner klassischen Form heute nur noch eine marginale Rolle. Es ist die Aufgabe der folgenden Kapitel, aufzuzeigen, wie sich das Feld der *Science and Technology Studies* weiterentwickelt hat. An dieser Stelle soll vorab am Beispiel einiger der zentralen Debatten um das *Strong Programme* eine der wesentlichen Entwicklungslinien angedeutet werden, ohne dass die einzelnen Positionen im Detail ausgeführt werden könnten; gleichzeitig können so die zentralen Anliegen der *Sociology of Scientific Knowledge* anhand der Auseinandersetzung mit ihren Kritikern klarer herausgearbeitet werden.

Als einer der schärfsten Gegner des *Strong Programme* tat sich in den frühen 1990er Jahren Bruno Latour hervor, einer der Väter der Akteur-Netzwerk Theorie (AKTEUR-NETZWERK THEORIE). In hitzigen und teilweise bissig geführten Kontroversen stritten er und SSK-Vertreter um die methodische und theoretische Ausrichtung der *Science and Technology Studies* (Callon/Latour 1992; Collins/Yearley 1992a; Bloor 1999; Latour 1999b). Es standen dabei nicht nur die soeben besprochenen vier Kernprinzipien auf dem Spiel, sondern es wurden in diesem Zusammenhang auch tief greifende epistemologische und ontologische Fragen aufgeworfen. Weiter oben wurde gezeigt, dass das Symmetrieprinzip als eine der zentralen Säulen des *Strong Programme* gilt. Gerade dieses nun wurde von Latour neu interpretiert, und zwar auf eine Art und Weise, die das *Strong Programme* grundlegend infrage stellte. Latour hielt das bestehende Prinzip für nicht weitreichend genug, da es bestehende Dichotomien – etwa zwischen der Natur und dem Sozialen, zwischen Subjekt und Objekt – reproduziere, anstatt sie zu hinterfragen (Callon/Latour 1992). Die Argumente, die Latour zusammen mit dem französischen Soziologen Michel Callon formulierte, gleichen hier in der Stoßrichtung fast aufs Haar denjenigen des *Strong Programme* in

Bezug auf Wahrheit und Falschheit, gehen aber einen gewichtigen Schritt weiter: Wir dürfen als Wissenschaftsforscher nicht, so die beiden Autoren sinngemäß, vorschnell soziale und natürliche Entitäten postulieren – ebenso wie wir uns nicht von der Wahrheit und Falschheit von Aussagen beeinflussen lassen sollten –, sondern es gehört zu einer unserer wesentlichen Aufgaben, die Konstruktion dieser ontologischen Kategorien im Wissenschaftsprozess kritisch zu beleuchten. Die Identifikation von Subjekten und Objekten, von materiellen und sozialen Entitäten im Feld sollte also nicht der Ausgangspunkt der Analyse sein, sondern ihr Endpunkt. Dem *Strong Programme* warf Latour somit vor, durch den zu einseitigen Rekurs auf den sozialen Kontext – insbesondere die Interessen der involvierten Forscher – im Grunde genommen, asymmetrische Erklärungen zu propagieren, die zu einseitig auf das Soziale ausgerichtet sind und die Rolle von Materialitäten im Forschungsprozess vernachlässigen. Kurzum, das Soziale als homogenisierende Kategorie wird der empirischen Komplexität gesellschaftlicher Phänomene nicht gerecht, die immer sozio-materielle Phänomene sind. Nur folgerichtig forderte Latour, der sich selber als Anthropologen bezeichnet, denn auch: »One more turn after the social turn!« (Latour 1999a) Soviel zu Latours Position. Latours Argumente und seine Gründe für eine generalisierte Version des Symmetrieprinzips werden im Kapitel zur Akteur-Netzwerk Theorie im Detail vorgestellt (AKTEUR-NETZWERK THEORIE). Hier sollen die Antworten der Vertreter des *Strong Programme* im Vordergrund stehen.

In der als »Epistemological Chicken«-Debatte bekannten Auseinandersetzung haben Harry Collins und Steven Yearley auf Latour reagiert (Collins/Yearley 1992a; Collins/Yearley 1992b). Ihre Argumente gegen Latour machen noch einmal die Schlüsselpositionen und zentralen epistemologischen Differenzen klar. Collins und Yearley halten Latours generalisiertes Symmetrieprinzip trotz seines radikalen Anspruchs in der Sache für konservativ. Der entscheidende Punkt ist, so Collins und Yearley, dass mit der generalisierten Symmetrie die Expertenautorität wieder völlig dem Wissenschaftler anheimfällt. Denn der empirische Wissenschaftsforscher könne nicht hinter Expertenmeinungen zurück, um sich etwa der Koproduktion natürlicher und sozialer Gegenstände anzunähern. Es bleibe ihm folglich nichts anderes übrig, als die Bedingungen, die zur Variation dieser Expertenmeinungen beitragen, aufzudecken. Ein Beispiel: Wie hätte sich Collins in seiner Studie unvoreingenommen – im Sinne Latours – der »Natur« der

Gravitationswellen zuwenden können, ohne sich dabei auf das abzustützen, was bereits in den wissenschaftlichen Lehrbüchern stand, beziehungsweise ohne den Behauptungen von anderen Physikern zu folgen? Als physikalisch ungeschultem Soziologen war es ihm unmöglich, die Gravitationswellen selber zu ›befragen‹, seine einzige Referenz war der Expertenkonsens und die sozialen Bedingungen, unter denen er sich herausbildete. Dieses Dilemma führt nach Meinung von Collins und Yearley also letztendlich wieder dazu, dass man wissenschaftliche Lehrmeinungen für bare Münze nehmen muss und nicht mehr hinterfragen kann, wenn man die radikale Symmetrie ernst nimmt. Latour falle somit hinter die Errungenschaften des *Strong Programme* zurück, indem er eines ihrer Verdienste, nämlich die Autorität im Bereich der Wissenschaftsanalyse an den empirischen Sozialforscher übertragen zu haben, wieder infrage stellt. Fällt das Soziale als ontologische Kategorie weg, so erscheint auch die von Bloor et al. hart erkämpfte soziologische Wende obsolet.

Dieser Angriff auf das generalisierte Symmetrieprinzip macht noch einmal einige der ontologischen und epistemologischen Grundannahmen des *Strong Programme* deutlich. Der primäre Analysefokus ist auf die Meinungen und Überzeugungen eines Wissenschaftlerkollektivs ausgerichtet und baut somit auf der Subjekt-Objekt-Dichotomie auf. Natur und Soziales bilden die zwei distinkten ontologischen Bereiche, auf die sich wissenschaftliche Expertenmeinungen kausal zurückführen lassen. Dem wissenschaftlichen Subjekt mit seinen geistigen Einstellungen wird aber alle Handlungsträgerschaft aufgebürdet. Es sind die Wissenschaftler, die Wissenschaft betreiben, und sie sollen nach Maßgabe des *Strong Programme* im Zentrum der Wissenschaftsanalyse stehen. Hingegen kommt den wissenschaftlichen Objekten in diesem Schema nur eine passive Rolle zu. Von verschiedener Seite wurde deshalb der Vorwurf laut, dass das *Strong Programme* das »idiom of representation« der klassischen Wissenschaftsphilosophie noch nicht überwunden habe (Pickering 1992: 20). Bloor gesteht in der 1991 erschienenen, zweiten Auflage seines Hauptwerks selber ein:

»The shortcomings of the views developed here are, no doubt, legion. The one that I feel most keenly is that, whilst I have stressed the materialist character of the sociological approach, still the materialism tends to be passive rather than active. [...] without doubt, it represents knowledge as theory rather than practice.« (Bloor 1991: 158)

Die folgenden Kapitel werden zeigen, wie STS-Forscher den vom *Strong Programme* begonnenen Weg konsequent fortgeführt und – indem sie praxistheoretische Ansätze fruchtbar zu machen suchen – noch deutlicher mit repräsentationalen Ideen gebrochen haben. Dieser Weg führt konsequent hin zu einer stärker auf Performativität und Praxis ausgerichteten Wissenschaftsforschung.

FAZIT: RELEVANZ DES *STRONG PROGRAMME* FÜR DIE EUROPÄISCHE ETHNOLOGIE

Jene Soziologen, die in den 1970er Jahren das *Strong Programme* begründeten, argumentierten, dass es sich bei Wissenschaft nicht nur um etwas handelt, was sich in den Köpfen von Menschen abspielt. Sie betonten stattdessen, dass Wissenschaft *Handlung* sei. Im Gegensatz zu Wissenschaftsphilosophen wie Popper und Carnap plädierten die Vertreter des *Strong Programme* deshalb dafür, dass Wissenschaft durch die Methoden der empirischen Sozialforschung – zum Beispiel mithilfe von qualitativen Interviews oder der Diskursanalyse – zu untersuchen sei. Insbesondere mit diesem Plädoyer legten sie die Basis für eine Ausrichtung der Wissenschaftsforschung, die sich für die Europäische Ethnologie als relevant erwiesen hat. Denn sie stellten damit einerseits die These auf, dass es sich bei der Wissenschaft um ein *Feld* handelt, das den Sozialforschern mit den ihnen zur Verfügung stehenden Methoden ebenso zugänglich gemacht werden kann wie die einleitend dargestellten ›traditionellen‹ Felder der Europäischen Ethnologie. Andererseits machte das *Strong Programme* auf die sowohl für die Europäische Ethnologie als auch für die Sozialanthropologie grundlegende Frage aufmerksam, wie wissenschaftliches Wissen gesellschaftliche Prozesse strukturiert. Die Vertreter des *Strong Programme* ›entzauberten‹ in gewisser Hinsicht die Wissenschaften. Mit den früheren philosophischen Arbeiten (Poppers etc.) ging noch die Aussage einher, dass es sich bei Wissenschaften um etwas Rationales und Logisches handele, um ein Denkgebäude, das der Wahrheit schrittweise immer näher kommt. *Wie* wissenschaftliche Ergebnisse produziert wurden, war für Popper et al. erst dann relevant, wenn sich diese als falsch herausstellten. Die Wissenschaftssoziologen aus Edinburgh vertraten dagegen eine andere Auffassung: Der soziale Kontext wissenschaftlicher Erkenntnisse ist nicht nur dann entscheidend, wenn *falsche* Ergebnisse hergestellt wurden. Sozialer Kontext ist *immerzu* an der Produktion von Fakten beteiligt. Es ist insofern eine Illusion zu glauben, dass die Wissenschaften im strengen Sinne objektive Aussagen über die Beschaffenheit der Welt machen können. Zwar gibt es eine reale Welt außerhalb menschlicher Wahrnehmung, aber die wissenschaftliche Repräsentation dieser Welt ist notgedrungen eine sozial geprägte Aktivität.

Einige Jahre, nachdem sich die Thesen und Konzepte des *Strong Programme* einigermaßen etabliert hatten, wurden sie von einer neuen Generation von Sozialforschern – hierunter befand sich unter anderem auch der Anthropologe Bruno Latour – aufgegriffen und weiterentwickelt. Diese neue Generation von Wissenschaftsforschern, die später als Vertreter der Akteur-Netzwerk Theorie bekannt wurden, argumentierten in gewisser Hinsicht für eine noch weitreichendere, vielleicht gar radikalere Form der Symmetrie als diejenige, die in Bloors vier Prinzipien postuliert wird. Auch diese Forscher plädierten für eine *empirische Wissenschaftsforschung*, die sich den Methoden der qualitativen Sozialforschung bedient, sie erweiterten das Methodenrepertoire jedoch. Neben qualitativen Interviews und der qualitativen Diskursanalyse kommt in der Akteur-Netzwerk Theorie speziell der teilnehmenden Beobachtung eine besondere Bedeutung zu. Mit dieser methodischen Erweiterung gehen aber auch inhaltliche und theoretische Revisionen einher. Im Kapitel AKTEUR-NETZWERK THEORIE wird gezeigt, dass die Vertreter der Akteur-Netzwerk Theorie unter anderem den Fokus des *Strong Programme* auf Interessen, zentrale Akteure, (instituts-)politische Ziele, oder kurz: die sozialen Strukturen als *soziodeterministisch* kritisieren. Kurzum, der *Sociology of Scientific Knowledge* wurde vorgeworfen, dem »Pol der Gesellschaft das ganze Gewicht der Erklärungen« (Latour 2002: 128) aufzubürden und die wissenschaftliche Dynamik somit unweigerlich als eine rein *soziale* Konstruktion darzustellen. Unsere Leserinnen und Leser mögen sich ihr eigenes Bild machen, welchen Ansatz sie für welche Fragestellungen am angemessensten erachten und wie sie das Verhältnis der verschiedenen Perspektiven zueinander einschätzen.

LITERATUR

Bloor, David (1991): Knowledge and Social Imagery, Chicago: University of Chicago Press. (2. Auflage, Original 1976 veröffentlicht)

Bloor, David (1999): »Anti-Latour«. Studies in History and Philosophy of Science 30, S. 81–112.

Callon, Michel/Latour, Bruno (1992): »Don't Throw the Baby Out With the Bath School! A Reply to Collins and Yearley«. In: Andrew Pickering (Hg.), Science as Practice and Culture, New York: Cambridge University Press, S. 343–368.

Collins, Harry M. (1975): »The Seven Sexes: a Study in the Sociology of a Phenomenon, or the Replication of Experiments in Physics«. Sociology 9(2), S. 205–224.

Collins, Harry M./Yearley, Steven (1992a): »Epistemological Chicken«. In: Andrew Pickering (Hg.), Science as Practice and Culture, New York: Cambridge University Press, S. 301–326.

Collins, Harry M./Yearley, Steven (1992b): »Journey Into Space«. In: Andrew Pickering (Hg.), Science as Practice and Culture, New York: Cambridge University Press, S. 369–388.

Hacking, Ian (1995): Einführung in die Philosophie der Naturwissenschaften, Ditzingen: Reclam.

Hobbes, Thomas (1651/1998): Leviathan, New York: Oxford University Press.

Latour, Bruno (1999a): »One more Turn after the Social Turn«. In: Mario Biagioli (Hg.), The Science Studies Reader, New York: Routledge, S. 276–289.

Latour, Bruno (1999b): »For David Bloor and beyond: A Reply to David Bloor's Anti-Latour«. Studies in History and Philosophy of Science 30, S. 113–129.

Latour, Bruno (2002): Wir sind nie modern gewesen. Versuch einer symmetrischen Anthropologie, Frankfurt/M.: Fischer Taschenbuch Verlag.

Laupheimer, Peter (1992): Phlogiston oder Sauerstoff. Die pharmazeutische Chemie in Deutschland zur Zeit des Übergangs von der Phlogiston zur Oxidationstheorie, Stuttgart: Wissenschaftliche Verlagsgesellschaft.

Mannheim, Karl (1995): Ideologie und Utopie, Frankfurt/M.: Vittorio Klostermann. (Original 1929 veröffentlicht)

Merton, Robert K. (1964): Social Theory and Social Structure, London: Collier-Macmillan.

Pickering, Andrew (1992): Science as Practice and Culture, New York: Cambridge University Press.

Shapin, Steven (1995): »Here and Everywhere: Sociology of Scientific Knowledge«. Annual Review of Sociology 21(1), S. 289–321.

Shapin, Steven/Schaffer, Simon (1985): Leviathan and the Air-Pump: Hobbes, Boyle, and the Experimental Life, Princeton: Princeton University Press.

Toulmin, Stephen E. (1957): »Crucial Experiments: Priestley and Lavoisier«. Journal of the History of Ideas 18(2), S. 205–220.

Die soziale Konstruktion von Technologie (SCOT)

ESTRID SØRENSEN

Social Construction of Technology, unter dem Akronym SCOT bekannt, gilt als einer der zentralen Ansätze der Technik- bzw. Technologieforschung[1]. Die Entwicklung von SCOT fußt auf der Kritik an der, zumindest bis in die 1970er Jahre, weit verbreiteten Annahme, sowohl Technik als auch wissenschaftliche Tatsachen existierten außerhalb von Kultur und sozialen Beziehungen. Auf der Grundlage einer objektiven Realitäts- und Welterkenntnis schien die Technik- und Naturwissenschaft oft soziale und kulturelle Bedingungen überschritten zu haben. Technik, so wurde es oft dargestellt, habe zwar soziale und kulturelle Effekte, sei aber selbst kein soziales Phänomen. SCOT widerspricht dieser Ansicht und begreift Technik stattdessen als sozial konstruiert.

SCOT wurde ursprünglich von dem SSK-Forscher Trevor Pinch und dem Techniksoziologen Wiebe Bijker konzipiert. So übertrug SCOT die

---

1 Zwischen Technik und Technologie wird oft dadurch unterschieden, dass *Technik* auf bestimmte Apparate, Dinge oder Methoden hinweist, während der Begriff *Technologie* benutzt wird, wenn die Rede von einer Technik in ihrer soziokulturellen Einbettung ist. Diese Unterscheidung setzt voraus, dass es überhaupt möglich ist, Dinge außerhalb von sozio-kulturellen Einbettungen zu beschreiben, was durchaus umstritten ist. In diesem Kapitel wird die Unterscheidung deswegen nur annähernd durchgeführt. Für weitere Diskussionen des Technikbegriffs, siehe Degele (2002, S. 16 ff.) und Rammert (2007, Kapitel 1).

konstruktivistische Perspektive von SSK auf Technologienutzung und ihre Entwicklung. SCOT ist vor allem in der soziologischen Technikforschung verortet, unterscheidet sich aber dadurch von makrotheoretischen Analysen von Technologie, dass SCOT Wert auf die Entwicklung von Technik durch deren Nutzung und Interpretation legt. Technik ist also nicht nur in einem allgemeinen Sinne von sozialen Faktoren beeinflusst und geformt. Vielmehr stellen die Bedeutung und das Design von Technik ein Ergebnis der konkreten Arbeit und der Verhandlungen von spezifischen sozialen Gruppen dar. Damit wird einerseits konkreter Praxis, andererseits aber auch den materiellen Aspekten von Verhandlungs- und Nutzungsprozessen Gewicht bei gemessen, allerdings nicht in dem symmetrischen Maße, wie es später bei Ansätzen der Akteur-Netzwerk Theorie der Fall sein wird. Der Fokus auf konkrete Nutzungspraktiken unterscheidet SCOT jedoch von anderen etablierten Techniksoziologien, die den Fokus auf die kulturelle Einbettung von Technologie legen bzw. auf ihre Folgen für gesellschaftliche Entwicklung, wie z.B. das Forschungs- und Praxisfeld der Technikfolgenabschätzung.

Trotz wesentlicher Unterschiede zwischen SCOT und der sozialanthropologischen Technikforschung betonen beide die sozialen Aspekte der Techniknutzung. Die von SCOT entwickelten Begriffe des technologischen Rahmens, der Interpretationsflexibilität, der Schließung und der relevanten sozialen Gruppen, lassen sich daher gut in eine sozialanthropologisch orientierte Technikforschung einbetten. Die ethnographische Herangehensweise der Sozialanthropologie ist eine sinnvolle Erweiterung der eher historischen Perspektive von SCOT.

Weiterführende Literatur

Huges, Thomas B./Bijker, Wiebe E./Pinch, Trevor (1989): The Social Construction of Technological Systems: New Directions in the Sociology and History of Technology, Cambridge, Mass: MIT Press.
Dieser Sammelband gilt als ein Klassiker der Technikforschung im Feld der STS. Er präsentiert eine Reihe verschiedener Zugänge zu Technikforschung, und zusammen geben die Beiträge einen guten Überblick, um unter anderem SCOT in der STS Technikforschung einzuordnen.

Bijker, Wiebe E. (1997): Of Bicycles, Bakelites, and Bulbs. Toward a Theory of Sociotechnical Change, Cambridge, MA: The MIT Press.
Durch drei Fallstudien der Technikentwicklung (von Fahrrädern, Bakelit und Glühbirnen) erläutert und vertieft Bijker in diesem Buch das SCOT Vokabular. Besonders der Begriff technologischer Rahmen wird hier erörtert, womit die analysierten Techniken detailliert sozio-historisch eingebettet werden.

Silberzahn-Jandt, Gudrun (1991): Wasch-Maschine: Zum Wandel von Frauenarbeit im Haushalt, Marburg: Jonas Verlag.
Diese Ethnographie ist ein Beispiel für eine sozialanthropologische Analyse der sozialen Konstruktion von Technologie. Ohne ihr Vokabular zu benutzen, bietet das Buch eine SCOT-ähnliche historische Analyse der Konstruktion von Technologie. Durch Analysen von Interviews mit Frauen, die die Einführung der Waschmaschine erlebt haben, Zeitungsartikeln und Werbung zeichnet Silberzahn-Jandt ein Bild der praktischen und symbolischen Bedeutung von der Entwicklung dieser Haushaltstechnologie für den Alltag vieler westlicher Frauen.

TECHNIKFORSCHUNG IN DER EUROPÄISCHEN
ETHNOLOGIE

Technik und Technologie wurde in der Europäischen Ethnologie erst ab den 1960er Jahren zu einem etablierten Untersuchungsgegenstand. Dabei konnte sich das Fach jedoch auf eine lange Tradition in der Analyse materieller Kultur stützen, denn sowohl die frühe Volks- als auch die Völkerkunde sammelten zur Beschreibung und Entschlüsselung vorindustrieller bzw. fremder Kulturen deren Werkzeuge, Artefakte und Gegenstände und untersuchten diese in Bezug auf deren Rolle und Funktion in unterschiedlichen Lebensweisen. (Vgl. etwa Kirshenblatt-Gimblett 1991; Hahn 2005; Laukötter 2009; Schneider 2009) Wie in der Archäologie wurde also auch in der frühen Volks- und Völkerkunde versucht, das kulturelle Leben der ›Anderen‹ nicht zuletzt aus Objekten abzuleiten: Objekte galten als die Produkte einer Kultur und damit als Indikatoren von kulturellen Prozessen (Heidrich 2001: 34). Schon vom 15. bis zum 17. Jahrhundert konnten Europäer in sogenannten Wunderkammern Sammlungen von Raritäten aus fremden Kulturen betrachten. Durch einen damit distanzierten Blick auf die Gegenstände wurde laut Buchli (2002) das Interesse des Westens an den ›Dingen an sich‹ erzeugt. Die *Sachkulturforschung* [*material culture*] wurde durch ihre Einbettung in Museen institutionalisiert.

Mit dem Ausgangspunkt in ihrer Institutionalisierung durch museale Sammlungen beschäftigte sich die Sachkulturforschung anfangs mit vorindustriellen Gesellschaften, und auch die Volkskunde zeigte eine Präferenz für traditionelle Kulturphänomene (vgl. Kaschuba 2006). Den theoretischen sowie methodologischen Bruch mit der früheren Volkskunde vollzog spätestens im Jahr 1961 Hermann Bausinger, Professor für Volkskunde an der Universität Tübingen, mit seinem viel beachteten und einflussreichen Buch »Volkskultur in der technischen Welt« (Bausinger 1961); Bausinger kritisierte, dass die alte Volkskunde die Volkskultur stets als eine »vortechnische Veranstaltung« (Beck 1997:31) verstanden habe. Dagegen setzte er seine Untersuchungen der Alltagskultur, die vor allem durch die Beobachtung der Rolle von Technik sichtbar machten, wie Industrialisierung und Modernisierung auf Volkskultur in Deutschland eingewirkt hatten.

Zeitgleich hatte der am »Institut für Völkerkunde und deutsche Volkskunde« in Berlin-Ost arbeitende Ulrich Bentzien (1961) seine Promotion vorgelegt, mit der er die Industrialisierung und Modernisierung in Mecklenburg und deren Einfluss auf die Lebensweise und die Vorstellungswelten der ländlichen Bevölkerung im 19. Jahrhundert untersuchte. Er beschrieb die Veränderungen des traditionellen Volkslebens als Ergebnis »der modernen Produktionsweisen«, die die traditionellen Techniken der Landbearbeitung und den herkömmlichen Gebrauch einfacher Maschinen ablösten. Beck (1997) unterstreicht jedoch, dass selbst in diesen beiden Studien die veränderte Techniknutzung lediglich »im Passiv«, als Teil eines folgerichtigen und letztlich notwendigen Anpassungsprozesses charakterisiert wurde. Technik und moderne Technologien wurden damit weiterhin als ein der Kultur externes Phänomen konzipiert, das in die, weitgehend als statisch verstandene, Lebenswelt der »einfachen Leute« hineindrängte. Interessanterweise erhielt Technik dabei den gleichen Stellenwert gegenüber der Kultur, wie Natur gegenüber vormodernen Kulturen: nämlich als »übermächtiger, unbeeinflussbarer Faktor, auf den letztlich nur mit einer – adäquaten – Anpassungsleistung reagiert werden kann« (Beck 1997: 35).

Statt wie Bentzien traditionelle Technologien und Maschinen *trotz* gesellschaftlicher Modernisierung zu beforschen, untersuchte Bausinger die »Kultur der kleinen Leute« *unter* den Bedingungen der modernisierten und industrialisierten Massenkultur (ebd.: 59). Obwohl Bausingers und Bentziens Arbeiten nicht über eine Konzeption von Technik als vergegenständlichte Naturwissenschaft, bzw. über einen kulturdeterminierenden Faktor hinausreichten, waren ihre Forschungen ein wichtiger Schritt in der Entwicklung der Technikforschung der Europäischen Ethnologie, indem sie die soziale und kulturelle Relevanz von Technik und Technologie für die Themenfelder der volkskundlichen Forschung zeigten und zugleich sozialhistorische Quellen erschlossen, die Wandlungen der Lebensweise in einer systematischen Art und Weise untersuchbar machten.

Aber erst durch die gesellschaftlichen Diskussionen der 1980er Jahre zu den »Grenzen des Fortschritts« (vgl. Meadows u.a. 1972), die oft auch in Form von Technologiekritik geäußert wurden, wurde die Auseinandersetzung mit Technologie zu einem zentraleren Thema in der Europäischen Ethnologie. Der 23. Volkskunde-Kongress im Jahr 1981 trug den Titel »Umgang mit Sachen – Zur Kulturgeschichte des Dinggebrauchs«. Hier wurde moniert, dass die Forschung der Europäischen Ethnologie zu wenig Rücksicht auf den sozialen, kulturellen und ökonomischen Kontext von technologischen Innovations- und Diffusionsprozessen nähme, also darauf, wie Kulturgüter in die Gesellschaft kommen und wie sie sich wann verbrei-

ten. Doch Beck beobachtete, dass der Ruf nach dem Sozialen, dem Kulturellen und Ökonomischen der Technologie selbst und mit ihr der individuelle und kulturelle Umgang mit Technik in den konkret durchgeführten
Forschungen des Faches kaum umgesetzt wurde. Technologie wurde überwiegend weiterhin als »Umweltfaktor« der Kultur verstanden, als kultur-
und sozialfreies Regulativ und Dispositiv der Kultur. (Beck 1997: 64ff.;
vgl. auch Bausinger 1981)

Die Herausforderung, Technik als ein Kultur-internes Phänomen zu betrachten, wird erst später angenommen; ein Beispiel ist etwa die sozialhis-
torisch angelegte Studie von Silberzahn-Jandt (1991) zur Technologisie-
rung des Haushalts. Sie untersucht, wie Hausfrauen sich die Waschmaschine zu eigen machen, und wie sie diese Technik erleben und einschätzen. Sie
bietet ein Vokabular an, das die Einführung neuer Technik nicht als eine
Anpassung von Kultur an Technik, sondern als *Aneignung* der Technik
durch ihre Nutzer versteht. Der Begriff der Aneignung konzeptualisiert den
Umgang mit Technik als vermittelnder Produktionsprozess, in dessen Verlauf sich nicht nur die Techniknutzer, sondern auch die benutzte Technik
verändern: Ein Wechsel vom Passiv zum Aktiv in der Betrachtung der
Techniknutzer (Beck 1997: 71).

Zwanzig Jahre später hatte sich diese Perspektive im Fach durchgesetzt.
Als ein Beispiel dafür sei hier die Dissertation »Computer im Alltag –
Computer als Alltag« von Gerrit Herlyn (2010) erwähnt, eine Untersuchung
von Erzählungen über und Erfahrungen mit Technik des *Alltags*. Mit dem
Alltagsbegriff beschreibt Herlyn Technik als einen integrierten Teil des
kulturellen Lebens seiner Informanten. Auch Hengartner und Rolshoven
(1998) schlagen einen ähnlichen Ansatz vor, mit dem der von Technik beeinflussten alltagskulturellen Wandel gefasst wird:

»Eine ›Kultürlichkeit‹, die miteinschließt, dass sich Technik tiefgreifend auf All-
tagshandlungen aus- bzw. auf sie einwirkt, indem sie – zum Beispiel – Ernähren,
Fortbewegen, Kommunizieren in ihren Voraussetzungen, Möglichkeiten, Einschätzungen und Realisierungen grundlegend verändert« (Anm. 52, 36).

Diese herausgehobene Rolle des Alltagsbegriffes, mit dem Technik und
Technologie als integraler Bestandteil sozialen Handelns und kulturell
geprägter Denkweisen analysiert wird, leidet jedoch darunter, dass »Alltag«
theoretisch eher wenig präzise definiert und methodologisch schwer zu op-

erationalisieren ist. Im Begriff »Alltag« schwingt in volkskundlicher Lesart stets noch ein »holistisches«, auf Prinzipielles zielendes Interpretationsbedürfnis mit. So bestimmte etwa Jeggle in den für die Fachdiskussion einflussreichen »Grundzügen der Volkskunde« Alltag als »die epochal[e], durch die Art und Weise der Produktion[-sweise] festgelegte Erfahrung von Zeit und Raum als Grunddimension menschlicher Erfahrung überhaupt.« (Jeggle 1978: 123; vgl. auch Joerges 1988) Beck schlägt deshalb vor, den Alltagsbegriff gleichsam »zurückzustellen« und mit dem Begriffspaar Ko-Text und Kon-Text zwei operationalisierbarere Dimensionen einzuführen, mit denen sich alltägliches Handelns mit Technik konkreter untersuchen lässt. Damit betont Beck (1997) aus einer praxistheoretischen Perspektive (EINLEITUNG) die Wichtigkeit der Vielfalt an Bedeutungen (Ko-Text), die eine Technik – bedingt durch sprachliche Diskurssysteme, Konventionen, Werte, Regulationen und Standards – in Alltagspraxen haben kann, und auch die unterschiedlichen Handlungsoptionen (Kon-Text), die der Umgang mit Technik bietet. Sowohl Ko-Text, als auch Kon-Text sind gleichzeitig kultur-historisch entwickelt und situativ (Beck 1997: 341ff.).

Theoretisch unterscheiden sich die Ansätze von Herlyn, Hengartner/Rolshoven und Beck unter anderem dadurch, dass sie von unterschiedlichen Praxisbegriffen ausgehen. Alle drei unterstreichen aber die soziale und kulturelle Einbettung der Technik im Alltag als eine entscheidende Dimension der europäisch-ethnologischen Technikforschung. Alle drei verstehen Technik als konstruiert, durch den sozialen und kulturellen Umgang mit ihr. Wie im Folgenden herausgearbeitet wird, sind das auch die zentralen Prinzipien bei SCOT. Das Kapitel soll daher mit einer Diskussion über eine mögliche Verknüpfung der beiden Ansätze beendet werden.

SCOT: SOCIAL CONSTRUCTION OF TECHNOLOGY

Die folgenden Abschnitte beschreiben zunächst den Beginn der Entwicklung von SCOT, dann seine Vorläufer in der marxistischen Soziologie, um abschließend die zentralen Konzepte und Begriffe von SCOT näher zu beleuchten. Die *Social Construction of Technology* (SCOT) ist durch Wissenschaftler, die innerhalb des Feldes der STS schon etabliert waren, entwickelt worden. SCOT geht auf ein Treffen zwischen dem Wissenschaftssoziologen Trevor Pinch, der zu *Sociology of Scientific Knowledge* (SSK)

gehörte (SOCIOLOGY OF SCIENTIFIC KNOWLEDGE), und dem niederländischen Techniksoziologen Wiebe Bijker anläßlich einer Konferenz im
Jahr 1982 mit dem Titel »Problems and Perspectives of the Study of Science and Technology in Europe« zurück. Diese Konferenz war die erste der
kurz zuvor (im Jahr 1981) gegründeten European Association for the Study
of Science and Technology (EASST), die immer noch alle zwei Jahre die
größte STS-Konferenz in Europa abhält. Trevor Pinch ist heute Professor
an der Cornell University in New York State, wo eines der bekanntesten
STS-Zentren der USA angesiedelt ist.

Auf der Konferenz im Jahr 1982 trafen sich Bijker und Pinch zum ersten Mal, wie sie in der Einleitung zum Sammelband »The Social Construction of Technological Systems« (1989) berichten. Beide waren Soziologen,
beide waren Konstruktivisten, und zusammen versuchten sie, in den folgenden Jahren Pinchs detaillierte Studien zur Entwicklung von Wissenschaft mit Bijkers Techniksoziologie zu verbinden. Einerseits bemängeln
Pinch und Bijker, dass sich die SSK mit wissenschaftlichem Wissen auseinandergesetzt hatte, ohne dabei Technologien zu berücksichtigen. Andererseits kritisieren sie, dass von soziologischer Seite aus die Entwicklung von
Technologien weitgehend deterministisch und als historisch linear dargestellt wurde. Letzteres wies vor allem auf die marxistische Techniksoziologie hin, die vor einer weiteren Einführung in die SCOT-Terminologie skizziert werden soll.

Marxistische Techniksoziologie

Wie in der Fachgeschichte der Europäischen Ethnologie, gab und gibt es
auch in der Soziologie theoretische Ansätze, die die Beziehungen zwischen
Mensch und Technik, als einen Anpassungsprozess konzipieren. Einer der
zentralen Begründer einer solchen Theorie war Karl Marx. Bei Marx ist
dieser Anpassungsprozess keine einfache Unterordnung des Menschen unter die Technologie, sondern eine dialektische Wechselwirkung zwischen
Produktionsmitteln (Technologie) und sozialen Verhältnissen. In seiner
Kritik des Ökonomen Proudhon schrieb Karl Marx im Jahr 1847 (Marx und
Engels 1972):

»Herr Proudhon, der Ökonom, hat ganz gut begriffen, daß die Menschen Tuch,
Leinwand, Seidenstoffe unter bestimmten Produktionsverhältnissen anfertigen. Aber
was er nicht begriffen hat, ist, daß diese bestimmten sozialen Verhältnisse ebenso

gut Produkte der Menschen sind wie Tuch, Leinen etc. Die sozialen Verhältnisse sind eng verknüpft mit den Produktivkräften. Mit der Erwerbung neuer Produktivkräfte verändern die Menschen ihre Produktionsweise, und mit der Veränderung der Produktionsweise, der Art, ihren Lebensunterhalt zu gewinnen, verändern sie alle ihre gesellschaftlichen Verhältnisse. Die Handmühle ergibt eine Gesellschaft mit Feudalherren, die Dampfmühle eine Gesellschaft mit industriellen Kapitalisten.« (Ebd.: 130).

Marx weist darauf hin, dass die mittelalterliche Handmühle eine bestimmte Art von Arbeitskräften voraussetzte: nämlich Handwerker, die die Freiheit hatten, ihre Arbeit zu Hause oder in kleineren Werkstätten zu beliebigen Zeiten auszuführen. Im Gegensatz dazu erforderte die Dampfmühle Arbeitskräfte, die nur in der Fabrik und zu genau vordefinierten Zeiten arbeiteten. Marx schrieb weiter:

»Die Arbeit organisiert und teilt sich verschieden, je nach den Werkzeugen, über die sie verfügt. Die Handmühle setzt eine andere Arbeitsteilung voraus als die Dampfmühle. Es heißt somit der Geschichte ins Gesicht schlagen, wenn man mit der Arbeitsteilung im Allgemeinen beginnt, um in der Folge zu einem speziellen Produktionsinstrument, den Maschinen, zu gelangen.« (Marx/ Engels 1847/1972: 149). »Aber dieselben Menschen, welche die sozialen Verhältnisse gemäß ihrer materiellen Produktivität gestalten, gestalten auch die Prinzipien, die Ideen, die Kategorien gemäß ihren gesellschaftlichen Verhältnissen.« (Ebd.: 49).

Diese Zitate verdeutlichen Marx' dialektisches Verständnis der engen, wechselseitigen Beziehungen von technologischer Entwicklung einerseits und den sozialen Verhältnissen, bzw. deren befördernden sozio-historischen Ideen und Veränderungen andererseits.

Bis in die 1960er und 1970er hinein war die marxistische Techniksoziologie eine häufig angewandte Perspektive zum Verständnis technologischer Entwicklung innerhalb eines gesellschaftlichen Kontexts. Mit dem Abebben der Zustimmung für eine marxistische Dialektik im Allgemeinen und einer wachsenden Kritik an ihrer spezifischen Lesart von technologischer Entwicklung im Speziellen, wurde der Boden bereitet für die Entwicklung der SCOT. Kritisiert wurde vor allem die Vorstellung, dass Technik essenzielle Charakteristika habe – sowohl, wenn diese als der Technik innewohnend dargestellt würden, als auch wenn sie, wie bei Marx, als historisch produziert beschrieben würden. Wenn Technik aber keine essenziellen Charakteristika habe, dann könne sie auch keinesfalls nur *eine* zwingend notwendige Folge haben, argumentierte SCOT, und wenn sie keine einzelne notwendige Folge habe, könne sie auch nicht die Strukturen und Beziehungen der sozialen Welt determinieren (vgl. Sismondo 2004: 81).

Der immanente Technikdeterminismus der marxistischen Techniksoziologie, der Technologie ein essenzielles Wesen zugestanden hatte, war entblößt. Zentral für SCOT war, dass eine Technik niemals nur *eine einzige* potenzielle Nutzung habe. Selbst eine so unmittelbar zweckgebundene Technik wie die Uhr, kann gleichzeitig dafür konstruiert sein, die Zeit zu zeigen, schön auszusehen, Profit zu bringen und etwas über den Träger auszusagen. Sie kann dementsprechend auch zur Konstruktion der sozialen Welt auf mehrere, unterschiedliche Arten und Weisen beitragen.

Zentrale Begriffe von SCOT

Mit diesem Hintergrund wurde SCOT als eine Theorie der pluralen, sozialen Konstruktionen von Technik entwickelt: Eine Theorie, die erläutert, wie Technik mehrere Bedeutungen statt essenzieller Eigenschaften haben kann. In Abhängigkeit davon, in welcher *sozialen Gruppe* eine Technik verwendet wird, erhält sie eine andere Bedeutung. Der Begriff *relevante soziale Gruppe* ist dabei zentral für SCOT und soll unten erläutert werden. SCOT übernimmt die von Collins (1981) und der Bath School entwickelten Prinzipien des Empirical Program Of Relativism (EPOR). Fundiert durch die EPOR Begriffe *Interpretationsflexibilität*, *Schließungs-Mechanismen* und der Verbindung zwischen diesen Schließungs-Mechanismen, wird die Theorie der *Social Construction of Technology* entwickelt.

Relevante soziale Gruppen und Interpretationsflexibilität

Relevante soziale Gruppen bezeichnen Institutionen und Organisationen sowie organisierte und unorganisierte Gruppen von Individuen, in denen alle Mitglieder gleiche oder zumindest sehr ähnliche Meinungen über ein spezifisches Artefakt vertreten (Pinch/Bijker 1984). Der Begriff ›Konstruktion‹ ist dabei nicht allein technischen oder Ingenieur-spezifischen Tätigkeiten vorbehalten. Wenn wir über relevante soziale Gruppen reden, kann es sich also auch um Produzenten, Händler, Journalisten, Politiker, Nutzer, Verbraucher usw. handeln, die eine Technik nutzen oder irgendeinen an-deren Bezug zu der betreffenden Technik haben. Die Bez-eichnung *relevante soziale Gruppe* weist darauf hin, dass Technik immer in Bezug zu bestimmten Akteursgruppen zu verstehen ist, und dass diese Akteursgruppen auf unterschiedliche Art und Weise dazu beitragen, Technik zu konstruieren. Damit ist nicht nur gemeint, dass die verschiedenen Gruppen die jeweilige Technik unterschiedlich *verstehen*, sondern auch, dass die Gruppen in der Art voneinander abweichen, wie sie *zur tatsächlichen* Ausgestaltung der Technik beitragen.

Mit dem Begriff *Interpretationsflexibilität* erweitert SCOT die Diskussion darüber, wie Technik in verschiedenen relevanten sozialen Gruppen verstanden wird. Der Begriff vertritt die Auffassung, dass erstens, Technik, die heute eine eindeutige Funktion hat, während ihres Entwicklungsprozesses umstritten war und von unterschiedlichen Gruppen unterschiedlich interpretiert wurde; und zweitens, dass diese unterschiedlichen Interpretationen miteinander interagiert haben. Das Elektro-Auto kann dafür als Beispiel dienen. In seinem 2005 veröffentlichten Film »Who killed the Electric Car«, in dem es um Elektro-Autos in Kalifornien geht, zeigt Chris Paine wie eine Reihe unterschiedlicher *relevanter sozialer Gruppen* diese Technik unterschiedlich interpretierten. Die Besitzer solcher Autos ›liebten‹ sie, einige Mitglieder der kalifornischen Regierung betrachteten sie als Beitrag für eine sauberere Umwelt, die Öl-Industrie sah in ihrer Verbreitung des Elektro-Autos eine Bedrohung des Treibstoffbedarfs. Für Ökonomen waren die Elektro-Autos wiederum eine wirtschaftlich nachhaltige Technik. General Motors jedoch hatte das Interesse, den Verbrennungsmotor konkurrenzlos zu halten, um die eigenen Produkte weiter verkaufen zu können, und interpretierte das Elektro-Auto als einen auszuschließenden Konkurrenten.

Wie Pinch und Bijker (1984) beschreiben, sehen verschiedene *relevante soziale Gruppen* die Technik als Lösungen für *unterschiedliche* Probleme an. Dabei stellt häufig die Lösung für ein Problem ein Hindernis für die Lösung eines anderen Problems dar: Mehr Elektro-Autos lösen Umweltprobleme aber verhindern die Lösung einer möglicherweise drohenden Absatzkrise für Verbrennungsmotoren in der Wirtschaft. Das Beispiel verdeutlicht eine Dimension der *Interpretationsflexibilität*: Verschiedene *relevante soziale Gruppen* nehmen Technik aufgrund ihrer *Interpretationsflexibilität* unterschiedlich wahr.

Die zweite Dimension weist darauf hin, dass die verschiedenen Bedeutungen einer Technik, die durch ihre *Interpretationsflexibilität* ermöglicht worden sind, miteinander in Verhandlungen treten, wodurch die Entwicklung der Technik einen bestimmten *Entwicklungspfad* einschlägt. Diese Vorstellung wurde von der SSK übernommen. Sie sagt, dass wissenschaftliches Wissen sich durch Verhandlungen zwischen wissenschaftlichen Gegnern entwickelt (SOCIOLOGY OF SCIENTIFIC KNOWLEDGE, Shapin/Shaffer). Auf die Konzeption von Technik übertragen, spricht SCOT davon, dass eine spezifische Techniknutzung und -deutung historisch kontingent sei, d. h. ihr Entstehungsprozess war möglich, aber so, wie er letztlich verlaufen ist, nicht zwingend notwendig. Darüber hinaus unterstreicht SCOT, dass Verhandlungen zwischen den verschiedenen Interpretationen auch dazu führen, dass sich eine Technik in eine *spezifische* Richtung entwickelt. In Chris Paines Film wird gezeigt, dass die vielen voneinander abweichenden Interpretationen des Elektro-Autos miteinander in Verhandlung oder Konflikt traten und damit in Kalifornien schließlich einen Entwicklungspfad bahnten, der auf dem Schrottplatz endete.

Stabilisierung und Schließung

Die Interpretationsflexibilität ist begrenzt. Irgendwann hören die Verhandlungen und Diskussionen auf und die Probleme ›verschwinden‹ (Pinch/Bijker 1984: 426). Man hört auf, über die vielen möglichen Interpretationen einer Technik zu reden und erreicht einen Konsens über die Bedeutung und das Design der Technologie. Die Diskussionen über das Elektro-Auto endeten auf dem Schrottplatz und auch wenn manche noch immer dafür argumentieren mögen, dass es unglaubliche Potenziale habe, so ist es zur Tatsache geworden, dass es das Elektro-Auto in Kalifornien nicht mehr gibt und dass die Auflade-Stationen verschwunden sind. Das Auto hat seine endgültige Bedeutung erhalten. Pinch und Bijker haben für solche Prozesse den Begriff *Schließung* [*closure*] entwickelt, um darauf hinzuweisen, dass Verhandlungen irgendwann aufhören und dass die Technik eine stabile Bedeutung und ein stabiles Design annimmt. Das klassische Beispiel dafür ist Bijkers (1995) Studie über die Entwicklung des Fahrrads. Eines der ersten populären Fahrräder war das Hochrad.

Dieses Fahrrad wurde als ein sehr praktisches Fahrzeug angesehen und von jungen, athletischen Männern genutzt. Die Interpretationsflexibilität ließ das Fahrrad allerdings für ältere Herren als gänzlich ungeeignet erscheinen, da diese nicht genügend Kraft hatten, um ein Hochrad zu fahren. Gleichzeitig war es für Frauen unmöglich das Fahrrad zu benutzen, weil sie zu dieser Zeit (Ende des 19. Jahrhunderts) lange Kleider trugen, was nicht mit dem Fahren eines Hochrads vereinbar war. Die verschiedenen Meinungen über das Hochrad, die sich vor allem mit Fahrsicherheit auseinandersetzten, führten dazu, dass andere Modelle entwickelt wurden. Diese hatten wiederum unterschiedliche Vor- und Nachteile für verschiedene *relevante soziale Gruppen* was dazu führte, dass erneut Modelle entwickelt wurden usw. Die Entwicklung des »Safety Bike« beruhigte schließlich die Kontroversen um das Fahrrad. Pinch und Bijker (1984) unterstreichen, dass es aufgrund dieser Analyse falsch sei, davon zu sprechen, dass das Safety Bike im Jahr 1884 »erfunden« wurde (das Jahr, in dem das erste Safety Bike die Fabrik verließ), denn laut SCOT wurde es durch Verhandlungen über neunzig Jahre hinweg entwickelt.

Es gibt zwei verschiedene Formen von *Schließungen* (Pinch und Bijker 1984): Einerseits kann es zu einer Schließung kommen, wenn die relevanten sozialen Gruppen das Problem als gelöst ansehen. Es geht also nicht darum, dass Wissenschaftler, Techniker oder andere ›Experten‹ feststellen, dass jetzt die endgültig beste Technik entwickelt worden ist. Stattdessen muss sich die Auffassung unter den relevanten sozialen Gruppen durchsetzen, dass die Probleme, die früher existierten, jetzt nicht mehr vorhanden sind; dass die Technik, so wie sie zu diesem Zeitpunkt ist, diese Probleme gelöst hat. Werbung, so argumentiert Bijker, kann dabei zum Beispiel eine wichtige Rolle spielen. Die Werbung für das »Facile Bicycle« behauptete, dass das Fahrrad »almost absolute safety« biete. Diese Aussage war unabhängig von Messungen oder Wissen darüber, wie viele Unfälle es mit dem *Facile Bicycle* tatsächlich gab – aber sie führte dazu, dass das Sicherheitsproblem des Fahrrads als gelöst angesehen wurde.

Andererseits kann es durch eine *Umdefinierung* des Problems zur Schließung kommen. Auf das Beispiel der Fahrradentwicklung bezogen beschreiben Bijker und Pinch, dass die breite Öffentlichkeit die Luftreifen ästhetisch unerträglich fand. Rennfahrer entdeckten aber schnell, dass die Luftreifen eine höhere Geschwindigkeit ermöglichten und als die Öffentlichkeit dies bei Fahrradrennen selbst beobachtete, veränderte sich bald auch ihre Meinung. Pinch und Bijker erklären, dass das Problem der Luftreifen *übersetzt* wurde: Von einem ästhetischen Problem in ein Geschwindigkeitsproblem. Durch diese Umdefinierung des Luftreifen-Problems entstand also eine Schließung der technischen Entwicklung und die Verhandlungen über Reifen mit oder ohne Luft verstummten.

Technologischer Rahmen

Die Begriffe *relevante soziale Gruppen, Interpretationsflexibilität* und *Schließung* bieten zusammen einen kohärenten Ansatz zur Beschreibung der sozialen Konstruktion von Technik. Pinch und Bijker schlagen sogar vor, dass der Analytiker diese drei Begriffe sequenziell verwenden sollte. Bei Studien einer Technik soll man

- in einem ersten Schritt relevante soziale Gruppen identifizieren, die in Beziehung zu der jeweiligen Technik stehen,
- zweitens untersuchen, welche verschiedenen Interpretationen – d. h. welche unterschiedlichen Interessen, Problemdefinitionen und Lösungen – in den relevanten sozialen Gruppen in Bezug auf diese Technik existieren und
- drittens beschreiben, wie die vielen Arten von Interpretationen, die im Verlauf der Entwicklungsgeschichte einer Technik ausgemacht werden können, zur Konstruktion der Technik beigetragen haben.

Zunächst mag es erscheinen, als bildeten diese Begriffe zusammen eher eine methodologische Heuristik oder einen Leitfaden zur Analyse der sozialen Konstruktion von Technik. Dieser Eindruck ändert sich, wenn man sich mit dem Begriff des *technologischen Rahmens* [*technological frame*] auseinandersetzt. Dann wird deutlich, dass SCOT nicht nur ein soziologischer und struktureller Ansatz zur Beschreibung der Konstruktion von Technik ist, sondern dass auch kulturelle und soziale Aspekte eine Rolle spielen, die einem sozialanthropologischen Ansatz näher kommen. Ein technologischer Rahmen beinhaltet nach Bijker und Pinch die Ressourcen und das diskursive Repertoire – also Begriffe, Denkweisen und Diskurse – die die Akteure bei der Konstruktion von Technik verwenden. Der Begriff hilft uns zu erklären, warum relevante soziale Gruppen eine Technik in einer bestimmten Weise konstruieren und nicht anders – eben weil sie kulturell geprägte Sichtweisen, Relevanzsetzungen sowie Handlungsweisen mobilisieren. Ein technologischer Rahmen beinhaltet all jene Elemente, die Interaktionen in den relevanten sozialen Gruppen beeinflussen. Bijker (1995) weist hier auf drei Kategorien von Elementen hin:

- *Soziale* Praktiken der jeweiligen relevanten sozialen Gruppe. Hier handelt es sich um alltägliche Tätigkeiten, die die soziale Gruppe routinemäßig ausführt.
- *Kognitive* Wahrnehmungen. Als Beispiel schildert Bijker, dass das Hochrad als ein Artefakt verwendet wurde, um Frauen zu beeindrucken – es wurde also auf eine bestimmte Art wahrgenommen.
- Die *technischen* Artefakte selbst. Bijker unterstreicht, dass die Interaktion in relevanten sozialen Gruppen nie allein von kognitiven und sozialen Faktoren bestimmt wird, sondern dass auch Artefakte oder Technik selbst eine Rolle spielen. Wie bereits erläutert, wird Technik laut SCOT sozial konstruiert, und ist nie ein von sozialen Praktiken isoliertes Objekt, sondern als Technologie in soziale und kulturelle Zusammenhänge eingebettet. Entsprechend gehören zu den Bestandteilen einer Technologie auch jene Kriterien, die die Technik als betriebsfähig, scheiternd, wertvoll, kompliziert usw. definiert. Damit tragen die Artefakte selbst dazu bei, den technologischen Rahmen zu stabilisieren, in dem sie operieren. Soziale, kognitive und technische Elemente führen laut SCOT zu ganz bestimmten Bedeutungszuschreibungen einer Technik in einer bestimmten sozialen Gruppe.

Der Begriff des technologischen Rahmens erinnert an Kuhns (1970) Begriff des Paradigmas. Kuhn versteht ein Paradigma als ›Normalwissenschaft‹, die im wissenschaftlichen Arbeitsalltag im Wesentlichen aus dem Lösen von Rätseln und Problemen besteht. Dies geschieht innerhalb *eines* theoretischen Rahmens und die theoretischen Grundannahmen werden nicht in Frage gestellt (WISSENSCHAFTSTHEORIE). Bijker (1995) unterstreicht jedoch, dass sich der Begriff des technologischen Rahmens in zwei wesentlichen Punkten von Kuhns Paradigma-Begriff unterscheidet.

Erstens sind technologische Rahmen heterogener als Kuhns Paradigmen. Heterogenität verweist hier auf die Vielfalt von verschiedenen Komponenten, die einen technologischen Rahmen ausmachen, wie etwa soziale, kognitive und technische. Demgegenüber ist Kuhns Paradigma eher durch das rein Kognitive definiert. Zweitens bezieht sich der Begriff des technologischen Rahmens auf alle relevanten sozialen Gruppen, nicht nur auf Ingenieure, während der Paradigma-Begriff nur in Bezug auf Wissenschaft verwendet wird. Wichtig zu erwähnen ist noch einmal, dass der Begriff technologischer Rahmen ein theoretischer Begriff ist, der die Analyse der

Entwicklung und Bedeutung von Technik unterstützen soll. Wenn Bijker soziale, kognitive und technische Elemente als diejenigen bezeichnet, die einen technologischen Rahmen ausmachen, so sind diese als Anhaltspunkte zu verstehen, die erst durch die empirische Analyse an Inhalt gewinnen. Unterschiedliche soziale, kognitive und technische Elemente konstituieren verschiedene technologische Rahmen. Als mögliche Komponente eines technologischen Rahmens nennt Bijker:

- Ziele;
- zentrale Probleme;
- Strategien zur Problemlösung;
- Anforderungen, die Problemlösungen erfüllen müssen;
- gängige Theorien;
- implizites Wissen [*tacit knowledge*];
- Testmethoden;
- Designmethoden und -kriterien;
- Nutzerpraktiken;
- erkannte Ersatzfunktion;
- beispielhafte Artefakte (Modelle) und
- Produktionsapparate wie Pressen und Vorwärmer.

Andere Elemente würden andere technologische Rahmen konstituieren. Die Aufgabe der Analyse ist es, zu untersuchen, welche Elemente in einem empirischen Fall den technologischen Rahmen ausmachen und diese in ihren Wechselwirkungen zu beschreiben.

Entscheidend ist, dass der Begriff *technologischer Rahmen* interaktionistisch zu verstehen ist. Technologische Rahmen sind weder die Eigenschaften von Individuen, noch die von Technik, sondern sie sind die Ressourcen, die die Konstruktion einer Technik auf signifikante Weise strukturieren. Wenn einem Akteur ein unbekanntes Artefakt begegnet und er anfängt, damit zu interagieren, so verläuft diese Begegnung innerhalb des existierenden technologischen Rahmens, aber die Interaktion kann auch dazu beitragen, dass neue technologische Rahmen entstehen.

Während eine relevante soziale Gruppe über einen spezifischen technologischen Rahmen verfügt, kann ein individueller Akteur wiederum Mitglied mehrerer Gruppen sein. Entsprechend kann sie oder er sich dabei auch auf unterschiedliche technologische Rahmen beziehen, wobei sie oder er in den verschiedenen sozialen Gruppen, von denen sie oder er ein Mitglied ist, mehr oder weniger *eingebettet* sein kann. Damit sind Akteure in verschiedenen technologischen Rahmen auch unterschiedlich stark integriert.

KRITIK UND ANDERE TECHNIKSOZIOLOGISCHE ZUGÄNGE

Eine wichtige Kritik an SCOT wurde etwa von Russel (1986) formuliert, der bemängelte, dass SCOT die Interpretationen verschiedener sozialer Gruppen gleich stelle und dabei unfähig sei, die Validität ihrer verschiedenen Interpretationen zu beurteilen. Diese relativistische Grundhaltung von SCOT mache es nahezu unmöglich, technische Entwicklungen politisch zu beurteilen oder Technologiekritik zu begründen; auch Möglichkeiten für alternative technische Entwicklungen könnten nicht gegeneinander abgewogen werden, weil außerhalb eines technologischen Rahmens stehende Kriterien für eine Technologie nicht zugänglich seien. Zum Beispiel kann man mit SCOT nicht argumentieren, dass es einen Bedarf an Datenschutz in sozialen Netzwerkseiten gibt, wenn der Großteil der Nutzer solcher Netzwerke die Preisgabe von persönlichen Daten als unproblematisch wahrnimmt.

In Verbindung mit diesen politischen Argumenten sei es außerdem theoretisch problematisch, dass SCOT keine Kriterien biete, um zu definieren, welche sozialen Gruppen als *relevant* zu gelten hätten. Zudem würden, weil der Schwerpunkt der Untersuchungen auf dem Konstruktionsprozess neuer Technologien liege, oft relevante Gruppen aus der Analyse ausgeschlossen, wenn sie nicht direkt am Entwicklungsprozess der Technik beteiligt waren. Dies könnten etwa Angestellte sein, die nie gefragt wurden, wie sie sich ein spezifisches technisches Design vorstellen, obwohl sie die Konsequenzen für ihre Implementierung tragen müssen. Es könnten aber auch gesellschaftliche Gruppen sein, deren Interessen wahrgenommen werden, ohne dass diese selbst aktiv würden.

Russel kritisiert darüber hinaus, dass es nicht ausreiche zu zeigen, was verschiedene soziale Gruppen über eine Technik denken. Ebenso wichtig sei es, zu beschreiben, welche Möglichkeiten sie haben, die Technikentwicklung zu beeinflussen. Dass soziale Gruppen verschiedene Zugänge, Ressourcen und Wissen besitzen, durch die sie in technische Entwicklun-

139

gen eingreifen können, werde in einer SCOT-Analyse übersehen. Ebenso
könne man nicht davon ausgehen, dass eine technologische Schließung in
dem stabilen und endgültigen Sinne je stattfinde, wie es in Analysen der
SCOT unterstellt werde. Im Gegensatz dazu wird etwa in der Akteur-
Netzwerk Theorie ein prozessorientiertes Technologieverständnis eingeführt, das nicht nur die Konstruktion und Implementierung einer Technologie untersucht, sondern auch »ihren Betrieb« nach der unmittelbaren Ein-
führungsphase. Hier wird die »Arbeit«, die geleistet werden muss, um eine
Technologie zu stabilisieren, in das Zentrum der Untersuchung gestellt
(AKTEUR-NETZWERK THEORIE). Denn jede Technologie muss auch weiterhin stabil gehalten werden, etwa indem in ihre Wartung und Pflege sowie
ihre Weiterentwicklung investiert wird. SCOT erklärt zum Beispiel, dass
die Leute erst Luftreifen akzeptierten, als sie dazu gebracht wurden, ihre äs-
thetische Perspektive in der Beurteilung des Fahrrades zu verändern, als der
Fokus auf die Geschwindigkeit der Fortbewegung gelegt wurde. Aus der
Perspektive der Akteur-Netzwerk Theorie wird deutlich, dass der Ge-
schwindigkeitsfokus nicht nur eingeführt, sondern auch aufrechterhalten
werden musste. Die stärker werdende Aufmerksamkeit für Wettrennen und
Rekordleistungen, die erst durch Studien von Geschwindigkeitstabellen,
d.h. durch die Vergleichbarkeit zwischen schnelleren und langsameren
Fahrrädern ermöglicht wurden, war entscheidend für das Aufrechterhalten
dieser neuen Sicht auf Fahrräder, ebenso wie die auf Geschwindigkeit set-
zenden Strategien der Fahrradwerbung. Laut Akteur-Netzwerk Theorie
reicht es also nicht aus, die Entwicklung einer Technologie zu untersuchen,
um sie zu verstehen, sondern die darauf folgende Nutzung und Aufrechterhaltung der Technologie müsse ebenfalls berücksichtigt werden. Ein Unterschied zwischen SCOT und der Akteur-Netzwerk Theorie ist, dass SCOT
vor allem die Interpretation und die Bedeutung, die Technik für Menschen
haben, in den Fokus stellt. Dagegen wird bei der Akteur-Netzwerk Theorie
vor allem der praktische Umgang mit Technik und die Arbeit, die in ihre
Stabilisierung in sozialen Netzwerken und Gebrauchsweisen eingeht, untersucht.

SCOT wird im Feld der *Science and Technology Studies* als ein zentraler techniksoziologischer Zugang behandelt. Die Techniksoziologie bietet
allerdings noch weitere, theoretisch wie methodologisch ausdifferenzierte
Zugänge zur Technik, von einer Technikfolgeabschätzung über eine mak-
rosoziologische Perspektive bis hin zu einer Techniksoziologie des Alltags.

Die Begründer der Soziologie, Weber, Durkheim und Simmel, behandelten alle Technik in ihren Gesellschaftstheorien, räumten ihr aber keine zentrale Rolle ein. Entscheidend für die gegenwärtige Techniksoziologie ist deswegen nicht nur die Beschreibung und Prognostizierung von Konsequenzen technischer Entwicklung (im Sinne der Technikfolgeabschätzung), sondern der Versuch, techniksoziologisches Denken in einen Zusammenhang mit Gesellschafts- und Sozialtheorie zu bringen (Degele 2002). So schlug zum Beispiel der Techniksoziologe Werner Rammert (2000) den Begriff *Innovationsnetzwerke* vor, um die Entwicklung von Technologien nicht wie SCOT als einen mehr oder weniger linearen Evolutionsprozess zu begreifen, sondern als einen Prozess, der durch zahlreiche ökonomische und soziale Rückkopplungsschleifen, Iterationen und Überschneidungen gekennzeichnet ist. Zentral für das Interesse der Techniksoziologie ist dabei, Arbeit als einen Bereich zu verstehen, der den Zusammenhang von Technik und Gesellschaft deutlich zum Ausdruck bringt. Für die Soziologie wird Technik hier besonders interessant, weil sie eine zentrale Rolle für die Entwicklung moderner Gesellschaften hat – für die Industrialisierung und für die Rationalisierung und Kontrolle der Arbeit. Schließlich haben unter anderem Joerges (1988) und Hörning (1988) kulturtheoretische Zugänge zu Technik im Alltag entwickelt, die Kultur als ein soziales ›Bindemittel‹ im Alltag moderner Gesellschaften betrachten, in dem Technik variiert und multifunktional eingesetzt wird. Mit dieser Perspektive wird zugleich die Frage aufgeworfen, wie ein kollektives Verständnis von Technik in einem Kontext verschiedener und teilweise idiosynkratrischer Nutzungsweisen entstehen kann.

SCOT UND DIE SOZIALANTHROPOLOGISCHE TECHNIKFORSCHUNG

Während SCOT großen Wert auf die historische Einbettung einer Technik legt, betont die Europäische Ethnologie die aktuelle kulturelle und komplexe alltagspraktische Einbettung menschlicher Aktivität. Der Terminologie von SCOT folgend würde man sagen, dass die Sozialanthropologie besonderen Wert auf die technologischen Rahmen legt. Vor allem die ethnographische Methode ermöglicht, den Blick von einer spezifischen Technik zu dezentralisieren und erst ihren technologischen Rahmen zu beschreiben.

Die Ethnographie hilft, den kulturellen Hintergrund mit seinen sprachlichen Diskurssystemen, Konventionen, Werten und typischen Handlungsmustern als Grundlage für ein Verständnis von Interpretationsflexibilität und von der Schließung einer Technik, festzuhalten. Dagegen haben SCOT Analysen eine Tendenz, vor allem die Entwicklung von Technologien durch Interpretationsflexibilität und Schließung zu dokumentieren, wobei der Zusammenhang zwischen der Einbettung in technologische Rahmen und deren Stabilisierung in den sozialen Gebrauchsweisen weniger betont wird. Eine solche Kritik wendet sich jedoch nicht grundsätzlich gegen das theoretische Programm von SCOT. Selbst Pinch und Bijker unterstreichen, dass SCOT nicht als ein starres Arbeitsschema angewandt werden sollte; stattdessen müssten stets die spezifischen Charakteristika der jeweiligen empirischen Fälle stets berücksichtigt werden. SCOT soll nach den Intentionen ihrer Urheber weiterentwickelt und ergänzt werden. Hierfür bietet die Europäische Ethnologie wie beschrieben gute Perspektiven. Es ist vor allem die Kombination des Fokus von SCOT auf die Konstruktionsprozesse von Technologien und des Fokus der Sozialanthropologie auf Alltagshandeln, die die Technikforschung im Feld der STS bereichern kann.

LITERATUR

Bausinger, Hermann (1961): Volkskultur in der technischen Welt, Frankfurt/M.: Campus Verlag.

Bausinger, Hermann (1981): »Technik im Alltag. Etappen der Aneignung«. Zeitschrift für Volkskunde 77(2), S. 227–242.

Beck, Stefan (1997): Umgang mit Technik. Kulturelle Praxen und kulturwissenschaftliche Forschungskonzepte, Berlin: Akademie Verlag.

Bentzien, Ulrich (1961): Das Eindringen der Technik in die Lebenswelt der mecklenburgischen Landbevölkerung. Eine Volkskundliche Untersuchung, Berlin: Mschr.

Bijker, Wiebe E. (1997): Of Bicycles, Bakelites, and Bulbs. Toward a Theory of Socio-technical Change, Cambridge, MA: MIT Press.

Buchli, Victor (2002): The Material Culture Reader, Oxford: Berg.

Collins, Harry M. (1981): »Stages in the Empirical Programme of Relativism«. Social Studies of Science 11(1), S. 3–10.

142

Degele, Nina (2002): Einführung in die Techniksoziologie, München: Wilhelm Fink Verlag.

Meadows, Donella H. et al. (1972): The Limits to Growth, New York: Universe Books.

Hahn, Hans-Peter (2005): Materielle Kultur. Eine Einführung, Berlin: Reimer.

Hengartner, Thomas/Rolshoven, Johanna (1998): »Technik - Kultur - Alltag«. In: Thomas Hengartner/Johanna Rolshoven (Hg.), Technik - Kultur. Formen der Veralltäglichung von Technik - Technisches als Alltag, Zürich: Chronos Verlag, S. 17–49.

Herlyn, Gerrit (2010): Computer im Alltag – Computer als Alltag: Erzählstrategien und biographische Deutungen im Veralltäglichungsprozess von Technik, Web-Publikation: http://www2.sub.uni-hamburg.de/opus/volltexte/2010/4574/pdf/herlyn DISS.pdf, abgerufen am 15. Juli 2011

Heidrich, Hermann (2001): »Von der Ästhetik zur Kontextualität: Sachkulturforschung«. In: Silke Göttsch/ Albrecht Lehmann (Hg.), Methoden der Volkskunde, Berlin: Reimer, S. 33–49.

Hörning, Karl H. (1986): »Technik und Symbol«. Soziale Welt 36, S. 186–207.

Hörning, Karl H. (1988): »Technik im Alltag und die Widersprüchlichkeit des Alltäglichen«. In: Bernward Joerges (Hg.), Technik im Alltag, Frankfurt a.M.: Suhrkamp, S. 51–94.

Huges, Thomas B./Bijker, Wiebe E./Pinch, Trevor (1989): The Social Construction of Technological Systems: New Directions in the Sociology and History of Technology, Cambridge, MA: MIT Press.

Jeggle, Utz (1978): »Alltag«. In: Hermann Bausinger et al. (Hg.), Grundzüge der Volkskunde, Darmstadt: Wissenschaftliche Buchgesellschaft, S. 81–126.

Joerges, Bernward (1988): Technik im Alltag, Frankfurt a.M.: Suhrkamp.

Joerges, Bernward (1979): »Überlegungen zu einer Soziologie der Sachverhältnisse. Die Macht der Sachen über uns oder Die Prinzessin auf der Erbse «. Leviathan 7(1), S. 125–137.

Kaschuba, Wolfgang (2006): Einführung in die Europäische Ethnologie, München: Beck.

Kirshenblatt-Gimblett, Barbara (1991): »Objects of Ethnography«. In: Ivan Karp/Steven D. Lavine (Hg.), Exhibiting Culture. The Poetics and Politics of Museum Display, Washington, London, S. 386–443.

Kuhn, Thomas S. (1967): Die Struktur wissenschaftlicher Revolutionen, Frankfurt a.m.: Suhrkamp.

Laukötter, Anja (2009) »Völkerkundemuseen als Orte der Wissensproduktion im ersten Drittel des 20. Jahrhunderts«. In: Ina Dietzsch/Wolfgang Kaschuba/Leonore Scholze-Irrlitz (Hg.), Horizonte ethnographischen Wissens. Eine Bestandsaufnahme, Köln: Böhlau Verlag, S. 40–53.

Marx, Karl/Friedrich Engels (1972): Werke, Band 4, Berlin(DDR): Dietz Verlag.

Pinch, Trevor J./Bijker, Wiebe E. (1984): »The Social Construction of Facts and Artefacts: Or How the Sociology of Science and the Sociology of Technology Might Benefit Each Other«. Social Studies of Science 14, S. 399–441.

Rammert, Werner (1983): Soziale Dynamik der technischen Entwicklung. Theoretisch-analytische Überlegungen zu einer Soziologie der Technik am Beispiel der »science-based industry«, Opladen: Westdeutscher Verlag.

Rammert, Werner (2000): Technik aus soziologischer Perspektive, Band 2, Opladen: WDV.

Rammert, Werner (2007): Technik – Handeln – Wissen: Zu einer pragmatischen Technik- und Sozialtheorie, Wiesbaden: Verlag für Sozialwissenschaften.

Russell, Stewart (1986): »The Social Construction of Artefacts: Response to Pinch and Bijker«. Social Studies of Science 16, S. 331–346.

Schneider, Franka (2009) »Städtische Arenen volkskundlicher Wissensarbeit. Die internationale Volkskunstausstellung 1909 im Berliner Warenhaus Wertheim«. In: Ina Dietzsch/Wolfgang Kaschuba/Leonore Scholze-Irrlitz (Hg.), Horizonte ethnographischen Wissens. Eine Bestandsaufnahme, Köln: Böhlau Verlag, S. 54–86

Shapin, Steven/Schaffer, Simon (1985): Leviathan and the Air-pump: Hobbes, Boyle, and the Experimental Life, Princeton: Princeton University Press.

Sismondo, Sergio (2004): An Introduction to Science and Technology Studies, Malden, MA: Blackwell Publishers.

Silberzahn-Jandt, Gudrun (1991): Wasch-Maschine: Zum Wandel von Frauenarbeit im Haushalt, Marburg: Jonas Verlag.

Laborstudien

KATRIN AMELANG

Die in den späten 1970ern aufkommenden Laborstudien stellen einen weiteren Ansatz dar, der naturwissenschaftliches Wissen und/oder Technik einer sozialwissenschaftlichen Analyse zugänglich macht. Wie die Sociology of Scientific Knowledge (SSK) und der Ansatz der Social Construction of Technology (SCOT), argumentierten die Laborstudien aus einer sozialkonstruktivistischen Perspektive, bezogen in ihren Analysen der Konstruktionsprozesse jedoch die konkreten Praktiken und Materialitäten naturwissenschaftlicher Erkenntnisproduktion mit ein. Neu war, dass sie Naturwissenschaft in der Praxis beobachteten und die lokalen Modalitäten und Praxisformen naturwissenschaftlicher Natur- und Wissensproduktion im Labor detailliert beschrieben und analysierten. Durch ihre Nutzung ethnografischer Beobachtungsmethoden erschlossen sie diese für das Feld der Science and Technology Studies und, umgekehrt, Naturwissenschaft und Labore für die sozial- und kulturanthropologische Forschung. Insgesamt legten die Laborstudien einen wesentlichen Grundstein für die heutige Betrachtung von Naturwissenschaft als Kultur(en) und Praxis.

Weiterführende Literatur

Heath, Deborah (1997): »Bodies, Antibodies, and Modest Interventions«. In: Gary Lee Downey/Joseph Dumit (Hg.), Cyborgs & Citadels. Anthropological Intervention in Emerging Sciences and Technologies, Santa Fe: School of American Research Press, S. 67–82.
Die Forschung der US-amerikanische Kulturanthropologin führt in typischer Laborstudien-Manier an die Arbeitstische zweier genetischer Labore, aber auch darüber hinaus – wenn sie den Stellenwert körperlichen Könnens/Wissens in der Laborarbeit in Bezug auf Arbeitshierarchien und Körper-Geist-Dichotomie diskutiert oder wenn sie den translokalen Verbindungen von Laboren mit anderen Domänen (z. B. Klinik oder Patientinnen-Organisationen) nachgeht.

Clarke, Adele E./Fujimura, Joan H. (Hg.) (1992): The Right Tools for the Job. At Work in Twentieth-Century Life Sciences, Princeton: Princeton University Press.
Die von den US-amerikanischen Soziologinnen in diesem Buch versammelten Fallstudien veranschaulichen die historische und lokale Situiertheit naturwissenschaftlicher Problem- und ›Werkzeug‹-Konstruktion für eine Vielzahl lebenswissenschaftlicher Forschungsbereiche und betonen die dabei involvierten materiellen Arbeitsarrangements.

Hirschauer, Stefan (1996) [engl. 1991]. »Die Fabrikation des Körpers in der Chirurgie«. In: Cornelius Borck (Hg.), Anatomien medizinischen Wissens. Medizin, Macht, Moleküle, Frankfurt/Main: Fischer, S. 87–121.
Der deutsche Soziologe nutzt für seine dichte Beschreibung chirurgischer Praxis in einem Operationssaal die konstruktivistische Perspektive der Laborstudien auf experimentelle naturwissenschaftliche Wissensproduktion und deren Situiertheit, bezieht diese jedoch auf chirurgische Körperpraktiken und anatomische Visualisierungstechniken.

EINLEITUNG

Unabhängig, und teilweise in gegenseitiger Unkenntnis, begaben sich in den späten 1970ern einige Sozialwissenschaftlerinnen und Sozialwissenschaftler in verschiedene naturwissenschaftliche Labore in Kalifornien, um dort zu untersuchen, wie naturwissenschaftliche Forschung im Alltag tatsächlich betrieben wird. Die dabei entstandenen Studien naturwissenschaftlicher Forschungspraxis wurden später innerhalb des Feldes der *Science and and Technology Studies* unter dem Begriff der *Laborstudien* zusammengefasst. Einer dieser Pioniere war der US-amerikanische Soziologe und Ethnomethodologe Michael Lynch, der von 1975 bis 1976 in einem Universitätslabor für Neurobiologie forschte und dort die Arbeiten zur elektronenmikroskopischen Dokumentation eines neuronalen Regenerationsphänomens sowie die Arbeiten begleitende Gespräche genauer analysierte. Seine 1979 als Doktorarbeit eingereichte Studie erschien 1985 unter dem Titel »Art and artifact in laboratory science. A study of shop work and shop talk in a research laboratory«. Parallel, von 1975 bis 1977, forschte der französische Philosoph und Soziologe Bruno Latour zur Wissensproduktion in einem biochemischen, neuroendokrinologischen Labor eines großen Forschungsinstituts, in dem es um Peptidhormone und ihre Produktion im Gehirn ging. Die Ergebnisse seiner Beobachtungen – die 1979 erschienene Studie »Laboratory Life. The [Social] Construction of Scientific Facts«[1] – schrieb er zusammen mit dem britischen Soziologen Steve Woolgar.

Ebenfalls daran interessiert, wie im Labor naturwissenschaftliche Erkenntnis produziert wird, forschte die österreichische Soziologin und Wissenschaftstheoretikerin Karin Knorr Cetina von 1976 bis 1977 in verschiedenen zusammengehörigen Laboren eines Forschungszentrums, in denen pflanzliche Proteine untersucht wurden. Ihre Studie »The Manufacture of Knowledge. An Essay on the Constructivist and Contextual Nature of Science« erschien 1981 und drei Jahre später auch in deutscher Sprache. 1976 begann die US-amerikanische Historikerin und Kulturanthropologin Sharon Traweek ihre über fünf Jahre andauernde Forschung in verschie-

---

1 In der zweiten Auflage des Buches (1986) wurde das Wort »sozial« aus dem Untertitel »The ~~Social~~ Construction of Scientific Facts« entfernt, wozu sich die Autoren im neu hinzugefügten Nachwort äußern.

denen japanischen und US-amerikanischen Laboren der Hochenergie- bzw. Teilchenphysik. Im Rahmen ihrer Doktorarbeit interessierte sie sich für die Welt experimenteller Hochenergiephysiker und Hochenegiephysikerinnen[2] und Laborkultur als solche. Ihre Ethnografie »Beamtimes and Lifetimes. The World of High Energy Physicists« erschien schließlich 1988.

Im Zusammenhang gelesen, stellten diese vier Pionierarbeiten sozialwissenschaftlicher Laborforschung einen neuen Ansatz im Feld der *Science and Technology Studies* dar. Was sie trotz der Unterschiedlichkeit ihrer disziplinären Hintergründe, der unterschiedlichen Fragen und Schwerpunkte ihrer Erkenntnisinteressen sowie der verschiedenen Wissenschaftskulturen in den jeweils untersuchten Laboren und Teilbereichen naturwissenschaftlicher Forschung verband, war

(1) ihr Interesse am Labor als zentralen Ort naturwissenschaftlicher Erkenntnisproduktion,
(2) ihre davon ausgehende ethnografische Beobachtung naturwissenschaftlicher Praxis *in situ* – das heißt an Ort und Stelle, an ihrem ›natürlichen‹ Schauplatz –, sowie
(3) ihre daraus resultierenden, sehr genauen Beschreibungen der lokalen Herstellungs- und Erzeugungsprozesse naturwissenschaftlichen Wissens.

EINORDNUNGEN UND ABGRENZUNGEN

Im Sinne Ludwik Flecks, der bereits in den 1930ern die Praxis wissenschaftlichen Erkennens als soziale Tätigkeit kennzeichnete (Fleck 1980; WISSENSCHAFTSTHEORIE), betonten die Laborstudien den Prozesscharakter von Naturwissenschaft und stellten die Produktionsprozesse naturwissenschaftlicher Erkenntnis in den Mittelpunkt ihrer Forschungen. Sie interessierten sich nicht in erster Linie für die fertigen Wissensprodukte, wie zum Beispiel einen einzelnen Fakt, eine Theorie, ein technisches Gerät oder gar

---

2 Im Anschluss an Traweeks Argument, dass Hochenergiephysik in der untersuchten Community unabhängig vom Geschlecht der Ausübenden als geschlechtsneutral oder maskulin wahrgenommen wird (Traweek 1992: 103f., 115ff.), setze ich zur Verdeutlichung die grammatikalisch weibliche Form in Klammern, wenn ich mich auf ihre Studie beziehe. Für einen Überblick zur Geschlechterforschung in der Physik vgl. Götschel 2006.

ein Paradigma, sondern dafür, *wie* diese Wissensprodukte entstehen, also für jene Aktivitäten, die wissenschaftliche Erkenntnis erst hervorbringen. Mit ihrer mikroanalytischen Hinwendung zu dem, was Naturwissenschaftler oder Naturwissenschaftlerinnen im Labor konkret tun – durch die Beobachtung der täglichen Arbeitsroutinen an Experimentier- und Schreibtischen, Messgeräten und Versuchsobjekten sowie der mündlichen und schriftlichen Verhandlung potentieller Forschungsergebnisse – ermöglichten die Laborstudien erstmals einen detaillierten Zugriff sozialwissenschaftlicher Analyse auf die in der Gegenwart stattfindende naturwissenschaftliche Erkenntnisproduktion (im Labor).

Wie die ebenfalls in den 1970ern aufkommende *Sociology of Scientific Knowledge*, verstanden die Laborstudien Naturwissenschaft als soziale Aktivität, betonten die prinzipielle situative wie historische Bedingtheit (Kontingenz) naturwissenschaftlichen Wissens und interessierten sich für die Entstehungskontexte und Inhalte naturwissenschaftlicher Wissensproduktion. Sie gehören damit zur »zweiten Welle der Wissenschaftsforschung« (Collins/Evans 2002: 239), welche sich explizit vom positivistischen Wissenschaftsverständnis der von Robert K. Merton geprägten Wissenschaftssoziologie verabschiedete (WISSENSCHAFTSTHEORIE und WISSENSCHAFTSSOZIOLOGIE). Im Unterschied zur *Sociology of Scientific Knowledge* gingen die Protagonistinnen und Protagonisten der Laborstudien mit ethnografischer Beobachtung *vor Ort* den Herstellungsprozessen naturwissenschaftlichen Wissens nach. Dabei galt ihr Interesse, im Gegensatz zum *Strong Programme* (SOCIOLOGY OF SCIENTIFIC KNOWLEDGE), weniger den sozialen Interessen, beispielsweise in der Aushandlung naturwissenschaftlicher Kontroversen, sondern den unstrittigen Routinen in der Wissensproduktion. Mit dem parallelen, ebenfalls von der *Sociology of Scientific Knowledge* inspirierten Ansatz der *Social Construction of Technology* (SOZIALE KONSTRUKTION VON TECHNOLOGIE), teilten insbesondere die Laborstudien von Latour/Woolgar und Knorr Cetina die (in den 1970ern weit verbreitete) konstruktivistische Perspektive sowie die Kritik an der Unterscheidung zwischen technischen und sozialen Faktoren, konkreter, am Entweder-Oder-Fokus vieler Analysen, die entweder die technischen Innovationen oder die sozial geformten Interessen für die Entwicklung der Wissenschaften verantwortlich machten. Während die *Sociology of Scientific Knowledge* in ihren Analysen der Entstehungskontexte naturwissenschaftlichen Wissens technische Geräte kaum beachtete und Analysen des *Social Con-*

struction of Technology Ansatzes sich eher mit der historischen Entstehung und Entwicklung von Techniken befassten, schenkten die Laborstudien dem Stellenwert von Apparaten in der naturwissenschaftlichen Wissensproduktion mehr Aufmerksamkeit und untersuchten ethnographisch detailliert deren Wirkungsweisen.

Was Laborstudien und ihre Analyse naturwissenschaftlicher Erkenntnisprozesse ausmachen, versteht man am besten über die Lektüre der vier Pionierarbeiten, lässt sich doch mit ihnen hervorragend in die aufregenden wie banalen Alltagsaktivitäten naturwissenschaftlichen Arbeitens eintauchen. Bevor wesentliche Befunde und Ergebnisse des Laborstudienansatzes unter Rückgriff auf die vier Klassiker dargestellt werden, sei an die unterschiedlichen Orientierungen der Laborstudien-Pioniere und -pionierinnen erinnert: Michael Lynch, Karin Knorr Cetina, Bruno Latour und Steve Woolgar sowie Sharon Traweek nahmen wissenschaftstheoretische Fragen zum expliziten Ausgangspunkt ihrer Laborethnografien. So nutzten Latour/Woolgar und Knorr Cetina zwar die Idee ethnologischer Fremdheit und ethnografische Beobachtungsverfahren, um sich die Welt des Labors wie eine fremde Kultur zu erschließen und dem dort einheimischen, in diesem Fall modernen und mächtigen ›Stamm‹ in seinem Tun über die Schulter zu schauen. In erster Linie ging es ihnen jedoch um den Prozess der Herstellung und Fabrikation naturwissenschaftlicher Fakten im Labor, also um die Klärung ihres wissenschaftssoziologischen Interesses an der naturwissenschaftlichen Erkenntnisproduktion. Michael Lynchs Interesse an naturwissenschaftlicher Laborpraxis und der sozialen Produktion naturwissenschaftlicher Arbeit war ebenfalls wissenschaftssoziologisch informiert. Aufgrund seiner ethnomethodologischen Perspektive, bei der die soziale Situation stärker im Zentrum der Analyse steht und Arbeitsgespräche im Labor immer wieder im Sinne der Konversationsanalyse zeilenweise untersucht werden, war seine Studie jedoch kleinteiliger hinsichtlich des Zuschnitts und der Ansprüche. Sharon Traweek schließlich fand naturwissenschaftliche Labore als kulturelle Räume aufschlussreich und näherte sich diesen mit altbewährtem kulturtheoretischem Vokabular. Im Sinne klassischer ethnologischer *Community*-Studien untersuchte sie die Gemeinschaft der Hochenergiephysiker(innen), wie diese sozial organisiert ist und sich reproduziert, welche Kosmologien (zentrale Ideen und Theorien über die Welt) ihre Mitglieder teilen und welche materielle Kultur sie erschaffen (z. B. welche Maschinen sie bauen, um ihre Arbeit zu erledigen).

Der US-amerikanische Vertreter der *Anthropology of Science and Technology* David Hess, ein wichtiger Protagonist der Verbindung von Kulturanthropologie und *Science and Technology Studies*, ging sogar soweit, Traweek und ihre Studie als Ausgangspunkt für eine »zweite Welle von Laborstudien« zu bezeichnen: Diese sei im Vergleich zur ersten, durch die wissenschaftssoziologischen Arbeiten von Lynch, Knorr Cetina und Latour/Woolgar geprägte Welle, stärker anthropologisch, kulturtheoretisch und feministisch orientiert und ginge über den engen Laborfokus hinaus, indem Fragen der Wissenschaftsforschung mit Diskussionen der korrespondierenden Macht- und Herrschaftsverhältnisse verbunden würden (Hess 1997: 134–137).

EINBLICKE IN LABORSTUDIEN UND IHRE BEFUNDE

Der Verdienst der Laborstudien besteht vor allem darin, dass sie zeigten, *wie* Naturwissenschaft im Labor praktiziert wird. Michael Lynch beispielsweise ließ uns dabei zuschauen, wie ein Neurobiologe zur Beschaffung von Forschungsmaterial aus Rattenhirnen nacheinander fünf Laborratten mit einer Perfusionsprozedur bearbeitete. Anschließend ließ er uns vergleichen, wie sich diese fünf ebenso ähnlichen wie verschiedenen Versionen (»this time«) der Ausführung eines etablierten Verfahrens (»any time«) unterschieden und später, hinsichtlich ihrer mehr oder weniger einkalkulierten Variabilitäten, schriftlich dargestellt wurden (Lynch 1985: 69–76). Von Traweek erfuhren wir, dass die von ihr beobachteten experimentellen Hochenergiephysiker(innen) einen Großteil der Zeit damit beschäftigt waren ihre Detektoren bzw. Messgeräte zum Nachweis bestimmter Teilchen selbst zu bauen und umzubauen. Sie verdeutlichte, dass Laborarbeit durchaus schmutzig machende Arbeit sein kann, die oft Jahre dauert, mitunter mit Zweifeln, der Überwindung von Konstruktionsproblemen und Kosten-Nutzen-Analysen einhergeht, an deren Ende das Zudrehen des Geldhahns und der Abbau eines solchen Detektors oder aber der Nobelpreis für die Entdeckung neuer Teilchen stehen kann (Traweek 1992: 46–73). Mit der Figur des von Latour und Woolgar eingesetzten semi-fiktiven Beobachters konnten wir Naturwissenschaftlerinnen und Naturwissenschaftlern beim zwanghaften Lesen und Schreiben verschiedenster Dokumente auf die Finger sehen, ohne dabei zu vergessen, was und wer für wie lange in diese Dokumenten-Herstellung involviert war (Latour/Woolgar 1986: 45–53, 69–70). Ebenso konnten wir mit Knorr Cetina einen kollektiven Entscheidungsfindungsprozess darüber verfolgen, ob Mäuse oder Ratten als Versuchstiere verwendet werden sollten. In diesem Prozess mischten sich Argumente von wissenschaftlicher Neugier, Geld- und Tierhaltungsfragen bis zu Fragen experimenteller Kontrolle von Umweltbedingungen; mischten sich also vermeintlich technische, nicht-epistemische Argumente mit epistemischen (Knorr Cetina 2002: 167–174). Zusammengefasst haben es die Laborstudien durch ihre oftmals kleinteiligen Schilderungen naturwissenschaftlicher Laborarbeit ermöglicht, hinter die Labortüren verschiedener naturwissenschaftlicher Disziplinen zu blicken.

Was diese Autoren und Autorinnen über *Naturwissenschaft in der Praxis* berichteten, unterschied sich von jener Naturwissenschaft, die bis dahin aus schriftlichen, historischen oder zeitgenössischen Quellen wie Textbüchern, Fachartikeln oder Interviews mit Naturwissenschaftlerinnen oder Naturwissenschaftlern bekannt war. Kurz, die frühen Laborstudien öffneten die *Black Box*, die naturwissenschaftliche Praktiken und Erkenntnisprozesse bis dahin darstellten. Der Begriff *Black Box* (Latour/Woolgar 1986: 242; Latour 1987: 2ff.; Callon/Latour 2006: 83f.), in der Systemtheorie und Kybernetik als Modell der Komplexitätsreduktion verwendet, bezieht sich auf die unbeachteten, inneren Mechanismen eines komplexen Objekts. Auf die Laborstudien bezogen betont dies, dass Details wie die sozio-materiellen Herstellungsbedingungen naturwissenschaftlicher Wissensprodukte unbekannt (für Außenstehende) und unzugänglich sind (für die frühere Wissenschaftsforschung) oder ihnen nur geringe Bedeutung beigemessen wird (von Naturwissenschaftlern und Naturwissenschaftlerinnen selbst). Indem die Laborstudien die Herstellungsbedingungen und alltäglichen Laborroutinen dokumentierten, kennzeichneten sie die naturwissenschaftliche Erkenntnisproduktion im Labor als Praxis des *black-boxing*. Dabei ging es ihnen nicht darum, zu klären, ob naturwissenschaftliche Tatsachen wahr oder falsch sind, sondern darum, wie diese produziert werden. Das Öffnen der *Black Box* durch die Laborstudien bezieht sich daher insbesondere auf ihre Frage danach, wie naturwissenschaftliche Forschung im Labor zu ihren Daten oder Ergebnissen kommt.

Black-Boxing I: Fabrikationen –
Entscheidungen und Produktionskontexte

Die Laborstudien-Pionierarbeiten argumentierten, dass die Resultate naturwissenschaftlicher Laborarbeit zwar oft als Entdeckungen und Befunde präsentiert werden, damit aber wissenschaftliche Produkte aus ihrer Kontextabhängigkeit herausgelöst werden und die Entscheidungsgeladenheit und Situiertheit ihrer Erzeugung nicht mehr sichtbar ist. Was ist damit gemeint? Entgegen der Auffassung, dass Natur im Labor einfach beschrieben wird, verstehen die Laborstudien die naturwissenschaftliche Daten- und Ergebnisproduktion im Labor als *Fabrikationsprozess* (Knorr Cetina 2002) oder *Konstruktionsprozess* (Latour/Woolgar 1986). Da die dabei entstehenden Daten und Fakten vom Prozess, in dem sie produziert werden, nicht zu trennen sind (Lynch 1985: 4), müssen Inhalt und Kontext naturwissenschaftlicher Wissensproduktion zusammengedacht werden. Im Forschungsprozess stehen die Forschenden fortwährend vor Wahlmöglichkeiten, die ausprobiert und evaluiert, verglichen und verworfen, einbezogen und ausgeschlossen werden. Kurz, Laborarbeit geht mit *Selektionen* einher (Knorr Cetina 2002: 26–28). Viele solcher Entscheidungen sind für die im Labor arbeitenden Naturwissenschaftlerinnen und Naturwissenschaftler Teil ihrer täglichen Arbeitsroutine, eben das, was man normalerweise tut.

Vertreter und Vertreterinnen der Sozial- und Kulturanthropologie würden in diesem Zusammenhang davon sprechen, dass Naturwissenschaftlerinnen und Naturwissenschaftler ihrem *common sense* folgen, also denjenigen Regeln, Praxen, Überzeugungen, die innerhalb ihrer Gruppe unhinterfragt als offensichtlich gelten und im Sinne eines Trainings- bzw. Sozialisationsprozesses erworben wurden. Im Hinblick auf die in der Laborarbeit benötigten (Finger-)Fertigkeiten geht es darüber hinaus jedoch um ein praktisches Können und körperliches Wissen, das in der täglichen Durchführung von Experimenten eingeübt und verfeinert wird. Um dieses schwer kommunizierbare ›Gewusst wie‹ zu beschreiben, hat die *Sociology of Scientific Knowledge* den auf den ungarisch-britischen Chemiker und Philosophen Michael Polanyi (1985) zurückgehenden Begriff des *impliziten Wissens* [tacit knowing/knowledge] aufgegriffen (vgl. Collins 1974; Dreyfus/

Dreyfus 1986).[3] Mit diesem Begriff wird ein Verständnis von *Naturwissenschaft als Handwerk* [science as craft] deutlich. Weil sich solche selbstverständlichen Praktiken und Geschicklichkeit nur schwer erfragen lassen, entschieden sich die Laborstudienpioniere und -pionierinnen für das in der Sozial- und Kulturanthropologie etablierte Verfahren der teilnehmenden Beobachtung.

Wichtiger als der Stellenwert impliziter, praktischer Fertigkeiten in der Laborarbeit ist im Kontext der Laborstudien jedoch die Einsicht, dass die ständig getroffenen, komplexen Auswahlprozesse und die spezifischen Entscheidungen, auf denen naturwissenschaftliche Laborpraktiken und ihre Ergebnisse beruhen, im Feld sozialer Beziehungen lokal situiert und kontextgebunden sind. Knorr Cetina spricht von den *lokalen und situationsspezifischen Umständen der Forschung*, wobei sie damit ganz wörtlich das meint, »was herumsteht« (Knorr Cetina 2002: 68). Warum beispielsweise ein bestimmtes Instrument oder eine bestimmte Chemikalie verwendet wird, kann (nicht allein, aber unter anderem) daran liegen, was im jeweiligen Labor zur Verfügung steht, in großen Mengen vorhanden oder kaputt ist, in einer spezifischen Forschungsgruppe gerade populär und Konsens ist, oder daran, wie gut sich jemand jeweils damit auskennt. Knorr Cetina betonte die lokalen Variationen von Forschungsentscheidungen, die durch *lokale Idiosynkrasien* oder die jeweiligen lokalen Besonderheiten gekennzeichnet seien – zum Beispiel nationale Arbeitsgesetze, die Versuche zeitlich begrenzen, das im Sinne einer kollektiven Ressource in einem spezifischen Labor versammelte *know-how* oder lokale Interpretationen und Einigungen darüber, was warum relevant ist (ebd.: 72–76).

Die in diesen Konstellationen agierenden Naturwissenschaftlerinnen und Naturwissenschaftler bezeichnet Knorr Cetina als *tinkerer* [Bastelnde], die die jeweiligen lokalen materiellen Gelegenheiten bewusst für ihre Projekte nutzen, gegebenenfalls ihre Projekte auch daran anpassen – immer mit

---

3 Der Begriff *tacit knowledge* wurde bisweilen als schlecht definiertes Sammelbecken kritisiert (z. B. Turner 1994), was jedoch nichts an seinem Erfolg änderte. Über die Nutzung des Konzepts im Feld der STS gibt Harry M. Collins (2001), ein Vertreter der Bath School, einen Überblick. Für eine weitere begriffliche Spezifizierung siehe auch Collins 2010. Andere Arbeiten betonten den Stellenwert »körperlichen Wissens« [embodied knowledge] und des Körpers der Forschenden (von Molekularbiologinnen wie Ethnografen) als Forschungsinstrument (z. B. Scheper-Hughes 1994; Okely 2007; Knorr Cetina 1999: 94–100; Traweek 1995).

dem Ziel, eindeutige und interessante Ergebnisse zu produzieren. Mit dieser opportunistischen oder zweckmäßigen Anpassung an eine bestimmte Situation charakterisiert sie jedoch weniger die Forschenden als den Forschungsprozess, der weit weniger rational und im Voraus geplant ist als bisher angenommen und der stattdessen immer wieder von verschiedenen Gelegenheiten abhängig und durch Improvisieren geprägt ist (Knorr Cetina 2002: 56). Lynch argumentiert ähnlich, wenn er naturwissenschaftliche Laborpraktiken in Bezug auf ihre beobachtbaren Variabilitäten im Forschungsprozess bei der Wiederholung von Experimenten nicht als methodisch festgeschriebenes Schritt-für-Schritt-Programm beschreibt – als ein Rezept, was alle jederzeit, überall nachkochen können – sondern als spezifische, nur aus der jeweiligen Situation heraus nachvollziehbare Vorgehensweise mit dem jeweiligen Material (Lynch 1985: 5). Um diese Situiertheit und Kontextgebundenheit naturwissenschaftlicher Erkenntnisprozesse und Wissensprodukte zu betonen, verwendet Knorr Cetina den Begriff der *Indexikalität* – ein Begriff aus der Ethnomethodologie zur räumlichen und zeitlichen Situierung und Kontextualisierung von Äußerungen. Sie stellt damit wissenschaftliche Produkte als Resultate stets situierter und kontingenter Entscheidungen dar, das heißt als Resultate, die »durch bestimmte Akteure an einem bestimmten Ort und zu einer bestimmten Zeit fabriziert und verhandelt« worden sind (Knorr Cetina 2002: 64).

Black-Boxing II: Transformationen – Forschungsequipment und Einschreibungsgeräte

In allen Laborstudien finden sich Verweise auf die manipulierenden Handgriffe von Naturwissenschaftlern und Naturwissenschaftlerinnen an verschiedensten (Roh-)Materialien, durch die sie auf Natur zugreifen und diese für ihre Zwecke weiter be- und verarbeiten, um an Daten zu kommen. Latour und Woolgar haben bei der Analyse dieses Prozesses besonderes Augenmerk auf die verwendeten Instrumente und Laborgeräte gelegt. Für ihre Analyse der Konstruktion naturwissenschaftlicher Fakten im Labor verfolgten sie Laboraktivitäten, die auf die Erstellung von Dokumenten zielen – seien es Artikel, Protokolle und Zwischenberichte, Datenblätter mit Dokumentationen von Messreihen oder Auslesungen von Messgeräten (Latour/Woolgar 1986: 48–50). Bevor jedoch ein schriftliches Endprodukt wie ein veröffentlichter Artikel oder ein darin abgebildetes Diagramm fertig ist, finden unzählige Arbeitsschritte und vor allem *Transformationen* statt (Latour/Woolgar 1986: 50). Wie wird – so fragen Latour und Woolgar –aus einer Ratte, konkreter, aus der materiellen Substanz, die ihr als Probe entnommen wurde, das Bild einer Kurve, das sich schließlich in einem veröffentlichten Artikel findet? Solche Transformationen involvieren verschiedene chemische Substanzen, assistierende Technikerinnen oder Techniker, Diskussionen und vor allem eine spezifische Kombination von Instrumenten. Die Laborgeräte und spezifischen Anordnungen von Apparaten, die Materie in Text (Zahlen, Diagramme, Kurven) umwandeln und damit Naturwissenschaftler und Naturwissenschaftlerinnen befähigen, von materiellen Substanzen oder Prozessen zu geschriebenen Aussagen zu gelangen, bezeichnen Latour und Woolgar als *inscription devices* [Einschreibungsgeräte] (ebd.: 51).

Nach dem erfolgreichen Einsatz solcher Geräte(-Anordnungen), wenn schließlich eine Inskription (z. B. ein Diagramm) verfügbar ist, würden all die materiellen Kontexte, Prozesse und Zwischenschritte, die die Produktion dieses Endprodukts überhaupt erst ermöglicht haben, zur Black Box – zu selbstverständlichen oder technischen Angelegenheiten, die keiner Aufmerksamkeit mehr wert seien (ebd.: 63). Durch diese Verbannung der materiellen Herstellungsprozesse ins Technische wird die Inskription zum direkten Indikator der untersuchten Substanz oder sogar zum Beweis für oder gegen eine bestimmte Theorie (ebd. 63). Mit ihrem Mikroblick auf das Labor als »System literarischer Inskription« (ebd.: 52) und dessen materielle Konstellation zeigten Latour und Woolgar nicht nur, was ausgeblendet wird, sondern dass eine Substanz erst durch all diese Be- und Verarbeitungsschritte sowie die materielle Ausstattung des Labors konstituiert wird (ebd.: 64). Zu vergessen, was oder wer in die Herstellung eines Ergebnisses involviert ist, geschieht nicht mutwillig, sondern hat einen praktischen Sinn: Die Abfolge der verschiedenen Schritte und involvierten Materialien, die etwa einer Kurve zu ihrer Existenz verhelfen, ist viel zu lang, um von einer Person vollständig überblickt zu werden (ebd.: 69), nicht jeder einzelne Schritt oder jedes verwendete Gerät kann andauernd skeptisch problematisiert werden. Durch diese Lesart konzipierten Latour/Woolgar mehrere etablierte Laborroutinen samt den darin enthaltenen Geräten und impliziten Handgriffen als materialisierte Fakten oder »reified theory« [verdinglichte Theorie] (ebd.: 66), das heißt als akzeptierte Endprodukte früherer, inzwischen abgeschlossener Debatten in diesem oder einem anderen Labor, mitunter sogar in einem anderen naturwissenschaftlichen Bereich.

Demgegenüber argumentierte Traweek, dass die Messgeräte der Hochenergiephysik zum Nachweis und Sichtbarmachen bestimmter Teilchen keine unhinterfragten *Black Boxes* allgemein akzeptierten Wissens sind: Stattdessen sei das Erfinden, genauer gesagt, das Konzipieren, Entwickeln, Konstruieren und die Wartung von Maschinen ein wesentlicher Teil des Prozesses, Natur zu entdecken (Traweek 1992: 49). Sie bezeichnet die Detektoren (Messgeräte) deshalb als zentrale Informanten ihrer Studie (ebd.: 17) und zeigt, wie deren unterschiedliche Bauweisen verschiedene Forschungsstrategien verkörpern – etwa hinsichtlich dessen, wie Gelder ausgegeben, Forschungsgruppen organisiert, der Natur Spuren entlockt, Ergebnisse produziert sowie damit letztlich Entdeckungen gemacht und schließlich wissenschaftliche Erfolge erzielt werden (ebd.: 72). Besonders deutlich wird dies in ihrem Vergleich von Detektoren in den USA und Japan: Da den japanischen Hochenergiephysiker(innen), im Gegensatz zu den US-amerikanischen, die Mittel (Geld, technische Produktionsmöglichkeiten und technisches Personal vor Ort) fehlten, um ihre Detektoren selbst zu bauen und umzubauen, tendierten sie dazu, langlebige zuverlässige Allzweck-Detektoren zu entwickeln und arbeiteten beim Bau einzelner Komponenten mit Ingenieurinnen und Ingenieuren industrieller Herstellerfirmen zusammen, um die jeweils fortschrittlichste Technologie einzusetzen. In der Konsequenz, so Traweek, arbeiteten japanische Hochenergiephysiker(innen) oft ihre ganze Karriere an einem Detektor, um diesen dann an eine nächste, neue Fragen stellende Wissenschaftsgeneration weiterzureichen, derweil in den USA während einer wissenschaftlichen Laufbahn an verschiedenen, kurzlebigeren Detektoren gearbeitet werde und Karrieren mit dem Werdegang von Detektoren verknüpft seien (ebd.: 70–73).

Insgesamt zeigte Traweek, wie Praktizierende der Hochenergiephysik ›ihre Welt‹ konstruieren, wie sie, um Hochenergiephysik zu betreiben, große aufwändige Maschinen bauen und diese dann als Bestätigung der Validität physikalischer Theorien und Interpretationen von Welt geltend machen, während ihre Beteiligung an der Konstruktion wissenschaftlicher Fakten negiert wird. Gleichzeitig beschreibt Traweek, wie sie auf einem großen Detektor stehend, mit dessen Hilfe Spuren bestimmter Teilchen sichtbar gemacht werden, den Eindruck hatte, durch ein gigantisches Mikroskop zu schauen und tatsächlich »fundamental constitutes of nature at work« (Traweek 1992: 54) zu sehen. Jedoch erinnert sie sich selbst und die Lesenden sogleich daran, dass es sich bei dem, was sie gesehen hatte, um ein von einer Maschine unter künstlichen und kontrollierten Bedingungen produziertes Signal handelte. Damit hebt sie in typischer Laborstudien-Manier genau diese gern vergessenen materiellen Herstellungskontexte naturwissenschaftlicher Wissensproduktion hervor. Darüber hinaus spezifizierte sie durch ihren (Laborkultur-)vergleichenden Ansatz, stärker als die anderen Laborstudien, die lokale Varietät der Art und Weise, wie Naturwissenschaft (hier experimentelle Hochenergiephysik) praktiziert wird und somit wie Entdeckungen und Fakten gemacht werden.

Fakten und Artefakte – Verhandlungen, Modifizierungen, Einigungen

Trotz der aufgezeigten *black-boxing*-Strategien werden die absolvierten Arbeitsschritte, die beteiligten Inskriptionsprozesse und lokalen Produktionskontexte laut den Laborstudien-Pionierarbeiten sehr wohl zum diskussionswürdigen Gegenstand, wenn Daten und die auf ihnen basierenden Ergebnisse noch umstritten sind. Lynch konzentrierte sich in diesem Zusammenhang auf *Artefakte* in der Laborarbeit: bestimmte Fehler oder Zerrbilder, die innerhalb der praktischen Bedingungen der Laborforschung hinsichtlich der Beobachtbarkeit und Hervorbringung ›natürlicher‹ Phänomene als Ärgerlichkeiten [trouble] auftauchen bzw. produziert werden und mit denen Naturwissenschaftler und Naturwissenschaftlerinnen auf ihrer Suche nach und Herstellung von bestimmten Phänomenen im Labor regelmäßig umgehen müssen – und sei es nur als potentielle Möglichkeit (Lynch 1985: 81–140). Er unterschied zwischen »positiven« und »negativen« Artefakten, störenden Effekten einer Prozedur, etwa Verunreinigungen des Materials, Kratzspuren oder Abbildungsfehlern einerseits und unerwarteten Resultaten oder Abwesenheiten erwarteter Ergebnisse andererseits (ebd.: 90–117). Artefakte geben Lynch zufolge Aufschluss über »unbeabsichtigte« [unwitting], unsichtbare Laborarbeit (ebd.: 81f.) und damit über die sozialen Ursprünge naturwissenschaftlicher Wissensprodukte (ebd.: 274). Die Einordnung von Ergebnissen als Fakten oder Artefakte geht bereits während des Forschungsprozesses mit der Verständigung über ihre Aussagekraft einher. Die Laborstudien zeigten, dass naturwissenschaftliche Tatsachen nicht allein Produkt materieller Arrangements sind, sondern auch Ergebnis ständiger *Verhandlung*, also eines *Einigungsprozesses* zwischen den Wissenschaftlerinnen und Wissenschaftlern eines

Labors oder verschiedener Labore. Verhandlung umfasst hier im Sinne sozialer Interaktion kurzen, mündlichen Austausch am Labortisch ebenso wie formalisiertere Kommunikationszusammenhänge. Was verhandelt wird, ist letztlich die Faktizität eines Arguments. Die verschiedenen Laborstudien fokussierten hierbei auf unterschiedliche Kommunikations- bzw. Verhandlungsformen.

Latour/Woolgar entwickelten auf Grundlage im Labor produzierter Fachartikel ein Klassifikationsschema verschiedener *Aussagetypen*, wobei sie fünf Typen von ›Fakten‹ unterschieden: (1) Vermutungen und Spekulationen; (2) Aussagen, die qualifizierende Modalitäten enthalten (z. B. hinsichtlich ihrer Verallgemeinerbarkeit); (3) Behauptungen und Forschungsergebnisse anderer Wissenschaftler oder Wissenschaftlerinnen; (4) generell akzeptierte Aussagen, wie sie sich in Lehrbüchern finden; und (5) als gegeben angesehene Tatsachen, die als so offensichtlich gelten, dass keine Referenz im Sinne einer Autorin- oder Autorschaft mehr angegeben wird (Latour/Woolgar 1986: 76–82). Alle im Labor generierten Aussagen ließen sich in dieses Schema einordnen und würden hinsichtlich ihres Status und damit hinsichtlich ihrer Faktizität in die eine oder andere Richtung transformiert, indem Modalitäten ergänzt oder vermindert würden (ebd.: 86).

Latour/Woolgar haben naturwissenschaftliche Tatsachen demnach als empirische Aussagen untersucht, die einen spezifischen sozialen Status besitzen, und präsentieren Laboraktivitäten als kontinuierliche Anstrengung, bestimmte Aussagetypen zu generieren und zu akzeptieren. Ausführlicher schilderten sie dies am Beispiel der Molekülstruktur des Peptidhormons und Neurotransmitters Thyreoliberin (TRF(H)), indem sie nicht das Ergebnis, das 1977 als wichtige Entdeckung vom Nobel-Komitee honoriert wurde, sondern dessen Konstruktions- und Stabilisierungsprozess in den Blick nahmen: Sie beschreiben, wie der simple Fakt »TRF(H) ist aus drei Aminosäuren aufgebaut« als solcher mühevoll in acht Jahren hergestellt wurde, wie beim Vorgehen verschiedene Strategien zur Wahl standen, wie die Molekülstruktur in und außerhalb des Labors durch verschiedene Stufen der Faktizität ging und letztlich die materiellen und menschlichen Ressourcen des Labors bestimmten, welche Entscheidungsmöglichkeiten gewählt und welche Fakten oder Gegenfakten überhaupt formuliert werden konnten (ebd.: 105–150).

Latour/Woolgar analysieren naturwissenschaftliche Fakt(en)-Konstruktion als einen Verhandlungsprozess, in dem die sozialen und historischen Herkünfte sowie die Verbindungen zwischen Fakten und ihren Produzenten, Produzentinnen und Produktionskontexten nach und nach entfernt werden. Je mehr eine Aussage in Richtung des Aussagetyps 5 transformiert wird, desto mehr würden die zugrunde liegenden Produktionsbedingungen und Autorin- und Autorenschaften einer wissenschaftlichen Tatsache ausgeblendet. Ähnlich wie Latour/Woolgar verwies Knorr Cetina auf literarische Strategien einer entpersonalisierten Darstellungsweise, welche die Abkopplung der Forschungsergebnisse von ihrem Entstehungskontext während des Erzeugungsprozesses im Labor auf Papier weiter vervollständigt. Aus ihrer Sicht ist *Objektivität* das Resultat einer »doppelten Produktionsweise« der Arbeit im Labor und deren literarischer Repräsentation (Knorr Cetina 2002: 240–42).

Bezogen auf den Verhandlungsprozess betonte Traweek in ihrem Forschungsfeld eher den Stellenwert mündlicher Kommunikation, präsentierten doch dort schriftliche Ergebnisdarstellungen in Fachartikeln eher einen etablierten Konsens und von verschiedensten Störungen [noise] bereinigte Daten (Traweek 1992: 122). Stattdessen werde in der zwar internationalen und örtlich verstreuten, aber dennoch übersichtlichen Gemeinschaft der Hochenergiephysiker(innen) alles Wichtige – Daten, Messgeräte, Karrieren – von Angesicht zu Angesicht durch gossip geregelt: In Gesprächen wird verhandelt, wer ein (guter) Hochenergiephysiker oder was ein (gutes) Forschungsinstrument ist, was als Fakt zählt und wer neue Messgeräte und Fakten herstellen darf (ebd.: 121f.). Diese Art von Gesprächen sei aufgrund der verwendeten technischen Sprache, spezifischen Witze und Urteile eine zentrale Fertigkeit, und der Zugang zu ihnen ist fundamental, um Hochenergiephysiker und -physikerinnen zu produzieren.

Michael Lynch wiederum analysierte die spezifischen, technischkompetenten Gespräche zwischen Laborwissenschaftlern und -wissenschaftlerinnen, die integraler Bestandteil ihrer kollektiven Wissensproduktion sind, als *shop talk* (Lynch 1985: 143–178). *Shop talk* könne im Sinne eines Fachgesprächs, eines für Außenstehende undurchsichtigen Fachsimpelns über die Arbeit während der Arbeit, nicht von der fortwährenden Forschung und ihren zeitlich-lokalen Bedingungen getrennt werden, verständigen sich darin doch Wissenschaftlerinnen und Wissenschaftler eines Labors darüber, was sie »haben« (Resultat/Artefakt) und was sie als nächstes tun werden (Lynch 1985: 158–167; 264). Anhand der Analyse von acht penibel transkribierten Beispielen von *shop talk* zeigt Lynch, Zeile für Zeile, wie in diesen Gesprächen Uneinigkeiten verhandelt, dabei Aussagen über Objekte und die Objekte selbst modifiziert werden und wie schließlich Einigungen, zum Beispiel über ein bemerkenswertes Ergebnis, ein angemessenes Mess-verfahren oder eine adäquate Datendarstellung, interaktiv erzielt werden (ebd.: 204–266). Insgesamt geht es den Laborstudien nicht darum zu zei-gen, wie durch Verhandlungsprozesse *Objektivität* verfälscht oder verwor-fen wird, sondern wie sie in den Routinen täglicher Forschungsarbeit zwi-schen den Forschenden hergestellt und etabliert wird.

Laborkultur(en): »Culture of no culture« und »Epistemic Cultures«

Die lokale Situiertheit wissenschaftlicher Wissensproduktion ist zwar in al-len frühen Laborstudien betont worden, durch den Mikro-Fokus auf den Herstellungsprozess naturwissenschaftlicher Fakten blieben die beo-bachteten Wissensproduzenten und Wissensproduzentinnen der untersuch-ten Labore jedoch eher im Hintergrund. Eine Ausnahme bildet die Studie von Traweek, die durch ihre provokante Frage, ob Hochenergiephysik in Japan und den USA anders betrieben wird, die lokale Situiertheit der La-borkultur ausbuchstabierte und zudem beschrieb, wie Hochener-giephysiker(innen) in diesen Zusammenhängen »gemacht« werden.

Dazu untersuchte sie den Prozess, in dem angehende Hochenergiephy-siker(innen) lernen, kompetente Praktikerinnen und Praktiker der Kultur der Hochenergiephysik(er)-Gemeinschaft zu werden; und sie analysierte den *common sense* darüber, wer als erfolgreicher Hochenergiephysiker oder Anwärter ein solcher zu werden, angesehen werden kann (Traweek 1992: 74–105). Besonderes Augenmerk legte sie auf informelle Geschichten, die im Labor über Ereignisse und Kollegen oder Kolleginnen erzählt wurden und die spezifische moralische Erzählungen über Ängste und Zeit, be-stimmte Erwartungen an Fähigkeiten und Emotionalitäten sowie Anerken-nung, Erfolg und Scheitern beinhalteten.[4] Dabei fand sie ausgesprochen männliche Geschichten – nicht nur, aufgrund der kaum präsenten Hoch-energiephysikerinnen, sondern auch, weil Geschlecht in der Arbeitsteilung

---

4 Traweek interpretiert diese Geschichten, die im Sozialisationsprozess von (ange-henden) Hochenergiephysiker(innen) eine zentrale Rolle spielen, als »moralische Lehrstücke« und beschreibt die Stationen und Fortschritte eines Physiker(innen)-Lebens als Pilgerreise, als »pilgrim's progress in physics« (Traweek 1992: 74).

in Labor und Forschung, in den Entscheidungsprozessen, Debatten und Führungsstilen eine signifikante Rolle spielte: Traweeks Beispiele reichen von sexistischer Sprache und phallischer Metaphorik in Theorien (Traweek 1992: 79), über die Lektion, dass erfolgreiche Hochenergiephysiker verheiratet seien (ebd.: 83f.), bis hin zu der Idee von Natur als weiblichem, passiven Liebesobjekt, dass von Physikern enthüllt und durchdrungen werden muss (ebd.: 103). Aus der Perspektive *feministischer science studies* – bekannte Vertreterinnen sind z. B. Evelyn Fox Keller, Donna Haraway und Sandra Harding – kombinierte Traweek in ihrer Analyse *women-in-science-* und *gender-in-science*-Ansätze (vgl. Kohlstedt/Longino 1997; Götschel 2006) und zeigte so, wie Geschlecht naturwissenschaftliche Praktiken im Laboralltag vielfältig mitgestaltet.

Zudem machte ihr Vergleich von Laboren in den USA und Japan darauf aufmerksam, dass Sozialisationsprozesse und Karrierestationen in der Hochenergiephysik mit kulturellen Konstruktionen von männlichem Geschlecht und Erfolg verknüpft sind: Während von US-amerikanischen Hochenergiephysiker(innen) unter anderem Unabhängigkeit, Bereitschaft zum Wettstreit und individuelle Erfolge erwartet wurden – Eigenschaften, die in den USA mit Männlichkeit verbunden, in Japan aber eher berufstätigen Frauen zugeschrieben wurden – sollten sich japanische Hochenergiephysiker(innen) demgegenüber durch wiederum männlich geltende Erfolgstugenden wie wechselseitige Abhängigkeiten, Teamwork und Kameradschaft auszeichnen (Traweek 1992: 104). Diese Unterschiede fänden sich auch in unterschiedlichen Organisationsstilen wieder, in der Art und Weise, wie in Japan und den USA hochwertige, innovative Forschung organisiert wird – einerseits Individualismus und hierarchische Strukturen verbildlicht als Sportteam mit strikter Arbeitsteilung (USA), anderseits Kollaboration und Konsensorientierung verbildlicht als Haushalt mit verschiedenen Privilegien und Verantwortlichkeiten (Japan) (ebd.: 145–152).

Beispiele wie diese stellen Traweeks Antwort auf die Frage dar, inwiefern soziale Kategorien und (*Community-*)Kultur die Praktiken der Wissensproduktion formen. Ihre dichte Beschreibung einer »extremen Kultur der Objektivität«, einer »culture of no culture« (Traweek 1992: 162) analysierte experimentell arbeitende Hochenergiephysiker(innen) und ihre Welt als eben nicht frei von Kultur, sondern als soziale Gruppe mit geteiltem common sense, Glaubenssystem und Artefakten; als männliche Kultur, in der Physik als geschlechterneutrale Praxis dargestellt, Laborarbeit aber maskulinisiert wird; als internationale face-to-face Community, in der sich internationale wie nationale (Wissenschafts-)Kulturen überschneiden. Durch ihr vergleichendes Vorgehen sind die *unterschiedlichen lokalen Modalitäten und Modelle* von Hochenergiephysik erst sichtbar geworden, genauso wie auch die Bedeutung des kulturellen Repertoires der jeweiligen Wissenschaftlerinnen und Wissenschaftler in der Art und Weise sichtbar wurde, wie Hochenergiephysik ausgeübt und Wissen produziert wird.

In ihrer späteren Laborstudie »Epistemic Cultures« (1999) arbeitete Knorr Cetina ebenfalls vergleichend und mit dem Kulturbegriff: Darin konfrontierte sie Hochenergiephysik und Molekularbiologie dahingehend, wie Forschung im Labor jeweils verstanden und praktiziert sowie Wissen erzeugt und validiert wird.[5] Sie arbeitete heraus, dass unterschiedliche naturwissenschaftliche Felder verschiedene »epistemische Kulturen« oder »Wissenskulturen« aufweisen. Im Gegensatz zum Fokus der frühen Laborstudien auf den Prozess der Fakten-Konstruktion, lag ihr Augenmerk auf der Kultur spezifischer Wissensmilieus: Folglich untersuchte sie die jeweiligen wissenskonstituierenden Praktiken, die leitenden Überzeugungen und die »Maschinerien der Wissenskonstruktion« (Knorr Cetina 1999: 3), die die jeweiligen Erkenntnisstrategien bestimmen – also »wie wir wissen, was wir wissen« (ebd.: 1).

So seien beispielsweise Erkenntnisstrategien der experimentellen Hochenergiephysik als zeichenprozessierender Maschinerie empirieferner und durch einen »liminalen« Zugang »negativen«, selbst-referentiellen Wissens gekennzeichnet, der neues Wissen eher indirekt, über die Grenzen des eigenen Wissens erschließe (ebd.: 46–78). Demgegenüber gewinne die Molekularbiologie auf Basis der Manipulation empirischer Objekte ihr Wissen durch die stete Ansammlung von Erfahrungswissen und folge dabei einem Modell »blinder Variation« alternativer Vorgehensweisen (Knorr Cetina 1999: 79–110). Weiter argumentierte Knorr Cetina, dass sich das jeweilige epistemische Subjekt in der Molekularbiologie mit einem Individuum decke, in der Hochenergiephysik hingegen, die von kollaborativen Mega-Experimenten geprägt ist, werde dieses von einem kollektiven Subjekt ab-

---

5 Sie selbst forschte Ende der 1980er/Anfang der 1990er am CERN, dem größten Forschungszentrum bzw. international finanzierten Großforschungsprojekt der Hochenergiephysik mit Sitz in der Schweiz. Für die Buch-Kapitel zur Molekularbiologie arbeitete sie mit Klaus Amman zusammen.

gelöst (ebd.: 165–168, 214, 217–220, 236). Jenseits von Abgrenzungen wissenschaftlicher Disziplinen oder Spezialgebiete betont sie damit eine Uneinheitlichkeit der Naturwissenschaften, die sich auf *unterschiedliche Praxisformen der Wissenserzeugung* gründet (ebd.: 3–4).

HINTERLASSENSCHAFTEN UND FORTFÜHRUNGEN

Die Laborstudien des hier vorgestellten Zuschnittes sind zwar nach ihrem Aufkommen und ihrer Konjunktur in den 1970ern und 1980ern größtenteils wieder verschwunden, hatten bis dahin das Feld der *Science and Technology Studies* jedoch maßgeblich beeinflusst. Ins Zentrum zu stellen, was Naturwissenschaftler und Naturwissenschaftlerinnen tun, gehörte dabei zur zentralen Hinterlassenschaft des Laborstudien-Ansatzes und erfuhr in Forschungsperspektiven, die *science as practice* (vgl. Pickering 1992) oder *science as culture* (vgl. Franklin 1995; Martin 1998) untersuchten, in den 1990ern ihre Fortführung (vgl. Hess 1997). Aber auch andere Ausrichtungen, Wissenschaftlerinnen und Wissenschaftler im Feld der *Science and Technology Studies* nahmen die Laborstudien-Pionierarbeiten als Ausgangspunkt für neue Forschungen, sowohl in naturwissenschaftlichen Laboren als auch darüber hinaus.

So übertrug beispielsweise die US-amerikanische Kulturanthropologin Diane Forsythe den Blickwinkel der Laborstudien auf weniger naturwissenschaftlich-experimentelle Kontexte wie die Software-Entwicklung (Forsythe 2001). In den 1980ern und 1990ern begleitete sie Computerwissenschaftler und Computerwissenschaftlerinnen in der Künstliche-Intelligenz-Forschung und Medizinischen Informatik über lange Zeit ethnografisch, verglich computerwissenschaftliche und kulturanthropologische Wissenspraktiken und war eine wichtige Protagonistin im Bereich der *anthropology of science and technology* sowie *feminist science studies*. Demgegenüber folgte der US-amerikanische Soziologe Daniel Lee Kleinman zwar den frühen Laborstudien, indem er Mitte der 1990er ein biologisches Universitätslabor ethnografisch unter die Lupe nahm, konzentrierte sich aber, im Unterschied zu diesen, auf die strukturellen und institutionellen Kontexte, die Laborpraktiken formen und bestimmen, wie im Labor Wissenschaft betrieben wird – beispielsweise an der Schnittstelle zwischen Universität und Industrie (Kleinman 1998). Peter Keating und Alberto Cambrosio, zwei kanadische Forscher, die sich als Wissenschaftshistoriker bzw. Soziologe mit der Transformation der Medizin beschäftigen, nahmen wiederum die Schnittstelle von Labor und Klinik in den Blick (Keating/Cambrosio 2003). Auch die Pionierinnen und Pioniere der Laborstudien gingen neue Wege: Während Knorr Cetina ihren Fokus auf Erkenntnisstrategien verschob (Knorr Cetina 1999), wurde »Laboratory Life« für Latour zum Inspirations- und Ausgangspunkt für den von ihm später mitbegründeten Ansatz der *Akteur-Netzwerk Theorie*, der stärker auf das symmetrische und netzwerkartige Zusammenspiel menschlicher und nichtmenschlicher Akteure setzte (AKTEUR-NETZWERK THEORIE). Insgesamt wurden die Ergebnisse des Laborstudien-Ansatzes hinsichtlich der (hand)gefertigten, situierten Konstruktivität naturwissenschaftlichen Wissens in verschiedenartig abgewandelten Anwendungen der Perspektive der frühen Laborstudien immer wieder neu erzählt, sie ließen dabei aber mit ihren jeweils spezifischen Fragen und Feldern die physischen Labormauern und die Fokussierung auf naturwissenschaftliche Wissensproduktion im Labor hinter sich.

Eine weitere wichtige Hinterlassenschaft der Laborstudien war die zunehmende Nutzung ethnografisch orientierter Beobachtungsmethoden im Feld der *Science and Technology Studies*, für die die Laborstudien-Pionierarbeiten den Weg bereiteten und somit eine methodische Alternative zu den damals dominierenden historischen, diskursanalytischen oder interviewbasierten Fallanalysen eröffneten: Statt aus dem Textbuch wurde Naturwissenschaft nun in der Praxis untersucht. Für die Sozial- und Kulturanthropologie wurden indessen ein neues Feld (Labor) und ein neuer Forschungsgegenstand (Naturwissenschaft) erschlossen. Diese Forschungsbewegung von kleinen, nicht-industrialisierten, nicht-westlichen, ›uns‹ unähnlichen Gemeinschaften folgte einem generellen Trend im Fach, der seit den 1970ern zunehmend unter den Schlagworten *anthropology at home* (vgl. Jackson 1987) und *studying up* (vgl. Nader 1999 [1969]) diskutiert wurde. Gleichzeitig bereicherten etliche der mehr oder weniger stark vom Feld der *Science and Technology Studies* beeinflussten Sozial- und Kulturanthropologen und -anthropologinnen ihre Analyse naturwissenschaftlicher Praxis durch ihre Nutzung altbewährter Theorien und Konzepte des Faches. Wie schon Traweek, nahmen sie nur die ethnologische Methode mit ins Labor, sondern auch theoretische Konzepte, die der alten Wissenschaftssoziologie und -philosophie fremd waren. So forschte beispielsweise der US-amerikanische Kulturanthropologe Hugh Gusterson in den späten 1980ern im

Umfeld eines Nuklearwaffenlabors und analysierte das Testen der dort entwickelten Waffen als ein Ritual, aus dem die an der Waffenentwicklung Teilnehmenden mit einem neuen sozialen Status hervorgehen (Gusterson 1998).

Andere Untersuchungen haben (westliche) Naturwissenschaft und ihre Praktiken kontextualisiert, indem sie diese mit *anderen* Wissens- und Wissenschaftstraditionen kontrastierten – seien es Wissenspraktiken ›nichtwestlicher‹ Kulturen oder naturwissenschaftlicher Laien (vgl. die Aufsätze in Nader 1996). Sie verwiesen damit auch auf die kulturellen wie machtvollen Grenzpolitiken der (westlichen) Naturwissenschaft. Wieder andere Ethnografien, die sich eher auf Anwendungsbereiche naturwissenschaftlicher Forschung beziehen, beinhalten Teile, die als Laborstudien-Kapitel bezeichnet werden können: So enthält Rayna Rapps Ethnografie zur Bedeutung von Pränataldiagnostik in den USA ein Kapitel, für das sie die mit einer Chromosomenstrukturanalyse zusammenhängenden Laborpraktiken zur Stabilisierung von Diagnosen untersuchte (Rapp 1999). Ein immunologisches Forschungslabor war nur einer von vielen Orten, an dem Emily Martin die Rolle des Immunsystems in der US-amerikanischen Kultur erforschte (Martin 1994). In Arbeiten wie diesen standen jedoch weniger einzelne Labore oder die dortige Produktion von Wissen im Mittelpunkt der Analyse, als vielmehr die Bedeutungen, Umdeutungen und Verhandlungen der naturwissenschaftlichen Praktiken und Ergebnisse, wenn diese das Labor verlassen.

FAZIT

Bringt man die facettenreichen Einzelstudien, die heute als *Laborstudien-Ansatz* zusammengefasst werden, abschließend auf den Punkt, sind die folgenden Ergebnisse besonders hervorzuheben.

Erstens erschlossen die Laborstudien naturwissenschaftliche Wissensproduktion im Labor für die Sozial- und Kulturanthropologie und das Feld der *Science and Technology Studies* und dokumentierten Laborarbeit als Praxis, in Aktion, in situ. *Zweitens* zeigten sie, wie die *Sociology of Scientific Knowledge*, dass die dort produzierten Tatsachen das Resultat vielfältiger Konstruktionsprozesse sind. Im Gegensatz zur *Sociology of Knowledge* stellten ihre detaillierten empirischen Beobachtungen jedoch vor allem das

Wie der Konstruktion heraus. Dadurch, dass die Laborstudien die vielfältigen Prozeduren und alltäglichen Arbeitsschritte, auf deren Basis die Fabrikation von Fakten im Labor stattfindet, akribisch schilderten, öffneten sie die Black Box, die benutzt wird, um wissenschaftliche Tatsachen am Ende ihres Herstellungsprozesses zu objektivieren. In diesem Zusammenhang beschrieben sie, wie naturwissenschaftliche Wissensprodukte aus komplexen Verhandlungsprozessen hervorgehen, bei denen neben sozialen Interaktionsprozessen materielle Arrangements von Geräten eine entscheidende Rolle spielen und im Laufe der Konsensbildung wissenschaftliche Aussagen modifiziert und verengt werden. *Drittens* entzauberte ihre Darstellung des Laboralltags den Status dessen, was als naturwissenschaftliche Tatsache gilt, aber auch die Labore selbst: Statt ›Heldengeschichten‹ von Forschenden auf den Spuren der Natur zu erzählen, berichteten sie von den praktischen Anstrengungen, mit denen Naturwissenschaftlerinnen und Naturwissenschaftler während des Produktionsprozesses von Daten zum Beispiel mit Widerspenstigkeiten von Rohmaterial, verzerrten Darstellungen oder störenden Interpretationen umgehen. Statt Labore als zentrale Orte wissenschaftlicher Wahrheitsfindung zu illustrieren, stellten sie den Beitrag von Laboren an der Erzeugung naturwissenschaftlicher Wissensprodukte und naturwissenschaftlicher Objektivität heraus. Sie beschrieben Labore als ›künstliche‹, verbesserte Umwelt, in der mit Komponenten, Spuren oder aufbereiteten Versionen von Phänomenen und Objekten gearbeitet wird, die sich zwar von ihrem örtlichen Vorkommen und zeitlichem Auftreten gelöst, aber nur im artifiziellen Rahmen des Labors beobachten lassen. Im Labor können so zwei Prozesse beobachtet werden, mittels derer im Labor eine bestimmte Beziehung zwischen Natur und Naturwissenschaftlern oder Naturwissenschaftlerinnen hergestellt wird: (1) werden ›natürliche‹ Objekte und Phänomene angepasst, transformiert und ›enkulturiert‹, um als Ersatzobjekte (z. B. Zelllinie) bearbeitbar zu werden; (2) werden Forschende als Forschungsinstrumente konfiguriert (Knorr Cetina 1995: 145–147). Da Natur nur durch diese wissenschaftlichen Erzeugungspraktiken zugänglich ist, wird sie letztlich durch diese erst hervorgebracht. Statt zu berichten, wie Naturwissenschaftlerinnen und Naturwissenschaftler im Labor Natur entdecken, lesen, entschlüsseln und beschreiben, zeigen die Laborstudien, wie Natur im Labor fabriziert und konstruiert wird.

Neben der Herstellung betonten die Laborstudien, *viertens*, die lokale Situiertheit und die soziale sowie materielle Kontextgebundenheit natur-

wissenschaftlicher Tatsachen und zeigten, dass deren Entstehen als kollaborative Leistung, als ein konstruierender, durch die jeweils lokalen Laborbe-
dingungen bestimmter Vorgang zu verstehen ist. Indem die Laborstudien-
Pionierarbeiten die Ausblendung des Konstruktions- und Produktionsprozesses von Wissen (d. h. die Praktiken des *black-boxing* im Labor) auf-
schlüsselten und dessen spezifische lokale Herstellungsbedingungen nach-
zeichneten, verbanden sie naturwissenschaftliche Fakten, Daten und Ergebnisse wieder mit ihren Produzenten, Produzentinnen und Produktionskontexten. Zudem verwiesen sie auf die umfangreichen Infrastrukturen, die naturwissenschaftliche Forschungszentren kennzeichnen und die hinter den
dort durchgeführten Experimenten und produzierten Erkenntnissen stehen.
Alles in allem bleibt, *fünftens*, festzuhalten: auch die Laborstudien feiern
naturwissenschaftliche Forschungsergebnisse, jedoch als soziale Errungenschaften, nicht als ›Tatsachen der Natur‹.

LITERATUR

Callon, Michel/Latour, Bruno (2006) [engl. 1981]: »Die große Demontage des großen Leviathans. Wie Akteure die Makrostruktur der Realität bestimmen und Soziologen ihnen dabei helfen«. In: Andréa Bellinger/David J. Krieger (Hg.), ANThology. Ein einführendes Handbuch zur Akteur-Netzwerk Theorie, Bielefeld: transkript, S. 75–101.

Collins, Harry M. (1974): »The TEA Set. Tacit Knowledge and Scientific Networks«. Science Studies 4, S. 165–186. [re-printed in Mario Biagioli (Hg.) (1999): The Science Studies Reader, New York/London: Routledge, S. 95–109].

Collins, Harry M. (2001): »What is Tacit Knowledge?«. In: Theodore R. Schatzki et al. (Hg.), The Practice Turn in Contemporary Theory, London/New York: Routledge, S. 107–119.

Collins, Harry M. (2010): Tacit and Explicit Knowledge, Chicago: University of Chicago Press.

Collins, Harry M./Evans, Robert (2002): »The Third Wave of Science Studies. Studies of Expertise and Experience«. Social Studies of Science 32/2, S. 235–296.

Dreyfus, Hubert L./Dreyfus, Stuart (1986): Mind over Machine. The Power of Human Intuition and Expertise in the Era of the Computer, New York: Free Press.

Fleck, Ludwik (1980) [1935]: Erfahrung und Entwicklung einer wissenschaftlichen Tatsache, Frankfurt/Main: Suhrkamp.

Forsythe, Diane E. (2001): Studying Those Who Study Us. An Anthropologist in the World of Artifical Intelligence, Stanford: Stanford University Press.

Franklin, Sarah (1995): »Science as culture, cultures of science«. In: Annual Review of Anthropology 24, S. 163–184.

Gusterson, Hugh (1998): Nuclear Rites. A Weapon Laboratory at the End of the Cold War, Berkely u.a.: University of California Press.

Götschel, Helene (2006): »Die Welt der Elementarteilchen. Geschlechterforschung in der Physik«. In: Smilla Ebeling/Sigrid Schmitz (Hg.), Geschlechterforschung und Naturwissenschaften. Einführung in ein komplexes Wechselspiel, Wiesbaden: VS, S. 161–187.

Hess, David J. (1997): Science Studies. An Advanced Introduction, New York/London: New York University Press.

Jackson, Anthony (Hg.) (1987): Anthropology at home, London, New York: Tavistock.

Keating, Peter/Cambrosio, Alberto (2003): Biomedical Platforms. Realigning the Normal and the Pathological in Late-Twentieth-Century Medicine, Cambridge: MIT-Press.

Kleinman, Daniel Lee (1998): »Untangling Context. Understanding a University Laboratory in the Commercial World«. Science, Technology & Human Values 23/3, S. 285–314.

Knorr Cetina, Karin (1995): »Laboratory Studies. The Cultural Approach to the Study of Science«. In: Sheila Jasanoff et al. (Hg.) Handbook of Science and Technology Studies, Thousand Oaks u.a.: Sage, S.140–166.

Knorr Cetina, Karin (1999): Epistemic Cultures. How the Sciences Make Knowledge, Cambridge/London: Harvard University Press [dt. 2002: Wissenskulturen. Ein Vergleich naturwissenschaftlicher Wissensformen, Frankfurt/Main: Suhrkamp].

Knorr Cetina, Karin (2002) [dt. 1984; engl. 1981]: Die Fabrikation von Erkenntnis. Zur Anthropologie der Naturwissenschaft, Frankfurt/Main: Suhrkamp.

Kohlstedt, Sally Gregory/Longino, Helen (1997): »The Women, Gender, and Science Question. What Do Research on Women in Science and Research on Gender and Science Have to Do with Each Other?«. In: Osiris 12, S. 3–15.

Latour, Bruno (1987): Science in Action. How to Follow Scientists and Engineers through Society, Cambridge: Harvard University Press.

Latour, Bruno/Woolgar, Steve (1986) [1979]: Laboratory Life. The Construction of Scientific Facts, Princeton: Princeton University Press.

Lynch, Michael (1985): Art and Artifact in Laboratory Science. A Study of Shop Work and Shop Talk in a Research Laboratory, London, Boston: Routledge & Kegan Paul.

Martin, Emily (1994): Flexible Bodies. The Role of Immunity in American Culture from the Days of Polio to the age of AIDS, Boston: Beacon.

Martin, Emily (1998): »Anthropology and the Cultural Study of Science«. In: Science, Technoloy & Human Values 23, S. 24–43.

Nader, Laura (Hg.) (1996): Naked Science. Anthropological Inquiry into Boundaries, Power, and Knowledge, New York/London: Routledge.

Nader, Laura (1999) [1969]: »Up the Anthropologist – Perspectives Gained from Studying Up«. In: Dell Hymes (Hg.), Reinventing Anthropology, University of Michigan Press: Ann Arbor, S. 284–311.

Okely, Judith (2007): »Fieldwork embodied«. In: The Sociological Review 55/Suppl. 1, S. 65–79.

Pickering, Andrew (1992): »From Science as Knowledge to Science as Practice«. In: derselb. (Hg.), Science as practice and culture, Chicago: University of Chicago Press, S. 1–26.

Polanyi, Michael (1985) [engl. 1966]: Implizites Wissen, Frankfurt/Main: Suhrkamp.

Rapp, Rayna (1999): Testing Women, Testing the Fetus. The Social Impact of Amniocentesis in America, New York/London: Routledge.

Scheper-Hughes, Nancy (1994): »Embodied Knowledge. Thinking with the Body in Critical Medical Anthropology«. In: Robert Borofsky (Hg.), Assessing Cultural Anthropology. New York: McGrawHill, S. 229–242.

Traweek, Sharon (1992) [1988]: Beamtimes and Lifetimes. The World of High Energy Physicists, Cambridge, London: Harvard University Press.

Traweek, Sharon (1995): »Bodies of Evidence. Law and Order, Sexy Machines, and the Erotics of Fieldwork among Physicists«. In: Susan L. Foster (Hg.), Choreographing History. Bloomington: Indiana University Press, S. 211–225.

Turner, Steven (1994): The Social Theory of Practices. Tradition, Tacit knowledge, and Presuppositions, Chicago: Chicago University Press.

Akteur-Netzwerk Theorie

*Akteur-Netzwerk Theorie (ANT) bezeichnet eine Theoriebewegung in-
nerhalb der Soziologie und der Sozial- und Kulturanthropologie, die von
der grundlegenden Annahme ausgeht, dass Akteure keinen essentiellen
Kern besitzen – kein wie auch immer geartetes Wesen – sondern über Beziehungen situativ geformt und definiert werden, eben innerhalb von und
durch Akteur-Netzwerke. Dabei handelt es sich nicht um einen system-
ischen Ansatz. Der Bindestrich in Akteur-Netzwerk Theorie ist für diesen
Ansatz wichtiger als die einzelnen Wörter. Beziehungen als Praxis sind die
Grundlage der Analyse, nicht starre Verbindungen zwischen Entitäten. Das
Fundament für die Entwicklung der Akteur-Netzwerk Theorie bildet der
kritische Vorwurf an SSK und SCOT, diese setzten menschliche Akteure als
aktiv und reflexiv, während sie nichtmenschliche Phänomene als passiv und
kausalen Gesetzen unterworfen verstünden. Die Akteur-Netzwerk Theorie
meint hinter dieser typisch sozialkonstruktivistischen Unterscheidung einen
Rest von Essentialismus zu entdecken, da diese Unterscheidung menschlichen und nichtmenschlichen Phänomenen besondere Eigenschaften und
Fähigkeiten zuschreibt, ohne sie vorher zu untersuchen. ANT postuliert im
Gegensatz dazu, menschliche und nichtmenschliche Phänomene seien mit
gleichen Methoden und gleichem Vokabular zu untersuchen. Diese generelle Symmetrie in der Analyse ermöglicht es sichtbar zu machen, dass Wissen und Technologien nicht nur von sozialen Phänomenen, wie Hierarchien, Interessen und Werten definiert werden, sondern auch durch die Beiträge von Apparaten, Instrumenten und anderen Dingen. Materiellen Ge-
genständen wird damit Handlungsträgerschaft zugeschrieben. Mit diesem*

173

Fokus untersucht die Akteur-Netzwerk Theorie, wie Phänomene durch ihre Einbindung in sozio-materielle Netzwerke Gestalt annehmen und gleichzeitig auf diese Netzwerke einwirken. Dabei sind alle Phänomene als relationale Hybride aus Menschen und Dingen anzusehen. Die prinzipielle Unterscheidung zwischen Natur und Kultur, zwischen Tradition und Moderne, zwischen Individuum und Gemeinschaft oder zwischen Mikro- und Makroebene einer Gesellschaft wird aufgegeben. Die Akteur-Netzwerk Theorie nimmt dadurch einen radikalen Bruch nicht nur mit der klassischen Wissenschaftssoziologie, sondern auch mit sozialkonstruktivistischen Ansätzen der STS vor.

Weiterführende Literatur

Akrich, Madeleine (2006 [1992]): »Die De-Skription technischer Objekte«. In: Andréa Bellinger/David J. Krieger (Hg.), ANThology: Ein einführendes Handbuch zur Akteur-Netzwerk Theorie, Bielefeld: Transkript, S. 407–428.
Dieser klassische Text der Akteur-Netzwerk Theorie liefert eine empirische Analyse von technischen Geräten und wie sie übersetzt werden, wenn sie sich aus dem Kontext des Designs zu dem der Nutzung bewegen.

Bellinger, Andréa/Krieger, David J. (2006): ANThology: Ein einführendes Handbuch zur Akteur-Netzwerk Theorie, Bielefeld: Transkript.
Diese Anthologie fügt einige klassische Texte der STS in deutscher Übersetzung zusammen und gibt damit einen guten Überblick über die Originalliteratur.

Kneer, Georg (2010): »Die Debatte über Konstruktivismus und Postkonstruktivismus«. In: Georg Kneer/Stephan Moebius (Hg.), Soziologische Kontroversen: Beiträge zu einer anderen Geschichte der Wissenschaft vom Sozialen, Frankfurt/M.: Suhrkamp, S. 314–341
Dieses Kapitel zeichnet die Debatten auf, die durch Kritik an der Akteur-Netzwerk Theorie zur Entwicklung und Verdeutlichung ihrer zentralen Prinzipien geführt haben.

EINLEITUNG

Die von Latour et al. unternommenen Laborstudien führten zu einer tieferen und allgemeinen Theoriediskussion, in deren Kern das Verhältnis von Natur und Kultur, Mensch und Technik, etc. auf neue Weise hinterfragt wurde. Auch die bis dahin von Soziologen und anderen Sozialwissenschaftlern erarbeiteten Theorien und Konzepte (insbesondere das Strong Programme) wurden in diesem Zusammenhang erweitert. Ein wesentliches Anliegen der Akteur-Netzwerk Theorie, die als *eine* Synthese dieser Diskussion betrachtet werden kann, wird anhand der Kritik Bruno Latours am französischen Sozialanthropologen Marc Augé deutlich. An dessen bekannter stadtanthropologischen Studie zur Pariser Metro monierte Latour:

»Als Marc Augé sich unter den Lagunenbewohnern der Elfenbeinküste aufhielt, [wo er eine ethnographische Forschung durchführte, TM] versuchte er das ganze soziale Phänomen zu verstehen, das sich in der Zauberei zeigt (Augé 1975). Seine Marginalität hinderte ihn nicht daran, die ›totale soziale Tatsache‹ [dieser] Kultur zu erfassen. Doch nach Hause zurückgekehrt, beschränkt er sich darauf, nur die oberflächlichsten Aspekte der Pariser Metro zu untersuchen: er interpretiert die Graffiti an den Wänden der Metrostationen (Augé 1988). Mit der westlichen Ökonomie, Technologie und Wissenschaft konfrontiert, fühlt er sich durch seine Marginalität eingeschüchtert. Ein symmetrischer Marc Augé hätte das gesamte soziotechnische Netz der Metro untersucht, ihre Ingenieure und Fahrer, ihre Direktoren und Kunden, den staatlichen Betreiber, kurz: den ganzen Laden. Er hätte ganz einfach zu Hause getan, was er ›dort unten‹ immer getan hat.« (Latour 2002: 135)

In diesem Kapitel wird es insbesondere darum gehen, herauszuarbeiten, was es Latour, aber auch anderen wichtigen Vertretern der Akteur-Netzwerk Theorie (wie John Law, Madeleine Akrich, Michel Callon, u. a.) zufolge heißt, »den ganzen Laden« zu untersuchen oder eine *symmetrische Sozialanthropologie* (oder Europäische Ethnologie) zu betreiben. Es soll gezeigt werden, dass die Vertreter der Akteur-Netzwerk Theorie gegen eine essentialistische Sichtweise argumentieren, und stattdessen für die Einnahme einer *relationalen und prozessualen Perspektive* werben. Damit einher geht das Plädoyer für die Vermeidung eines für die Moderne und die Postmoderne typischen Argumentations- und Vernunftstils, weshalb die

175

Akteur-Netzwerk Theorie auch als »Post-Konstruktivismus pur« (Degele and Simms 2004) bezeichnet wurde. Nach der Rekonstruktion der eher philosophischen Hintergründe wird dargelegt, wie sich diese erkenntnistheoretischen Annahmen in einem zentralen Konzept – dem der Translationen – und in empirischen Studien der Akteur-Netzwerk Theorie wiederfindet. Schließlich soll erörtert werden, wie sich die Vertreter der Akteur-Netzwerk Theorie gegenüber denen des *Strong Programme* und der *Sociology of Scientific Knowledge* abgrenzen. Damit soll verdeutlicht werden, was der zentrale Beitrag oder die zentrale Erweiterung der Akteur-Netzwerk Theorie innerhalb der *Science and Technology Studies* war.

DIE AKTEUR-NETZWERK THEORIE
ALS NICHT-MODERNISTISCHES PROJEKT

Bruno Latour argumentiert in seinem Buch »Wir sind nie modern gewesen« (2002), dass sobald in sozialwissenschaftlichen Analysen

»die Worte, ›modern‹, ›Modernisierung‹, ›Moderne‹ auftauchen, definieren wir im Kontrast dazu eine archaische und stabile Vergangenheit. Mehr noch, das Wort wird immer im Verlauf einer Polemik eingeführt, in einer Auseinandersetzung, in der es Gewinner und Verlierer, Alte und Moderne gibt. ›Modern‹ ist daher doppelt asymmetrisch: Es bezeichnet einen Bruch im regelmäßigen Lauf der Zeit, und es bezeichnet einen Kampf, in dem es Sieger und Besiegte gibt«. (Latour 2002: 18–19)

Hieran wird schon ersichtlich, dass Latours Ansatz nicht dem eines Historikers entspricht. Latour verdeutlicht, dass in der Moderne etwas *anders gemacht* wurde. An anderer Stelle führt er aus, dass seit dem Aufkommen der Moderne die Welt üblicherweise in unterschiedliche ontologische Zonen aufgeteilt werde – z. B. in die ontologische Zone oder »Seinsweise« des »Sozialen«, des »Materiellen«, etc. Die vom modernen Rationalisten René Descartes (1596–1650) vorgnommene ontologische Trennung zwischen Leib und Seele ist ein Beispiel hierfür: Der Naturwissenschaftler und Mathematiker postulierte mit seiner Annahme eines Leib-Seele Dualismus', dass Materie und Geist zwei klar voneinander unterscheidbare Substanzen oder Essenzen aufweisen würden. Der Mensch bestehe zum einem aus einem quasi-mechanistischen Organismus und zum anderen aus einem

176

immateriellen Geist – letzterer, so argumentierte Descartes weiter, sei nicht Bestandteil »objektiver Realität« (realitas objectiva), da nur »alles das wahr ist, was ich recht klar und deutlich erfasse« (Descartes 1641/1972: 30.3; Meditation, 4).

Diese Konstruktion von Dichotomien und die Unterteilung der Bestandteile der Welt in unterschiedliche ontologische Zonen bezeichnet Latour als *Reinigungsarbeit* [purification] (Latour 2002: 20): in dieser für die Moderne so typischen Praxis würden das Körperliche vom Sozialen oder Geistigen, die Natur von der Kultur, die nicht-menschlichen Dinge von den menschlichen getrennt und insofern unterschiedlichen ontologischen Zonen zugeordnet. Und diese Reinigungsarbeit institutionalisiere sich fortwährend – zum Beispiel mit der Unterteilung der Universitäten in naturwissenschaftliche und geisteswissenschaftliche Fakultäten, mit der zunehmenden Herausbildung klarer Profile von Disziplinen wie z. B. Medizin, Psychologie und Soziologie, die Mediziner zu Experten des Körpers und Psychologen zu denen des Geistes mache und Soziologen (wie Sozialanthropologen) zu solchen Professionellen, die befugt sind, Aussagen über ›die Gesellschaft‹ oder ›die Kultur‹ zu machen.

Latour und andere Vertreter der Akteur-Netzwerk Theorie plädieren für eine *anti-essentialistische* Wissenschaft, womit zum Beispiel einhergeht, dass diese Aufteilungen wie die des Menschen in Körper und Geist vermieden werden. Dieses vielleicht auf Anhieb plausibel erscheinende Plädoyer für ganzheitlichere Betrachtungen birgt jedoch unter anderem für Sozialanthropologen, die sich für ›das Soziale‹ oder ›die Kultur‹ interessieren, enorme Herausforderungen. Denn »*gerade der Begriff der Kultur ist ein Artefakt, das wir durch Ausklammern der Natur produziert haben. Es gibt* ebenso wenig Kulturen – unterschiedliche oder universelle –, wie es eine universelle Natur gibt. Es gibt nur Naturen/Kulturen« (Latour 2002: 139f.). Mit anderen Worten: schon die Fokussierung auf Kultur reproduziert die Dichotomien der Moderne. Was eine Kultur, oder ›das Soziale‹ ist, steht nicht von vorn herein fest. Das, was in vereinfachter Weise als »Kultur« bezeichnet wird, ist verflochten mit dem, was wir in ebenso vereinfachter Weise als »Natur« bezeichnen. Als Sozialanthropologen können wir der Akteur-Netzwerk Theorie zufolge nicht schlicht ›das Kultürliche‹ oder das ›Soziale‹ beobachten, sondern müssen Bestandteile der natürlichen Welt und das Materiale mitberücksichtigen. Denn es gibt immerzu sich verändernde *Verflechtungen* von Natur und Kultur – es gibt »Naturen/Kulturen«

oder was Latour in seiner Kritik an Augé als »soziotechnisches Netz«[1] bezeichnet hat. Mit dieser Analyse der Verflechtungen von Natur und Gesellschaft, von Körper-aus-Fleisch-und-Blut und Geist, wird jene relationale (auf Beziehungen fokussierende) und prozessuale (nach Veränderungen fragende) Perspektive vorbereitet.

TRANSLATIONEN IN SOZIOTECHNISCHEN NETZWERKEN

Diese Überlegungen Latours sind freilich im Stil einer generellen Sozialtheorie gehalten. Wie das Vorhaben »Naturen/Kulturen« oder »soziotechnische Netzwerke« in empirischen, vielleicht (wie in der qualitativen oder interpretativen Sozialforschung üblich) mit kleinen Fallzahlen arbeitenden Studien operationalisiert werden kann, soll im Folgenden anhand des insbesondere von Michel Callon entwickelten Translationskonzepts erörtert werden. Tatsächlich ist das Translationskonzept derart zentral, dass die Bezeichnung »Soziologie der Translation« häufig synonym zu »Akteur-Netzwerk Theorie« verwandt und von Latour, Callon und anderen sogar präferiert wird (vgl. Nicolini 2009).

Eine Annäherung an das Translationskonzept kann über eine im Kapitel von K. Amelang vorgestellte Studie erfolgen: In den ethnographischen Forschungen zu Laboratory Life (1986) fragten Latour und Woolgar insbesondere danach, wie wissenschaftliche Tatsachen produziert, akzeptiert, stabilisiert und schließlich dem generalisierten Skeptizismus entzogen werden (Latour bezeichnet Letzteres als den Prozess des »Black-Boxing«, Latour 1999: 304). Sie untersuchten dies am Beispiel des Neurohormons TRH, welches in spezifischen Laboralltagspraxen des kalifornischen Salk Institutes entstand. In diesem Laboralltag wurde nicht nur *gedacht*, sondern bestimmte beobachtete Phänomene auch unter den Forschern (teilweise auch

---

1 Der Begriff der Natur/Kultur wurde vor allem in der feministischen Wissenschaftsforschung geprägt. Eine besonders wichtige Wissenschaftlerin in diesem Zusammenhang ist Donna Haraway, die in ihrem »Cyborg- Manifesto« die Verflechtungen von Mensch und Maschine betonte. Der Begriff der »soziotechnischen Netzwerke« hingegen ist eher wissenssoziologisch geprägt. Sowohl »Natur/Kultur« als auch »soziotechnische Netzwerke« betonen jedoch die permanente Verflechtung des »Sozialen« mit »dem Natürlichen« (Haraway 1991: 141–181).

in informellen Situationen) *diskutiert*. Des Weiteren wurde mit bestimmten zur Verfügung stehenden Arbeitsmitteln, spezifischen Präparaten von Abschnitten des Zwischenhirns und anderen Substanzen *hantiert*. Nachdem sich Latour und Woolgar all diese Praxen angeschaut und analysiert hatten, theoretisierten sie, dass diese von den angetroffenen Wissenschaftlern unternommenen Tätigkeiten vor allem Inskriptionen seien, oder eben das, was Callon später als *Translationen* (Callon 1986) bezeichnete. Darunter verstehen sie *Prozesse der Verschiebung*: zum Beispiel werden durch bildgebende Verfahren sichtbar gemachte Phänomene zunächst in Tabellen, dann in Graphen und schließlich – nach einer Reihe weiterer Translationen – in wissenschaftliche Journals verschoben. Als Ergebnis solcher Translationsprozesse, so konstatiert Callon später in seiner ausführlichen Darlegung zu »some elements of a sociology of translation« (1986), gelangen Wissenschaftler zu Autorität, weil sie aus allen vorhandenen Elementen ein Netzwerk gebildet hätten in dessen Namen sie sprechen dürfen. Um etwa das Neurohormon TRH überhaupt sichtbar zu machen, »verhandelten« die Wissenschaftler mit den Vorlappen der Hirnanhangsdrüsen, indem sie diese auf spezifische Art und Weise vorbereiteten. Sie berücksichtigen dabei die diversen Eigenarten der Physiologie dieser Körperregion, und verbanden somit, so würde Callon es ausdrücken, die beobachteten Eigenarten des Portalgefäßsystems mit den Zielen der Wissenschaftler. Die Forscher haben – um einen weiteren, viel zitierten Ausdruck zu benutzen – »Allianzen« mit den Bildungs- und Ausschüttungsmechanismen von TRH gebildet. Die bislang ungekannten Vorgänge in dieser Hirnregion wurden erfolgreich in den Kontext wissenschaftlicher Argumentation verschoben. Heute verschleiert eine weitestgehend akzeptierte Definition von TRH diese dahinterstehenden Translationsprozesse. Sie sind in einer Blackbox verschwunden, TRH ist eine unbestrittene Tatsache.

Translation, so wird anhand dieses Verweises auf die Laborstudie »Laboratory Life« deutlich, beschreibt insofern nicht schlicht einen Prozess der (sprachlichen) Übersetzung, sondern den Prozess der Verschiebung von ontologisch unterschiedlichen Elementen (Pfortadersysteme, Zahlen, Menschen, etc.) in ein einigermaßen stabiles Netzwerk. Es handelt sich – so konnte hier ebenso gezeigt werden – um einen Prozess, durch den Einzelne (hier insbesondere Wissenschaftler) zu Macht gelangen, weshalb mit der Analyse von Translationsprozessen auch die Analyse der Entstehung von Machtverhältnissen einhergeht:

»Übersetzung [Translation] ist der Mechanismus, durch den die soziale und die natürliche Welt fortschreitend Form annehmen. Das Resultat ist eine Situation, in der bestimmte Entitäten andere kontrollieren. Will man verstehen, was die Soziologen Machtbeziehungen nennen, muss man den Weg beschreiben, durch den die Akteure definiert, assoziiert und gleichzeitig verpflichtet werden, ihren Allianzen treu zu bleiben.« (Callon 2006: 170)

Callon zufolge besteht der Translationsprozess aus vier Subprozessen, die im Folgenden vorgestellt werden und die genauer verdeutlichen, wie die Entstehung und Stabilisierung »soziotechnischer Netzwerke« oder »Naturen/Kulturen« von Sozialwissenschaftlern untersucht werden kann. Callon selbst entwarf dieses Konzept, indem er die Aktivitäten von Meeresbiologen untersuchte. Diese Meeresbiologen widmeten sich der Arterhaltung einer speziellen Muschelfamilie – die der Jacobsmuscheln – und mussten, um ihr Ziel zu erreichen, mit diversen Elementen – z. B. den Fischern der St. Brieuc Bucht, aber auch nicht-menschlichen Elementen wie Netzen und Unterwasserströmungen – »verhandeln«.

In dem ersten Subprozess, den Callon als »Problematisierung« bezeichnet, näherten sich diese Meeresbiologen ihrem Untersuchungsgegenstand an, indem sie nicht nur eine Forschungsfrage formulieren, sondern auch Probleme für diejenigen Akteure definieren, die vom potenziellen Aussterben der Jacobsmuscheln betroffen sind. Unter anderem waren dies die Fischer der französischen St. Brieuc Bucht, denen durch das Muschelsterben die Lebensgrundlage entzogen werden würde. Callon zufolge sind es jedoch auch *die Jacobsmuscheln selbst*, die überleben wollen und die ein Problem bekommen würden, sollten sie aussterben. »Problematisierung« bezeichnet insofern den Prozess, durch den aus einer problematischen Situation die Konstruktion eines wissenschaftlich bearbeitbaren Problems erfolgt. Wichtig ist, dass diese Konstruktion von Problemen auf eine Art und Weise geschieht, die es erlaubt, dass die unterschiedlichen darin identifizierten Akteure (Fischer und Jacobsmuscheln) akzeptieren, dass die Meeresbiologen dieses Problem angehen. Callon zufolge machen sich die Wissenschaftler im Prozess der Problematisierung zu einem *obligatorischen Passagepunkt*, d. h. sie manövrieren sich in eine machtvolle Position, die von den betroffenen Akteuren akzeptiert wird, weil sie verspricht, ihre Probleme zu lösen – die Probleme von Fischern und Kammmuscheln; Callon untersucht beide gleichermaßen, oder *symmetrisch*. Zu beachten ist das spezifische und nichtmodernistische Erkenntnisinteresse Callons, wenn er festhält, »dass die Problematisierung keine bloße Reproduktion der Studie auf eine einfache Formulierung darstellt, sondern vielmehr Elemente [...] berührt, die Teile *der sozialen und natürlichen Welt* sind.« (Callon 2006: 149, meine Hervorhebungen).

Den zweiten Subprozess der Translation nennt Callon »interessement«. Auch dieser kann vereinfacht als ›interessiert machen‹ übersetzt werden, weil es hier darum geht, die gegenseitigen Interessen der zuvor definierten Akteure so zu nutzen, dass sie sich auf stabile Positionen in einem Netzwerk fixieren lassen. Eine Herausforderung durch die Fischer könnte so etwa darin bestehen, dass diese aus kurzfristigem Profitinteresse Jacobsmuscheln fangen und damit die Erhaltung der Art gefährden. Wenn die Meeresbiologen »interessement« betreiben, dann erinnern sie die Fischer an ihre langfristigen Interessen und machen sie somit – in der Sprache Callons – zu Alliierten von Jacobsmuscheln.

»All den involvierten Gruppen hilft das Interessement, die Entitäten [Jacobsmuscheln, Fischer, Meeresbiologen] dazu zu bringen, dass sie sich in Rollen einbinden lassen. Außerdem wird so versucht, alle potentiellen konkurrierenden Verbände zu unterbinden und ein System von Bündnissen zu konstruieren. Soziale Strukturen, die sowohl soziale als auch natürliche Entitäten umfassen, werden geformt und konsolidiert.« (Callon 2006: 155f.)

Im letzten Satz dieses Zitats wird wiederum das übergeordnete Ziel der Akteur-Netzwerk Theorie deutlich, in ihren Forschungen weder nur soziale, noch nur natürliche Prozesse, Entitäten, etc. zu beobachten, sondern deren Verflechtung – deren »Natur/Kultur«.

Das *Enrolment* – das dritte Moment des Translationsprozesses – beschreibt die erfolgreiche Einbindung eines Akteurs in das Netzwerk oder, in Callons Worten, »den Vorgang, in dem ein Set von zueinander in Beziehung stehenden Rollen definiert und Akteuren zugeteilt wird, die sie akzeptieren« (ebd.). Auch dies ist schwierig zu erreichen und erfordert Interventionen, die John Law an anderer Stelle als »heterogenes Engineering« (Law 1987) bezeichnete. Das heißt, um Rollen problematisierter und interessierter Elemente in einem Netzwerk zu fixieren, müssen die Forscher noch mit diversen anderen Entitäten ›verhandeln‹. Damit die Muscheln sich reproduzieren, reicht es nicht, ihre Larven in Kollektoren auszusetzen und dann sechs Monate zu warten (bis die Muschel ausgewachsen ist). Die Kollektoren müssen aus spezifischem Material sein, damit die Larven sich darin verankern. Außerdem muss sichergestellt werden, dass keine Fressfeinde in die Kollektoren eindringen können. Und auch Unterwasserströmungen können verhindern, dass Muscheln kultiviert werden. Kurzum, Enrolment beschreibt das Resultat erfolgreicher Problematisierung und Interessements, womit jedoch die Verhandlung mit diversen anderen Entitäten (Fressfeinden, Unterwasserströmungen, etc.) einhergeht. Am Ende all dieser ›Verhandlungen‹, sind die diversen Elemente dann in ein Netzwerk verschoben, das einigermaßen stabil ist.

Den letzten Teilprozess der Translation bezeichnet Callon als Mobilisierung. Es ist insbesondere die Analyse dieses Vorgangs, der die Untersuchung von Translationsprozessen zu einer spezifischen Form der Machtanalyse macht. Mobilisierung im Sinne Callons bedeutet zunächst, die in einem soziotechnischen Netzwerk zu stabilisierenden Elemente beweglich (oder verschiebbar) zu machen, indem die Ergebnisse ihrer Arbeit wissenschaftlich publiziert werden – hierin besteht ein weiteres Anliegen der Meeresbiologen:

»Die Jacobsmuscheln werden in Larven, die Larven in Zahlen, die Zahlen in Tabellen und Kurven transformiert, die leicht zu transportierende, reproduzierbaren und zu verbreitende Papierblätter darstellen. Anstatt ihren Kollegen bei Brest die Larven und die Abschleppseile zu demonstrieren, zeigen die Forscher graphische Repräsentationen und mathematische Analysen. Die Jacobsmuscheln wurden verschoben [oder mobilisierbar gemacht]; durch eine Reihe von Transformationen sind sie ins Konferenzzimer transportiert worden. « (Callon 2006: 163f.)

Der Prozess der Mobilisierung erlaubt deshalb eine spezifische Form der Machtanalyse: untersucht werden die Entscheidungen darüber, wer, wann, wen wie repräsentieren oder vertreten darf. »Für andere zu sprechen«, so schreibt Callon, »bedeutet zunächst, jene zum Schweigen zu bringen, für die man spricht« (Callon 2006: 162). In dem hier untersuchten Fall sind vor allem die Wissenschaftler machtvoll geworden, weil sie durch die von ihnen unternommenen Stabilisierungsarbeiten zu Sprechern mehrerer Akteure (Fischern und Jacobsmuscheln) geworden sind.

Die Studie Callons zu der »Domestikation von Jacobsmuscheln und Fischern in der St. Brieuc Bucht« entspricht den oben dargelegten erkenntnistheoretischen Anliegen Latours, eine relationale und prozessuale Forschung zu betreiben. Callon betrachtet hier nicht allein, wie die Meeresbiologen die beobachteten Phänomene interpretieren und sinnvoll machen. Er argumentiert, dass die Praktiken der Wissenschaftler nicht nur Resultat des sozialen Kontextes sind. Darüber hinaus betrachtet Callon auch die materiale Welt. In seiner Beschreibung der Tätigkeiten der Wissenschaftler berücksichtigt er die Unterwasserströmungen, die natürlichen Fressfeinde der Jacobsmuscheln, die Beschaffenheit der Kollektoren, die Instrumente der Wissenschaftler etc. Insofern analysiert Callon weder nur die Natur, noch nur das Soziale, sondern dessen Verflechtungen und schließlich, wie Wissenschaftler durch das Zusammenwirken von natürlichen und sozialen Prozessen zu Macht gelangen.

Über die Rekonstruktion und Zusammenfassung der Subprozesse von Translationen konnten einige der zentralen Anliegen der Akteur-Netzwerk Theorie – insbesondere das Plädoyer für die Vermeidung modernistischen, d. h. vor allem essentialistischen Denkens – verdeutlicht werden. Jedoch müssen einige Punkte weiter vertieft werden, um die Reichweite und Vorannahmen der Akteur-Netzwerk Theorie verstehen zu können. Wie ist es z. B. möglich, dass Jacobsmuscheln als »Akteure« verstanden werden, die Interessen und Probleme haben? Wie handeln Jacobsmuscheln? Hier handelt es sich nicht einfach um eine provokante Redeweise, sondern die Vertreter der Akteur-Netzwerk Theorie schlagen ein spezifisches, von üblichen Vorstellungen abweichendes Konzept der Handlung vor, das insbesondere für Sozialwissenschaftler einige Herausforderungen bereit hält und an dem sich noch heute viele Debatten aufhalten.

Akteur-Netzwerke

In Callons Studie zu Jacobsmuscheln geht Handlung nicht allein von Personen aus. Vielmehr ist Handlung etwas, das auf Netzwerke verteilt ist. Mit anderen Worten, nicht Einzelne handeln, sondern »Akteur-Netzwerke«. Die Wissenschaftler etwa waren nie von der Welt isolierte Akteure, vielmehr operationalisierten die Meeresbiologen in ihrer Untersuchung die erlernten Wissensressourcen, sie benutzten die von ihnen beherrschten Instrumente, sie planten, nach Abschluss der Studie einen Artikel in einem wissenschaftlichen Journal für Meeresbiologie zu verfassen, etc. Insofern waren die

183

Wissenschaftler »Wissenschaftler-Netzwerke«, das heißt sie waren verwoben mit diesen und noch vielen anderen Elementen, die ihr Handeln mitbestimmten.

Auch Jacobsmuscheln waren keine isolierten Akteure, sondern »Jacobsmuschel-Netzwerke«. Denn die Existenz und die Handlungen der Jacobsmuscheln sind ebenfalls verbunden mit anderen Elementen. Sie haben natürliche Gegner und bilden zu ihrem Schutz Schalen, und sie ernähren sich von anderen Organismen, die im Wasser leben. Auch Jacobsmuscheln handeln insofern vor dem Hintergrund zahlreicher anderer Elemente, mit denen sie verflochten [*entangled*] sind: Unterwasserströmungen, Meerestiefen, Fressfeinden, Fischern.

Es ist das hier angedeutete Verständnis von Handlung, das die vielleicht größte Herausforderung für die Sozialwissenschaften darstellt: in der Akteur-Netzwerk Theorie wird unterstellt, dass Handlung nicht nur, wie zumindest in den deutschen Sozialwissenschaften spätestens seit Weber (Weber 1913) etabliert, an den »subjektiv gemeinten Sinn« eines prinzipiell rationalen Akteurs. Handeln ist in der Akteur-Netzwerk Theorie nicht unbedingt intentional und allein Personen zuzurechnen. Vielmehr unterstellen Latour et al., dass (menschliche und dingliche) Handlung durch permanente Verbindung mit anderen (menschlichen und dinglichen) Elementen zustande kommt. Wenn ein Mann – um ein viel zitiertes Beispiel Bruno Latours zu bedienen – Rache an jemanden nehmen möchte, dann wird dieses Vorhaben zu einer anderen Handlung, wenn dieser Mann zufällig eine Pistole findet. Denn die Pistole übersetzt die Art und Weise, wie sein Ziel erreicht werden kann, auf dramatische Weise. Auch die bis zu diesem Zeitpunkt unberührt in einer Schublade liegende Pistole wird zu einem anderen Gegenstand, wenn sie in der Hand eines Mannes liegt, der sie zu Rachezwecken bedient. Handlung, so kann man hieraus schlussfolgern, ist also nicht etwas rein Soziales, sondern immer etwas, das auf Netzwerke verteilt ist.

Dieses Verständnis der verteilten Handlungsträgerschaft kann zuletzt am Terminus »Aktant«[2] verdeutlicht werden. Dieser Begriff wird verwen-

---

2 Ein »relationales Aktantenmodell« wurde ursprünglich vom strukturalen Semantiker Algirdas Julien Greimas entwickelt. Aus seiner Kritik an und der Erweiterung von Propps »Morphologie des Märchens« (Propp/Eimermacher 1972), in welchem verschiedene Typen der Handlungsträgerschaft entwickelt werden, bildet Greimas ein Akteursmodell, das nicht-menschlichen Einheiten Handlungspotenzial zugesteht und dabei explizit »animals, objects or concepts« (Greimas/Courtés 1982)

det, um genau diese Handlungsträgerschaft von nicht-menschlichen Akteuren sprachlich festzuhalten: unter Aktanten (z. B. Jacobsmuscheln oder Pistolen) verstehen Latour et al. keine asozialen und ahistorischen Artefakte, sondern Handelnde insofern, als dass diese in Netzwerken agieren. Ohne die natürlichen Fressfeinde der Muscheln, ohne die Pistole in der Schublade, wären andere Dinge passiert (wären Wissenschaftler zu einer anderen Wahrheit gelangt oder wäre anders Rache genommen worden, weil andere Dinge sichtbar, messbar, zählbar geworden wären, oder weil möglicherweise eine andere Waffe gewählt worden wäre). Die Aktanten Jacobsmuscheln und Pistolen schicken diejenigen, die mit ihnen verwoben sind, auf spezifische Handlungswege und koproduzieren somit, was geschieht.

Mit der Akteur-Netzwerk Theorie wird auch ein Ansatz entworfen, der jenseits von Strukturalismus und Interaktionismus liegt – also solchen Ansätzen, die soziale Phänomene entweder mit der sozialen Struktur (also eher makrosoziologisch) oder durch Analyse der Interaktionen zwischen Personen (also eher mikrosoziologisch) zu erklären versuchen. In der Akteur-Netzwerk Theorie wird nicht davon ausgegangen, dass soziale Strukturen (Macht, Gender, Werte, etc.) vorab existieren, vielmehr werden sie in Beziehungen erst hergestellt. Allerdings werden sie nicht von einzelnen Akteuren hergestellt, sondern von Akteur-Netzwerken, d. h. von mit diversen menschlichen und nicht-menschlichen Elementen verbundenen oder verflochtenen Entitäten. Auch die Dichotomie von Struktur und Handlung sowie die Unterscheidung einer Mikro- und Makroebene wird mit in diesem Ansatz verworfen und symmetrisch betrachtet.

Generalisierte Symmetrie

In dem einleitend dargelegten Zitat plädiert Latour für eine *symmetrische Anthropologie* und kritisiert an Augé, dass er in seinen Forschungen zur Pariser Metro keine solche symmetrische Perspektive praktiziert hätte. Wenn Latour, leicht ironisch bemängelt, dass Augé nur die Graffiti in den Bahnhöfen interpretierte, dann möchte er damit zum Ausdruck bringen, dass damit eine auf symbolische Dimensionen verengte Perspektive auf das Phänomen Metro etabliert werde. Die ökonomischen, technologischen und

---

einschließt – letztere bezeichnet er als Aktanten. An anderen Stellen haben Vertreter der Akteur-Netzwerk Theorie darauf aufmerksam gemacht (z. B. Latour 2005; Law 2007), dass Greimas ihre Denkweise maßgeblich mit beeinflusst hat.

wissenschaftlichen Elemente, die alle ebenso den Alltag der Pariser Metro mitbestimmen, ignorierte er. Mit anderen Worten, Augé sehe nicht das »Metro-Netzwerk«. Für Latour bedeutet eine symmetrische Sozialanthropologie zu betreiben entsprechend neben der semiotischen Ebene auch die materiale zu betrachten, und das zu fokussieren, was Latour und Callon als die Verflechtungen von sozialen und materialen (oder natürlichen) Elementen verstehen, als »Naturen/Kulturen« oder »soziotechnische Netzwerke«.

Im Ansatz des *Strong Programme / Sociology of Scientific Knowledge*, wurde ebenso für vier von sozialwissenschaftlichen Wissenschaftsforschern einzuhaltende Symmetrieprinzipien plädiert. Die vor allem in Edinburgh und Bath ansässigen Vertreter des *Strong Programme* begründeten in ihrem Ansatz unter anderem, warum wissenschaftliche Tatsachen in kausalem Zusammenhang mit ihren sozialen Konstellationen gesehen werden sollen. Sie plädierten des Weiteren dafür, einen »neutralen Blick« anzuwenden und somit die Frage auszuklammern, ob eine bestimmte wissenschaftliche Aussage immer noch gilt oder zwischenzeitlich widerlegt wurde.

Dieses Verständnis von Symmetrie halten Callon, Latour, et al. für verkürzt. Ihre Kritik daran lautet, dass diese Symmetrieprinzipien immer noch die Dichotomien der Moderne koproduzieren, vor allem jedoch, dass sie *soziodeterministisch* seien (dieselbe Kritik richteten Latour et al. auch an die Vertreter der Social Construction of Technology – SCOT). Insofern sei

»[a]uch Bloors Prinzip […] asymmetrisch. Zwar nicht mehr, weil es nach Art der Epistemologen eine Unterteilung in Ideologie und Wissenschaft vornimmt, sondern weil es die Natur ausklammert und dem Pol der Gesellschaft das ganze Gewicht der Erklärungen aufbürdet. Es verfährt konstruktivistisch mit der Natur, aber realistisch mit der Gesellschaft […]. Aber die Gesellschaft ist, wie wir mittlerweile wissen, nicht weniger konstruiert als die Natur, denn beide sind das doppelte Resultat eines einzigen Stabilisierungsprozesses.« (Latour 2002: 128)

In der Auseinandersetzung zwischen den Vertretern des Strong Programme und denen der Akteur-Netzwerk Theorie verfechten letztere Ihren Standpunkt wie folgt:

»All the shifts in vocabulary like ›actant‹ instead of ›actor‹, ›actor-network‹ instead of ›social relations‹, ›translation‹ instead of ›interaction‹, ›negotiation‹ instead of ›discovery‹, ›immutable mobiles‹ and ›inscriptions‹ instead of ›proof‹ and ›data‹,

›delegation‹ instead of ›social roles‹, are derided because they are hybrid terms that blur the distinction between the really social and human-centered terms and the really natural and object-centered repertoires.« (Callon/Latour 1992: 347)

In der Betonung der hybriden Verbindungen, so wird in diesem Zitat deutlich, spiegelt sich erneut das nichtmoderne Anliegen der Vertreter der Akteur-Netzwerk Theorie wider. In wissenschaftlichen Forschungen sollten ontologisch unterschiedliche (in ANT *heterogene* genannt) Elemente berücksichtigt werden und das vermieden werden, was Latour – wie oben dargelegt – als »Reinigungsarbeit« bezeichnete.

Warum genau das Strong Programme (aber auch der SCOT-Ansatz) als *soziodeterministisch* gelten kann, soll an der Studie von Harry Collins verdeutlicht werden. In dieser Forschung zu Wissenschaftlern, die Gravitationswellen erforschen, untersucht Collins die sozialen Konstellationen und diskursiven Strategien unter Physikern; er fragte nach den Gründen, warum Wissenschaftler an Experimente *glauben*, warum Variationen in Strömungen unterschiedlich *wahrgenommen* wurden. Er berücksichtigte jedoch *nicht* – wie es Latour, Callon, Law et al. tun würden – die spezifischen angewandten Verfahren und Arbeitsschritte. Er fragte nicht nach der besonderen Beschaffenheit des Zylinders, in dem die Wellen erzeugt wurden oder den Drähten, an denen er hing. Die Entdeckung von Gravitationswellen wurde zwangsläufig als eine *soziale Konstruktion* definiert und *nicht* als das Ergebnis verschiedener aufeinander treffender Akteure und Aktanten in ihren Netzwerken, die die Ergebnisse des Experiments *koproduziert* haben. Nicht umsonst lautet der Untertitel von Latours und Woolgars Laborstudie »The Construction of Scientific Facts«, und *nicht* »The *Social* Construction of Scientific Facts«. Und damit wird auch deutlich, dass es Latour et al. nicht nur um die Einführung von neuen Begriffen geht, die die Heterogenität und Verflochtenheit des Untersuchungsfeldes festhalten. Darüber hinaus geht es darum, alle Elemente (z. B. Menschen und Dinge) gleichartig zu untersuchen.

DISKUSSION UND AUSBLICK

Die Bezeichnung »Akteur-Netzwerk Theorie« wird von denjenigen, die als dessen Begründer gelten, inzwischen nicht mehr präferiert. Sie befürworten eher die Bezeichnung »Soziologie der Translation« oder »material semiotics« (Law 2007). Die zentralen Anliegen dieser Theorie können wie folgt zusammengefasst werden:

- Latour und Callon argumentieren gegen eine modernistische Reinigungsarbeit in der die Welt in ontologisch unterschiedliche Zonen aufgeteilt wird – Körper, Soziales, Psyche, etc. Vielmehr plädieren sie für eine relational-prozessuale Perspektive, in der *Verflechtungen* ontologisch unterschiedlicher Elemente fokussiert werden.
- Damit geht einher, dass Sozialwissenschaftler nicht einseitig das ›Soziale‹ oder ›Kultürliche‹ untersuchen sollten, sondern auch, wie Elemente der materialen Welt diese *koproduzieren*. Kultur oder Gesellschaft existiert nicht a priori, sondern wird in diesen Verflechtungen oder Netzwerken erst hergestellt. Es gibt von daher immer nur unterschiedliche ›Kultur-Netzwerke‹.
- Schließlich plädieren die Vertreter der Akteur-Netzwerk Theorie dafür, anzuerkennen, dass Handlung nichts Intentionales ist. Vielmehr entstehen unterschiedliche Handlungspfade durch die Verteilung und die Beziehungen menschlicher und nicht-menschlicher Elemente auf Netzwerke

Auch wenn es sich bei der Akteur-Netzwerk Theorie um einen Denk- und Forschungsansatz handelt, der in gegenwärtigen *Science and Technology Studies* (STS) häufig angewandt wird, sind einige der Untersuchungsfragen und die daraus resultierenden Konzepte (u.a. das Translationskonzept) des Öfteren kritisiert und hinterfragt worden. Einige Kritiker beklagen, dass Latour, Callon und andere mit ihrem Fokus auf Stabilisierungsprozesse einen *managerial bias* haben (Bowker 1993; Strathern 1996; Haraway 2006), das heißt, dass sie ihren Fokus zu stark auf die Tätigkeiten von als zentral ausgemachten Akteuren richten und dabei die Handlungsträgerschaft anderer im Prozess der Faktengenerierung präsenter Personen oder Aktanten ausblenden. Einige Ansätze, die sich als After-ANT Ansätze subsumieren lassen und die diese Kritik aufgreifen, werden im nächsten Kapitel vorgestellt.

LITERATUR

Bowker, Geoffrey C. (1993): »How to be Universal: Some Cybernetic Strategies, 1943–70«. Social Studies of Science 23(1), S. 107–127.

Callon, Michel (1986): »Some Elements of a Sociology of Translation. Domestication of the Scallops and the Fishermen of St. Brieuc Bay«. In: John Law (Hg.), Power, Action and Belief: A New Sociology of Knowledge? , London: Routledge, S. 196–229.

Callon, Michel/Latour, Bruno (1992): »Don't Throw the Baby Out with the Bath School! A Reply to Collins and Yearley«. In: Andrew Pickering (Hg.), Science as Practice and Culture, Chicago: Chicago University Press, S. 343–368.

Degele, Nina/Simms, Timothy (2004): »Bruno Latour: Post-Konstruktivismus pur«. In: Martin L. Hoffmann/Tobias F. Korta/Sibylle Niekisch (Hg.), Culture Club - Klassiker der Kulturtheorie, Frankfurt/M.: Suhrkamp, S 259–275.

Descartes, René (1641/1972): Meditationen über die Grundlagen der Philosophie mit den sämtlichen Einwänden und Erwiderungen, Hamburg: Felix Meiner.

Greimas, Algirdas J./Courtés, Joseph (1982): Semiotics and Language: an analytical Dictionary, Bloomington: Indiana University Press.

Haraway, Donna (1991): »A Cyborg Manifesto: Science, Technology, and Socialist-Feminism in the Late Twentieth Century«. In: Donna Haraway (Hg.), Simians, Cyborgs and Women: The Reinvention of Nature, New York: Routledge, S. 141–181.

Haraway, Donna (2006): »When We Have Never Been Human, What Is to Be Done? - Interview with Donna Haraway«. Theory, Culture & Society 23(7–8), S. 135–158.

Latour, Bruno (1999): Pandora's Hope: An Essay on the Reality of Science Studies, Cambridge/ MA: Harvard University Press.

Latour, Bruno (2002): Wir sind nie modern gewesen. Versuch einer symmetrischen Anthropologie, Frankfurt/M.: Fischer Taschenbuch Verlag.

Latour, Bruno (2005): Reassembling the Social: An Introduction to Actor-Network Theory, Oxford: Oxford University Press.

Latour, Bruno/Woolgar, Steve (1986): Laboratory Life: The construction of scientific facts, Princeton/ NJ: Princeton University Press.

Law, John (1987): »Technology and Heterogeneous Engineering: The Case of Portuguese Expansion. The Social Construction of Technological Systems«. In: Thomas P. Hughes/Wiebe E. Bijker/Trevor Pinch (Hg.), New Directions in the Sociology and History of Technology, Cambridge: MIT Press, S. 111–134.

Nicolini, Davide (2009): »Medical Innovation as a Process of Translation: a Case from the Field of Telemedicine«. British Journal of Management 21, S. 1011–26.

Propp, Vladimir/Eimermacher, Karl (1972): Morphologie des Märchens, München: Carl Hanser Verlag.

Strathern, Marilyn (1996): »Cutting the Network«. Journal of the Royal Anthropological Institute 2, S. 517–535.

Weber, Max (1913): »Über einige Kategorien der verstehenden Soziologie.« Logos 4(3), S. 253–294.

Teil III
Sozialanthropologische Perspektiven auf Science and Technology Studies

STS und Politik

ESTRID SØRENSEN

Die parlamentarische Politik der zeitgenössischen westlichen Welt greift immer häufiger auf wissenschaftliches Wissen für Entscheidungsfindungen und deren Begründung zurück. Um etwa Entscheidungen über den Ausbau von Verkehrs-Infrastruktur, über Laufzeiten von Atomkraftwerken oder über die rechtliche Regelung von Präimplanta-tions-Diagnostik zu treffen, stützt sich die Politik auf das Wissen und die Einschätzungen von Expertinnen und Experten. Andererseits produziert Wissenschaft kontinuierlich neue Objekte, wie zum Beispiel Klone von Stammzellen oder synthetische Bakterien, die neue soziale und gesellschaftliche Beziehungen und Praktiken ermöglichen und dadurch zur Veränderung unserer Gesellschaft beitragen und politisch relevant werden. Für die Wissenschafts- und Technologieforschung wird Politik deswegen zwangsläufig zum Thema.

Die Frage nach der Beziehung zwischen Politik und Wissenschaft bzw. die Frage, in welchem Maße und in welcher Weise Wissenschaft politisch ist, ist kennzeichnend für das Feld der STS. Das heißt aber nicht, dass Einigkeit über die Vorstellung von der Beziehung zwischen Wissenschaft und Politik im Feld der STS bestünde. Ganz im Gegenteil: diese Frage markiert eine der zentralsten aktuellen Debatten des Feldes. Die Diskussionen betreffen sowohl die Frage, mit welchen Begriffen die Beziehung zwischen Wissenschaft und Politik beschrieben und analysiert werden kann und welchen Fokus solche Beschreibungen und Analysen haben sollten, als auch die normative Frage, ob man die wissenschaftliche Tätigkeit als politisch bezeichnen oder sogar als solche kultivieren sollte.

Die Streitlinien folgen teilweise den Trennlinien zwischen verschiedenen Ansätzen des Feldes, wie zum Beispiel der Sociology of Scientific Knowledge und der Akteur-Netzwerk Theorie. Als Vertreter der ersteren schlagen Collins und Evans (2002) vor, man solle die sozialen Akteure aufgrund der verschiedenen Art ihrer Expertise einteilen. Hingegen bevorzugt Bruno Latour (2009) als Akteur-Netzwerk-Theoretiker eine Wissenschaftsforschung, die sich mit »Dingen von Belang« beschäftigt. Auch die mikro-politischen Verhandlungen des Alltags, die von wissenschaftlichem Wissen beeinflusst sind sowie der politische Charakter der Forschungen, die im Feld der STS hervorgebracht werden, sind Themen, mit denen sich Akteure im Feld der Wissenschafts- und Technologieforschung unter dem Aspekt ihrer politischen Dimension beschäftigen.

Weiterführende Literatur

Fassin, Didier (2007): When Bodies Remember: Experiences and Politics of AIDS in South Africa, New Jersey: University of California Press.
Das Buch thematisiert die Erfahrungen und den Umgang mit AIDS in Südafrika. Fassin baut seine Analysen einerseits auf ethnographischer Arbeit mit AIDS Kranken in den Townships von Johannesburg auf. Andererseits beschäftigt er sich mit Diskursen über die Epidemie und die Steuerung der wissenschaftlichen Teilnahme in der AIDS Bekämpfung. Das Buch ist ein sehr gutes Beispiel für eine ethnographische Arbeit, die die Politik einer Krankheit als vielfältig aktualisiert versteht.

Latour, Bruno (2008): It's Development, stupid! Or How to Modernize Modernization?, http://www.espacestemps.net/document5303.html.
In dieser Buchbesprechung diskutiert Latour die Verbindung von Politik und ›Natur‹ in der Umwelt-Politik. An diesem Beispiel erhalten der Leser und die Leserin eine Einsicht in die Anwendung von Latour's Konzeptualisierung von Politik und Wissenschaft.

Papadopoulos, Dimitris (2011): Alter-Ontologies: »Towards a Constituent Politics in Technoscience«. Social Studies of Science 41(2), S. 177–201.
Der Aufsatz diskutiert vier verschiedene Konzeptualisierungen von Politik in STS und schlägt einen alternativen Ansatz vor, der Politik als eine aktive soziale und materielle Transformation konzeptualisiert.

EINLEITUNG[1]

»In the 1980s, a cheap blood test became available that identifies pregnancies at risk of certain serious birth defects, namely neural tube defects – which may cause spina bifida (›open spine‹) – and (in later versions of the test) Down's syndrome. The procedure, alternatively called maternal blood screening, the triple screen or the triple test, calculates a woman's individual risk on the basis of the level of three substances in the mother's blood, plus the woman's age, weight and ethnicity. Since only a small sample of maternal blood is required for the test, the procedure does not induce risks for mother and child«. (De Vries 2007: 784–785)

Der Triple Test ist ein Produkt wissenschaftlicher Forschung und technologischer Entwicklung und er ist ein Beispiel dafür, wie solche Entwicklungen das Leben von Menschen verändern können. Erstens sorgt der Triple Test dafür, dass Eltern die Möglichkeit haben, einen wahrscheinlich gesundheitlich beeinträchtigten Fötus abzutreiben und eine Schwangerschaft mit günstigeren Testergebnissen abzuwarten. Zweitens argumentieren Gegner des Triple Test, dass Gesundheitsökonomen mit diesem Test vor allem erreichen wollen, dass weniger behinderte Menschen geboren werden und hierdurch eine Senkung von Sozial- und Gesundheitskosten möglich wird. Drittens haben Forschungen zu ärztlicher Praxis in der Vormoderne wie der Moderne selbst gezeigt, dass die technische Entwicklung in der Medizin dazu beigetragen hat, dass Schwangerschaft heute etwas ganz anderes ist und bedeutet als früher. Vor allem die Arbeiten der Historikerin Barbara Duden zur kulturellen Bedeutung der Einführung und Nutzung der Ultraschall-Diagnostik seien hier erwähnt. (Duden 2002: 2007) Welche umfassenden sozialen, ökonomischen und kulturellen Konsequenzen solche wissenschaftlichen und technologischen Entwicklungen bereithalten, zeigen auch die ethnographischen Studien von Rayna Rapp (1999) und Charis Thompson (2005). Viele STS-Forscherinnen und -Forscher würden daher sagen, dass der Triple Test an sich politisch ist, »it has politics« (Winner 1980), weil er sowohl Kultur und Gesellschaft verändert als auch das Handeln und Selbstverständnis der Menschen.

Dieses Kapitel beschäftigt sich mit der Beziehung zwischen Wissenschaft und Politik. Sind Wissenschaft und Politik unterschiedliche gesell-

---

1 Dank gebührt Michalis Kontopodis für seinen Beitrag zu diesem Kapitel.

schaftliche Bereiche oder vermischen sich diese? Hinzu kommt die ethische Frage, inwieweit Wissenschaft bzw. Politik sich in den Bereich des jeweils anderen einmischen soll und darf? Stellt man sich ein Kontinuum der politischen Entscheidungsfindung und der Rolle von Expertise vor, liegt Technokratie, also die Herrschaft der Wissenschaft und Technologie an einem Ende (WISSENSCHAFTSSOZIOLOGIE), und am anderen liegt die Demokratie, die Herrschaft des Volkes und der Interessenvertreter.[2] Obwohl Technokratie im öffentlichen Diskurs zumeist negativ konnotiert ist, kann man sich keine Demokratie ohne wissenschaftlichen und technischen Einfluss vorstellen. Wie Collins und Evans (2002) schreiben, stimmen die Meisten wahrscheinlich zu, dass der Wissenschaft auch eine gewisse Autonomie zugesprochen wird und werden soll:

>>Members of Western society know, without having to agonize, that anyone who is not a recognized physicist with a great deal of equipment or special theoretical knowledge will not be, and *should not be*, counted as a member of the set of decision-makers in respect of the *scientific knowledge* itself [...] Should any politicians ever want to dismantle the right of the scientific community to settle esoteric issues within science, we would want to fight them.<< (Collins/Evans 2002: 242–243)

In allen Kapiteln dieses Readers wird Politik als Teil der Fragestellungen von Theorien thematisiert, manchmal explizit, oft aber nur implizit. In diesem Kapitel soll die Frage nach dem Politischen im Fokus stehen, da sie eine grundlegende Bedeutung für die Entstehung, das Selbstverständnis und die Berechtigung von STS-Forschungen hat und immer wieder auch zentrale und aktuelle Debatten innerhalb des STS-Feldes befeuert. Das Kapitel greift in den folgenden drei Schritten nur auf bereits in vorangegangen Kapiteln diskutierte theoretische Ansätze zurück, um zu verdeutlichen, wie die Beziehung von Wissenschaft und Politik in diesen verschiedenen Zugriffen je unterschiedlich konzipiert wird:

---

2 Technokratie wird in diesem Band in zwei Bedeutungen verwendet. Erstens, so wie hier, im Sinne von Expertokratie als Regierungsform und zweitens im deutlich wertenden Sinne als Bedrohungsszenario im Sinne der Technokratiedebatte, die in der technischen Entwicklung nach dem zweiten Weltkrieg den Sieg des rational-ökonomischen Denkens wahrnahm und damit das Ende moralischer Entscheidungen in westlichen Gesellschaften. Letztere widerspricht nicht dem Expertokratiekonzept, rekurriert aber auf eine andere Wissenstradition.

- *Wissenschaft und Politik werden als getrennte Ebenen behandelt.* Vor allem die frühe Wissenschaftstheorie und Wissenschaftssoziologie, bis hinein in die 1960er Jahre, konzipiert Wissenschaft und Politik sowohl präskriptiv wie normativ als weitgehend getrennt voneinander.
- *Der Fokus wird auf die Dekonstruktion der angenommenen Trennung von Wissenschaft und Politik gelegt.* Ab den 1970er Jahren bis in die späten 1990er Jahre – aber auch noch heute – bemühten sich Wissenschaftsforscherinnen und -forscher zu analysieren, wie Wissenschaft und Politik sich tatsächlich ineinander verschränken.
- *Die Frage nach der Verbindung zwischen Wissenschaft und Politik rückt ins Zentrum.* Verstärkt ab Mitte der 1990er Jahre wird in der Wissenschaftsforschung und in der STS-Forschung die Frage gestellt, wie Wissenschaft und Politik interagieren sollen.

Die genannten Fragestellungen dominierten in den angegebenen Zeiträumen, dennoch finden sich Diskussionen zu allen drei Themen auch in den jeweils anderen Phasen.

WISSENSCHAFT UND POLITIK ALS GETRENNTE EBENEN: PRE-STS

Die Ansätze, die in den Kapiteln 1 und 2 als Vorgänger von STS dargestellt worden sind, stehen als zentrale Repräsentanten für die Überzeugung, dass Wissenschaft und Politik getrennt werden sollen und auch weitgehend getrennt sind. Wissenschaft wurde als eine in sich geschlossene Tätigkeit gesehen. Dem Ansatz des logischen Positivismus zufolge sind Beobachtungen klar von der Theorie zu trennen. (WISSENSCHAFTSTHEORIE) Wissenschaftliches Wissen gründet auf rationaler Methode und kann daher von Meinungen, Auffassungen und Urteilen unterschieden werden. Dadurch erlangt wissenschaftliches Wissen einerseits den Status von Objektivität; andererseits aber auch von politischer und normativer Neutralität. Dementsprechend gingen viele wissenschaftsphilosophische Vertreter des logischen Positivismus davon aus, dass politische Konflikte, die auf Grund fehlender Informationen entstünden, durch wissenschaftliche Informationen bereinigt und politische Gegensätze durch ein gemeinsames, wissenschaftliches Verständnis von Realität versöhnt werden könnten (Keller 2009: 29).

Diese der Technokratie im Sinne einer Expertokratie naheliegende Ansicht läuft immer Gefahr, demokratische Normen zu missachten. Denn, so zeigt nicht zuletzt die Wissenschafts- und Technikforschung, politische Entscheidungsfindungsprozesse sind immer auch normative und moralische Prozesse und in welchem Maße wissenschaftlichen Argumenten Rationalität und Universalität zugebilligt werden soll und welchen Stellenwert in einer politischen Diskussion die Wissenschaft einnehmen soll, kann nur in sozialen Prozesse festgelegt werden.

Rationalistische Wissenschaftsphilosophen sind anderer Meinung: Die Wissenschaft solle sich nicht in die Zielsetzung der Politik einmischen, sondern dann zum Zuge kommen, wenn die Politik ihre Ziele definiert hat. Die Wissenschaft sei eine wertvolle Ressource, mit der die effizientesten und wirkungsvollsten Mittel für politische Zwecke und Ziele gefunden werden könnten. Sie eigne sich deshalb dafür, weil sie kausale Erklärungen liefere und damit den Mitteleinsatz und das Ergebnis direkt überprüfbar mache. Diesem Ansatz nach schützt wissenschaftliches Wissen die Politik gegen elitäre Minoritäten, die ihre politischen Ziele gegen demokratische Mehrheiten durchzusetzen versuchen. Wissenschaftliches Wissen wird als Korrektiv gegen politische Willkür angesehen.

Beide Auffassungen halten Wissenschaft und Politik eindeutig voneinander getrennt. Wissenschaft ist und soll nicht politisch sein, kann aber als Informationsquelle dienen und als methodische Hilfe zur Entscheidungsfindung beitragen. Die wissenschaftliche Wissensproduktion selbst bleibt bei dieser Argumentation von der Politik unbeeinflusst, weil sie systematischen, rationalen oder logischen Methoden folgt. Der Positivismus und der Rationalismus fassten beide die Wissenschaft als eine mentale Tätigkeit auf und nicht als eine Organisation, Institution, Profession oder Praxis. Solange man die zuletzt genannten Aspekte von Wissenschaft ausblendet, ist es nicht überraschend, dass Politik in Bezug auf die wissenschaftliche Wissensproduktion selbst nicht thematisiert wird.

Die rationalistische und die logisch positivistische Wissenschaftsphilosophie gehören zu einer Wissenschaftstheorie, die Politik und Wissenschaft als grundlegend voneinander getrennt sehen. Der Wissenschaftssoziologe Robert Merton brachte die Politik näher an die Wissenschaft heran, indem er seinen Fokus auf die konkreten Institutionen der Wissenschaft legte, die in einen gesellschaftlichen Kontext eingebettet sind. Seine Forschungen bilden damit einen Übergang zwischen der Konzeption einer politisch unbeeinflussten Wissenschaft und dem Verständnis, dass Wissenschaft politisch ist. Laut Merton sind vor allem die Entscheidungen, welche Themen überhaupt erforscht werden, von Politik beeinflusst. Ihn interessierte, was die Einheit der Wissenschaft ausmacht und woraus die Wissenschaft ohne ökonomische und politische Ressourcen ihre institutionelle Robustheit bezieht, wenn es zum Beispiel um den Umgang mit Fälschungen und Betrug geht. Die wissenschaftlichen Institutionen sind laut Merton durch Politik vielfältig beeinflusst, wodurch auch die Themen, Probleme und Fragestellungen der Wissenschaft politisch beeinflusst werden. (Merton 1973)

Es soll an dieser Stelle angemerkt werden, dass sich nicht nur in der frühen Wissenschaftstheorie, sondern auch noch heute oft deskriptive und präskriptive Äußerungen zur Beziehung zwischen Wissenschaft und Politik vermischen (WISSENSCHAFTSSOZIOLOGIE). Es ist nicht immer eindeutig, wann Wissenschaftsforscherinnen und -forscher davon sprechen, wie das Verhältnis *ist*, und wann sie davon sprechen, wie es ihrer Vorstellung nach sein *sollte*. Einige Wissenschaftlerinnen und Wissenschaftler im Feld der STS haben die Konsequenz gezogen, dass sie absichtlich die zwei Ebenen mischen.

DEKONSTRUKTION DER TRENNUNG: STS ENTSTEHT

Das STS-Feld ist in den 1970er bis 80er Jahren vor allem als Kritik an der frühen Wissenschaftstheorie und auf der Basis eines neuen Politikverständnisses entstanden. STS war nur eines von mehreren sozial- und kulturwissenschaftlichen Feldern sowie politischen Bemühungen, ein komplexeres Bild der Beziehung zwischen Politik und Wissenschaft zu zeichnen.[3] Die Werke des französischen Historikers und Sozialphilosophen Michel Foucault waren hier zentral und haben das Feld der STS umfassend beeinflusst.

Foucault entwickelte ein Verständnis von Macht und Politik als Faktoren, die im und durch den Körper sowie im und durch das Leben wirkten statt als Kräfte, die über den Körper und über das Leben ausgeübt würden. Dieses Konzept beruht auf der zentralen Einsicht Foucaults, dass Macht und Wissen im Diskurs verknüpft sind und weder in Alltagspraxen, noch

---

3 Vergleiche hierzu etwa Bachelard (1987), Canguilhem (1987), Böhme (2008), Habermas (1968).

analytisch voneinander getrennt werden können. Macht und Wissen müssen dabei immer in ihrer Mikro-Politik (siehe unten) analysiert werden. Foucault prägte die Begriffe *Biomacht* und *Biopolitik*, wobei »Bio« auf »Leben« in einem umfassenden Sinne verweist (Foucault 1987; 2006). Foucault verglich die moderne Macht mit der Macht der Vormoderne und erklärte, wie letztere eine Macht des Souveräns über den Tod war. Der Souverän entschied, wer sterben sollte und wer überleben durfte. In der Moderne hingegen entstand eine neue Machtform, in der es vor allem darum ging, das Leben zu formen.

Ab dem 17. Jahrhundert entwickelten sich laut Foucault zwei Hauptformen von Biomacht. In der ersten stand der Körper als eine Maschine im Zentrum: die Abrichtung des Körpers, der Ausbau seiner Fähigkeiten, das Entwickeln seiner Kräfte. Diese Machtform findet man in Disziplinierungsarten wieder, die sich in Schulen, Internaten, Kasernen und Werkstätten formierten. Die zweite Hauptform der Biomacht entwickelte sich ab der zweiten Hälfte des 18. Jahrhunderts und hat den Menschen als Gattungswesen im Fokus. Dabei geriet nicht nur das einzelne Individuum, sondern vor allem die Bevölkerung in den Vordergrund. Es ging um Fortpflanzung, Geburtenrate und Sterblichkeit, Gesundheit sowie die Aufrechterhaltung und Verbesserung der Lebenserwartung der Bevölkerung. Bei diesem durchkalkulierten Leben war Normalität das zentrale Ziel, ein normalisiertes Leben und die Regulierung der Bevölkerung – eine deutlicha andere Regierungsform verglichen mit der Disziplinierung des Individuums. Das Wissen über den individuellen Körper und über die Bevölkerung sowie deren Praktiken nahm schnell zu. Nicht zuletzt trug die Wissenschaft zu einer Normalisierung der Bevölkerung bei, vor allem indem sie statistisches Wissen produzierte und somit die Festlegung von Normen und Standards überhaupt erst ermöglichte, mit denen die Bevölkerung geformt werden sollte. Ein Leben, das nicht der Normalität entsprach, sowie die Mechanismen eines solchen Lebens, wurden identifiziert, beobachtet, beschrieben und erklärt. Die Menschen mit abweichenden (psychischen oder physischen) Charakteristika wurden von der Normalbevölkerung getrennt. Das Leben und seine Mechanismen wurden Berechnungen unterworfen, und durch die Reglementierung und Kontrolle des Körpers produzierte die Biomacht *gefügige* [*docile*] Körper (Hess 1997).

Die Etablierung der Biomacht führte zu einer Neuausrichtung der politischen Kämpfe. Sie orientierten sich nicht mehr an der Beziehung zwischen dem Souverän und seinen Untertanen, sondern am Leben des Menschen und an der Kontrolle, die über das Leben ausgeübt werden konnte. Das Leben selbst wurde zu einem politischen Gegenstand. Das Recht zu Leben, am eigenen Körper, auf Gesundheit und zur Befriedigung der eigenen Bedürfnisse wurde eingefordert (Rabinow/Rose 2006). Der Begriff Biopolitik verweist dabei auf Strategien für und Polemiken über die Problematisierung von kollektiver Lebenskraft, Gesundheit, Sterblichkeit sowie über erwünschte legitimierte und effiziente Wissensformen, Autoritätsregime und Interventionspraktiken. Der amerikanische Anthropologe Paul Rabinow und der britische Soziologe Nikolas Rose spezifizieren Foucaults Begriff der Biopolitik, indem sie festlegen, dass Biopolitik folgende Elemente umfassen muss:

- Ein oder mehrere Wahrheitsdiskurse über das Leben von Menschen;
- Strategien zur Intervention in die Existenz der Bevölkerung im Namen des Lebens und der Gesundheit;
- Subjektivitätsformen, durch die Individuen dazu gebracht werden sollen, an ihrem eigenen Leben zu arbeiten.

Foucault zeigte dabei, wie sich wissenschaftliches Wissen in ein engmaschiges und verstreutes Gefüge von Technologien und Praktiken einschrieb, was zur modernen Herrschaftsform der Biomacht führte, die gleichzeitig zur Aufrechterhaltung der Sonderstellung des wissenschaftlichen Wissens in der Gesellschaft beitrug. Rabinow und Rose warnen jedoch zurecht davor, Foucaults Studien, die sich auf das 17. und 18. Jahrhundert beziehen, direkt auf die jetzige Zeit zu übertragen. Die spezifische Konfiguration von Biomacht und Biopolitik, zwischen Mikro- und Makro-Ebene verändere sich im Verlauf der Moderne durch die Entwicklung von Wissenschaft und Technologie; deshalb müsse empirisch gezeigt werden, wie Biomacht und Biopolitik heute konfiguriert seien.[4]

---

4 Rose und Rabinow kritisieren hier Agamben (1998; 2005) sowie Hardt & Negri (2000) wegen deren Festhalten am Konzept des Staates als zentralem Akteur der Biopolitik. Für weitere Diskussionen der Biomacht siehe Lemke (2007), Rabinow (1996), Rose (2006), und zur Kritik des Begriffes: Fassin (2007), Raman & Tutton (2010).

Durch seine Studien über Biomacht hat Foucault den Begriff Mikro-Politik[5] geprägt. Hier weist Politik vor allem auf Macht oder Kräfte hin, die sich ständig in unserem Alltag und unseren Beziehungen sowie in unseren Lebensräumen und Kulturen abspielen, d.h. auf viele sehr alltägliche Aushandlungen. Im Englischen spricht man heute von einer Politik mit großem P und einer Politik mit kleinem p oder auch von Makro-Politik und Mikro-Politik. Unter Makro-Politik wird die politische Entscheidungsfindung im Sinne Max Webers verstanden, die in Parlamenten, in politischen Institutionen, Gremien und Parteien stattfindet. Es handelt sich hier um Institutionen und Praktiken, deren Ziel und Fokus die explizite Entscheidungsfindung im politischen Raum ist. Im Gegensatz dazu kann Mikro-Politik bewusst taktisch ausgeübt werden, um ein Ziel zu erreichen; im STS-Feld aber weist sie vor allem auf die oft auch als subpolitisch bezeichneten Praktiken hin, die politische Konsequenzen haben, obwohl sie nicht intentional als politisch konzipiert sind. Dies kann zum Beispiel der Fall sein, wenn im Zuge von öffentlichen Diskursen um Technologieentwicklung Fußball-Metaphern häufiger angewandt werden als Metaphern der Kindererziehung, wodurch eher Männer als Frauen angesprochen werden, mit der Folge, dass männliches Denken und männliche Interessen als Norm bekräftigt werden.

Wenn die frühe Wissenschaftstheorie von Politik sprach, war immer die Politik mit großem P, die Makro-Politik, gemeint. In der ersten Hälfte des 20. Jahrhunderts war eine historische Konstellation entstanden, in der Wissenschaft sich selbst als prinzipiell sozial sowie politisch unbeeinflusst verstand. Darüber hinaus gab es ebenfalls Konsens darüber, dass die Wissenschaft die logisch systematischste und am ehesten gerechtfertigte Form des Denkens sei und damit eine notwendige Ressource für politische Entscheidungsfindung darstelle.[6] Weder wurde die Legitimität der Wissenschaft in Frage gestellt, noch ihr Status. (WISSENSCHAFTSSOZIOLOGIE) Dieser Makro-Politik und ihren vielfältigen Zusammenhängen mit Wissenschaft widmet sich heute innerhalb der STS vor allem die Wissens- und Wissenschaftspolitik sowie die Forschung zur Steuerung und Regulierung

---

5 Anders als im angelsächsischen Raum ist der Begriff der Mikro-Politik in Deutschland stärker mit dem Konzept der »informellen Praxis« verknüpft, wie sie in der organisationstheoretischen Forschung etabliert ist, als mit Foucaults Ansatz.
6 Obwohl hier angemerkt werden soll, dass es keinen Konsens über klare Kriterien gab oder gibt, was wissenschaftliches Wissen von nicht-wissenschaftlichem Wissen unterscheidet (RATIONALITÄT).

von wissenschaftlich-technologischer Entwicklung; der zentrale Begriff ist hier »governance«. Im Feld der STS befasst man sich immer häufiger mit Mikro-Politik: mit Alltagspraxen in Wissenschaft und damit, wie sich besondere Lebens-, Denk- und Handlungsformen durch die Entwicklung und Zirkulation von wissenschaftlichem Wissen festigen und aufrechterhalten, während andere Lebens-, Denk- und Handlungsformen durch die gleichen Prozesse obsolet gemacht werden – oft ohne dass dies jemals aktiv oder auf politischer Bühne entschieden wurde oder es sich jemand gewünscht hätte. Wissenschaftlicher Alltag wird als von Herrschafts- und Machtverhältnissen durchzogen und dadurch auch als politisch verstanden. Bereits Latour und Woolgar (1986), in ihrer Studie über Alltagspraxen des wissenschaftlichen Labors (LABORSTUDIEN), konnten zeigen, dass wissenschaftliche Fakten durch eine Reihe von sozialen, textlichen und materiellen Übersetzungen konstruiert sind, geprägt von lokalen Alltagspraxen des Labors und von kulturellen und sozialen Besonderheiten. Wissenschaftliches Wissen ist aus dieser Perspektive also stets von den Besonderheiten seiner jeweiligen Herstellungspraxen abhängig und von den dort herrschenden Mikro-Politiken. Solche Darlegungen bedrohen den behaupteten Universalismus und die Kontext-Freiheit wissenschaftlicher Forschungsergebnisse, aus der heraus häufig die grundlegende Legitimität und der Sonderstatus von Wissenschaft begründet wurde und wird. STS Forschung betont stattdessen die Kontingenz von wissenschaftlichen Wissenspraxen, d. h. die Tatsache, dass Wissenspraxen immer einem spezifischen historischen und soziale Entwicklungspfad gefolgt sind, der in seiner Spezifik allerdings keineswegs notwendig sondern immer nur möglich war. Wissenschaftliches Wissen als kontingente Wissenspraxis unterscheidet sich aus dieser Perspektive daher auch nicht prinzipiell von anderen Wissensformen.

Laut Forscherinnen und Forschern des STS-Feldes wurde die klare Trennung zwischen Wissenschaft und Politik nicht nur dadurch kompromittiert, dass die Herstellungspraxis des wissenschaftlichen Wissens als kontingent und sozial beschrieben wurde. Auch die klare Rollenverteilung zwischen Wissenschaft und Politik bei Entscheidungsfindungen, wie sie in der frühen Wissenschaftstheorie beschrieben wurde, zog man in Zweifel. Die Studie des niederländischen Wissenschaftsphilosophen Gerard De Vries' über die Einführung des Triple Tests bei Schwangerschaftsuntersuchungen in den Niederlanden ist ein sehr illustratives Beispiel für die Vermischung von Wissenschaft und Politik:

»Studies had suggested that, because of false negatives, maternal blood screening would probably cause the number of children actually born with Down's syndrome to actually increase rather than decrease. Having taken a triple screen and having received a (possibly false) negative result, women over 36 years old (who have an increased risk for giving birth to a child with Down's syndrome) would probably be discouraged from taking the invasive and therefore risky diagnostic tests. Other critics of the test emphasized that because of the test's relatively high rate of false-positives, many women would have to face unnecessary stress. It was also argued that routine introduction of the triple screen would lead to unnecessary medicalization of pregnancy. As early as 1981, the Dutch government asked its official advisory board for healthcare issues, the Health Council of The Netherlands, for advice on the test. Because of internal disputes, the Council took a long time to write its report. In 1988, the Council advised the government not to introduce triple screening on a routine, unsolicited basis. The Council, however, considered it to be desirable to set up a pilot project, in which for a 2 to 3–year period 20,000–30,000 women would be screened. A minority report, however, also argued against the pilot study. In 1989, the Minister of Health decided to pursue the minority report. After reviews of new evidence, the Minister's decision was confirmed in 1991. Parliament approved the course the Minister followed. However, in a project aimed at evaluating the efficacy of the test, researchers at Groningen University Hospital had already started to offer maternal blood screening to pregnant women in the Northern parts of Holland in the 1980s. The tests were free. [...] When other university hospitals began to follow the Groningen example in the 1990s, in spite of the government's policy, the triple screen was introduced de facto on almost a national scale. Formally, the tests were offered for scientific reasons and upon individual request. [...] However, because the triple screen was widely discussed in newspapers, in women's magazines and on television, there may be considerable doubt about the ›individual‹ nature of the requests. [...]
In 2001, the Health Council reconsidered the situation. [...] Citing new scientific evidence, this time the Council gave positive advice to introduce unsolicited screening of all pregnant women. [...]Facing an upcoming election, the Dutch Cabinet decided to leave the decision to the new government. In November 2003 the new Cabinet announced that it disagreed with the Health Council's conclusion and that it continued to reject maternal blood screening as a standard test to be offered to all women during pregnancy. According to the Cabinet, routine offering of maternal blood screening would turn pregnancy, ›a normal and natural process that for most women causes little problems‹ (Tweede Kamer 29323, 2003:8), unnecessarily into a

medical issue. The Cabinet ruled that [...] maternal blood screening will be offered free only to women [...] over 36 years old and women who have certain disorders, such as diabetes. [...] [M]aternal blood screening remains available upon individual request for every pregnant Dutch woman prepared to pay €100. In fact, the practice of maternal blood screening that had developed is likely for the most part to be unaffected.« (De Vries 2007: 785–6)

De Vries zeigt hier, wie Politik und Wissenschaft eine Reihe von Akteuren einbezieht, die an verschiedenen Orten, in und außerhalb etablierter politischer Arenen und aus verschiedenen technischen wie normativen Gründen eine Praxis etablieren, die als öffentliches Interesse gilt. Dadurch wird die Distanz der Wissenschaft zur Politik in Frage gestellt wie auch die privilegierte Position der Wissenschaft in der Politik gegenüber anderen sub-politischen Akteuren[7].

SCIENCE WARS

Die Beziehung zwischen Wissenschaft und Politik war auch zentral für eine in den 1990er Jahren ausgelöste, scharfe Debatte zwischen Naturwissenschaftlern und Sozialwissenschaftlern. In den so genannten *Science Wars* wurde die Frage nach der Legitimität wissenschaftlicher Autorität zum zentralen Streitpunkt. Als mehr und mehr sozial- und kulturwissenschaftliche Studien den Status der Naturwissenschaften herausforderten, reagierten Naturwissenschaftler mit kritischen Veröffentlichungen, in denen sie monierten, dass die Sozial- und Kulturwissenschaften ohne Einsicht in die naturwissenschaftlichen Methoden und Theorien ihre Forschung nur zu politischen Zwecken betreiben würden und zudem ein mangelhaftes Verständnis der Wissenschaft besäßen (Gross/Levitt 1994). Dieser Streit kulminierte im Jahr 1996, als der Physiker Alan Sokal in der Zeitschrift »Social Text« und ausgerechnet in einem Sonderheft, das sich den »Science

---

7 Wie es später erklärt werden soll, unterscheidet u.a. STS zwischen Mikro-Politik und Makro-Politik. In diesem Beispiel geht es stets um »Politik mit großem P«. Für die »Politik mit kleinem p« wäre zu thematisieren, dass es die Verhältnisse zwischen Männern und Frauen modifiziert werden, sowie Fragen von Stigmatisierung und Schuld etc. angesprochen werden.

Wars« widmete, einen Aufsatz veröffentlichte, in dem er argumentierte, dass die Quantenphysik die von Sozialwissenschaftlern vorgetragene Kritik des wissenschaftlichen Objektivismus unterstütze (Sokal 1996a). Der Aufsatz war anonym begutachtet und zur Veröffentlichung akzeptiert worden; doch nachdem das Heft erschienen war, verriet Sokal in einer anderen Zeitschrift (1996b), dass sein Aufsatz nichts anderes als ein »Experiment« mit den Vertretern der Cultural Studies gewesen sei: seine Thesen seien eine reine Persiflage und durch quantenphysikalische Theorien nicht gestützt. Sein Ziel sei lediglich gewesen zu belegen, dass Sozial- und Kulturwissenschaftler keine Ahnung von Naturwissenschaften hätten und dass deren ›In-Frage-Stellen‹ von naturwissenschaftlichem Wissen nicht berechtigt sei. Für die Herausgeber und den Review-Prozess der Zeitschrift »Social Text« war die dadurch ausgelöste »Sokal Affäre«, über die auch in der Tagespresse ausführlich berichtet wurde, mehr als peinlich – die Redaktion entschuldigte sich bei ihren Lesern.

DIE FRAGE DER PRAKTISCHEN BEZIEHUNGEN ZWISCHEN POLITIK UND WISSENSCHAFT

Mit der so genannten *Sokal Affäre* hatten die Science Wars einen absurden Höhepunkt erreicht. Vielen Sozial- und KulturwissenschaftlerInnen wurde deutlich, dass die sozialkonstruktivistische Kritik der Naturwissenschaften zwar aus Sicht der Sozial- und Kulturwissenschaften eine wichtige Dekonstruktion der wissenschaftlichen Praxis erreicht hatte. Diese war jetzt als soziale Praxis untersuchbar. Es wurde aber auch vielen deutlich, dass diese sozial- und kulturwissenschaftlichen Erkenntnisse über naturwissenschaftliche Wissenspraxen auf diesem Weg unter Naturwissenschaftlern selbst nicht an Bedeutung gewinnen würden. Im Gegenteil: der Graben zwischen den Kultur- und Sozialwissenschaften einerseits und den Naturwissenschaften andererseits schien breiter und tiefer geworden zu sein. Eine Wende war nötig, um eine konstruktive Beziehung zwischen den Wissenschaften aufzubauen. Es ging darum, einen Weg zu finden, die Naturwissenschaften nicht mehr nur kritisch zu beurteilen, sondern der Frage nachzugehen, wie Politik und Wissenschaft miteinander verbunden seien:

»We need both strong democracy and good expertise to manage the demands of modernity, and we need them continuously. The question is how to integrate the two in disparate contexts so as to achieve a human and reasoned balance between power and knowledge, between deliberation and analysis.« (Jasanoff 2003: 398)

Laut Jasanoff und anderen kann die Lehre der dekonstruktivistischen Wissenschaftsforschung nicht darin bestehen, naturwissenschaftliche Expertise abzulehnen. Es gehe nicht um eine einfache Verschiebung von Technokratie zur Demokratie. Moderne Gesellschaften brauchten technowissenschaftliche Expertise ebenso wie demokratisch legitimierte Entscheidungsstrukturen. Der Einsicht, dass Wissenschaft und Politik ko-produziert sind (Jasanoff 2004), folgte die Frage nach der *Grenz-Arbeit* [*boundary work*] zwischen Wissenschaft und Politik – die Aufforderung, den Trennungen und Grenzen zwischen Politik und Wissenschaft ebenso wie ihren Verbindungen und Verschmelzungen nachzugehen. Diese eher deskriptive Fragestellung wurde von vielen Forscherinnen und Forschern des STS-Feldes um die normative Frage erweitert, welche Beziehungen zwischen Wissenschaft und Politik konstruktiv sein könnten. Im Folgenden werden drei Versuche dargestellt, die im Feld der STS die Beziehung zwischen Wissenschaft und Politik neu konzipierten:

• Der Ansatz der Wissenschaftssoziologen Harry Collins und Robert Evans, die in ihrem Aufsatz »The Third Wave of Science Studies« ein neues Konzept der Expertise vorschlagen.
• Bruno Latours Vorschlag, dass wir uns eher für Matters-of-Concern als für Matters-of-Fact interessieren sollen.
• Diskussionen aus der anthropologisch inspirierten STS-Forschung über die Beziehung zwischen Politik und Wissenschaft sowie die kulturelle Einbettung dieses Verhältnisses.

EXPERTISE

Harry Collins und Robert Evans loben die Wissenschaftsforschung für die Einsicht, dass Wissenschaft durch Politik beeinflusst ist, dass sie daraus politische Konsequenzen zieht und dass nicht ausschließlich den Wissenschaftlerinnen und Wissenschaftlern die Entscheidung überlassen wird, was

und wie geforscht wird. Wenn wissenschaftliches Wissen durch kontingente Alltagspraxen hervorgebracht werde, und wenn wissenschaftliche
Apparate, Kultur und soziale Beziehungen wissenschaftliches Wissen prä-
ge, sei es nicht länger selbstverständlich, dass sich die Politik hauptsächlich
von wissenschaftlichen Experten beraten lassen solle. Andere ›Laien-
Experten‹ – so Collins und Evans – wie zum Beispiel Techniker, Laboran-
ten, Chemielieferanten usw. könnten genauso relevantes Wissen wie Wissenschaftler zur politischen Entscheidungsfindung beitragen.

Für die beiden Wissenschaftssoziologen besteht die Herausforderung
bezüglich der Beziehung zwischen Wissenschaft und Politik im *Problem
der Ausweitung* [*problem of extension*] der Akteure, die an einem Entscheidungsprozess teilnehmen. So führt beispielsweise De Vries' in seiner Analyse der politischen Entscheidungsprozesse bei der Einführung des Triple
Test eine große Zahl von Akteuren an, die de facto an der Entscheidungsfindung beteiligt waren. Wenn alle diese Akteure als politische Akteure gesehen würden, entstünde was Evans und Collins das Problem der Ausweitung nennen: Wie weit soll die Partizipation an politischen Entscheidungen
bei der Einführung technologischer Innovationen ausgeweitet werden?
Denn maximale Partizipation, d.h. die Inklusion aller irgendwie Beteiligten
und Betroffenen, würde eine Entscheidungsfindung nahezu unmöglich machen; die Frage der Ausweitung auf *relevante* Betroffene muss daher politisch entschieden werden. De Vries illustriert das Problem so:

»But then, of course, the number of candidates we will have to consider [for demo-
cratic participation] rapidly increases. […] the media that spread the word about the
test, [to] the journalists who wrote the stories and [to] the newspaper boys who duti-
fully distributed the papers before breakfast, and of course [to] the thousands of
women who agreed to be tested – all of them contributed in one way or another to
establishing maternal blood screening on a near-national scale. The number of actors
that we have to consider is only limited by our imagination.« (de Vries 2007: 787)

Evans und Collins schlagen daher vor, dass Problem der Ausweitung über
die Definition drei verschiedener Ebenen von Experten zu lösen, denen unterschiedliche Rollen und Kompetenzen in politischen Prozessen zukom-
men sollten:

»1) No Expertise: That is the degree of expertise with which the fieldworker sets out; it is insufficient to conduct a sociological analysis or do quasi-participatory fieldwork.

2) Interactional Expertise: This means enough expertise to interact interestingly with participants and carry out a sociological analysis.

3) Contributory Expertise: This means enough expertise to contribute to the science of the field being analysed.« (Evans/Collins 2002: 254)

Collins und Evans erklären diese Kategorisierung mit dem Hinweis auf Brian Wynnes (1989) Forschungen zum Umgang mit radioaktiver Belastung nach der Reaktor-Katastrophe von Tschernobyl in einem Gebiet in Cumbria im Nordwesten Englands. Wynne untersuchte in diesem überwiegend durch Freilandhaltung von Schafen geprägten Gebiet die Beziehung zwischen Wissenschaftlern und Schafzüchtern in Bezug auf die Frage, wie beide Gruppen die Belastungen durch den radioaktiven Niederschlag über Cumbria beurteilen und welche Konsequenzen dementsprechend gezogen werden sollten.

Die Wissenschaftler bezogen sich auf ihr Wissen über das Verhalten von Radioaktivität in Tierkörpern, während die Schafzüchter ein umfassendes Wissen über Schafe und deren Verhalten hatten, das nicht immer mit dem Wissen der Wissenschaftler übereinstimmte. Zum Beispiel gingen die Wissenschaftler seinerzeit davon aus, dass die Belastung über das gesamte Gebiet gleichmäßig verteilt gewesen sei und dass der Verkauf jeglichen Fleisches aus ganz Cumbria deswegen untersagt werden sollte. Weil jedoch das AKW Sellafield bereits kurz nach dem zweiten Weltkrieg in der Nähe der Schafweiden gebaut worden war, hatten die Schafzüchter hinreichend lange Erfahrung mit Radioaktivität und so unter anderem beobachtet, dass die Kontamination um das AKW ungleich verteilt war. Ein Generalverbot des Verkaufes von Schaffleisch war daher laut den Schafzüchtern eine unnötig weit gehende und unpräzise Maßnahme. Andere Maßnahmen, die die Wissenschaftler vorschlugen, waren einfach nicht praktikabel in der Schafzucht, etwa das regelmäßige einfangen aller Schafe, um ihre Radioaktivität zu messen. In der Schafzucht braucht das Einfangen der Schafe sehr viel Zeit und erfordert einen erheblichen kollektiven Einsatz der Schafzüchter. Die von den Wissenschaftlern vorgeschlagene Lösung war deswegen praktisch nicht möglich. In der Kategorisierung von Collins und Evans gehören Schafzüchter zur Kategorie 3, *contributory expertise*. Dennoch waren die

Wissenschaftler, die in die Entscheidungsfindung über die Begrenzung der radioaktiven Strahlung involviert waren, zurückhaltend bei der Einbeziehung der Schafzüchter. Laut Collins und Evans fehlte den Wissenschaftlern die interaktionale Expertise (Kategorie 2), um von der Expertise der Schafzüchter profitieren zu können.

Laut Collins und Evans ist die Entwicklung von Begriffen, die die Verbindung von Politik und Wissenschaft näher charakterisieren und es ermöglichen, Expertise zu *identifizieren* und zu definieren, eine wichtige Aufgabe der STS-Forschung. Mit der Dreiteilung der Experten-Ebenen haben sie ein Modell vorgeschlagen, das Klarheit darüber gibt, wer in die Entscheidungsfindung einbezogen werden soll und wer nicht. Darüber hinaus ist es laut Collins und Evans die Aufgabe von Wissenschaftlerinnen und Wissenschaftlern im Feld der STS, zwischen den verschiedenen Expertengruppen der Ebenen zwei und drei zu *übersetzen*, damit beide von der Expertise der jeweiligen anderen Expertengruppen profitieren können.[8] STS-Forschung hat aus dieser Perspektive nicht nur die Aufgabe, Wissenschaft und Technologieentwicklung zu analysieren, sondern sollte auch eine aktive Rolle übernehmen, um die Grenzen zwischen den unterschiedlichen Wissenssystemen zu überwinden.

Collins und Evans konzipieren Politik vor allem als Makro-Politik, als Entscheidungsfindungsprozess. Wissen als solches wird von ihnen nicht in einem engen Sinne als Produkt von Wissenschaft verstanden, sondern in einem umfassenderen Sinne als eine Expertise, die durchaus andere Träger als lediglich Wissenschaftler haben kann. Die Frage der Beziehung zwischen Wissenschaft und Politik wird also zu einer Frage der Rolle von unterschiedlichen Experten in den Prozessen der politischen Entscheidungsfindung umformuliert. Im Fokus steht dabei, wer an ihnen beteiligt werden soll.

---

8 Dabei werden STS-Forscherinnen und -Forscher Expertinnen bzw. Experten der Ebene drei in Wissensfragen und in Fragen der Expertise.

MATTERS OF CONCERN

»Wars. So many wars. Wars outside and wars inside. Cultural wars, science wars, and wars against terrorism. Wars against poverty and wars against the poor. Wars against ignorance and wars out of ignorance. My question is simple: Should we be at war, too, we, the scholars, the intellectuals?« (Latour 2004: 225).

Mit diesen Sätzen eröffnet Bruno Latour seinen Aufsatz »Why Has Critique Run out of Steam?«. Latour plädiert für einen neuen Weg, der eindeutig nicht mehr auf Krieg, d. h. das ›Bekämpfen anderer‹ – vor allem der Naturwissenschaften – abzielt. Anhand eines Rückblicks auf seine eigenen Arbeiten und das Forschungsfeld STS insgesamt kritisiert er, dass in der Vergangenheit ein zu enger Fokus darauf gelegt worden sei, die Naturwissenschaften zu dekonstruieren und zu zeigen, dass ihre Fakten nicht objektiv und universell, sondern von Kultur und sozialen Prozessen geprägt seien (vgl. Amsterdamska 1990).

Zentral für den Aufsatz und auch für Latours Beitrag zu einer Wissenschaftsforschung, die nach der Beziehung zwischen Politik und Wissenschaft fragt, ist sein Plädoyer, eine Aufmerksamkeit für die *Dinge von Belang* [*Matters of Concern*] zu entwickeln, die die Analyse von *Fakten* [*Matters of Fact*] ersetzten soll. Wie schon diskutiert wurde (LABORSTUDIEN), zeigte Latour u.a. durch seine Laborforschung (Latour/Woolgar 1986, vgl. Latour 1987), dass Fakten, die im Labor fabriziert werden, mit der Zeit den Status der Objektivität erlangen. In Latours Sinne heißt *objektiv* nicht, dass Fakten unvermittelt die Realität widerspiegeln, sondern dass ihre Anerkennung in spezifischen sozialen Konfigurationen unumgänglich ist und es unmöglich wird, ihnen zu widersprechen. Sie werden zu »immutable mobiles« (AKTEUR-NETZWERK THEORIE). Fakten suggerieren, sie würden die Realität unvermittelt widerspiegeln, weil die Vermittlungskette zwischen der Realität und den Fakten aus dem Blick verschwindet. Fakten sind der Analyse nicht mehr als im eigentlichen Sinne Tat-Sachen präsent, d. h. als Phänomene, die einem spezifischen Produktionskontext entstammen. (Vgl. Fleck, WISSENSCHAFTSTHEORIE) Es ist Latours Projekt, diese Ignoranz gegenüber dem sozialen und politischen Charakter von Fakten zu bekämpfen. Zu diesem Zweck führt er den Begriff der »Dinge von Belang« ein und weist damit auch auf das hin, was Fakten *nicht* sind: Dinge von Belang seien reichhaltig, komplex, unsicher, überraschend und kunstvoll konstruiert.

Ihre konstruierte Beschaffenheit trage dazu bei, dass sie ›realer‹ seien als Fakten, weil sie auf konkret gelebte, sozio-materielle Praxen hinwiesen. Weil Dinge von Belang offen und unsicher seien, wären sie inhärent *politisch* und wiesen auf Entscheidungsbedarf hin. Im Gegensatz zu Fakten seien Dinge von Belang nicht von der Realität distanziert, sondern mittendrin: Unterschiedliche Meinungen, Lebensformen und politische Praxen orientierten sich an Dingen von Belang, wodurch diese in wechselnder Art und Weise miteinander verknüpft würden. Dadurch entstünden wiederum wechselnde öffentliche Foren, in denen die Zukunft der Dinge von Belang – und dadurch auch die Meinungen, Lebensformen und politische Praxen – verhandelt und beeinflusst würden (Blok/Elgaard 2011).

In diesem Zusammenhang spricht Latour von einem Parlament der Dinge (1998; 2009) als eine temporäre (nicht institutionalisierte) Versammlung von gewählten Repräsentanten der Dinge von Belang. Anstatt wie in nationalen Parlamenten, wo ein und dieselben Repräsentanten für eine enorme Vielfalt von Problemkreisen zuständig sind, werden Parlamente der Dinge immer auf das aktuelle Ding von Belang zugeschnitten. Ein Vergleich: Collins und Evans sehen die Schafzüchter als relevante Experten, die den Wissenschaftlerinnen und Wissenschaftlern ihr erfahrungsbasiertes Wissen übermitteln können, ohne dass die Wissenschaftlerinnen und Wissenschaftler ihr Wissen in Frage gestellt sehen müssen. Wie im rationalistischen Politikverständnis, werden die wissenschaftlichen und nicht-wissenschaftlichen Expertinnen und Experten erst in die Entscheidungsfindung involviert, nachdem das politische Ziel festgelegt worden ist.

In Latours Parlament der Dinge versammeln sich Repräsentanten nicht nur, um ein politisch definiertes Problem zu lösen, sondern bereits um dieses Problem überhaupt erst zu definieren. Wissenschaftlerinnen und Wissenschaftler können in einem solchen Entscheidungsprozess nicht davon ausgehen, dass sich die von ihnen betriebene wissenschaftlich-technische Rahmung eines Problems unbestritten durchsetzen lässt, wie dies zu Zeiten der Dominanz des Positivismus der Fall war. Vielmehr stellt das Konzept der Dinge von Belang gerade diese Rahmung in den Mittelpunkt politischer Auseinandersetzungen. Alle Beteiligten sind symmetrische Teilnehmer an diesen Auseinandersetzungen und tragen dazu bei, das Problem zu definieren und zu lösen. Dies führt beinahe unumgänglich dazu, dass alle Beteiligten mit einer Problemdefinition rechnen müssen, die von der eigenen abweicht. Allerdings bleibt umstritten, bis zu welchem Grad die unterschied-

lichen Konfliktparteien die Dinge von Belang der jeweils anderen nachvollziehen können müssen. Collins und Evans unterstreichen etwa, dass
nicht-wissenschaftliche Expertinnen und Experten die Sprache der Wissenschaft lernen müssten, um Zugang zu Entscheidungsprozessen der Wissenschaft zu bekommen. Bei Latour müssen alle Beteiligten voneinander lernen, um auch die Sprache der anderen Beteiligten zu verstehen.

In Bezug auf die Frage nach der Beziehung zwischen Wissenschaft und
Politik ist es nicht Latours Anliegen, eine Grenze zwischen diesen beiden
Feldern zu ziehen, sondern die Gestaltung von Foren zu beschreiben, in denen Repräsentanten der Dinge von Belang zusammengeführt werden (können). Als Repräsentanten begreift Latour alle Akteure, die in irgendeiner
Weise eine relevante Beziehung zu den Dingen von Belang haben. Laut Latour sind Wissenschaft und Politik nicht grundsätzlich und im Wesen (ontologisch) unterschiedliche Aktivitäten (so, wie sie in der Moderne üblicherweise verstanden werden). Vielmehr handelt es sich bei Wissenschaft und
Politik um zwei Praxisformen, die mit sehr unterschiedlichen sozialen und
materiellen Ressourcen die gleichen Problemfelder bearbeiten. In Latours
ökologisch experimenteller Demokratie hat Wissenschaft vor allem die
Aufgabe, als Repräsentant für die materielle Umwelt zu fungieren, d. h. als
Sprachrohr für nicht-menschliche Phänomene (Aktanten), die zwar Dinge
von Belang in der Praxis mitbestimmen, sich aber in politischen Prozessen
nicht adäquat selbst artikulieren können. Die Aufgabe der Politik ist es vor
allem, für Parlamente der Dinge demokratisch legitime Prozesse auszuar-
beiten (Blok/Elgaard 2011).

POLITIK DER ALLTAGSPRAXIS

Trotz entscheidender Unterschiede zwischen Collins/Evans und Latours
Konzeptionen des Politischen teilen sie das Verständnis von Politik als
Entscheidungsfindung. Sie reden über Foren, Parlamente und Gremien, wo
Menschen sich versammeln um Entscheidungen zu treffen – sie behandeln
Politik mit »großem P«. Erinnert man sich an die Ergebnisse der Labor-
forschung, stellt sich die Frage, wie in diesen Ansätzen die Mikro-Politik
des Alltags thematisiert wird? Sowohl Collins und Evans als auch Latour
beschäftigen sich mit Institutionen und Praxen, deren Schwerpunkt auf
Entscheidungsfindungen liegt und die diese *getrennt* von anderen Alltag-

spraxen behandeln. Doch Mikro-Politik – Politik mit »kleinem p« – funktioniert anders: Sie ist dadurch gekennzeichnet, dass sie nicht strategisch oder taktisch politisch ausgerichtet, sondern dass sie nahezu unsichtbar in Alltagspraxen eingebettet ist.

Die sozial-anthropologische STS- Forschung konzentriert sich besonders auf die »Alltagspraxen«, womit im Prinzip alle Arten von Praxen eingeschlossen sind, auch solche in Laboren oder bei Prozessen der politischen Entscheidungsfindung. Kennzeichnend für den Alltagsbegriff ist in diesem Zusammenhang, dass er sich an der Komplexität und Heterogenität von Praxen orientiert und nicht nur bestimmte Funktionen, Strukturen oder Eigenschaften von Praxen herausgreift, wie zum Beispiel die Entscheidung in politischen Prozessen, die Wissensproduktion in Forschungspraxen, das Lernen in Schulpraxen etc. Mit dem Alltagsbegriff werden Praxen in ihrer mannigfaltigen Bestimmung untersucht und es wird etwa gefragt, wie Normen und Moralvorstellungen, Kategorisierungen und Diskriminierungen, Ein- und Ausschlussverfahren durch Alltagspraxen festgelegt werden. Alltagspraxen sind nach diesem Verständnis organisiert und reguliert, werden aber gleichzeitig situativ vollzogen (*performed*). Die Politik der Alltagspraxen ist aus dieser Perspektive vor allem durch eine Mikro-Politik, also Politik mit »kleinem p«, charakterisiert. In vier zentralen Punkten soll im Folgenden erläutert werden, wie die sozial-anthropologisch inspirierte Forschung des STS-Feldes von diesem Ausgangspunkt die Beziehung zwischen Wissenschaft und Politik anders fasst, als dies in den bisher vorgestellten Ansätzen der Fall gewesen ist; eingegangen wird dabei auf a) die Politik des Politisch-Machens, b) das Verständnis der Politik als *multisited*, c) das Konzept der wissenschaftlichen Repräsentation als politischer Akt und schließlich d) Formen der Kooperation.

Mit ihren Perspektiven fokussieren Collins/Evans und auch Latour die Organisierung der politischen Entscheidungsfindung. Sie geben aber keinen generalisierten Gesamtblick, sondern die sehr spezifische Perspektive eines Akteurs, der in der Entscheidungsfindung beteiligt ist oder ausgeschlossen bleibt. Solche involvierten Blicke aus dem Dickicht des Alltags heraus, spielen für die sozialanthropologisch orientierte Forschung des STS Feldes eine zunehmend wichtige Rolle. In seinem Buch über AIDS und Armut in Brasilien schildert der brasilianische Anthropologe João Biehl die Überlegungen eines AIDS Aktivisten, der den Misserfolg einer AIDS-

Kampagne erlebte, als ein Mega-Kondom, das über einen Schornstein gezogen worden war, platzte. Dieses Ereignis brachte den Aktivisten dazu, die Mikro-Politik der AIDS Politik in Brasilien zu überdenken:

»Is the desire for resources killing our political interventions, while we want luxury instead of orgies? I am not talking about sex, but of this new way of relating to each other [...] Of this fear we have of saying that we gave ass in the park last night and that it was delicious [...] we should keep this space open for people to sleep and fuck in here if they want to, or cry about the ugliness of AIDS [...] For my part, even if it is contradictory, I am disposed to keep constructing a space of struggle, not institutional, not normalizing, in which all these plural beings can discuss new ways of thinking.« (Biehl 2007 119)

Der Aktivist weist hier auf die besonderen Normen und sozialen Beziehungen hin, die mit der institutionalisierten AIDS Politik hervorgebracht werden. So würden die Normen, die sozialen Beziehungen und Relevanzsetzungen, die mit ›Ficken im Park‹, mit Orgien und dem Modus vivendi der HIV Infizierten zu tun haben, nicht in die politische Sprache der NGOs oder der Regierungen übersetzt werden können. Die Beteiligung in Regierungsgremien ersetze den ›Aktivismus der Strasse‹ und der Lebensstil, der mit einem solchen Aktivismus verbunden war, werde durch die Kontrolle von HIV/AIDS normalisiert. »The figure of the AIDS activist as policy developer and of the patient-citizen were taking form« (Biehl 2007: 114), schreibt Biehl. Er zeigt in seiner Studie, was für ein Gewaltakt organisierte Politik auch sein kann, ein Zusammenhang, der nur deutlich wird, wenn die für gewöhnlich auf die organisierte Politik (mit großem P) gerichtete Aufmerksamkeit auf die (mit kleinem p) politisierten Alltagspraxen gelenkt wird. Biehl berichtet, dass der Aktivist

»wanted to keep open the possibility of flight, not from AIDS, I thought, but from the ›AIDS industry‹, which, in his view limited freedom of movement, of expression, of desire, and in a sordid way was making it practically impossible for the deviants who actually live with HIV/AIDS to participate« (Biehl 2007: 120).

Ein anderes Beispiel dafür, wie Wissenschaft das Leben politisch beeinflusst, ist der Aufsatz *Gino's lesson on humanity* von den französischen Soziologen Michel Callon und Vololona Rabeharisoa (2004) über einen an

Muskeldystrophie leidenden Patienten – Gino, wie sie ihn nennen –, der alle Aufforderungen, sich genetisch testen zu lassen, sowie Einladungen zur Einbindung in medizinische und Vereinsnetzwerke ablehnt. Callon und Rabeharisoa interpretieren Ginos Verhalten als Widerstand gegen eine Subjektivitätsform, bei der das Individuum, als ein autonomes Subjekt, aus einer Reihe von vordefinierten Entscheidungsmöglichkeiten wählen und die Verantwortung für die Konsequenzen solcher Entscheidungen tragen muss. In diesem Sinne wirkt Ginos Nicht-Teilnahme als politischer Protest gegen die Normalisierung, die durch Wissenschaft erzeugt wird. In einer ähnlich angelegten Studie über die Alltagserfahrungen von HIV/AIDS Betroffenen in Australien sehen Niamh Stephenson und Dimitris Papadopoulos in dieser Verweigerung der Dialektik von Normalisierung und Widerständigkeit eine Möglichkeit der »outside politics«, d. h. des Versuchs der Lebensweise jenseits von vorgefertigten Kategorien und Entwürfen. (Stephenson/Papadopoulos 2006)

Viele anthropologische Studien der Wissenschaft konzentrieren sich auf diejenigen, die von der Politik mit großem P nicht gesehen werden. Biel beschäftigt sich mit armen HIV- Infizierten und Callon und Rabiharisoa mit einem Mann, der sich nicht in das medizinische System einpassen möchte. Beide Studien führen eine Art STS-Forschung aus, die Wissenschaft als integralen Teil kultureller Ordnungen versteht, wie die amerikanische Kulturanthropologin Emily Martin (1998) dies bereits Ende der 1990er Jahre forderte. Sie wählt die Metapher, dass Wissenschaft nicht immer in Zitadellen eingeschlossen sei, sondern verbreitet, an verschiedenen Orten der Gesellschaft existiere. Durch ihre Forschung über das Immunsystem zeigt Martin, dass Vorstellungen, Sprache und Metaphern des Körpers, wie sie weit in unserer Kultur verbreitet sind, das Verständnis vom Immunsystem im Labor sowie außerhalb des Labors und damit die (politische) Frage der Impfung gegen Krankheiten ebenso beeinflussen wie die alltägliche Art und Weise, wie ›Laien‹ mit gesundheitlichen Risiken umgehen. Um die Bedeutung von Wissen und Wissenschaft in unserer Gesellschaft zu verstehen, muss man also – so Martin – über akademische Praxen hinausgehen und die Komplexität des wissenschaftlichen Wissens in seiner konstanten und turbulenten Interaktion mit einer Vielfalt von Aspekten der kulturellen Landschaft untersuchen. Nur dadurch werde es möglich, die Rückbindung von wissenschaftlichem Wissen an die Kultur zu verstehen, und nachvollziehen zu können, wie wissenschaftliches Wissen sich in der Gesellschaft durchsetze. So arbeitet Martin (1995) zum Beispiel heraus, wie die Medizin dazu beigetragen hat, dass sich ein post-fordistisches und neoliberales Verständnis vom Körper gebildet habe: ein »flexibler Körper«, der nach Belieben geformt werden könne.

Kennzeichnend für die sozial- und kulturanthropologisch orientierte Forschung des STS- Feldes ist, dass sie in der empirischen Forschung Wissenschaft immer im Kontext anderer Felder analysiert. Wenn Politik (mit kleinem p) als Teil des Alltags verstanden wird, werden viele andere Felder als Labore und Räume der Entscheidungsfindung zu relevanten empirischen Feldern. Als Beispiel soll hier Biehls Forschung erwähnt werden, in der er Heime für AIDS-Kranke besuchte; mit Entscheidungsträgern, Partnern von HIV-Infizierten, Obdachlosen und Sozialarbeitern sprach, NGOs und AIDS Aktivisten folgte, Kliniken und Ärzte, Wohlfahrtverbände und globale Gesundheitsinitiativen besuchte sowie Dokumente der Pharmaindustrie und Gesetze analysierte. Die Beziehung zwischen Wissenschaft und Politik ist in diesem Ansatz nicht an einem Ort zu finden, sondern sie ist breit verteilt, beweglich und wird immer wieder neu definiert. Ein weiteres Beispiel ist die Studie Rapps (1999) zur Fruchtwasseruntersuchung bei Schwangeren in den USA. Rapp widmet ein eigenes Kapitel den Alltagen in medizinischen Laboren, da diese eine zentrale Rolle spielen. Sie stellt diese Analyse aber in den weiteren Kapiteln in immer weitere Kontexte; so analysiert sie ihr Engagement in politischen Bewegungen, berichtet über Besuche in Kliniken, Gespräche mit Beratern und Ärzten, ihre Rezeption von Fernsehsendungen und Zeitungsberichten, und ihre Interviews mit Frauen unterschiedlichster sozialer und kultureller Hintergründe. In allen Feldern findet sie sowohl Wissenschaft als auch Politik vor, nur immer wieder in unterschiedlichen Konstellationen. Biehl (2007) unterstreicht als Ergebnis seiner Untersuchung, dass es Menschen gibt, die keine politische Stimme haben und die nicht nur ignoriert, sondern auch unsichtbar gemacht werden. Daher zielen viele sozial- und kulturanthropologische Analysen von Alltagspraxen auch darauf ab, die Kontingenz spezifischer Alltage zu zeigen und damit alternative Praxisformen vorzuschlagen.

Viele Autoren versuchen, nicht nur das Unsichtbare sichtbar zu machen, sondern sie versuchen, explizit in politischen Feldern zu intervenieren, eine Strategie, die auch durch die Verwendung alternativer Repräsentationsformen umgesetzt wird. Um aus der Einsicht Konsequenzen zu ziehen, dass die Art und Weise, wie Politik hergestellt wird, die politische Intervention formt, experimentieren Sozialanthropologen mit neuen Repräsentationsformen, um neue politische Effekte zu erzielen. So wird etwa mit Prosa, Poesie, Photographien, Bildern, Zeichnungen, Kunst, Comics und anderen Repräsentationsformen experimentiert, die in der Wissenschaft sonst nicht üblich sind. Die sozialanthropologisch inspirierte Forschung des STS-Feldes trägt zudem zu einer praxisorientierten Beziehung zwischen Sozial- und Kulturwissenschaften und Naturwissenschaften bei. Statt einer distanzierten sozial- oder kulturwissenschaftlichen Betrachtungsweise der Naturwissenschaften versuchen STS-Studien vermehrt, ihre Forschung in Kooperation mit Naturwissenschaftlern durchzuführen und damit eine neue Form der Kritik zu etablieren (Beck 2008). Auf unterschiedliche Modi der Kooperation zu setzen, begrenzt sich allerdings nicht auf die sozialanthropologische STS-Forschung, sondern ist in allen Bereichen der STS-Forschung anzutreffen, was nicht zuletzt der Titel der Jahreskonferenz 2008 der Europäischen Vereinigung für Wissenschaft und Technikforschung (EASST) »Acting with science and medicine« ausdrückte.

Dies sind Versuche, die Herausforderung der Frage von Inklusion der Nicht-Wissenschaftlerinnen und Nicht-Wissenschaftler in Entscheidungen über wissenschaftliche Forschung aufzugreifen. Als problematisch wird vor allem gesehen, dass Nicht-Wissenschaftlerinnen und Nicht-Wissenschaftler spät in den wissenschaftlichen Prozess oder die technologische Entwicklung einbezogen werden, etwa wenn eine wissenschaftliche Technologie schon entwickelt worden ist, so wie der Triple Test in de Vries' Beispiel. Zu diesem Zeitpunkt sind die politischen Entscheidungsmöglichkeiten stark begrenzt. Es ist meist schwierig, eine Technologie, die bereits entwickelt worden ist, nicht in Betrieb zu nehmen, oder ganz andere Funktionen oder Anwendungsmöglichkeiten zu fordern, als sie von den Entwicklern vorgesehen wurden. Ähnlichen Pfadabhängigkeiten und Unumkehrbarkeiten unterliegt auch wissenschaftliches Wissen. Einmal gedacht und formuliert, z. B. Wissen über genetische Merkmale, ist es so gut wie unmöglich, politisch zu entscheiden, ob dieses Wissen nicht in der Gesellschaft »freigesetzt« werden sollte, weil solches Wissen etwa zu rassistischer Diskriminierung führen könnte. Mit solchen Problemen sind Ethik-Kommissionen und Technologie-Panels oft konfrontiert. Wichtiges Ziel der Kooperation zwischen den Sozial- oder Kulturwissenschaftlern und den Naturwissenschaftlern ist hingegen das frühzeitige Involvieren von Nicht-Experten in politische Entscheidungen über wissenschaftliche und technologische Entwicklungen.

FAZIT

Die Frage nach der Beziehung zwischen Politik und Wissenschaft bzw. nach dem politischen Charakter von Wissenschaft ist zentral für die Forschung im Feld der STS. Es ist einer der charakteristischsten Aspekte, die das Feld der STS-Forschung von der frühen Wissenschafts- und Technikforschung grundlegend unterscheidet. Die Frage, wie Wissenschaft und Politik aufeinander bezogen sind und sein sollten, und wie eine konstruktive Beziehung aussehen könnte, wird derzeit im Feld der STS kontrovers diskutiert. Aus dieser Kontroverse entwickeln sich allerdings produktive Verständnisse, die etablierte Vorstellungen des Zusammenspiels von Wissenschaft und Politik aus den Feldern der Technikfolgenabschätzung, der Wissenschaftspolitik und der Ethik komplementieren und herausfordern. Damit wird das Forschungsfeld der STS an sich zunehmend selbst zu einem politischen Akteur mit großem P.

LITERATUR

Agamben, Gorgio (1998): Homo Sacer: Sovereign Power and Bare Life, Minneapolis: University of Minnesota Press.

Agamben, Gorgio (2005): State of Exception, Chicago: Univesity of Chicago Press.

Amsterdamska, Olga (1990): »Surely You Are Joking, Monsieur Latour!«. Science, Technology & Human Values 15(4), S. 495–504.

Bachelard, Gaston (1987): Die Bildung des wissenschaftlichen Geistes: Beitrag zu einer Psychoanalyse der objektiven Erkenntnis, Frankfurt: Suhrkamp.

Beck, Stefan (2008): »Natur | Kultur. Überlegungen zu einer relationalen Anthropologie«. Zeitschrift für Volkskunde 104(2), S. 161–199.

Biehl, João (2007): Will to Live: AIDS Therapies and the Politics of Survival, Princeton: Princeton University Press.

Blok, Anders/Jensen, Torben E. (2011): Bruno LaTour: Hybrid Thoughts in a Hybrid World, Routledge Chapman & Hall.

Böhme, Gernot; Lafleur. William R. & Shimazon, Susumu (Hg.). (2008): Fragwürdige Medizin. Unmoralische Forschung in Deutschland, Japan und den USA im 20. Jahrhundert, Frankfurt/M.: Suhrkamp.

Callon, Michel/Rabeharisoa, Vololona (2004): »Gino's Lesson on Humanity: Genetics, mutual Entanglements and the Sociologist's Role«. Economy & Society 33(1) S. 1–27.

Campbell Keller, Ann (2009): Science in Environmental Policy: The Politics of Objective Advice, Global Environmental Politics, Cambridge/MA: MIT Press.

Canguilhem, Georges (1979): Wissenschaftsgeschichte und Epistemologie: Gesammelte Aufsätze, Frankfurt/M.: Suhrkamp.

Collins, Harry M./Evans, Robert (2002): »The Third Wave of Science Studies. Studies of Expertise and Experience«. The Social Studies of Science 32(2), S. 235–296.

de Vries, Gerard (2007): »What is Political in Sub-politics? How Aristotle Might Help STS«. Social Studies of Science 37(5), S. 781–809.

Duden, Barbara (2002): Die Gene im Kopf - der Fötus im Bauch. Historisches zum Frauenkörper, Hannover: Offizin.

Duden, Barbara (2007): Der Frauenleib als öffentlicher Ort: Vom Mißbrauch des Begriffs Leben, Karlsruhe: Mabuse.

Fassin, Didier (2007): When Bodies Remember: Experiences and Politics of AIDS in South Africa, Berkeley/CA: University of California Press.

Foucault, Michel (1987): Sexualität und Wahrheit: Erster Band: Der Wille zum Wissen, Frankfurt/M.: Suhrkamp.

Foucault, Michel (2006): Die Geburt der Biopolitik. Geschichte der Gouvernementalität II: Vorlesung am Collège de France 1978/1979, Frankfurt: Suhrkamp.

Gross, Paul R./Levitt, Norman (1994): Higher Superstition: The Academic Left and Its Quarrels With Science, Baltimore: Johns Hopkins University Press.

Habermas, Jürgen (1968): Technik und Wissenschaft als »Ideologie«, Frankfurt/M.: Suhrkamp.

Hardt, Michael/Negri, Antonio (2000): Empire, Cambridge/MA: Harvard University Press.

Hess, David J. (1997): Science Studies: An Advanced Introduction, New York: New York University Press.

Jasanoff, Sheila (2003): »Breaking the Waves in Science Studies: Comment on H.M. Collins and Robert, The Third wave of Science Studies«. Social Studies of Scienes 33, S. 389–400.

Latour, Bruno (1987): Science in Action: How to Follow Scientists and Engineers through Society, Cambridge/MA: Harvarad University Press.

Latour, Bruno (1998): Wir sind nie modern gewesen: Versuch einer symmetrischen Anthropologie, Frankfurt/M.: Fischer.

Latour, Bruno (2004): »Why Has Critique Run out of Steam? From Matters of Facts to Matters of Concern«. Critical Inquiry 30(2), S. 225–248.

Latour, Bruno (2009): Das Parlament der Dinge: Für eine politische Ökologie, Frankfurt/M.: Suhrkamp.

Latour, Bruno/Woolgar, Steve (1986): Laboratory Life: The Social Construction of Scientific Facts, 2nd edition, Princeton: Princeton University Press.

Lemke, Thomas (2007): Biopolitik zur Einführung, Hamburg: Junius.

Martin, Emily (1998): »Anthropology and the Cultural Study of Science«. Science Technology Human Values 23(1), S. 24–44.

Martin, Emily (1995): Flexible Bodies: The role of Immunity in American Culture from the Days of Polio to the Age of AIDS, Boston: Beacon Press.

Merton, Robert K. (1973): The Sociology of Science. Theoretical and Empirical Investigations, Chicago: University of Chicago Press.

Rabinow, Paul (1996): »Artificiality and Enlightenment: From Sociobiology to Biosociality«. In: Paul Rabinow (Hg.), Essays on the Anthropology of Reason, Princeton/NJ: Princeton University Press, S. 91–112.

Rabinow, Paul/Rose, Nikolas (2006): »Biopower Today«. BioSocieties 1, S. 195–217.

Raman, Sujatha/Tutton, Richard (2010): »Life, Science, and Biopower«. Science, Technology & Human Values 35(5), S. 711–734.

Rapp, Rayna (1999): Testing Women, Testing the Fetus: The Social Impact of Amniocentesis in America, London: Routledge.

Rose, Nikolas (2006): The Politics of Life Itself: Biomedicine, Power and Subjectivity in the Twenty-First Century. Princeton, NJ: Princeton University Press.

Sokal, Alan (1996a): »Transgressing the Boundaries: Toward a Transformative Hermeneutics of Quantum Gravity«. Social Text 46/47(14), S. 217–252.

Sokal, Alan (1996b): »A Physicist Experiments with Cultural Studies«. Lingua Franca May/June, S. 62–64.

Stephenson, Niamh/Papadopoulos, Dimitris (2006): Analysing Everyday Experience: Social Research and Political Change, New York: Palgrave Macmillan.

Thompson, Charis (2005): Making Parents: The Ontological Choreography of Reproductive Technologies, Cambridge/MA: MIT Press.

Winner, Langdon (1980): »Do Artifacts Have Politics?«. Daedalus 109(1), S. 121–136.

Wynne, Brian (1989): »Sheep Farming after Chernobyl: A Case Study in Communicating Science Information«. Environ. 31(2): 10–15, 33–9.

Rationalität – Wissenschaft – Technik

Stefan Beck

Wie sich Denk- und Handlungsweisen anderer Menschen verstehen und repräsentieren lassen, ist eine der zentralen ethnologischen Fragen, die die Disziplin seit ihren Anfängen umtreibt. In ihrer Gründungsphase waren die unterschiedlichen Antwortversuche dabei durch einen »kognitiven Evolutionismus« geprägt, die Vorstellung, dass sich menschliches Handeln und Denken langsam aus irrationalen und durch magisches Denken geprägten Zuständen in einen aufgeklärten, zivilisierten Modus hinaufarbeitete, der durch Rationalität und ein wissenschaftliches Weltbild geprägt sei. Das Studium vermeintlich »einfacher« Gesellschaften oder der nicht-bürgerlichen Schichten in der Moderne schien für viele Ethnologen daher gleichsam einen Blick in die kognitive Kinderstube der Menschheit zu ermöglichen – in »Vorstufen« menschlichen Denkens. Für die Sozial- und Kulturanthropologie wurde diese Sicht ab den 1920er Jahren vor allem durch die Forschungen Bronislaw Malinowskis überwunden, in der Europäischen Ethnologie in den 1960er Jahren durch die Verabschiedung einer romantisierenden Perspektive auf das »Volksleben« – mit wichtigen Folgen für Erklärungs- und Darstellungsweisen des Faches. Die außereuropäische Ethnologie diskutierte die Frage der Rationalität und der Befähigung für wissenschaftliches Denken am Beispiel des Verhältnisses von Magie, Religion und Wissenschaft, die Europäische Ethnologie an der Frage, wie überwiegend »traditional« orientierte Lebensweisen durch den Einsatz moderner Technologien transformiert wurden.

Für die Perspektive der Europäischen Ethnologie sind diese veränderten Sichtweisen vor allem deshalb zentral, weil in diesen Debatten weniger danach gefragt wurde, was Rationalität sei, sondern wann Menschen in welchen Zusammenhängen auf unterschiedliche Arten einer – mehr oder weniger – rationalen Erklärung von Phänomenen zurückgriffen. Die Fragen jedenfalls, wann Akteure auf »rationale Erklärungsmodelle« zurückgreifen, wie sie Handlungen und Ereignisse interpretieren, welche Denkstile dabei leitend sind – diese Fragen erweisen sich bei der Analyse von Praktiken, in denen Wissenschaft und Technik eine zentrale Rolle spielen, als überaus fruchtbar.

Weiterführende Literatur

Tambiah, Stanley Jeyaraja (1990): Magic, Science, Religion, and the Scope of Rationality, Cambridge: Cambridge University Press.

In seinem grundlegenden Überblick der Diskussionen der britischen und amerikanischen Anthropology zur Frage des Verhältnisses von Magie, Religion und Wissenschaft gelingt es Stanley J. Tambiah, die großen Linien des anthropologischen Paradigmen-Wechsels vom Lehnstuhl-Primitivismus des 19. Jahrhunderts hin zu einer sozialtheoretisch und empirisch argumentierenden Disziplin nachzuzeichnen.

EINLEITUNG

Die Philosophen hätten – so der kanadische Wissenschaftsforscher Ian Hacking – aus der Wissenschaft eine Mumie gemacht, aber als »sie endlich den Leichnam auswickelten und die Überbleibsel eines historischen Werdens und Entdeckens erblickten, führten sie zu eigenem Behufe eine Rationalitätskrise herbei. Das geschah um das Jahr 1960. Eine Krise war es, weil dadurch unsere althergebrachte Denkweise erschüttert wurde, nach der die wissenschaftliche Erkenntnis als krönende Errungenschaft der menschlichen Vernunft gilt.« (Hacking 1996: 13) Was die Wissenschaft zu einer Mumie machte, ist laut Hacking die Annahme eines kumulativen menschlichen Erkenntnisforschrittes, der sich durch den immer mehr verfeinerten Gebrauch der Vernunft (= Wissenschaft) eingestellt habe – eine Position, wie sie (bei allen Unterschieden) von Wissenschaftsphilosophen wie Carnap oder Popper vertreten wurde und die die Physik als Muster dieser Rationalität ansah. (WISSENSCHAFTSTHEORIE) Dafür, dass sich der Zweifel an dieser Annahme schließlich durchsetzen konnte, macht Hacking die Wissenschaftsgeschichte verantwortlich, die gezeigt habe, dass Wissenschaft weder kumulativ sei noch mit präzise definierten Begriffen arbeite und auch keine klare Trennung zwischen Theorien und Beobachtungen bestünde – Thesen, wie sie vor allem Thomas Kuhns Buch »Die Struktur wissenschaftlicher Revolutionen« popularisierte. (Kuhn 1976) Hacking zieht aus den in Kuhns Buch kulminierenden Debatten einen überraschenden Schluss: Seine Position ist, dass Rationalität in der Wissenschaft von geringer Bedeutung sei – und auch analytisch ermögliche nicht das Wort »rational«, sondern eher Worte wie »irrational«, »gescheit«, »phantasievoll« etc. interessante Einblicke in die Arbeitsweisen von Wissenschaftlern.

Hackings Thesen sind provokant – für die etablierte Wissenschaftsphilosophie ebenso wie für die Wissenschaftssoziologie; Sozial- und Kulturanthropologen hingegen können sie nicht recht überraschen. Allerdings sind die Gründe dieser Abgeklärtheit gegenüber der Wissenschaft anders gelagert: Während Hacking Wissenschaft durch ihre Historisierung entmumifiziert und vom Sockel gehoben sieht, erreichen vergleichend arbeitende Ethnologen dies durch die Sozial- und Kulturanthropologisierung menschlicher Rationalität. Für sie ist wissenschaftliche Rationalität in ihrer westlich-modernen Form nicht die höchste, sondern nur *eine* – allerdings machtvolle – Form unter anderen. In der internationalen Ethnologie setzte sich diese Einsicht zudem deutlich früher als in der Philosophie oder Soziologie durch – spätestens 1925, als Bronislaw Malinowski einen Essay unter dem Titel »Magic, Science and Religion« veröffentlichte (Malinowski 1948) und damit auch die modernistische Unterscheidung zwischen uns, die wir Rationalität praktizieren, und den Anderen, die dies (noch nicht) tun, fundamental in Frage stellte.

Im Folgenden wird die Frage nach der Rationalität wissenschaftlichen Handelns und des rationalen Umgangs mit Technologien aus dieser anthropologisch informierten Perspektive aufgegriffen. Charakteristisch hierfür ist, dass anders als in der Wissenschaftsphilosophie oder der frühen Wissenschaftssoziologie nicht versucht wird, eine »reine«, ort- und zeitlose Form der Erkenntnis oder rationalen Handels zu rekonstruieren, sondern stets vorausgesetzt ist, dass »rational« ein relativer Begriff ist – relativ in Bezug auf einen sozialen und materiellen Kontext, relativ zu einer umgebenden Kultur und relativ in Bezug auf die Gemengelagen, in denen sich behaupten lässt, Rationales zu finden und in denen sich Rationales behaupten muss;[1] und schließlich relativ im Sinne von »Schattierungen« und »Abstufungen«. Aber auch hier gilt: analytisch taugt eher die Beobachtung von vermeintlicher Irrationalität, um Überraschendes herausfinden zu können. Hierzu möchte ich in einem ersten Schritt verdeutlichen, wie Feldforschung solche überraschenden Einblicke ermöglicht, dann zweitens vorstellen, wie in neueren Studien der *Science and Technology Studies* die Frage »rationalen Handelns« im Labor thematisiert wird. In einem dritten Schritt sollen knapp einige Anknüpfungspunkte zur Debatte um Magie, Religion und Wissenschaft vorgestellt werden, wie sie in der Sozial- und Kulturanthropologie beziehungsweise in der Europäischen Ethnologie erarbeitet wurden.

---

1 Ian Hacking (1983: 6) prägte für diese ort- und zeitlosen Formen der wissenschaftlichen Erkenntnis, wie sie in der Wissenschaftsphilosophie in der Tradition Carnaps oder Poppers rekonstruiert wurden, den Begriff der »flat formalities«. (WISSENSCHAFTSTHEORIE) Im Gegensatz dazu stellt sich die ethnologische Wissenschaftsforschung die Aufgabe, gleichsam »thick formalities« – also intensiv in Raum- und Zeitkontexte eingebettete Verfahrensweisen – zu rekonstruieren, wie sie bei der Produktion wissenschaftlicher Erkenntnisse, verstanden als *Praxis*, wirksam sind. (SOCIOLOGY OF SCIENTIFIC KNOWLEDGE)

SCHWARZE SÄULEN

Ich möchte mit einem Auszug aus meinem Feldforschungstagebuch beginnen, das ich anlässlich einer Forschungsreise 2005 in die Türkei geführt habe. Im konkreten Fall geht es um eine Besichtigung einer reproduktionsmedizinischen Abteilung eines gerade eröffneten privaten Krankenhauses, des Anadolu Health Centers, das von der gleichnamigen, größten Stiftung der Türkei finanziert und in Kooperation mit der *Johns-Hopkins Medical School* betrieben wird. Die von mir besuchte reproduktionsmedizinische Abteilung arbeitet eng mit ihrer Schwesterabteilung in Baltimore zusammen, etwa indem Personal aus der Türkei in die USA zur Weiterbildung geschickt wird oder der Erfolg von Behandlungsprotokollen zwischen beiden Einrichtungen abgeglichen und bei Bedarf die jeweiligen Praktiken vor Ort modifiziert werden. Ich sprach mit dem leitenden Reproduktionsmediziner, Aytuğ Kolankaja, der seine gut gehende Privatpraxis einige Monate vor dem Besuch aufgegeben hatte, um die Leitungsposition in der Klinik zu übernehmen. Dabei nahm er offenbar zahlreiche seiner früheren Mitar-beiterinnen und Mitarbeiter mit. Als Motivation für diesen Wechsel nannte er, dass er nun Zugang zur führenden internationalen Forschung habe; dies sei viel wichtiger als viel Geld zu verdienen – er ließ durchblicken, dass er nicht mehr verdiene, als vorher. Ob dies zutrifft, konnte ich nicht beurteilen. Festgehalten habe ich im Feldforschungstagebuch folgende Beobachtungen, die während seiner Führung durch die Labors entstanden:

[…] Das Labor ist offenbar technisch auf dem neuesten Stand der Dinge. Bei der Führung durchs Labor hatte ich mich über merkwürdige, zwei Meter hohe schwarze Säulen gewundert, die in allen Laborräumen standen und deren Funktion mir nicht offenbar war. Ich fragte, um was es sich dabei handele und Aytuğ erklärte mit einer Haltung, die ich als Ausdruck von Stolz deutete, dass es sich dabei um ein neuartiges Filtersystem handele, das Feinstäube und Gas-Ionen aus der Laborluft entferne. Damit sei – so Aytuğ – eine bedeutende Erfolgsverbesserung bei der Implantation der Eizellen zu erzielen. Da ich bislang noch nie davon gehört hatte, dass für die Manipulation von Gameten Reinsträume notwendig seien (in den anderen Kliniken wurde allenfalls Operationsraum-Hygiene für notwendig erachtet), fragte ich nochmals nach dem Wirkmechanismus. Ich bekam jedoch keine klare Aussage, nur den Hinweis darauf, dass Gas-Ionen und Feinstäube offenbar von den Nährmedien aufgenommen würden, in denen die Eizellen und Embryonen manipuliert und aufbewahrt würden, von wo sie dann in die Zellen diffundieren könnten – dies sei allerdings bislang ein noch hypothetisches Modell. Jedoch seien – so Aytuğ – durch den Einsatz der Filter an einer US Forschungsuniversität sehr positive Ergebnisse erzielt worden. Deshalb hätte er nun beschlossen, verkleinerte Versionen auch in die »breeder« einzubauen, in denen die befruchteten Eizellen heranreifen.

Aytuğ nutzt den Hinweis auf diese Filter, deren Wirkweise wissenschaftlich noch gar nicht wirklich belegt ist, auch gegenüber den Patienten, um die Qualität seines Labors zu demonstrieren. Interessanterweise ist es dabei gerade der Hinweis auf die bislang nicht vollständig geklärte Wirkweise der Geräte, mit dem er begründet, dass die Patienten hier wirklich »the latest technology« bekämen, etwa in dem Sinn: Selbst wenn noch nicht geklärt sei, wie die Filter wirkten, werde nichts unversucht gelassen, um die Erfolgsquoten der Behandlung zu erhöhen. Mir ist nicht klar, ob die Säulen überhaupt an die Steckdose angeschlossen waren – es gab jedenfalls keine Betriebsanzeigen, Displays, Leuchtdioden oder ähnliches, die darauf hingewiesen hätten, dass sie eingeschaltet waren.

Schon bei der Führung hatte mich diese Aussage verwirrt – wieso investiert ein Wissenschaftler, der mir zuvor einen Vortrag über die zentrale Bedeutung evidenzbasierter Verfahren in der Medizin und die auf Dauer gestellte Evaluation der in der Klinik angewandten Behandlungsmethoden gehalten hatte, viel Geld in eine Technologie, deren Wirkmechanismus völlig ungeklärt ist, deren »Erfolg« (über die erwähnte, anekdotische Evidenz hinaus) bislang noch nicht belegt wurde und deren Einsatz – gemessen an rationalen Kriterien – zumindest fraglich ist? Handelt es sich hier um einen reinen »Werbegag«, der für die »Kunden« und Neugierigen wie unser Forschungsprojekt inszeniert wird? Oder geht es hier um Mehr? Handelt es sich hier um eine hochtechnisierte Form esoterischer Praktiken oder wirklich um »cutting-edge science«? Was »bewirken« die schwarzen Säulen im Labor tatsächlich – für Patienten, Beschäftigte, Eizellen und die Gas-Ionen?

Tatsächlich bin ich in Gesprächen mit Biologen oder Medizinern öfter an einen ähnlichen Punkt gekommen: Gerade in Forschungsfeldern, die neu sind, oder wenn Technologien angewandt werden, die noch nicht vollständig in Routinen oder standardisierte Verfahren eingebaut sind, wenn biologische Mechanismen, mit denen gearbeitet wird, noch nicht vollständig verstanden sind, wenn also Objektivierungspraktiken, die idealtypisches wissenschaftliches Handeln ja auszeichnen, an ihre Grenze kommen, dann häufen sich Redefiguren wie: »Sie hat ein besonderes Händchen« um Resultate zu erzielen, die anderen Labormitgliedern eben nicht gelingen wollen. Oder »so klappt es ganz gut«, das »hat sich bewährt«; oder auch »heute hat gar nichts geklappt«, es war »ein schlechter Tag, das muss am Wetter (oder an X, wobei X ein beliebiger externalisierter Faktor sein kann) liegen«. Solche Aussagen werden oft mit einem unsicheren Lächeln oder einem leisen, selbstironischen Unterton gemacht – halb entschuldigend, weil keine »harten«, wissenschaftlichen Begründungen gegeben werden können. Das Lächeln oder die Ironie hat in Gesprächen dann meist die Wirkung, dass weitere Nachfragen unterbleiben – man kam an eine Grenze des Sagbaren, die auch vom Gesprächspartner akzeptiert und weggelächelt wird.

Ich möchte im folgenden die hier sichtbar werdende Unsicherheit als einen Hinweis auf ein grundlegendes, in der Ethnologie und Anthropologie seit mehr als 100 Jahren intensiv diskutiertes Problem interpretieren: Auf die Frage nach der *Rationalität des Handelns*, die wir uns selbst und unseren Forschungspartnern gewöhnlich zubilligen, die wir fest in unsere Selbstbilder eingebaut haben – wobei alle Beteiligten möglicherweise wissen oder zumindest ahnen, dass es sich hier um eine freundliche Fiktion handelt. Und es wird um die Frage gehen, wie in der Moderne unterschiedliche *Wissenstypen* voneinander abgegrenzt werden, etwa wissenschaftliches von nicht-wissenschaftlichem Wissen; und darum, ob es sich hierbei um klare *Gegensätze* oder eher um *Kontinuitäten* handelt. Schließlich wird es um die ganz grundsätzliche Frage gehen, ob *rationales Handeln* als ein *psychisch-kognitives* (wie üblicherweise von der Philosophie vorausgesetzt) oder als ein *sozial-kognitives* (also: als anthropologisches) Phänomen anzusehen ist, bei dem materielle ebenso wie soziale Faktoren zentral sind.

RATIONALITÄT UND MAGIE IM LABOR

Die beiden kanadischen Wissenschaftsforscher Alberto Cambrosio und Peter Keating thematisieren in einem wegweisendem Aufsatz aus dem Jahr 1988 diese Problematik am Beispiel eines damals neuartigen biotechnologischen Verfahrens, das inzwischen zu einer der wichtigsten Techniken der biowissenschaftlichen Laborforschung wurde – der Hybridoma Technologie. Um was es sich dabei genau handelt, braucht hier nicht weiter zu interessieren – wichtig ist hier nur der bereits im Titel des Aufsatzes kenntlich gemachte Zusammenhang: » ›Going monoclonal‹: art, science, and magic in the day-to-day use of hybridoma technology.« (Cambrosio/Keating 1988) Cambrosio und Keating greifen in ihrem Aufsatz die Frage auf, welches Verhältnis in wissenschaftlicher Arbeit, im Alltag des Labors, explizites, implizites, stillschweigendes und unsagbares Wissen haben. Wichtig ist vor allem ihre Unterscheidung zwischen stillschweigendem Wissen (tacit knowledge), über das sich prinzipiell reden lässt, und unsagbarem Wissen, über das sich nur unter Drohung von Sanktionen sprechen lässt, weil es herrschenden wissenschaftlichen Gepflogenheiten widerspricht. Diese zweite Kategorie des Wissens thematisieren sie mit dem Begriff der »Kunst« oder der »Magie«. Ihr Argument in Kürze: Im wissenschaftlichen wie auch im außerwissenschaftlichen Alltag bleibt vieles Wissen ungesagt oder wird stillschweigend vorausgesetzt – Wissen ist stumm, es erscheint im Vollzug, es lässt sich teilnehmend erschließen, aber selten abfragen.

Dieses Schweigen muss dabei seinen Grund nicht darin haben, dass sich dieses Wissen nicht oder nur unter Schwierigkeiten verbalisieren ließe, wie es in der klassischen Definition des »tacit knowledge« bei Polanyi angenommen wird (Polanyi 1985). Sondern es könne auch sein, dass dieses Wissen als so trivial angesehen werde, dass es sich nicht lohne, überhaupt darüber zu sprechen oder – und dies ist der interessantere Fall – dass das Wissen den herrschenden Paradigmen widerspreche bzw. man Angst davor habe, sich lächerlich zu machen, oder mit stillschweigenden Denkverboten konfrontiert sei: »much that is unsaid clearly has the possibility of being verbalized but remains, for many reasons, unsayable, unthinkable, trivial, secret, or censored«. Keating und Cambrosio stellen jedoch die These auf, dass dieses Ungesagte oder das Unsägliche durchaus ein wichtiges Element der wissenschaftlichen Praxis sei – es sei Gegenstand von Verhandlung, Diskussion, und (Re-) Konstruktion – jedoch geschehe dies nicht in Workshops oder anderer »offizieller« Wissenschaftskommunikation. (Cambrosio/ Keating 1988: 246)

Keating und Cambrosio beginnen ihre Argumentation mit dem Hinweis, dass die von ihnen untersuchte Technik Mitte der 1980er Jahre von denen, die sie erfolgreich anwandten, als »Kunst« bezeichnet wurde: So werde etwa in technischen Anleitungen darauf hingewiesen, dass Neulinge in diesem Feld die Technik in einem Labor erlernen sollten, das schon langjährige Erfahrung damit gemacht hat; so zitieren sie aus einem Handbuch:

»It has been a frequent observation that newcomers to the technique are relatively unsuccessful initially and [are successful after some time], *although an experienced observer cannot see any difference between the technique used on the first day and in subsequent, successful experiments.*« (Cambrosio/Keating 1988: 248) Expertise wird hier nicht etwa damit gleichgesetzt, immer erfolgreich zu sein, sondern mit der Fähigkeit, sich »sicher« in einer experimentellen Situation zurechtzufinden, die durch ein hohes Maß an Unsicherheit und auch Noch-nicht-Wissen charakterisiert sind. So zitieren sie einen in diesem Sinne zum erfolgreichen Experten ausgebildeten Wissenschaftler, mit dem sie ein Interview führten und in dem er seine Lernerfahrung schilderte, wie folgt:

»I consider that the actual [technique …] has a lot of voodoo. There is a lot of things people do, they don't know why. I don't know why but I just copy what they do and they say: ›if you do it differently, it will not work.‹ They told me I had to spin the […] cells with the top [of the centrifuge] open. Why the top open? It doesn't make any difference, this is a small, desktop centrifuge, it doesn't matter whether the top is open or closed. I think the history of it is [laughter] that you can't regulate the speed that well, so initially when people used to do it, they would open the top and see how fast it would spin. Now people know how to regulate the speed and they don't really have to look at it anymore, but they leave the top open! They told me I had to leave the top open, *I am supposed to be a scientist, I don't believe the top has to be open, but I am not going to put it down, because if the fusion did not work, they would tell me it's because I left the top down*«. (Cambrosio/Keating 1988: 253; kursiv SB)

Die zentrale Passage aus meiner Sicht ist hier: *I am supposed to be a scientist* – meint: ich sollte mich nach streng rationalen Kriterien richten, unter denen die Frage der Kausalität, des objektiven Zusammenhangs von Ursache und Wirkung, die zentrale handlungsleitende Maxime darstellt. Irgendwie gearteter *Glaube*, der nicht rational zu begründen ist, oder *Tradition* im Sinne eines ›das haben wir immer schon so gemacht‹, darf bei wissenschaftlichem Handeln eigentlich keine Rolle spielen. So sieht es auch die Wissenschaftsforschung seit Merton oder Luhmann – die beide auf den generalisierten Zweifel als zentralem Merkmal aller modernen Wissenschaft verwiesen hatten. Und dies' entspricht auch dem expliziten Selbstverständnis der meisten Wissenschaftler selbst. Trotzdem hält der Interviewpartner sich an eine – aus seiner Sicht eigentlich unsinnige – Konvention, weil er unfruchtbaren Diskussionen mit den Experten aus dem Weg gehen will. Begründeter Zweifel wird hier *sozial zum Schweigen gebracht*. Allerdings wäre zu erwarten, dass alle Beteiligten die gewohnte Praxis nach allen Regeln der wissenschaftlichen Kunst in Frage stellten, sobald der Verdacht bestünde, dass sie die Ergebnisse der Experimente verfälschte oder sonst ungewünschte Effekte hätte.

Dass wissenschaftliche Praktiken im Labor oft von den in der Wissenschaftsforschung beschriebenen idealtypischen Verfahrensweisen und rationalem Handeln abweichen, mit teils gravierenden, auch rechtlichen Folgen (vgl. Hughes 2009), wird auch in einem Artikel der beiden Wissenschaftsforscher Kathleen Jordan und Michael Lynch herausgearbeitet. Sie zitieren einen Laborforscher wie folgt:

»I don't think I've ever done exactly the same thing and had it work. I think a lot of times I've changed some variables. ... I mean, the real scientific way to do it would be to change one variable at a time and then try it again, and then keep changing variables and do positive controls and negative controls and all that stuff, and then eventually get it to work. But when you really need it to work you might change a lot of variables at once [...]. And then sometimes it works. I can't think [...] you know it is in a way ... in a way it's, you know, *magic. But also there are a lot of things you sort of make up your mind as to what could be going wrong, and I don't know if they are ever true, but sometimes when you change things, thinking they are true, then it will work, and so in your mind from then on it's true.* You know what I mean?« (Jordan/Lynch 1998: 784f.)

Was er meint? Er erklärt hier, wie es passieren kann, dass man falsche Modelle von Wirkzusammenhängen bildet und, diese nicht in Frage stellt, weil die eigentlich falschen Modelle trotzdem zum Ziel führen. Der Begriff »Magie« wird hier benutzt für instrumentelles Handeln, das auf eigentlich nicht gerechtfertigtem Glauben beruht, das aber erfolgreich ist.

Sowohl im Artikel von Cambrosio und Keating als auch in dem Papier von Jordan und Lynch wird die für wissenschaftliches Handeln zentrale Vorannahme seiner durchgängigen *Rationalität* in Frage gestellt. Wissenschaftliches Handeln ist demnach nicht immer rational, folgt nicht immer der Prämisse des »generalisierten Zweifels«, das in wissenschaftlichen Praktiken erzeugte Wissen ist nicht immer explizit und auch nicht ohne weiteres »generalisiert«, sondern durchaus gebunden an *lokale* Bedingungen und soziale Arrangements – eben an »Akteur-Netzwerke« im Sinne der Akteur-Netzwerk Theorie. Und vor allem integrieren Wissenspraktiken sehr unterschiedliche und bisweilen sogar gegensätzliche Wissensformen. Um nochmals Cambrosio und Keating zu zitieren:

»We have seen that in the establishment and diffusion of a scientific technique, which may be conceived of as an embedded system of practices, scientists have recourse to many forms of knowledge. That part which may be considered tacit or local depends upon the network of relations within which the scientists work. This network is comprised of a system of heterogeneous elements (theories, machines, patents, products). The articulation of these diverse elements occasions the emergence of the scientists' categories of knowledge. [...] *while scientists often present ideal, algorithmic accounts of their work, they also recognize and work with tacit or local dimensions of knowledge whether they be classified as »art« or »magic.« In many respects, the scientists' own descriptions of the kinds of knowledge with which they deal on a daily basis are both more precise and more comprehensive than the descriptions offered by sociologists.«* (Cambrosio/Keating 1988: 258)

WISSENSCHAFT, RATIONALITÄT UND MAGIE ALS DAUERTHEMA DER ANTHROPOLOGIE

Aus Sicht der Anthropologie oder Ethnologie bietet sich hier ein interessanter Anknüpfungspunkt, denn die Frage, wie sich Magie und Wissenschaft unterscheiden ließen, strukturierte schon im 19. Jahrhundert die leitenden Fragestellungen der Disziplin, die Art der Klassifikation der beschriebenen kulturellen Phänomene und ermöglichte vor allem eine vergleichende Sicht auf kulturelle Praktiken, die entweder – falls sie den Rationalitätskriterien westlicher Wissenschaft folgten – als »modern« und »zivilisiert« oder aber im abweichenden Falle als »vormodern« und »wild« klassifiziert wurden. Der in Ceylon geborene und an der Harvard Universität lehrende Anthropologe Stanley J. Tambiah hat in seinem großartigen Buch »Magic, science, religion, and the scope of rationality« (Tambiah 1990) die fachgeschichtliche Bedeutung der Unterscheidung zwischen Wissenschaft, Magie und Religion herausgearbeitet, die sich – in verschiedenen Spielarten und Akzentsetzungen – bei allen anthropologischen Klassikern findet. Aber diese Unterscheidung findet sich auch bei den frühen Soziologen wie Weber oder Durkheim, der Religionswissenschaft oder der frühen Psychologie Wilhelm Wundts und später auch der Freudschen Psychoanalyse; diese Unterscheidung ist zudem eng an ein evolutionistisches Konzept der Entwicklung des menschlichen Denkens und der menschlichen Kultur gebunden: Die Menschheit steigt gleichsam aus den Niederungen magischen, irrationalen Denkens, sie lässt schrittweise animistische Modelle der Welt hinter sich zurück und schreitet auf eine rationalere, wissenschaftliche Weltsicht zu und gelangt schließlich zu einem rationalen Umgang mit der Welt und den Dingen in ihr.

Dies stellt nicht nur die große Erzählung der Moderne dar – und die Selbsterklärung des modernen Menschen –, sondern diese Erzählung begründet das Projekt einer komparativen Sicht auf epistemologische, soziale und kulturelle Phänomene. In Tambiahs Worten:

»How do we understand and represent the modes of thought and action of other societies, other cultures? [The comparative study of cultures] raises not only the question of the mentality of us and other peoples, but also ultimately the issue of rationality itself, and the limits of western ›scientism‹ as a paradigm.« (Tambiah 1990: 3)

Tambiah nimmt seinen Ausgangspunkt bei Sir Edward Tylor, dem Begründer der Anthropologie im viktorianischen Großbritannien, der von 1832 bis 1917 lebte und ab 1884 das Fach in Oxford unterrichtete. Tylor sah die Anthropologie als Modernisierungskraft, die »die Überbleibsel alter, primitiver Kulturen, die auf die Ebene einfachen Aberglaubens herabgesunken seien, zu identifizieren und der Zerstörung anheimzugeben habe«. (ebd.: 44) Zu diesen abgesunkenen »Resten« vergangener, barbarischer Kulturen zählten vor allem die magischen Künste und die »okkulten Wissenschaften«. Für Tylor gründete magisches Denken in einer universellen menschlichen Fähigkeit zur »Assoziation von Ideen«. Der Fehler magischer Praktiken sei jedoch, »ideale Verbindungen für reale Verbindungen« zwischen Dingen und Gegenstandsbereichen zu halten. Eins seiner vielen Beispiele: Der Wilde bemerke, dass der Hahn krähe, wenn die Sonne aufgehe. Daraus schließe er nun, dass die Sonne aufgehen werde, wenn man den Hahn zum Krähen bringe. Es sind diese gleichsam ›verdrehten‹ Kausalitätsannahmen, die für Tylor magische Praktiken aber auch religiöse Überzeugungen zur Antithese wissenschaftlichen Handelns und aufgeklärten Denkens machen.

Im Gegensatz dazu sah Émile Durkheim hier eher Kontinuitäten: für ihn stellen elementare religiöse Ideen Vorläufer der späteren Wissenschaft dar. Tylor dagegen vertrat stets die klare These, dass die in Magie und Religion vorherrschende Denkweise dem wissenschaftlichen Denken diametral entgegengesetzt sei.

An dieser Position, die für die frühe Anthropologie und Ethnologie auch international prägend wurde und mit der ein Konzept verankert wurde, das sich als »kognitiver Evolutionismus« bezeichnen lässt, wurde in England vor allem durch die Anthropologen Edward E. Evans-Pritchard und Bronislaw Malinowski grundsätzliche Kritik geübt. Evans-Pritchard kritisierte vor allem die *psychologisierende* Sicht von Tylor: »The error here was in not recognizing that the [false] associations [between domains] are social and not *psychological* stereotypes, and that they occur therefore only when evoked in specific ritual situations, which are also of limited duration.« (zit. n. Tambiah 1990: 51) So betonte Evans-Pritchard, dass Personen in ihrem Denken und Handeln zwischen mythischen und alltäglich-praktischen Kontexten wechseln könnten – es sich beim magischen Denken und Handeln also um situationsabhängige, sozial erzeugte Modi des Denkens und Argumentierens handele. So habe etwa ein Nuer-Dorf heilige Pfosten, die die Ahnen symbolisierten – Objekte, die zusammen mit ihrer unmittelbaren Umgebung zu besonderen Zeiten heilig seien, weil die Geister der Ahnen in ihnen anwesend seien. Aber außerhalb dieser speziellen Ritualzeiten würden die gleichen Gegenstände alltäglich und unmagisch behandelt. (Tambiah 1990: 92)

Damit markiert Evans-Pritchard eine grundsätzlich andere Position als Tylor: Für Tylor war der »Wilde« vollständig in einem magischen Weltbild gefangen; ebenso argumentierte Lévy-Bruhl in seinen frühen Schriften (Lévy-Bruhl 1959). Der »Wilde« habe gleichsam eine kindliche Psyche; für Evans-Pritchard hingegen unterschied den Wilden vom Zivilisierten lediglich, dass ersterer in bestimmten, sozial wohl definierten Zusammenhängen zu magischen Interpretationen von Geschehnissen neigte. (Vgl. hierzu ähnlich auch Malinowski 1992 (1948): 25) In seinem grundlegenden Buch »Hexerei, Orakel und Magie bei den Zande« schreibt Evans-Pritchard etwa:

»Im Zandeland stürzt manchmal ein alter Getreidespeicher ein. Daran ist nichts Bemerkenswertes. Jeder Zande weiß, dass Termiten die Stützbalken im Laufe der Zeit zernagen und daß auch das härteste Holz nach Jahren der Beanspruchung verrottet.

233

Nun ist aber ein Speicher immer zugleich das Sommerhaus eines Zande Gehöfts und die Leute sitzen während der Mittagshitze darunter, plaudern oder spielen das afrikanische Lochspiel oder sind mit irgendeiner handwerklichen Tätigkeit beschäftigt. Infolgedessen kann es passieren, daß gerade dann, wenn er einstürzt, Leute daruntersitzen und verletzt werden, denn es ist ein massiver Bau aus Balken und Lehm [...]. Warum mußten gerade im Moment des Einsturzes ausgerechnet diese Leute unter dem betreffenden Speicher sitzen? Daß er einstürzen mußte, ist leicht verständlich. Aber warum mußte er gerade in dem Moment, als ausgerechnet diese Leute daruntersaßen, einstürzen? Er hätte schon seit Jahren einstürzen können, warum also tat er es gerade dann, als bestimmte Leute seinen behaglichen Schutz suchten? Wir sagen, daß der Speicher einstürzte, weil seine Stützen von Termiten weggefressen wurden: das ist die Ursache, die den Einsturz des Speichers erklärt. Wir sagen auch, daß Leute gerade darunter saßen, weil es die heißeste Zeit des Tages war und sie dachten, daß es ein bequemer Ort zum Reden und Arbeiten sein würde: das ist die Ursache dafür, daß zum Zeitpunkt seines Einsturzes Leute unter dem Speicher waren. Für uns besteht der einzige Zusammenhang zwischen diesen beiden unabhängig voneinander verursachten Sachverhalten in der Koinzidenz von Zeit und Ort. Wir haben keine Erklärung dafür, warum die beiden Kausalketten sich zu einem bestimmten Zeitpunkt und an einem bestimmten Ort überschnitten, da es keine Interdependenz zwischen ihnen gibt. Die Philosophie der Zande kann dazu das fehlende Glied liefern. Ein Zande weiß, daß die Stützen von Termiten unterhöhlt waren und daß Leute unter dem Speicher saßen, um der Hitze und dem gleißenden Sonnenlicht zu entgehen. Aber er weiß außerdem, warum diese beiden Ereignisse zur genau gleichen Zeit am gleichen Ort eintraten. Es war eine Folge der Wirkung von Hexerei.« (Evans-Pritchard 1978: 65f.)

Evans-Pritchard weist damit darauf hin, dass magisches Denken Erklärungen zur Verfügung stellt, wo im wissenschaftlichen Weltbild eine Leerstelle bleibt: allein »unerklärbarer Zufall« sei die in der Moderne zur Verfügung stehende Nicht-Erklärung, warum bestimmte Dinge geschehen, die außerhalb erklärbarer Kausalitätsverhältnisse stehen. Das Wissen um Hexerei ermögliche dagegen den Zande, solche kontingenten Ereignisse zu verstehen und sozial zu bearbeiten – etwa durch Gegenzauber oder Bestrafung der Schuldigen.

Ganz in dieser Linie argumentiert auch Bronislaw Malinowski, der »Erfinder« der anthropologischen Feldforschung – und damit derjenige, der sich von Tylors »spekulativem Idealismus« scharf abgrenzt.[2] Auch Malinowski unterschied klar zwischen Magie und Wissenschaft, wobei er Wissenschaft als eine ›profane‹ Aktivität verstand, während Magie und Religion als ›heilige‹ Aktivitäten anzusehen seien. Für Malinowski hatten jedoch beide Bereiche universelle Bedeutung in allen Kulturen. Seine zentrale Frage: Hat der Wilde ein rationales Verhältnis zur Welt, meistert er seine Umgebung mit rationalen Mitteln? Und weiter: Kann dieses primitive Wissen als eine rudimentäre Form der Wissenschaft angesehen werden? Beide Fragen werden von ihm grundsätzlich bejaht, wobei er seine empirischen Beispiele aus seinen Feldforschungen bei den Trobriandern gewinnt, einem indonesischen Inselvolk, bei dem er während des Ersten Weltkrieges – teilweise unfreiwillig – festsaß und an ihrem Alltag forschend teilnahm.

So schreibt er etwa, dass der sehr erfolgreiche Gartenbau, den die Trobriander betreiben, von ihrem umfangreichen Wissen über unterschiedliche Bodenqualitäten, über die Eigenschaften unterschiedlicher Nutzpflanzen, die wechselseitige Adaption beider Faktoren und nicht zuletzt von ihrem Wissen um die Wichtigkeit harter und akkurater Arbeit abhingen. In ihrer Arbeit in den Gärten seien sie stets durch ein klares Wissen um Wettereinflüsse und Jahreszeiten, Pflanzen und Schädlinge, und Bodenverhältnisse geleitet – und durch die Überzeugung, dass ihr Wissen wahr und verlässlich sei, dass man auf es rechnen könne und das Handeln danach minutiös ausgerichtet werden müsse. Doch in all dieses rationale Handeln sei Magie eingewoben, eine Serie von rituellen Praktiken, die während des ganzen Jahres in den Gärten in genau eingehaltener Reihenfolge durchgeführt würden. Ein oberflächlicher Beobachter – so Malinowski – könne den Eindruck gewinnen, dass rationale und magische Handlungen von den Eingeborenen nicht unterschieden würden. Dies sei jedoch nicht der Fall – zwar werde Magie von den Trobriandern als unverzichtbar erachtet für das Gedeihen

---

2 Zum Einfluss der Völkerpsychologie Wilhelm Wundts (*Wundt, Wilhelm Maximilian*: Völkerpsychologie. Eine Untersuchung der Entwicklungsgesetze von Sprache, Mythus und Sitte. Bd. 1: Die Sprache, Teil 1. Leipzig: 1900, Wilhelm Engelmann.) und der frühen Wissenschaftsphilosophie u.a. Ernst Machs (*Mach, Ernst*: Erkenntnis und Irrtum. Skizzen zur Psychologie der Forschung. 1905, J. A. Barth.), der ebenfalls von einer Kontinuität wissenschaftlicher und alltäglicher Wissenspraktiken ausging, auf Malinowkis theoretische Sicht vgl. (Tambiah 1990: 65).

der Gärten, aber dies hieße nicht, dass sie alle Erfolge der Magie zurechne-
ten. Ich zitiere in Übersetzung:

»Wenn Sie einem Eingeborenen empfehlen wollten, dass er doch seinen Garten allein mit Magie bestellen und seine Arbeit einstellen solle, dann würde er lediglich
über Ihre Einfalt lächeln. Er weiß genauso gut wie Sie, dass es natürliche Bedingungen und Ursachen gibt, und durch seine Beobachtungen weiß er, dass er diese natürlichen Kräfte durch mentale und physische Arbeit kontrollieren kann. [...] Wenn die
Zäune zusammengefallen sind, wenn der Samen zerstört ist oder weggewaschen
wurde, dann wird er seine Zuflucht nicht in der Magie suchen, sondern in der Arbeit,
angeleitet durch Wissen und Vernunft. Aber seine Erfahrung hat ihn auch gelehrt,
dass trotz all seiner Voraussicht und seiner Anstrengungen Kräfte existieren, die ihm
in einem Jahr Überfluss und Fruchtbarkeit gewähren [...] während in einem anderen
Jahr dieselben Kräfte Pech und Unglück bringen, ihn von Anfang bis Ende verfolgen
und all sein Bemühen und sein bestes Wissen fruchtlos machen. Um diese Kräfte zu
kontrollieren – und nur diese – setzt er Magie ein.« (Malinowski 1992 (1948): 28f.)

Für Malinowski besteht also eine klare Trennung zwischen einerseits einem
Wirklichkeitsbereich, in dem gut verstandene Bedingungen, in dem ein
klares Verständnis von kausalen Beziehungen herrschen, in dem normales
Wachstum oder gewöhnliche Schädlinge anzutreffen sind, Faktoren, denen
mit einfachen Mitteln begegnet werden kann. Andererseits, gibt es einen
Bereich der Wirklichkeit, der sich solch positivem Wissen entzieht und in
dem alltägliches Handeln keine Wirkung hat. Gegen diese Probleme wird
Magie eingesetzt.

Malinowski erläutert dies noch an einem weiteren Beispiel ausführlich:
Am Fischfang und dem Kanubau der Trobriander. Er gesteht ihnen ein aus-
gezeichnetes Erfahrungswissen im Bootsbau zu, sie verfügten über empirisches Wissen der verwendeten Materialien, der einzusetzenden Technologien und der Hydrodynamik. Sie verfügten über ein ganzes System von
Prinzipien für die Seefahrt, das in einer reichen und komplexen Terminologie festgehalten sei und auf deren Einhaltung sie peinlich achteten. Doch
sei ein bedeutender Unterschied festzustellen zwischen dem Fischfang in
den Lagunen und auf hoher See: Während in den an den inneren Lagunen
der Inseln liegenden Dörfern Fischfang auf einfache und höchst verlässli-
che Weise durch »poisoning« geschehe und stets große Erträge erziele, ohne dass die Fischer Gefahren auf sich nehmen müssten oder Ungewisshei-

ten zu begegnen hätten, würden in den Dörfern, die direkt am Ufer des Ozeans lägen, gefährliche Arten des Fischfangs praktiziert. Hier seien die Erfolgsaussichten ungewiss und die Erträge schwankten beträchtlich. Während bei der Lagunenfischerei, wo die Fischer sich vollständig auf ihr Wissen und ihre Erfahrung verlassen könnten, keinerlei Magie praktiziert werde, würden bei den Hochseefischern ausgiebig magische Rituale praktiziert, um gute Resultate und sichere Heimkehr zu garantieren.

Diese Befunde generalisiert Malinowski; für ihn sind Wissenschaft und Magie zwei unabhängige, doch aufeinander bezogene Wissenssysteme, die in unterschiedliche soziale Praktiken eingebettet sind und die auf sehr unterschiedliche Problemkonstellationen bezogen sind. Nochmals Malinowski:

»Science [...] is based on the normal universal experience of everyday life, experience won in man's struggle with nature for his subsistence, and safety, founded on observation, fixed by reason.[3] Magic is based on specific experience of emotional states in which man observes not nature but himself [...]. Science is founded on the conviction that experience, effort, and reason are valid; magic on the belief that hope cannot fail nor desire deceive. The theories of knowledge are dictated by logic, those of magic by the association of ideas under the influence of desire. *As a matter of empirical fact, the body of rational knowledge and the body of magical lore are incorporated each in a different tradition, in a different social setting and in a different type of activity, and all these differences are clearly recognized by the savages.*« (Malinowski 1992 (1948): 87)

Um nochmals auf die Schilderung des Laborwissenschaftlers zurückzukommen, der aufgefordert wurde, den Deckel der Zentrifuge offen zu lassen, damit sich beim Experiment der Erfolg einstellt: auch hier geht es um kausal nicht vollständig verstandene Zusammenhänge, die es auf jeden Fall als »sicherer« erscheinen lassen, von einem bestimmten Arrangement nicht abzuweichen, weil es sich einmal als erfolgreich erwiesen hat. Aber was der Labormitarbeiter als »voodoo« oder magisch bezeichnet, ist Teil des

---

3 Interessant sind hier auch die Querbezüge und Ähnlichkeiten zur Perspektive der amerikanischen Pragmatisten William James und John Dewey (*Dewey, John*: How we think. Boston: 1910, D.C. Heath & Co.) – eine Parallele, die auch Tambiah in seiner Darstellung erwähnt, aber nicht vollständig verfolgt.

gleichen sozialen Settings, eines einheitlichen Aktivitäts-Typs und der gleichen – in Kochrezepten festgehaltenen und mündlich wie praktisch weiter gegebenen – »Tradition«. Und ob die Eingeborenen der Labore den Unterschied zwischen beiden Wissenstypen so präzise zu unterscheiden wissen, wie dies Malinowski bei den Eingeborenen der Trobriand-Inseln unterstellt, ist – folgt man der Schilderung des Laborwissenschaftlers – zumindest fraglich. Es wäre zumindest eine Frage wert, ob die Selbstreflexion hinsichtlich der in Aktion gesetzten Wissenstypen im Alltag oder in der Wissenschaft stärker ausgeprägt ist.

Festzuhalten ist: man muss nicht gleich annehmen, dass weder Eingeborene noch zivilisierte Menschen keinen Unterschied machen zwischen dem Magischen und dem Nicht-Magischen, wie dies der britische Anthropologe Edmund R. Leach in einer Kritik der Malinowski'schen Perspektive konstatierte:

»Malinowski maintained, no doubt rightly, that Trobrianders are at least as rational as twentieth-century Europeans. [...] Were he seems to err is in maintaining that the ordinary man distinguishes consistently between the magical and the non-magical. [...] In seeking to break down the dichotomy between savagery and civilization Malinowski argued that primitives were just as capable as Europeans of making such distinctions. [...] He would have had a much better case if he had insisted that *Europeans are ordinarily just as incapable as Trobrianders of distinguishing the two categories.*« (Leach 1957, zit. n. Nader 1996: 260)

Dies – so scheint mir – ist ein klassischer Fall von »das Kind mit dem Bade ausschütten«: Der richtige Hinweis darauf, dass magische Praktiken ein durchaus alltägliches Phänomen in der westlich-rationalen Moderne sind ebenso wie rationales Handeln bei Menschen außerhalb dieser Moderne, setzt nicht notwendigerweise eine Differenzierungs*un*fähigkeit gegenüber diesem Unterschied voraus – lediglich die Schwierigkeit, in einem Kontinuum stets klare Wesensunterschiede festzumachen und im Alltag diese Unterscheidungsfähigkeit konsistent anzuwenden. Malinowski selbst war sich dem nur zu bewusst: »I was not able to judge for myself where rational procedure ended and which were the supererogatory activities, whether magical or aesthetic.« (Malinowski (1935) zit. n.Leach 1957: 128) Doch hierbei handelt es sich um *empirisches*, nicht um ein *prinzipielles* Problem.

Aber nicht nur für die britische Sozialanthropologie gilt, dass sie sich bereits frühzeitig mit der Frage der Rationalität und dem Unterschied zwischen wissenschaftlichem und praktischem Umgang mit der Realität auseinandersetzte. Auch die Europäische Ethnologie griff diese Thematik auf – anders als die Ethnologie jedoch am Phänomen einer zunehmenden Technisierung des Alltagslebens. Die Rationalitätsproblematik kam hier gleichsam indirekt ins Spiel, da Technik als Anwendung wissenschaftlicher Rationalität und als mächtiger Rationalisierungsfaktor verstanden wurde. Bezeichnenderweise ist es diese in den 1960er Jahren aufkommende Debatte, die den Übergang von einer romantisierenden Volkskunde zu einer ethnographisch orientierten, sozialwissenschaftlich und historisch argumentierenden Europäischen Ethnologie markiert.

Hermann Bausinger: Volkskultur in der technischen Welt

Der Tübinger Germanist und Volkskundler Hermann Bausinger veröffentlichte seine Habilitationsschrift 1961 unter dem Titel »Volkskultur in der technischen Welt«. Erklärtes Ziel seiner Analysen – so schreibt er – sei es, neue, der »technischen Welt« angemessene und die einzelnen Fachgebiete der Volkskunde übergreifende Kategorien zu bilden. Hiermit möchte er einem von ihm wahrgenommenen zentralen Defizit der Nachkriegsvolkskunde begegnen, die – statt neue Begriffe und Kategorien zu bilden – »neue Gegenstände und Bevölkerungsgruppen an den alten Begriffen« (Bausinger 1986: 14) gemessen habe. Mit dieser Programmatik wird nun aber nichts weniger als ein »paradigmatischer« Sprung in der Nachkriegsvolkskunde eingeklagt und das Forschungsterrain neu vermessen: weg von der konservierenden Reliktforschung, hin zur Analyse gegenwärtiger Volkskultur, verstanden als die »reale Welt der kleinen Leute«. (ebd.: 9) Mit seiner Studie leitete Bausinger die Abkehr von der alten Volkskunde und deren Neuerfindung als *empirische Kulturwissenschaft* oder Europäische Ethnologie ein. Sein Ansatzpunkt ist dabei die Kritik der zentralen Vorannahme zahlreicher zeitgenössischer volkskundlicher Arbeiten: nämlich dass zwischen *Volkswelt* und *technischer Welt* ein unüberbrückbarer Gegensatz bestünde. Bausinger macht bereits in der Überschrift des ersten Kapitels klar, dass dieser Gegensatz unhaltbar sei; stattdessen –

so die Überschrift – sei »Die technische Welt als ›natürliche‹ Lebenswelt« anzusehen.

Ausgangspunkt des ersten Kapitels der Studie ist eine wenig schmeichelhafte Standortbestimmung der Volkskunde zu Beginn der 1960er Jahre: Danach habe die bereits von Wilhelm Grimm entwickelte und von der Volkskunde weitgehend unbefragt vom 19. Jahrhundert bis in die Gegenwart mitgeführte Vorstellung, dass sich Volkswelt und »technische Welt« in unversöhnlichem Gegensatz gegenüberstünden, zu einer Abgrenzung der Forschungsfelder geführt, die volkskundliche Forschungsarbeit auf Reliktzonen verweise und das Fach mit der »Ausbreitung der Technik in immer engere Winkel und – was schlimmer ist – in eine immer zwielichtigere Haltung zur Wirklichkeit« (ebd.: 19) dränge. Das Bild, das Bausinger hier weitgehend unter Verzicht auf drastische Worte zeichnet, lässt sich pointiert zusammenfassen: Der Wissenschaft, die sich ausschließlich mit immer marginaler werdenden Marginalitäten beschäftigt, droht letztlich selbst die Marginalisierung, die Substanzgefährdung der Untersuchungssujets schlägt um in disziplinäre Bestandsgefährdung. Was mit diesen Überlegungen auf die Tagesordnung der Fachdiskussion gesetzt wird, geht damit deutlich über eine Ausweitung der Forschungsthemen hinaus: es geht um die theoretische und methodische Neu-Ausrichtung der Disziplin.

Aus dieser geschilderten Krise führt für Bausinger nur eine grundlegende Umorientierung heraus, die bei den Vorannahmen ansetzen muss, die das Fach und seine Arbeitshypothesen konstituieren. Zum Zweck dieser wortwörtlich radikalen Kritik rekonstruiert er vier Antinomien, die den in volkskundlichen Arbeiten verbreiteten Befund eines Gegensatzes zwischen Volkskultur und »technischer Welt« stützten: So werde

- die Volkswelt als ungeschichtlich, die »technische Welt« dagegen als in höchstem Maße geschichtlich konzipiert,
- die »beseelte Volkswelt« würde dem »mechanischen Charakter der technischen Welt« gegenübergestellt,
- der von organischen Gemeinschaften bestimmten Volkskultur werde die Vorstellung der organisierten Gesellschaft entgegengesetzt und schließlich werde
- die Opposition Irrationalität–Rationalität zur Unterscheidung zweier grundsätzlich anderer Phänomenbereiche benutzt: »in der technischen

Welt herrschte demnach die rationale Konstruktion, während die Volkswelt ihre stärksten Impulse aus nichtrationalen Tiefen erhielte.« (ebd.: 20)

Bausinger analysiert diese das Konzept »Volkskultur« bestimmenden Gegensatzpaare als Bestandteile eines antimodernen, weitgehend in der Romantik entstandenen Gegenbildes zur Industriegesellschaft. Durch Umkehrung dieser Oppositionen oder durch deren Relativierung versucht er dieses Konzept als unhaltbar zu widerlegen und setzt diesen Dichotomien seine These der »Natürlichkeit des Technischen« entgegen. An zahlreichen empirischen Befunden belegt er, dass nach einer kurzen Phase, in der Technik als Bedrohung erfahren wird, sie schnell als selbstverständlicher Teil in die Alltagskultur integriert wird und über Volkslieder, Reime, Erzählungen, oder Witze in alltägliche Vorstellungswelten eingebaut wird. Technik steht demzufolge nicht länger in unversöhnlichem Gegensatz zur Volkskultur, sondern wird einer ihrer bestimmenden Faktoren, womit die Volkskultur auch und gerade in der »technischen Welt« zu einem volkskundlichen Forschungsfeld wird. Bausinger greift hiermit Thematiken auf, die Jahre später in techniksoziologischen und technikhistorischen Untersuchungen systematisch analysiert wurden. (SOZIALE KONSTRUKTION VON TECHNOLOGIE und AKTEUR-NETZWERK THEORIE)

Der Vektor der Argumentation ist damit auf eine Revision des Volkskulturkonzeptes der Volkskunde gerichtet; Technik selbst wird hierbei jedoch nur am Rande zum Thema und bleibt begrifflich weitgehend un(ter)bestimmt. Als zusammenfassende Definition ergibt sich aus dem Text, dass Technik vor allem angewandte Naturwissenschaft ist, die im Binnenraum durch eine rationale Struktur gekennzeichnet ist; eine Rationalität, die jedoch die »technische Welt« bisweilen auf gefährliche Art vermissen ließe. So sei die Benutzung der Technik oft nicht »bewusst« im eigentlichen Sinne, sondern oft »naives Tun« (ebd.: 21), das sich nicht mit der Funktion der Apparaturen auseinandersetze. Aus der Beobachtung, dass Maschinen für ihre Nutzer vorübergehend eine Erweiterung des Körperschemas bedingen und somit nicht mehr der Umwelt zugerechnet werden können, schließt Bausinger, »daß Erscheinungen der Technik durchaus nicht immun oder auch nur spröde sind gegen vorrationale Verhaltens- und Denkformen«. (ebd.: 21) Besonders deutlich zeige sich dies an zu beobachtenden » ›magischen‹ Haltungen und Reaktionen« gegenüber der Technik, die bisweilen beim Versagen von Apparaturen aufträten; insbesondere beim Auftreten von Defekten zeige sich so, dass die »Natürlichkeit« des Technischen nicht mit Beherrschung, sondern meist nur – stets gefährdetes – Ergebnis des Umgangs und der Gewöhnung sei. Diese Reaktionen dürften jedoch nicht, wie vielfach geschehen, als Relikte volkstümlichen Denkens interpretiert werden, da es sich hierbei um »Regressionen, von der Technik selber ausgelöste Rückgriffe auf genetisch frühere Stufen«[4], bzw. um »das genetisch Ältere und damit auf tiefere Schichten des Seelischen« (ebd.: 45) handele. Bausinger legt so nahe, dass es sich beispielweise bei »abergläubischen« Verhaltensweisen um eine durchaus moderne, kompensative Bewegung handelt, mit der die übergroße Komplexität der technischen Welt reduziert werden solle.

Damit werden als künftige Forschungsrichtungen markiert: einerseits das Thema »Natürlichkeit des Technischen« (besser: das Selbstverständlich-Werden), das etwa an volkskundlich vertrauten Sujets wie popularem Erzählen erforscht werden könne, und andererseits das Thema temporärer Regressionen, bei deren Analyse ebenfalls spezifische Kompetenzen der Volkskunde eingebracht werden können. Diese Beschränkung, scheint sich aus dem Versuch Bausingers zu ergeben, sich bei seinem Reformversuch doch weitgehend innerhalb der von der Volkskunde besetzten Grenzen der Forschungsfelder und ihrer Methodik zu bewegen. Bemerkenswert ist weiter, dass der individuelle und kollektive Prozess, in dem Technik *angeeignet* wird, kaum problematisiert wird. Ebenso wenig in den Blick kommen konnte so die zwischen – als unkompliziert konzipierte – Aneignung und Regression liegende Phase des *alltäglichen Umgangs mit funktionierender Technik*. Bausinger selbst wies in einer späteren Kritik seines Buches auf ein damit eng verwandtes Problem hin. Die angenommene Verlaufsvorstellung »Bedrohung, Aneignung, Regression« biete zwar erste Ordnungskategorien, doch handele es sich dabei um ein weitgehend mechanisches Konstrukt eines »Stimulus-Response-Modells«, bei dem etwa sozialspezifische Faktoren bei der Auseinandersetzung mit Technik vernachlässigt würden.

---

4 Bausinger (ebd.: 42) setzt »magisch« hier und an anderen Stellen bewusst in Anführungszeichen, um anzudeuten, daß er diesen Begriff als unscharfen – und nicht exakt wissenschaftlichen – Sammelbegriff verwendet. Hier kann nicht auf das durchaus problematische, dem Sozialevolutionismus entlehnte Konzept der »genetisch früheren Stufen« eingegangen werden, das Bausinger in seinem Buch weitgehend unkritisch übernimmt.

Außerdem seien die in seinem Buch herangezogenen Beispiele – sowohl für Aneignungen wie Regressionen – meist von einer beträchtlichen »Technikdistanz« gekennzeichnet gewesen. (Bausinger 1981: 232)

Malinowski und Bausinger thematisieren beide magisch oder irrational erscheinende Praktiken und deren Verhältnis zu »rationalem«, wissenschaftlich legitimiertem Handeln. Für beide ist offensichtlich, dass Alltagshandeln nie nur rational oder magisch ist, sondern dass Mischungsverhältnisse und Ambivalenzen in Rechnung zu stellen sind. Damit stellen beide etablierte Auffassungen über die scharfe Trennung zwischen rationalem Handeln und seinem Gegenbild in Frage, halten dabei aber an dem von Max Weber in die Sozialwissenschaft eingeführten Konzept der Rationalität fest – sie ist vor allem realisiert als *Zweck*rationalität. Trotzdem ist Rationalität bei beiden kein *normatives*, sondern ein *empirisches Problem*. Und für beide ist offensichtlich, dass es deshalb systematischer Beobachtung und sorgfältiger, kontextueller Interpretation bedarf, um rationales und weniger rationales Handeln in Aktion analysieren zu können.

LITERATUR

Bausinger, Hermann (1986): Volkskultur in der technischen Welt, Stuttgart: Kohlhammer.

Bausinger, Hermann (1981): »Technik im Alltag«. Zeitschrift für Volkskunde 2, S. 227–242.

Cambrosio, Alberto/Keating, Peter (1988): »Going Monoclonal: Art, Science, and Magic in the Day-to-Day Use of Hybridoma Technology«. Social Problems, 35(3), S. 244–260.

Dewey, John (1910): How we think, Boston: D.C. Heath & Co.

Evans-Pritchard, Edward E. (1978): Hexerei, Orakel und Magie bei den Zande. Von Eva Gillies gekürzte und eingeleitete Ausgabe, Frankfurt/M.: Suhrkamp.

Hacking, Ian (1996): Einführung in die Philosophie der Naturwissenschaften, Stuttgart: Reclam.

Hughes, Virginia (2009): »Markers of dispute«. Nature Medicine, 15(12), S. 1339–1343.

Jordan, Kathleen/Lynch, Michael (1998): »The Dissemination, Standardization and Routinization of a Molecular Biological Technique«. Social Studies of Science, 28(5/6), S. 773–800.

Kuhn, Thomas S. (1976): Die Struktur wissenschaftlicher Revolutionen, Frankfurt/M.: Suhrkamp.

Leach, Edmund R. (1957): »The epistemological Background to Malinowski's Empiricism«. In: Raymond Firth (Hg.), Man and Culture, London: Routledge, S. 119–137.

Lévy-Bruhl, Lucien (1959): Die geistige Welt der Primitiven, Düsseldorf [u.a.]: Diederichs.

Mach, Ernst (1905): Erkenntnis und Irrtum. Skizzen zur Psychologie der Forschung, Leipzig: J. A. Barth.

Malinowski, Bronislaw (1948/1992): Magic, Science and Religion and other Essays. With an introduction by Robert Redfield, Prospect Hights: Waveland Press.

Nader, Laura (1996): »The Three-Cornered Constellation. Magic, Science, and Religion Revisited«. In: Laura Nader (Hg.), Naked Science: Anthropological Inquiry into Boundaries, Power, and Knowledge, New York, London: Routledge, S. 259–275.

Polanyi, Michael (1985): Implizites Wissen, Frankfurt/M.: Suhrkamp.

Tambiah, Stanley J. (1990): Magic, Science, Religion, and the Scope of Rationality, Cambridge: Cambridge University Press.

Wundt, Wilhelm M. (1990): Völkerpsychologie. Eine Untersuchung der Entwicklungsgesetze von Sprache, Mythos und Sitte. Bd. 1: Die Sprache, Teil 1., Leipzig: Wilhelm Engelmann.

Ethnographische Praxis im Feld der Wissenschafts-, Medizin- und Technikanthropologie

MICHI KNECHT

In den Ethnowissenschaften bezeichnet der Begriff der Ethnographie drei-erlei: die Methode der teilnehmenden Beobachtung bzw. Feldforschung, die textuelle oder visuelle Darstellung der Ergebnisse und schließlich einen Empirie-Theorie-Nexus, der für die Disziplin eine zentrale, theoriegener-ierende Rolle spielt. Das Forschungsfeld der Science and Technology Stud-ies reduziert diesen Begriff oft auf seine methodologische Dimension. Dabei hat die ethnowissenschaftliche Diskussion in ihren theoretischen Dimensionen wichtige Konsequenzen für STS: sie problematisiert die Tren-nung von Natur und Kultur, den Status von reflexivem bzw. para-ethnographischem Wissen in vielen Forschungsfeldern und die veränderten Zeitlichkeiten der Feldforschung. Gerade in seiner theoretisch radikalisierten Form, der Praxeographie, muss Feldforschung immer als kollaborative bzw. intervenierende Praxis ernst genommen werden. Beispiele aktueller ethno- und praxeographischer Arbeiten, Charis Thomp-son zu Reproduktionstechnologien und Christopher Kelty zu open source software, verdeutlichen das neue Verständnis ethnographischen Arbeitens als praxisorientierte, relationale, vergleichende, an Heterogentität interess-ierte und sich selbst als offenen Prozess begreifende Forschung.

Weiterführende Literatur

Faubion, James D. /Marcus, George E. (2009): Fieldwork is Not What It Used To Be. Learning Anthropology's Method in a Time of Transition, Ithaca/London: Cornell University Press.

Der Sammelband stellt Methoden-reflektierende Texte von Sozial- und Kulturanthropologinnen und -anthropologen vor, die bei James Faubion oder George Marcus am Institut für Sozial- und Kulturanthropologie an der Rice-University, Texas promoviert haben. An diesem Institut wird seit Jahren an einer Erneuerung ethnographischer Methoden gearbeitet. Die Texte beschreiben ethnographische Erfahrungen unter dem Vorzeichen intensivierter Globalisierung und reflektieren die sich verändernden Bedingungen ethnographischer Wissensproduktion. Beiträge von George Marcus, James Faubion und Kim Fortun diskutieren darüber hinaus unterschiedliche Aspekte von Forschungsethik, Forschungsdesign und neuen Formen der Forschungs-Kollaboration.

Gay Y Blasco, Paloma/Wardle, Huon (2008): How to Read Ethnography, London/New York: Routledge.

Dieses für Studierende der Sozial- und Kulturanthropologie geschriebene Buch vermittelt Wissen über das Schreiben und Lesen von Ethnographien, handelt also von Ethnographie als Text. Der in Form eines Lehrbuches aufgebaute Band definiert Ethnographie in Abgrenzung zu anderen, verwandten Textgenres, und diskutiert Formen des Vergleichs, der Kontextualisierung, der Beschreibung von Beziehungen, der Autorenschaft sowie die Einbettung von Ethnographie in theoretische Diskussionen an vielen Beispielen aus klassischen wie neuen Ethnographien. In didaktisch klar unterteilten Schritten und Kapiteln führt der Band Leserinnen und Leser an das Schreiben von Ethnographien heran und vermittelt gleichzeitig textanalytisches Handwerkszeug zur ihrer kritischen Lektüre.

Hess, David (2001): »Ethnography and the Development of Science and Technology Studies«. In: Paul Atkinson/Amanda Coffey/ Sara Delamont/ John Lofland/ Lyn Lofland (Hg.), Handbook of Ethnography, Los Angeles: Sage Publications, S. 233–245.

Dieser wissenschaftshistorisch orientierte Aufsatz von David Hess diskutiert die Entwicklung von Ethnographie im Bereich der internationalen und interdisziplinären Science and Technology Studies. Er unter-

scheidet eine erste Welle von STS-Ethnographien (LABORSTUDIEN, SSK) bis zur Mitte der 1980er Jahre und eine zweite, dann einsetzende Welle, die jenseits von Labor und Klinik breiter an den alltäglichen und gesellschaftlichen Implikationen von Technologie und Wissen interessiert war. Der Aufsatz formuliert darüber hinaus tentative Kriterien für »gute« STS-Ethnographien.

Law, John (2004): After Method. Mess in Social Science Research, London/New York: Routledge.
John Laws Methodenbuch macht die analytischen Einsichten und Provokationen von Akteur-Netzwerk Theorie und deren neueren Entwicklungen für Forschungsdesigns und ethnographisch/praxeographische Methodologie fruchtbar. Er bemüht sich um eine Rehabilitation des Prozesses der Forschung gegenüber ihren Produkten und stellt die Frage, wie das Entstehen von Ordnungen und Ontologien praxeographisch eingefangen werden kann. Dabei geht es vor allem darum, die Unordentlichkeit (messiness) der Welt, und Qualitäten wie Inkohärenz, Unabgeschlossenheit und Multiplizität nicht mittels Methoden unsichtbar zu machen sondern diese Eigenschaften im Gegenteil zu betonen und damit der weitverbreiteten »Entzauberung der Welt« durch sozialwissenschaftliche Methoden entgegen zu arbeiten.

EINLEITUNG

Ethnographie ist ein zentraler und zugleich schillernder Begriff der Ethnologie. Ethnographie ist, um es mit einer paradoxen Charakterisierung der britischen Sozialanthropologin Marilyn Strathern auszudrücken, »more than one and less than many.« (Strathern 2004: xxi) Sie umfasst unterschiedliche, miteinander verbundene Dimensionen.[1] Erstens, stellt die Ethnographie eine zentrale empirische Methode der Ethnowissenschaften dar: teilnehmende Beobachtung und Feldforschung. Der Begriff bezeichnet, zweitens, eine spezifische textuelle oder visuelle Darstellungsweise. Hier ist Ethnographie als Genre und materielles Produkt gemeint, in der Form einer Monographie, einer Ausstellung oder eines Films. Solche ethnographischen Repräsentationen beruhen zumeist auf einem sehr heterogenen Satz von Daten, die in der Forschungsinteraktion, in Begegnung und durch Partizipation generiert oder gesammelt wurden: Primär- und Sekundärquellen, Feldforschungsnotizen und Transkripte, Photographien und Karten, populäre Selbstzeugnisse und Beobachtungsprotokolle. Drittens ist Ethnographie der wichtigste Theoriegenerator der ethnologisch ausgerichteten Disziplinen. Ethnographie ist nur als Empirie-Theorie-Nexus, in der Verknüpfung mit Theorie zu haben: Es ist nicht nur so, dass theoretische Problemstellungen das Forschungsdesign und das empirische Vorgehen mit ausrichten, sondern es gilt auch umgekehrt, dass analytische Konzepte und Theorien aus den ethnographischen Daten heraus entwickelt werden und dann im Rahmen einer vergleichenden Analytik oder durch disziplinäre und interdisziplinäre Netzwerke in andere Bereiche weiterwan-

---

1 Marilyn Strathern verweist mit der im ersten Moment rätselhaften Formulierung »More than one and less then many« auf eine spezifische Form der Komplexität: Jenseits eines klaren »Entweder-Oder« von Singularitäten und Pluralitäten ist eine dritte Perspektive möglich, die Objekte und Situationen *sowohl* getrennt, *als auch* verbunden begreift; *sowohl* unterschiedlich *als auch* in bestimmten Dimensionen gleich (vgl. Multiplizität in AKTEUR-NETZWERK THEORIE und POST-ANT). Stratherns Überlegungen beziehen sich wiederum auf die Cyborg-Texte Donna Haraways sowie auf die Chaostheorie und die Theorie der Fraktale. Fraktale sind unregelmäßige, sich wiederholende, in unterschiedlichen Größenmaßstäben wiederkehrende Gebilde oder Formen, wie sie zum Beispiel in Küstenverläufen und Wolkenformationen zu beobachten sind und in menschlichen Herzfrequenzen vorkommen (Strathern 2004: xxi, 36ff.).

dern. Eine brauchbare Theorie ist immer »Empirie-geladen« (vgl. Hirschauer 2008). Und noch in der scheinbar einfachsten Beschreibung einer sozialen Situation artikuliert sich Theorie, strukturieren die theoretischen Vorüberlegungen, Positionen und Interessen die Darstellungsweise.

In vielen Feldern der *Science and Technology Studies* wird Ethnographie mehr oder weniger mit teilnehmender Beobachtung bzw. Feldforschung gleichgesetzt, d. h. sie wird hauptsächlich als Methode verstanden. Dieses Kapitel führt einen wesentlich breiteren und ethnologisch grundierten Ethnographiebegriff ein. Er nimmt Ethnographie als Praxis entlang ihrer unterschiedlichen Dimensionen (1) als *Modus der Wissensproduktion*, (2) als *Theorie-Empirie-Nexus* sowie (3) als *Darstellungsweise* in den Blick und fragt danach, wie diese zusammenhängen. Der Beitrag klärt zunächst die Herkunft des Begriffes Ethnographie in seiner Koppelung an Kultur- und Ethnoskonzepte. Die hierbei rekonstruierte rudimentäre Begriffsgeschichte soll verdeutlichen, dass eine kritische Auseinandersetzung mit dem Begriff »Ethno«-Graphie in den Sozial- und Kulturwissenschaften überfällig ist. Daran anschließend wird exemplarisch nachgezeichnet, welches Verständnis von Ethnographie als Praxis und Modus der Wissensproduktion und welche ethnographischen Praktiken sich in den letzten zwei Jahrzehnten insbesondere im Feld der Wissenschafts-, Medizin- und Technikanthropologie herausgebildet haben. Dabei geht es zentral um methodische Konsequenzen der Auseinandersetzung mit anti-anthropozentrischen »Ontologien der Verbindungen und des Verkehrs« (»*ontologies of association*«, Oppenheim 2007), wie sie die Akteur-Netzwerk Theorie und Teilbereiche der *Science and Technology Studies* vorschlagen (vgl. »ontologische Politik« in STS UND POLITIK).

Als eine spezifische Position innerhalb der Ethnographie wird hier die »Praxeographie« vorgestellt. Sie will empirische Forschung ermöglichen, die sich nicht an binären Ontologien und einem klar getrennten Bereichsdenken (Gesellschaft hier – Natur dort usw.) orientiert. Ethnographie und Praxeographie ähneln sich darin, dass sie sich für Praktiken und Prozesse interessieren, für das genaue »Wie« des Alltagsvollzugs in konkreten Situationen (Hirschauer 2004: 73). Praxeographie jedoch radikalisiert dieses Interesse, indem sie eindeutig die Praktiken selbst sowie ihre Konstellationen und »Gefüge« in den Mittelpunkt rückt – und nicht die Akteure oder sozialen Kollektive, wie das die Ethnographie meist tut. Im letzten Teil dieses Beitrages werden an zwei Beispielen gegenwärtiger Ethno-/Praxeographie im Bereich der Wissenschafts-, Medizin- und Technikforschung einige methodische Herausforderungen diskutiert, mit denen Ethnographinnen und Ethnographen in diesen Feldern besonders deutlich konfrontiert sind. Veränderungstendenzen in der aktuellen ethno-/praxeographischen Wissensproduktion betreffen vor allem das Verhältnis von Forschenden und Erforschten, die Temporalitäten ethnographischer Wissensproduktion, sowie die Feld- und Gegenstandskonstruktion. En passant werden einige Schlüsselbegriffe vorgestellt, die in der Diskussion von Ethno-/Praxeographie eine Rolle spielen: Begriffe, die der Beschreibung von Ethnographie als Genre und literarische Form dienen (ethnographischer Realismus); Begriffe, die die Rolle des Ethnographen bzw. der Ethnographin, und die Beziehung zwischen Forschenden und Erforschten beleuchten (Para-Ethnographie, modest witness) sowie Begriffe, die Ethnographie/Praxeographie als Wissensproduktion näher kennzeichnen (relationales Wissen, Methodenassemblage).

Einige Bemerkungen zur Geschichte der Ethnographie A.C. (*after culture*)

Ethnographie ist eine *spezifische Form der Wissensproduktion im Modus der Begegnung*. Der sozialen Begegnung im Feld, in deren Verlauf Daten und Wissen interaktiv generiert werden, entspricht ein Zusammentreffen unterschiedlicher Wissenswelten und Weltanschauungen, die im Verlauf der Forschung verständlich gemacht und analysiert werden müssen.

Im Verlauf der Fachgeschichte haben sich die Bedingungen von Ethnographie, ihre Praktiken und Konventionen beträchtlich verändert. (Vgl. Knecht 2009) Das gilt sowohl für die Methoden und das Selbstverständnis der Forschenden, als auch für das Produkt der Forschung: die ethnographische Monographie, den ethnographischen Film oder die ethnographische Ausstellung. Etymologisch, also von der Wortgeschichte her, verweist das griechische »εθνος/ *ethnos*« im Ethnographiebegriff auf »zusammenlebende Gruppen« oder »Völker« (was sich auf »eigene« wie »fremde« Gruppen beziehen kann); »γράφειν/ *graphein*«, bedeutet »schreiben« und »beschreiben«. Als Beschreibung der »kulturell« Anderen »anderswo« (in der Sozial- und Kulturanthropologie) und der »sozial« Anderen in der eigenen Gesellschaft (in Soziologie und Volkskunde) wurde Ethnographie seit ihren disziplinären Anfängen Ende des 19. Jahrhunderts primär als Methode der teilnehmenden, oft langfristigen Beobachtung und der Befragung verstanden, die darauf abzielte, Kulturen oder gesellschaftliche Gruppen in ihrem »whole way of life« zu untersuchen.

Konzeptionell war Ethnographie lange auf das Engste mit der Geschichte des ethnologischen Kulturbegriffes verknüpft. Dessen facettenreiche Ausarbeitung füllt Büchereien, seine komplexen Genealogien und Erbschaften können hier nicht annähernd angedeutet werden. Für das Verständnis der Geschichte der Ethnographie, als zentrale Methode der sich Ende des 19. und zu Beginn des 20. Jahrhunderts allmählich wissenschaftlich institutionalisierenden Ethnologie, sind jedoch zwei Aspekte bedeutsam.[2] Zum einen ging es damals um »den Bruch mit der imaginären Ethnographie des 19. Jahrhunderts« (Kramer 1979: 558). Der die wissenschaftliche Landschaft dominierenden »Lehnstuhl-Ethnologie«, die von westlichen Selbstüberhöhungen und Moralvorstellungen geprägt war, sollte ein Riegel vorgeschoben werden. Ihre, zu einem erheblichen Teil auf Projektion und Spekulation beruhenden Theorien über fremde Kulturen und Gesellschaften wollten frühe Ethnologen wie Franz Boas, W.H.R. Rivers, Charles Seligman und Bronislaw Malinowski widerlegen. Deshalb entwickelten sie mit der teilnehmend-beobachtenden Feldforschung eine radikal empirische, systematische, zeitintensive und sich selbst objektivierende Methode der Erkenntnisgewinnung (Sykes 2005: 38). Um etwa die weitverzweigten Gabentauschsysteme in Melanesien, unbekannte Sprachen und Wissenssysteme oder das differenzierte Verwandtschaftswissen vor allem schriftloser Gruppen angemessen aufschlüsseln zu können, bedurfte es langwieriger Lernaufenthalte und einer detaillierten und rigorosen Form der Dokumentation von Lebensformen, Texten, Situationen und Praktiken. Nur so konnten Beschreibungen und Analysen gefertigt werden, deren Komplexität einen Gegenentwurf zu den falschen Annahmen einer scheinbaren »Einfachheit« schriftloser Kulturen darstellte (ebd. 43–46).

---

2 Bedeutsame Stationen der Entwicklung der Ethnographie zu einer systematischen Methode waren unter anderem die Expedition von Franz Boas (1883–1884) zu den Inuit auf Baffin-Island, Kanada, sowie die interdisziplinäre Torres-Straits-Expedition (1899), in deren Verlauf vor allem W.H.R. Rivers und Charles G. Seligman neue Formen systematischer Datenerhebung entwickelten. Einen Begründungstext der Ethnographie als wissenschaftlicher Methode stellt das Methodenkapitel aus Bronislaw Malinowskis *Argonauts of the Western Pacific* dar (1922, vgl. für die deutsche Fassung Malinowski 1979).

Bedeutsam war zum anderen, dass sich Ethnographie als systematische Methode der Wirklichkeitserschließung zu einem Zeitpunkt herausbildete, zu dem entscheidende Teilbereiche der Anthropologie die unterschiedlichen Kulturen der Welt als übersichtliches Nebeneinander abgrenzbarer Entitäten verstanden. Der Kulturanthropologe Johannes Fabian (1983) hat dies einmal als den »cultural gardens approach« bezeichnet: Eine Sicht auf die Welt, bei der Kulturen als klar voneinander getrennte, benachbarte Parzellen imaginiert werden, die in sich kohärent sind, untereinander jedoch verschieden. Diese bunte Schrebergartenlandschaft war jedoch gleichzeitig immer durch massive Hierarchien der Differenz strukturiert. Ein solcher Kulturbegriff eignet sich kaum für die Analyse gegenwärtiger Verflechtungsszenarien. Er kann zudem leicht zu diskursiven Projekten einer internen »Reinigung« und Homogenitätsgenerierung oder einer verallgemeinernden Abgrenzung herangezogen werden (vgl. Latours Purifikationskonzept in AKTEUR-NETZWERK THEORIE). Wegen dieser Instrumentalisierbarkeit und Politisierbarkeit, vor allem aber wegen analytischer Defizite befürworten einige wichtige Fachvertreterinnen und -vertreter seit etwa den 80er Jahren des 20. Jahrhunderts eine Ethnographie »A.C. – after culture« (vgl. u. a. Trouillot 2002; Abu-Lughod 1991). Eine Perspektive, die Sinnzusammenhänge, Handlungsmuster, Ethos, Habitus, Stil und Common Sense im Zusammenhang analysiert, bleibt jedoch unverzichtbar. Hiermit lässt sich die ethnographische Analyse aus kulturtheoretischen Engführungen befreien (vgl. u.a. Beck 2009). Auch Konzepte wie Praxis, Diskurs, Wissen und Assemblage haben in der ethnographischen Forschungspraxis der letzten Jahrzehnte zunehmend den Kulturbegriff ersetzt (vgl. u.a. Abu-Lughod 1991; Knecht 2009).

Bis in die 70er Jahre des 20. Jahrhunderts hinein wurde Ethnographie als Methode teilnehmender Beobachtung und Beschreibung primär unter handwerklichen Aspekten (Hirschauer 2002: 414) und kaum als empirisches Programm, mit einer spezifischen, erkenntnistheoretischen Position reflektiert. Entsprechend erklärten Methodenbücher vor allem, wie man Feldnotizen anfertigt, Interviews plant, Tätigkeitskartierungen anfertigt und Auswertungslogiken entwickelt. Die Verschriftlichung der Forschungsergebnisse orientierte sich vorwiegend an den Darstellungskonventionen des »ethnographischen Realismus«. Darunter wird eine fast kanonisierte Form der Darstellung ethnographischer Forschungsergebnisse in Buchform verstanden, die mit dem Realismus als Epoche der Literaturgeschichte verwandt ist. Wie der literarische Realismus[3] operiert auch der ethnographische Realismus im Rahmen der Annahme einer grundsätzlichen, objektiven Darstellbarkeit der Welt. Konstitutiv für diese Darstellungsform sind: die Erwartung, dass transparente Repräsentationen möglich sind (»*Telling it as it is*«), eine postulierte Unmittelbarkeit von Erfahrung, die im »ethnographischen Präsens«[4] dargestellt wird, eine Autorisierung von Aussagen durch den Gestus der Augenzeugenschaft (»*I was there*«) sowie spezifische Konventionen, die die »umfassende« oder »holistische« Darstellung einer Gesellschaft oder Gruppe sicherstellen sollen (vgl. Clifford 1993). Man könnte auch sagen: Grundlagen der Ethnographie als Genre waren bis in die 1970er Jahre hinein eine relativ naive Epistemologie und das, was der haitianisch-amerikanische Kulturanthropologe Michel-Rolph Trouillot die ethnographische »Trilogie« oder Dreifaltigkeit nennt: das methodische Paradigma des *einen* Beobachters, der *einen* Zeit und des *einen* Ortes (Trouillot 2002:45). Im Umkehrschluss folgte daraus, dass Ethnographie lange Zeit mit Teamforschungen unvereinbar schien und nur selten Langzeitprojekte oder Wiederholungsstudien (*re-studies*) realisierte. Mobile, multilokale Ethnographien des Transfers und der Verknüpfungen bildeten eher die Ausnahme als den Regelfall des Genres. Diese Verengungen blieben lange Zeit stilbildend.

---

3 In der Literaturgeschichte bezeichnet der Begriff »Realismus« die Epoche der zweiten Hälfte des 19. Jahrhunderts und ist mit Namen wie Honoré de Balzac, Charles Dickens, Theodor Fontane, Herbert Melville, Lew Tolstoi und Émile Zola verbunden.

4 In der Ethnologie wird unter dem Begriff »ethnographisches Präsens« eine Darstellungsweise verstanden, bei der die Zeitform »Gegenwart« als Stilmittel der Beschreibung eingesetzt wird. Dabei geht es nicht nur darum, eine besondere Lebendigkeit und Unmittelbarkeit der Darstellung zu evozieren, sondern vor allem um die Authentisierung und Autorisierung der ethnologischen Präsenz im Feld. Wissenschaftshistorisch gehört das ethnographische Präsens zu einer Gruppe von Darstellungskonventionen, die sich in der Zeit der Vorherrschaft des Strukturfunktionalismus in der internationalen Sozial- und Kulturanthropologie (ca. 1920 bis 1970) entwickelt haben. Die Kritik an dieser Repräsentationsform argumentiert, dass das »ethnographische Präsens« die Wahrnehmung von Historizität und Wandel unterminiere. Johannes Fabian politisierte diese Kritik weiter, indem er zeigt, wie der ethnographische Präsens dazu beiträgt, die Gleichzeitigkeit (»coevalness«) und Verbundenheit der beschriebenen Gesellschaften, Gruppen und Kulturen mit jener der Ethnographinnen und Ethnographen zu ignorieren (vgl. Fabian 1983).

»Ethnographie«, verstanden als »Völkerbeschreibung«, wurde im Verlauf der Fachgeschichte immer deutlicher zu einem Anachronismus. Denn in dem Maße, in dem nicht mehr länger »Kulturen« oder »Ethnien« als vermeintlich abgegrenzte und relativ homogene Gruppen erforscht wurden, sondern Verflechtungsprozesse, passte der Begriff nicht mehr zur vorherrschenden Praxis der mit »Ethnographie« bezeichneten, (inter)disziplinären Wissensproduktion. Dennoch hat sich der Begriff »Ethnographie« im Fach und zunehmend auch in anderen sozialwissenschaftlichen Disziplinen festgesetzt. Anders etwa als der Kulturbegriff wurde er jedoch bislang wenig kritisch diskutiert – weder in Bezug auf sein koloniales Erbe, noch hinsichtlich seiner konzeptionellen Verengungen und seiner Unzeitgemäßheit. Ethnographie ist ein so selbstverständlicher, konstitutiver und vitaler Teil der anthropologischen, volkskundlichen und soziologischen Grundausrüstung, dass weiterhin auch da von Ethnographie gesprochen wird, wo »Völkerbeschreibung« längst keine angemessene Bezeichnung mehr für die tatsächlich gemeinte methodische Praxis ist.

In der zweiten Hälfte der 80er Jahre und während der 90er Jahre des 20. Jahrhunderts war die Praxis der Ethnographie Gegenstand einer unter den Namen »Writing Culture« und »Krise der Repräsentation« bekannt gewordenen, breiten Fachdebatte (vgl. Berg/Fuchs 1993; Knecht/Welz 1994). Hier wurden zentrale Fragen disziplinärer Epistemologie neu verhandelt; die Perspektive blieb jedoch ganz auf die Praxis des Schreibens sowie auf Texte und andere Formen und Genres ethnographischer Repräsentation beschränkt. Ein solcher Textfokus ist jedoch zu eng angelegt, um gegenwärtig drängende Fragen nach der Spezifik und der Relevanz ethnographischer Wissensproduktion angemessen zu durchdenken. Die disziplinäre Aufmerksamkeit für Ethnographie als wissenschaftliche Praxis hat sich deshalb in den letzten Jahren massiv ausgeweitet. Sie richtet sich nun verstärkt auf Dimensionen der Interaktion, Relation und Intervention im Modus der Begegnung, man kann durchaus von einer Re-Affirmation der Ethnographie als besondere Form von Begegnungswissen sprechen. (Vgl. Marcus 2010) Wiederentdeckt wird die Essenz ethnologischen Wissens als »mediated by a form of actual experience« (Rabinow 2004: 76) und die ambivalente Produktivität, die in diesen Begegnungen durch Reibung (»friction«, Tsing 2005) erzeugt wird.

Intensiv diskutiert werden nun vor allem Fragen nach den sich verändernden gesellschaftlichen, politischen, globalen Bedingungen ethnographischer Wissensproduktion. Zentral hierfür ist etwa die Frage, wie sich die Rolle der Ethnographin, des Ethnographen im Feld und die Situation der teilnehmenden Beobachter unter dem Signum intensivierter globaler Verflechtungen restrukturieren. Denn immer häufiger sind die Orte und Felder der Forschung nicht mehr klar von dem eigenen »Nicht-Forschungs-Alltag« zu trennen, sondern eng mit dem Leben »zu Hause« oder zumindest mit dessen typischen Rationalitäten verknüpft. Das hat natürlich Folgen für die ethnographische Wissensproduktion. Einerseits geht womöglich das Moment der Fremdheit, die Besonderheit des Blickes von »Außen« verloren, dem in der Fachgeschichte so lange ein besonderes Erkenntnispotential gerade für die Dechiffrierung von Common Sense-Strukturen zugesprochen wurde (Martin 1998: 25). Andererseits verändern sich durch beschleunigte Mobilität und vielfältige, computergestützte Kommunikationsmöglichkeiten die Bedingungen der Feldforschung, auch unabhängig von ihrem konkreten »Ort«. »Pervaded by communication«, so beschreibt der britische Sozialanthropologie Bob Simpson die Konsequenzen solcher Verflechtungen für die ethnographische Forschung, sind die Forschenden nun immer zeitgleich an einem Ort und, elektronisch vermittelt, auch »elsewhere«. (Simpson 2009: 3) Diese Entwicklungen verändern die Bedingungen ethnographischer Forschung allgemein. Im folgenden Unterkapitel geht es um Herausforderungen, die sich besonders der ethnographischen Forschung im Feld von Wissenschafts-, Medizin- und Technikanthropologie stellen sowie um mögliche methodische Folgerungen.

METHODISCHE HERAUSFORDERUNGEN IM FELD DER SOZIALANTHROPOLOGISCHEN WISSENSCHAFTS-, MEDIZIN- UND TECHNIKFORSCHUNG

Natürlich handelt es sich bei der Wissenschafts-, Medizin- und Technikanthropologie nicht um isolierte Teilforschungsbereiche, sondern die Themenstellungen in diesen Feldern sind immer mit weitergehenden sozialen, ökonomischen, kulturellen und politischen Fragestellungen verflochten. Zudem sind die Probleme, die hier erforscht werden, häufig Schlüsselthemen der Gegenwart, deren Bedeutung über den engeren Bereich einer Wissenschafts-, Medizin- und Technikanthropologie hinausweist. Technik und Gesellschaft, Medizin und Gesellschaft, Wissenschaft und Gesellschaft sind mannigfaltig miteinander verschränkt. Entsprechend sind auch die methodischen Herausforderungen, die sich der Ethnographie hier stellen, in den meisten Fällen weder *besondere* noch *exklusive* Problemstellungen der Wissenschafts-, Medizin- und Technikanthropologie. Wie man eine Gegenwart ethnographiert, in der Kopräsenz keine Voraussetzung mehr für Interaktion ist, weil so viele Menschen, vermittelt über Medien, miteinander in Verbindung stehen – diese Frage beispielsweise stellt sich keineswegs nur hier (vgl. Sykes 2005: 172).

Wissen, Objektwelten, Infrastrukturen und Körper sind zweifellos zentrale Gegenstände einer Ethnologie von Technik, Medizin und Wissenschaft – aber eine komparative Wissensanthropologie und die Auseinandersetzung mit Materialitäten, Dingen und Körpern gehören bereits seit seinen Anfängen zu den Grundlagen des Faches. Dass ein konkretes Forschungsfeld weder einfach »gefunden«, noch gar »erfunden« werden kann, sondern im Prozess der Forschung selbst, in einem Hin und Her zwischen Theorie und Empirie »herausgefunden« werden muss (Hirschauer 2008; vgl. Fortun 2009), diese Einsicht mag im Feld der Wissenschafts-, Medizin- und Technikanthropologie deutlicher auf der Hand liegen als in einer regional ausgerichteten Ethnologie, sie gilt aber dennoch für alle ethnologischen Forschungsbereiche. Trotz dieser Abgrenzungsschwierigkeiten lassen sich einige methodische Herausforderungen benennen, mit denen Ethnographinnen und Ethnographen in den Feldern von Wissenschaft, Medizin und Technik in besonderer Deutlichkeit konfrontiert sind.

Erstens lassen sich viele der hier erforschten Prozesse und Phänomene nicht mehr ausschließlich als »Kulturphänomene« bestimmen, die von der »Natur« klar abgegrenzt wären. Vielmehr befasst sich die Technik-, Medizin- oder Wissensanthropologie häufig mit heterogenen Konstellationen, in denen Menschen, Materialitäten, Körperlichkeiten und Infrastrukturen interagieren. Ihr Gegenstand ist dann nicht mehr »Kultur«, sondern »NaturenKulturen«, wie es Bruno Latour formuliert. (Latour 1995) Für die lange gültige Arbeitsteilung zwischen Natur- und Kulturwissenschaften hat das weitreichende Konsequenzen. Methodisch stellt sich die Frage, welche Werkzeuge und Forschungspraktiken notwendig sind, um jenseits einer angenommenen Binarität von »Naturen« und »Kulturen« das Zusammenwirken ganz unterschiedlicher Akteure, Stoffe und Infrastrukturen als Prozesse und Beziehungen zu untersuchen.

Zweitens forschen Ethnographinnen und Ethnographen von Wissenschaft und Technik häufig in Expertenfeldern, die aufgrund ihrer spezifischen Eigenschaften eigene methodische Zugänge erfordern. Beispielsweise sind Experten oft auch Experten der (Selbst-) Darstellung, der Dokumentation ihrer Arbeit und ihres Wissens. Sie benötigen keine Ethnographinnen und Ethnographen, die ihr Tun und Denken für die Öffentlichkeit bewahren und zugänglich machen. Und auch weil die Repräsentation von Wissenspraxen im Feld von Wissenschaft, Medizin und Technologie kein disziplinäres Privileg der Ethnologie ist, sondern in einem vielstimmigen, interdisziplinären Chor erfolgt, muss der ethnographische Zugang seine Relevanz und die Qualität seiner Einsichten hier besonders begründen und legitimieren. Zudem werden Teilnahmemöglichkeiten in Expertenfeldern häufiger reglementiert und kontrolliert. Ethnographie in Expertenkulturen sieht sich deshalb vermehrt mit der Aufgabe konfrontiert, neue Formen der Kollaboration und der interdisziplinären Zusammenarbeit zu entwickeln und innovative Zugänge zu ambivalenten, inoffiziellen oder umstrittenen Dimensionen von Experten- und Professionskulturen zu ersinnen (STS UND POLITIK).[5]

Drittens schließlich wird die Temporalität ethnographischer Forschung in den von Wissenschaft, Medizin und Technologie durchtränkten Feldern der Gegenwartsethnographie in einer veränderten Perspektive thematisch. Die Ethnographie des frühen 20. Jahrhunderts wollte »disappearing worlds« dokumentieren - Lebensweisen und Wissensformen, die durch die globalisierende Moderne an den Rand gedrängt, umfassend verändert oder ausgelöscht zu werden drohten. Demgegenüber versucht die aktuelle Wissenschafts-, Medizin- und Technikanthropologie gerade im Entstehen begriffene Zusammenhänge und Muster zu beschreiben. Es geht ihr bei-

---

5 In diesem Zusammenhang führen Douglas R. Holmes und George E. Marcus (2005) ihr Konzept der »Para-Ethnographie« ein. Darunter verstehen sie »the de facto and self-conscious critical faculty that operates in any expert domain as a way of dealing with contradiction, exception, facts that are fugitive« (ebd.: 237) Para-Ethnographie soll weniger die formalisierten, kodifizierten und offiziellen Wissenspraktiken beschreiben, die Techniker, Bankfachleute, Wissenschaftlerinnen oder Unternehmensplaner in ihren jeweiligen Positionen und Institutionen benötigen, als das inoffizielle, häufig implizite Wissen, das sich am ehesten in Genres wie dem Treppenwitz oder dem Bürogerücht, in Anekdoten und alltäglichen Geschichten ausdrückt.

spielsweise darum, mit Formen einer Ethnographie zu experimentieren, die so aktuell sein können, dass sich ihre Analysen in die Weiterentwicklung von Technik und Gesellschaft einspeisen lassen, statt diesen Entwicklungen beschreibend lediglich hinterherzuhinken und sie »zu rekonstruieren«.

Wie Ethnographinnen und Ethnographen mit solchen methodischen Herausforderungen umgehen, soll weiter unten, an zwei Beispielen skizziert werden. Im interdisziplinären Feld der Wissenschafts-, Medizin- und Technikforschung hat sich jedoch mit der Praxeographie auch eine Unter- oder Spezialform der Ethnographie entwickelt, die hier zumindest kurz gesondert vorgestellt werden soll. Soziologen wie Stefan Hirschauer und Autorinnen und Autoren aus dem Umfeld der (Post)-Akteur-Netzwerk Theorie, vor allem Annemarie Mol (2002: 53–55) und John Law (2004: 59), verstehen unter Praxeographie eine Beschreibungspraxis von Wirklichkeit, die auf Verben fokussiert und das unabschließbare »Gemacht-Sein« von Prozessen und Ordnungen betont. Praxeographie teilt mit der Ethnographie die Faszination für die Art und Weise, wie »attention to practice reveals networks of collaboration that destabilize those theoretical constructs [...] that rest on claims of autonomous reason.« (Edwards/Harvey/Wade 2007: 6).

Situationen, Konstellationen, Raum und Zeit, Objekte und Verhältnisse werden nicht vorausgesetzt, sondern aus der Verwobenheit unterschiedlicher Praktiken und der Involviertheit der Forschenden darin konstruiert. »If practices are foregrounded«, schreibt Annemarie Mol (2002: 5) »there is no longer a single, passive object in the middle waiting to be seen from the point of view of a seemingly endless series of perspectives«. Vielmehr werden Phänomene in einer praxeologischen Perspektive als an spezifische Praxen gebundene Entitäten verstanden. Phänomene sind damit nicht singuläre Phänomene, die nur durch verschiedene Perspektiven mannigfaltig *erscheinen*. Sie sind vielmehr multipel, d.h sie *sind* so und nur so, wie sie in der jeweiligen Praxis produziert werden. Ethno- wie Praxeographie betonen damit den »doingness«-Charakter der Welt (Adele Clarke) und wollen verständlich machen, wie diese Welt immer wieder hergestellt und »enacted« und wie spezifische soziale Ordnungen ausgehandelt und stabilisiert werden. Während die Ethnographie in der Regel einzelnen Akteuren und Akteursgruppen ein substanzielles, über Situationen hinweg konstantes Wesen zuschreibt, stabilisieren sich Akteure, in der Perspektive praxeo-logischer Forschungsansätze, auch nur für den Moment einer spezifischen Praxis. Konsequenzen für die empirische Forschung hat eine solche theoretische

Position vor allem in der Gegenstandskonstruktion und bei der Definition von Untersuchungseinheiten: Im Rahmen praxeographischer Forschungs-designs hat es wenig Sinn, einzelne Akteursgruppen zum Gegenstand einer empirischen Untersuchung zu machen (wie das die klassische Ethnographie mit ihrer Frage nach der Kultur »der Trobriander«, dem Berufsethos von Genetikern oder dem Umgang von Einzelhändlern mit Gentrifizierung in einem Innenstadtviertel Roms so häufig getan hat). Vielmehr sind praxeo-graphische Untersuchungen meist auf interaktiv-prozessual sich entfaltende Ordnungen gerichtet, an deren Herausbildung ganz unterschiedliche Akteu-re, Infrastrukturen, Diskurse und Objekte beteiligt sind, die miteinander in Beziehung stehen und sich gegenseitig beeinflussen. Beispiele für solche emergenten Ordnungen sind etwa eine bestimmte Krankheit, die als multi-pel erforscht wird (Mol 2002), eine neue Form von Öffentlichkeit, die durch die Erfindung, Stabilisierung und Zirkulation von *free software* er-möglicht wird (Kelty 2008) oder eine globale Epidemie, wie *Severe Acute Respiratory Syndrome* (SARS: Schillmeier und Pohler 2006).

An den Schnittflächen von Ethnologie und *Science and Technology Studies*, insbesondere in der Auseinandersetzung mit der ersten und zweiten Welle der Akteur-Netzwerk Theorie (vgl. zu dieser Auseinandersetzung Oppenheim 2007; AKTEUR-NETZWERK THEORIE und POST-ANT) hat die Praxeographie bestimmte, mit der Erzeugung und Erforschung von Welten durch Praktiken zusammenhängende Fragen weiter intensiviert, so dass sie als eigenständige methodische Herangehensweise in einem breiten Feld pluraler ethnographischer Arbeitsweisen angesehen werden kann. Die pra-xistheoretischen Grundlagen praxeographischer Forschungsansätze werden von den Herausgebern dieses Bandes in der Einleitung skizziert (EINLEI-TUNG).

Als eigenständiger methodischer Forschungszugang ist die Praxeogra-phie vor allem durch zwei Aspekte gekennzeichnet: zum einen durch ihre besondere Aufmerksamkeit für die sozio-materiell-diskursive Heterogenti-tät von Praktiken. Nach dem Ende der Natur-Kultur Dichotomie geht es der Praxeographie darum, nicht nur Netzwerke und Beziehungen zwischen menschlichen Akteuren zu erforschen, sondern auch einen methodischen Zugang zu den nicht-menschlichen Partizipanden von Netzwerken zu er-schließen, zu Artefakten und Objekten, Infrastrukturen und Körpern. Man könnte auch sagen, Praxeographie ist eine Form der Ethnographie, die ihren spezifischen theoretischen Fokus auf die Vielfalt der Ereignisse, Objekte und Akteure legt, die gemeinsam Wirklichkeit herstellen. Dafür sind analytische wie methodische Werkzeuge nötig, die sich mit den Verbindungen zwischen Naturen und Kulturen, menschlichen und nichtmenschlichen Bereichen beschäftigen und die nachzuzeichnen helfen, wie NaturenKulturen durch unterschiedliche Praktiken hervorgebracht werden (vgl. Roepstorff/Bubandt 2003: 9; Beck/Niewöhner 2006).

Zum anderen interessiert sich Praxeographie dafür, wie unterschiedliche Praktiken miteinander verbunden sind, welche Konstellationen sie miteinander eingehen. In diesem Sinne fragt Annemarie Mol in ihrer Studie zu den multiplen Formen von Arteriosklerose in einer holländischen Klinik (Mol 2003) danach, welche Verbindungen und Verhältnisse der Koordination, Inklusion oder Distribution unterschiedliche Praktiken dieser Krankheit miteinander eingehen, wie sie sich gegenseitig verstärken oder schwächen. An diesem Punkt – in der Frage nach den Verteilungsmustern – verweist die Praxeographie, stärker als die Ethnographie auch auf räumliche Aspekte und topographische Ordnungen (Rabeharisoa 2004; AKTEUR-NETZWERK THEORIE). Noch sind die Konzepte der Praxeographie jenseits der interdisziplinären Wissenschafts- und Technikforschung wenig bekannt. In der anthropologischen Wissenschafts-, Medizin- und Technikforschung werden Ethnographie und Praxeographie häufig nicht trennscharf unterschieden. Das liegt auch daran, dass sie – abgesehen von den dargelegten Differenzen – eine ganze Reihe zentraler Anliegen teilen:

Erstens, die *Deskription oraler, habitualisierter und performativer Praktiken*: Ethno- sowie Praxeographie erstellen Beschreibungen von alltäglichen Praktiken, die sonst vielleicht nicht dokumentiert würden: habitualisierte oder ritualisierte Abläufe, Zeugnisse popularer Autobiographie (Warneken 2006: 345f.), Beschreibungen von nicht-verbalisierten oder nicht verbalisierbaren und unsagbar gemachten sozialen Zusammenhängen (vgl. Hirschauer 2006). Nicht die technisch perfekte, nur scheinbar objektive »Dokumentation« durch Film und Tonaufnahmen bringt diese Praktiken und Zusammenhänge in Existenz, sondern die theoriebegleitete, die durch den Eintritt in soziale Beziehungen und Austauschprozesse ermöglichte ethnographische/praxeographische Beschreibung (ebd.).

Zu den mit Ethnographie und Praxeographie verbundenen zentralen Anliegen der Ethnologie gehört, zweitens, die Anerkennung einer mehrfachen *Relationalität ethnologischer Wissensproduktion* (Strathern 1999: 13–26). Mehrfach relational ist die Ethnographie/Praxeographie, insofern sie (a)

empirisch nicht ohne ein tatsächliches In-Beziehung-Treten mit ihren Ge-
genständen und Untersuchungswelten auskommt, (b) inhaltlich auf Beziehungen, Interaktionen und Relationen fokussiert und (c) das soziale Eigenleben reflektiert, das die von ihr interaktiv generierten Beschreibungen und
analytischen Konzepte in der Regel als *portable analytics* (Dominic Boyer)
und *traveling concepts* führen. Anders ausgedrückt: Sie untersucht kontinuierlich auch ihre eigenen Wirkungen in und ihre eigenen Beziehungen zu
den von ihr erforschten Feldern.

Die ethnographisch/praxeographische Wissensproduktion erfolgt, drittens, immer im *Modus der Komparatistik* (vgl. Halstead 2008). Damit sind
keineswegs nur *explizit vergleichende* Forschungsdesigns gemeint, ethnographische Versuchsanordnungen also, die Fragen nach spezifischen Zusammenhängen in zwei oder mehr unterschiedlichen Situationen symmetrisch untersuchen. Ein komparativer Modus der Wissensproduktion kann
sich auch darin zeigen, dass die Auseinandersetzung mit differentem Wissen zur Distanzierung von den Selbstverständlichkeiten des eigenen Her-
kunftsmilieus genutzt wird oder zur Kritik stark verallgemeinernder wissenschaftlicher Positionen.

Was früher als eine Orientierung »am Ganzen« beschrieben wurde, als
die »holistische« Untersuchung eines *whole way of life*, lässt sich gegenwärtig eher als eine Aufmerksamkeitsverschiebung auf Zusammenhänge,
Heterogenitäten und Komplexitäten beschreiben. Die Vorstellung, ein Konflikt, ein Milieu oder eine Lebensweise sei »als Ganzes« darstellbar, lässt
sich heute kaum mehr aufrechterhalten. Der Anspruch, menschliche Praxen
in einer Perspektive auf die *Unteilbarkeit sozialer Erfahrung* zu beschreiben und zu theoretisieren, bleibt jedoch für Ethnographie und Praxeographie bestehen (vgl. Sykes 2004: 1). Während die Orientierung an der Komplexität und Mehrdimensionalität menschlicher Erfahrungen auch heute
noch für die Ethnologie als konstitutiv gelten kann, ist die Idee des Holis-
mus weitgehend durch theoretisch begründete Selektivität, Positionalität
und Partialität abgelöst worden.

Schließlich sind Ethnographie und Praxeographie Methoden, die von
einer *Epistemik ethnographischer Offenheit* getragen werden. Damit ist
gemeint, dass sich ethno- und praxeographische Forschung selbst als pro-
zesshafte Unternehmen verstehen, die sich in der Regel nicht an à priori definierten Kategorien ausrichten. Es geht ihnen weniger darum, bestehendes
Wissen zu überprüfen, als neues Wissen zu ermöglichen. Dazu ist es nötig,

sich in Interaktion mit dem zu erforschenden Feld zu begeben und mit unterschiedlichen Einstellungen – metaphorisch: mit Zoom- genauso wie mit Weitwinkel-Objektiven – zu arbeiten. So sollen möglichst breit und vielfältig Eindrücke aufgenommen und Wissen generiert werden. Durch diese Offenheit, durchaus auch durch eine gewisse, anfängliche Ziellosigkeit im Feld, können quasi *hinter* dem Rücken der Ethnographinnen und Ethnographen selbst Daten generiert werden, die die Forschenden bewusst gar nicht gesucht haben. Hierauf weist Marilyn Strathern hin, wenn sie schreibt: »Ethnologinnen und Ethnologen lassen sich auf eine partizipatorische Übung ein, die Material zu Tage fördert, für das die analytischen Protokolle oder theoretischen Begründungen häufig erst *after the fact* fabriziert werden.« (Strathern 2004: 5–6, Übersetzung Michi Knecht). Diese Anliegen und Gemeinsamkeiten ethnographischer und praxeographischer Wissensproduktion führen zu einer Forschungspraxis, die im Modus der Begegnung mit ihrem Forschungsfeld ihre eigenen Praktiken und Konzepte immer wieder überprüft und neu zusammensetzt. Wenn John Law schreibt, dass mit Forschungsmethoden die Wirklichkeit nicht nur beschrieben, sondern auch mit produziert werde, so teilt er diese Einsicht gewiss mit einer Vielzahl anderer, am Praxisbegriff orientierter Perspektiven in der Ethnographie. Mit dem Konzept der *method assemblage* (Law 2004) entwickelt er aber ein eigenes Konzept, um empirische Methoden genauso wie andere Praktiken in ihrer Distribution, ihren Verbindungen und ihrer Produktivität zu verstehen.

GEGENWARTS-ETHNO-/PRAXEOGRAPHIEN

Beispiel 1: Die Herstellung einer »sozio-natürlichen« Ordnung

Eine Ethnographie von Praxen und zugleich eine Praxeographie ist das Buch der amerikanischen Wissenschaftsforscherin Charis Thompson »Making Parents. The Ontological Choreography of Reproductive Technologies« (2005). Thema dieses Buches sind Normalisierungsprozesse, durch die Reproduktionstechnologien, wie die In-vitro-Fertilisation, die donogene Insemination mit Spendersamen oder die in den USA legalen Verfahren der Eizellspende und der Leihmutterschaft zu Routinen werden, zu normalen wie normativ akzeptierten Bestandteilen der nordamerikanischen Alltagskultur. Thompsons Beschreibungen und Analysen beruhen auf mehrjährigen, intermittierenden Phasen teilnehmender Beobachtung in verschiedenen kalifornischen Infertilitätskliniken. Thompson zeigt, wie bei reproduktions-medizinischen Verfahren private Entscheidungen und biographische Konstellationen, ökonomische Tatbestände, ethische Normen, normative Interessen unterschiedlicher Bevölkerungsgruppen, synthetische Hormone, Medikamente, Petrischalen, OP-Masken und die Körper der Frauen zusammenwirken, um »technisch assistierte, sozial legitime Eltern« hervorzubringen. Das Buch weist etliche Standard-Merkmale ethnographischer Berichte auf: Empirie-gesättigte Beschreibungen der bürokratischen und medizinischen Prozeduren, die Nutzerinnen und ihre Partnerinnen und Partner in der Klinik durchlaufen; genaue Schilderungen der Instrumente und Interieurs, dichte Beschreibungen von Situationen, an deren Entwicklungsdynamik sich generelle Muster deutlich machen lassen und narrative Analysen situierter Erzählungen. Eine detaillierte Beschreibung der »Ankunftsszene« und des langsamen Vertraut-Werdens mit Klinikroutinen nutzt Thompson beispielsweise, um den Leserinnen und Lesern erste Einblicke in die Normalisierungspraktiken der Klinik zu ermöglichen. Zugang erlangt sie, in dem sie sich als Forscherin selbst in die »sozialnatürliche Welt der Klinik« (Thompson 2005: 82) einpassen lässt: Ausgestattet mit einem weißen Kittel, dem Titel »Gastwissenschaftlerin« und einer Ein-führung in die Hygiene- und Sterilitätspraktiken für Operationsräume, beginnt ihre teilnehmende Beobachtung mit einer Serie kleinerer Fehltritte. So wird sie etwa ermahnt, ihre Schutzmaske nicht nur über den Mund, sondern auch über die Nase zu ziehen und das Mikroskop, mit dem die Qualität von Sperma untersucht wird, nicht zu berühren. An der Hand der Autorin lernt man auf diese Art und Weise Routinen, Regeln und Spielräume in der Infertilitätsklinik kennen. Nach und nach gelangen zunächst die Ethnographin, und im Nachvollzug auch die Leserinnen und Leser aus dem Zustand der Unkenntnis in eine neue Position von Insider-Wissenden.

Das Forschungs*design* von Thompsons Studie ist jedoch praxeographisch ausgerichtet. Normalisierungsprozesse, so Thompson, seien kein Thema, das alleine aus der Perspektive unterschiedlicher Akteure – Klinikpersonal, Ärztinnen und Ärzte, Nutzerinnen – beschrieben werden könne. Entsprechend ist der primäre Untersuchungsgegenstand bei Thompson nicht ein menschliches Kollektiv oder die Beziehungen zwischen unterschiedlichen Akteursgruppen, sondern eine sozial-natürliche Konstellation (Thompson 2005: 286). Thompson interessiert sich dafür, wie Frauenkörper, weibliche Selbstverständnisse, Hormone, Instrumente und Gameten so miteinander verbunden werden, dass eine technisch-assistierte Befruchtung und die sozio-natürliche Herstellung »legitimer Eltern« erfolgen können. Im Modus einer »Ontologie der Assoziationen« (Oppenheimer 2007) beschreibt sie, wie ganz unterschiedliche Zeitformen – biographische Zeit, die zyklische Zeit des weiblichen Körpers, institutionalisierte Arbeitszeiten in der Klinik – synchronisiert werden. Sie entwickelt für diesen und ähnliche Vorgänge das Konzept der »ontologischen Choreographie« (Thompson 2005: 8–11 und 203–204). Damit bezeichnet sie die komplexen Praktiken des Passförmig-Machens, der Koordination, Interaktion und des Zusammenspiels zwischen Objekten und Akteuren, die normalerweise unterschiedlichen ontologischen Sphären (der Sphäre der Natur, der Sphäre der Gesellschaft oder des Selbst) zugeordnet, in der Praxis der Reproduktionstechnologie aber neu zusammengefügt werden und dadurch neue ontologische Ordnungen generieren.[6] Empirisch bedeutet das, eine besondere Aufmerksamkeit für alle an einer Situation Beteiligten und ihr Zusammenwirken zu kultivieren: nicht nur für menschliche Akteure, sondern auch für klinische Daten, statistische Zahlen auf einem Formular, Diagnosen, Operationskittel, Pipetten. Normalisierungsprozesse, aber auch die Subjektivität und Handlungsfähigkeit der Akteure, konstituieren sich in diesen heterogenen Gefügen aus einer Serie von bürokratischen, diskursiven, medizinischen, ökonomischen und ethischen Praktiken heraus.

---

6 Stefan Beck und Jörg Niewöhner (2006) haben kürzlich eine weitere Spielart möglicher »-graphie« vorgeschlagen und das Konzept einer *Somatographie* vorgestellt, deren Aufgabe es in ähnlicher Weise wäre, ontologisch extrem heterogene Akteure und Objekte in ihrer gegenseitigen Beeinflussung, in ihren Artikulationen und Rückkoppelungsschleifen zu beschreiben (Beck/Niewöhner 2006). Eine konzeptuelle Verwandtschaft zwischen »ontologischer Choreographie«, »assemblage« (vgl. Watson-Verran/Turnbull 1995) und »agencement« (Callon 2005) ist offensichtlich.

Beispiel 2: Die Herstellung einer »sozio-technischen« Ordnung

Auch der amerikanische Kulturanthropologe und Informationswissenschaftler Christopher Kelty beschreibt in seiner multilokalen Ethnographie »Two Bits. The Cultural Significance of Free Software« (2008) die Herausbildung einer neuen, in diesem Fall einer sozio-technischen Ordnung, durch ein Ensemble von Praktiken. In diesem Buch geht es um Free Software, UNIX und Open Systems. Der eigentliche Untersuchungsgegenstand sind jedoch nicht Computercodes und die Nerds, Hacker oder Geeks, die sie erfinden, weiterentwickeln und nutzen, es ist vielmehr die rekursive Öffentlichkeit, die durch den Umgang mit Free Software entsteht. Christopher Kelty versteht Free Software als ein kollektives Experiment, in dessen Fortgang sich Vorstellungen über die moralische Ordnung von Öffentlichkeit, Märkten und sich selbst regierenden Kollektiven transformieren.

Auch in dieser Ethnographie gibt die Schilderung der Ankunfts- bzw. Erstbegegnungsszene[7] Hinweise auf veränderte ethnographische Praxen, wenn auch auf gleichsam negative Weise: Für Christopher Kelty und seine Protagonisten in der Free Software Szene gibt es überhaupt keine Erstbegegnung mit »Fremden«. Die Ankunftsszene entfällt gewissermaßen, denn der Ethnograph ist immer schon nah und wird, im Verlauf der über mehrere Jahre intermittierend durchgeführten Forschung, selbst Mitglied der Free Software-Szene. Zunächst reist er gar nicht, sondern wartet gelangweilt in einer Bostoner Starbucks Filiale darauf, dass »sein Feld« ihn mit einem neuen, blauen VW-Käfer-Nachfolgemodell abholt, um zu einem gemeinsamen Abendessen zu fahren (Kelty 2008: 31). Später besucht er Computer-Nerds, unterschiedliche Firmen, Szenen, soziale Bewegungen sowie individuelle Free Software-Spezialisten auch in Boston, Berlin und Bangalore, aber die Orte selbst erlangen nur rudimentär Bedeutung. Vielmehr

---

7 Der amerikanische Kulturanthropologe George Marcus liest die Ankunftsszenen (*encounter scenes*) von Ethnographien daraufhin, was sie über die Beziehungen zwischen Forschenden und Erforschten, die Konzeption des Untersuchungsgegenstandes und die Bedeutung einiger methodischer Prinzipien der Ethnographie wie Transparenz, Interaktivität, Involviertheit, Reziprozität und analytische Distanz aussagen. Er versteht Ankunftsszenen als »verdichtete Darstellungen der regulativen Ideale von Methoden« (Marcus 2007: 1139). Für eine vertiefende Auseinandersetzung mit dem Bedeutungsgehalt ethnographischer Schilderungen von Ankünften und Feldforschungsanfängen vgl. Pratt 1986.

reagieren die Ankunftsszene (die Szene im Buch, in der zum ersten Mal ein *face-to-face* Kontakt zwischen Ethnograph und Erforschten beschrieben wird) und die Ethnographie als Ganzes auf das methodische Problem, wie sich ein »verteiltes Phänomen« (»a distributed phenomenon«, Kelty 2008: 19) ethnographieren lässt. Phänomene, die nicht nur an einem Ort untersucht werden können und doch an vielen unterschiedlichen Orten nicht in gleicher Gestalt, sondern unterschiedlich auftreten, werden in Form von »multi-sited ethnographies« untersuchbar, aber die Fragen von Ort, Geographie, Territorium bleiben hier von untergeordneter Bedeutung. Die Wahl bestimmter Orte als Forschungsorte ist notwendigerweise eine Mischung aus Zufall und Strategie. Denn Ziel von Keltys Ethnographie ist es nicht, *die tatsächliche räumliche Verteilung* von Free Software nachzuzeichnen. Vielmehr geht es ihm darum, *konzeptionelle Verknüpfungen* zu ethnographieren, die es erlauben, das Phänomen Free Software und seine Praktiken zu verstehen. Insofern bleibt in dieser Untersuchung jede Entscheidung für oder gegen einen bestimmten Forschungsort zwar strategisch determiniert, aber immer auch kontingent und durch andere Alternativen ersetzbar – und genau das wird in der Banalität der Ankunftsszene deutlich gemacht.

Kelty untersucht, wie Open Software weniger aus einer Idee, einem Programm oder einem Plan entwickelt wird, als vielmehr aus den partizipativen Erfahrungen an der Entwicklung einer immer grösser werdenden Gruppe von Nutzerinnen (wenigen) und Nutzern. Zentrale Prinzipen der rekursiven Öffentlichkeit, die hier entsteht, sind »Verfügbarkeit« und »Modifizierbarkeit«. »Rekursiv«, so Kelty, sei diese Öffentlichkeit, weil sie die Medien ihrer Kommunikation und damit die Bedingungen ihrer Existenz nicht nur selbst herstelle, sondern beständig technologisch wie diskursiv anpasse, überprüfe, verhandele und weiterentwickle.

»Recursive publics are publics concerned with the ability to build, control, modify, and maintain the infrastructure that allows them to come into being in the first place and which, in turn, constitutes their everyday practical commitments and the identities of the participants as creative and autonomous individuals.« (Kelty 2008: 7)

Kelty identifiziert fünf Praktiken, durch die die Grundsätze der freien Verfügbarkeit und der permanenten Modifizierbarkeit von Free Software realisiert und abgesichert werden: Ideen und Entwicklungen anstoßen; Quellcodes miteinander teilen, offene Systeme konzipieren, Copyright-Lizenzen schreiben und Kooperation koordinieren (vgl. Kelty 2008: 97). Diese Praktiken werden ständig aus der Erfahrung des Tuns angepasst und modifiziert – Vergleiche zu experimentellen Wissenspraktiken liegen nahe. Der Sozial- und Kulturanthropologe Christopher Kelty agiert nicht nur als teilnehmender Beobachter, sondern als Entwickler und Produzent. In dieser Rolle untersucht er die Distribution und allmähliche Expansion von Free-Software-Praktiken in andere gesellschaftliche Bereiche. Auch seine Studie thematisiert neue *kollaborative, intervenierende* Rollen in der ethnographischen Forschung und stellt weniger ein Beispiel für eine multilokale Ethnograhie als für eine Ethnographie dar, die auf gelungene Art und Weise ein global verteiltes Phänomen analysiert.

FAZIT: GEGENWÄRTIGE ETHNOGRAPHISCHE/ PRAXEOGRAPHISCHE FORSCHUNGSDESIGNS

Zusammenfassend lassen sich einige Tendenzen als Verschiebungen von konventionellen Positionen der Ethnographie, hin zu neuen Forschungsdesigns im Feld gegenwärtiger Wissenschafts- und Technikanthropologie nachzeichnen.

Vom »participant observer« zu neuen Formen der Kollaboration

Mit dem »bescheidenen Zeugen«[8], dem Kollaborateur und dem Komplizen (vgl. Marcus 1998) hat das Fach Figuren gefunden, deren komplexe Allianzen sich gut für die Analyse der Position des teilnehmenden Beobachters, nicht nur im Feld gegenwärtiger Wissenschafts- und Technikanthropologie eignen. Das konventionelle Ideal ethnographischer Feldforschung – Eintauchen in die Alltagswelten der Forschungssubjekte, Vertrauen aufbauen, zum Insider werden – erscheint zu simpel und konnotiert nicht von ungefähr paternalistische oder koloniale Beziehungsformen (vgl. zur Idee des »Rapport Herstellens« in diesem Zusammenhang Rabinow 2004: 195). Kollaboration kennzeichnet die etwas anderen Formen der Zusammenarbe-

---

8 Das Konzept des »modest witness« wurde durch die Wissenschaftshistoriker Steven Shapin und Simon Schaffer (1985) in einer Untersuchung zur Geschichte des Experiments im 17. Jahrhundert eingeführt und später durch Donna Haraway (1997) und George E. Marcus (1998) systematisch umgearbeitet und erweitert.

it. Informanten werden zu Gegenübern, Projektkolleginnen und Kollegen
oder Mitforschenden. Nicht nur Repräsentation ist hier das Metier
der Ethnographie. Beobachten und Teilnehmen, Beschreiben und Erklären
sind die Modi des *kollaborativen In-der-Welt-Seins*, die die Welt mit
hervorbringt, während sie erforscht wird.

Von der Kritik des ethnographischen Präsens zu einer Ethnographie emergenter Formen

In der Writing-Culture Debatte war es immer wieder zur Kritik am ethnographischen Präsens gekommen, an jener Erzählweise, mit deren Hilfe Ethnologinnen und Ethnologen nicht nur eine besondere Lebendigkeit und
Unmittelbarkeit ihrer Beschreibungen anstreben, sondern auch ihre eigene
Anwesenheit im Feld so in Anschlag bringen, dass sie als Quelle der Autorisierung und Authentisierung fungieren kann. Begriffen und attackiert
wurde das ethnographische Präsens in erster Linie als Repräsentationspro-
blem, das Historizität, Wandel und Veränderung ausblendet. Vor allem Johannes Fabian zeigt, dass das ethnographische Präsens mehr ist als eine literarische Konvention. Die Verwendung des grammatikalischen Tempus
»Gegenwart« sei nicht Hinweis auf tatsächliche Gegenwart, sie definiere
vielmehr eine kommunikative Situation (Fabian 1983: 81), in der die Welt
zum bloßen Objekt von Beschreibung werde. In Kombination mit der Verwendung der verallgemeinernden dritten Person Plural würden die »Anderen« als außerhalb des Dialogs stehend markiert. (ebd.: 97) Die Zeit-
gleichheit von Beschriebenen und Beschreibenden, ihre »coevalness«, so
Fabian, werde dadurch in ethnographischen Berichten negiert. In der gegenwärtigen Debatte über die Spezifik und Relevanz ethnographischen
Wissens werden zeitliche Dimensionen der Forschungssituation anders diskutiert. Zunächst interessiert als Forschungsproblem, wie unterschiedliche
Zeitlichkeiten koordiniert, geprägt und durch Praxis hervorgebracht werden
– dafür steht beispielhaft die Untersuchung von Charis Thompson. Zweitens wird die Vielfalt zeitlicher Formen von Forschung selbst immer deutlicher. Die einstige Konvention einjähriger Feldforschung in der Ethnologie
wird zwar noch über Stipendienprogramme und Forschungsförderungsinsti-
tutionen stabilisiert; tatsächlich forschen Ethnographen, insbesondere im
Feld von Wissenschaft, Technik und Medizin, heute aber häufig nicht nur
multi-lokal, sondern auch multi-temporal – in sehr unterschiedlichen Inter-
vallen, vielfältig kurz oder lang. (Vgl. Welz, in Druck) Drittens wird Zeit-

lichkeit gegenwärtig wiederum über partizipative Formen von Ethnographie problematisiert. In Frage steht, wie sich auch von Ethnographinnen und Ethnographen wissenschaftlich Verantwortung übernehmen lässt, etwa hinsichtlich der Entwicklung neuer Technologien. Benötigen wir eine Art »Echtzeit-Ethnographie« (Rabinow/Dan-Cohen 2005), die so aktuell Wissen produziert, dass ihre Einsichten *peu à peu* in die Weiterentwicklung von Technologien eingebaut werden können, etwa in die nächste Generation von Reproduktionstechnologien? Sind hierfür andere Genres als die übliche Monographie oder die ethnographische Reportage nötig, unabgeschlossene, offene Darstellungsformen, wie die Episode (vgl. Borneman 2007), die laufende Chronik (Rabinow/Dan-Cohen 2005) und das Fragment (Tsing 2005: 271)? Gibt es die Möglichkeit einer antizipatorischen Ethnographie, die aktuelle Prozesse nicht nur *nach-*, sondern *mit-*vollzieht?

Ethnographie und Theoriebildung: Das Ende von Wissenschafts- und Technikforschung als abgrenzbarer Bereich?

Christopher Kelty bezeichnet Free Software als »ein experimentelles System«, als eine Form der Wissenspraxis, die sich mit jedem neuen Resultat verändert. Mit diesem Begriff bezieht er sich weniger auf Hans Jörg Rheinberger, der das Konzept der »Experimentalsysteme« im Feld der Wissenschaftsgeschichte ausgearbeitet und bekannt gemacht hat (Rheinberger 2002), als vielmehr auf das Werk des amerikanischen Philosophen und Pragmatikers John Dewey. Die drei Hauptkapitel von Keltys Buch sind mit Zitaten von John Dewey betitelt und eingeleitet. John Dewey verstand Wissenschaft als ein System mit wenigen Regeln zur Hervorbringung von Erkenntnis und Neuerung, als eine Produktionsweise, deren Ausbreitung auf andere Teilbereiche der Gesellschaft er sich wünschte. Ein etwas anderes Bild findet Emily Martin, die Wissenschaft in ihrer Ähnlichkeit zu Fadenspielen beschreibt: Auch hier werden nur wenige Regeln formuliert, und es ist eine gewisse Toleranz und Offenheit für banale kleine Ereignisse notwendig, damit neue Muster entstehen können (Martin 1998: 38). In seiner Ethnographie »Two Bits« verfolgt Christopher Kelty, wie sich die erfahrungsbasierten, quasi-experimentellen Praktiken von Free Software geeks und nerds allmählich in andere gesellschaftliche und technische Bereiche ausbreiten. Deutet sich damit auch das Ende einer eigenständigen Wissenschafts- und Technikethnographie an, da sich auch ihre Praktiken in vergleichbarer Art und Weise verallgemeinern?

LITERATUR

Abu-Lughod, Lila (1991): »Writing against Culture«. In: Richard G. Fox (Hg.), Recapturing Anthropology, Santa Fé, N.M.: School of American Research Press, S. 137–162.

Beck, Stefan (2009): »Vergesst Kultur – wenigstens für einen Augenblick! Oder: Zur Vermeidbarkeit der kulturtheoretischen Engführung ethnologischen Forschens«. In: Sonja Windmüller/Beate Binder/Thomas Hengartner (Hg.), Kultur – Forschung. Zum Profil einer volkskundlichen Kulturwissenschaft (Studien zur Alltagskulturforschung, Bd. 6), Berlin: LIT Verlag, S. 48–68.

Beck, Stefan/Jörg Niewöhner (2006): »Somatographic investigations across levels of complexity«. BioSociety 1, S. 219–27.

Berg, Eberhard/Fuchs, Martin (1993): Kultur, soziale Praxis, Text. Die Krise der ethnographischen Repräsentation. Frankfurt/M.: Suhrkamp.

Borneman, John (2007): Syrian Episodes. Sons, Fathers, and an Anthropologist in Aleppo, Princeton, NJ: Princeton University Press.

Callon, Michel (2005): »Why Vitualism Paves the Way to Political Impotence. A Reply to Daniel Millers Critique of ›The Laws of the Markets‹ «. Economic Sociology, European Electronic Newsletter 6(20), hg. vom Max Planck Institute for the Study of Societies, http://econsoc.mpifg.de/archive/esfeb05.pdf, abgerufen am 25.10.2011.

Clarke, Adele (2005): Situational Analysis – Grounded Theory after the Postmodern Turn, Thousand Oaks/CA.: Sage.

Clifford, James (1993): »Über ethnographische Autorität«. In: Bernhard Berg/Markus Fuchs (Hg.), Kultur, soziale Praxis, Text. Die Krise der ethnographischen Repräsentation, Frankfurt/M.: Suhrkamp, S. 109–157.

Edwards, Jeanette/Harvey, Penny/Wade, Peter (2007): »Introduction: Epistemologies in Practice«. In: Dies. (Hg.), Anthropology and Science. Epistemologies in Practice, Oxford/ New York: Berg, S. 1–18.

Fabian, Johannes (1993): »Präsenz und Repräsentation. Die Anderen und das anthropologische Schreiben«. In: Eberhard Berg/Martin Fuchs (Hg.), Kultur, soziale Praxis, Text. Die Krise der ethnographischen Repräsentation, Frankfurt/M.: Suhrkamp, S. 335–364.

Fabian, Johannes (1983): Time and the Other. How Anthropology Makes its Object. New York: Columbia University Press.

Fortun, Kim (2009): »Figuring Out Ethnography«. In: George Marcus/James Faubion (Hg.): Fieldwork Is Not What It Used to Be. Learning Anthropology's Method in a Time of Transition, Ithaca, London: Cornell University Press, S. 167–183.

Halstead, Narmala (2008): »Experiencing the ethnographic present: knowing through ›crisis‹ «. In: Dies./Eric Hirsch/Judith Okely (Hg.): Knowing How to Know. Fieldwork and the Ethnographic Present, Oxford: Berghahn, S. 1–10.

Haraway, Donna (1997): Modest Witness@Second_Millenium.Femaleman ©_Meets_Oncomouse™, New York: Routledge.

Hirschauer, Stefan (2008): »Die Empiriegeladenheit von Theorien und der Erfindungsreichtum der Praxis«. In: Herbert Kalthoff/Stefan Hirschauer/Gesa Lindemann (Hg.), Theoretische Empirie. Zur Relevanz qualitativer Forschung, Frankfurt/M.: Suhrkamp, S. 165–87.

Hirschauer, Stefan (2006): »Putting things into words. Ethnographic Description and the Silence of the Social«. Human Studies 29(4), S. 413–441.

Hirschauer, Stefan (2004): »Praktiken und ihre Körper. Über materielle Partizipanden des Tuns«. In: Karl H. Hörning/Julia Reuter (Hg.), Doing Culture. Neue Positionen zum Verhältnis von Kultur und sozialer Praxis, Bielefeld: Transkript Verlag, S. 73–91.

Holbraad, Martin/Pedersen, Morten Axel (2009): »Planet M. The intense Abstraction of Marilyn Strathern«. Anthropological Theory 9(4), S. 371–394.

Holmes, Douglas R./Marcus, George E. (2005): »Cultures of Expertise and the Management of Globalization. Toward the Re-functioning of Ethnography«. In: Aihwa Ong/Stephen J. Collier (Hg.), Global Assemblages. Technology, Politics, and Ethics as Anthropological Problems, Malden/MA: Blackwell, S. 235–252.

Kelty, Christopher (2008): Two Bits. The Cultural Significance of Free Software and the Internet, Durham: Duke University Press, Elektronisch verfügbar unter: http://twobits.net/.

Knecht, Michi (2009): »Contemporary Uses of Ethnography. Zur Politik, Spezifik und gegenwartskulturellen Relevanz ethnographischer Texte«. In: Michael Simon/Thomas Hengartner (Hg.), Bilder, Bücher, Bytes. 36. Kongress der Gesellschaft für Deutsche Volkskunde, (= Mainzer

Beiträge zur Volkskunde und Kulturanthropologie), Münster: Waxmann Verlag, S. 148–155.

Knecht, Michi (2008): »Jenseits von Kultur: Sozialanthropologische Beiträge zum Verständnis von Diversität, Handlungsfähigkeit und Ethik im Umgang mit Patientenverfügungen«. Ethik in der Medizin 20, S. 1–12.

Knecht, Michi/Welz, Gisela (1995): »Ethnographisches Schreiben nach James Clifford«. In: Thomas Hauschild (Hg.), Ethnologie und Literatur. Sonderband 1, Bremen: kea- edition, S. 71–94.

Kramer, Fritz (1979): »Nachwort«. In: Bronislaw Malinowski: Argonauten des westlichen Pazifik. Ein Bericht über Unternehmungen und Abenteuer der Eingeborenen in den Inselwelten von Melanesisch-Neuguinea. In: Fritz Kramer (Hg.) mit einem Vorwort von James G. Frazer, Frankfurt/M.: Syndikat, S. 558–570.

Latour, Bruno (1995): Wir sind nie modern gewesen. Versuch einer symmetrischen Anthropologie, Berlin: Akademie Verlag.

Malinowski, Bronislaw (1979) [1922]: »Argonauten des westlichen Pazifik. Ein Bericht über Unternehmungen und Abenteuer der Eingeborenen in den Inselwelten von Melanesisch-Neuguinea«. In: Fritz Kramer (Hg.) mit einem Vorwort von James G. Frazer, Frankfurt/M.: Syndikat.

Marcus, George E. (2010): »Contemporary Fieldwork Aesthetics in Art and Anthropology: Experiments in Collaboration and Intervention«. Visual Anthropology 23(4), S. 263–77.

Marcus, George E. (2007): »Ethnography two decades after Writing Culture. From the Experimental to the Baroque«. Anthropological Quarterly 80 (4), S. 1127–1145.

Marcus, George E. (1998): »The Uses of Complicity in the Changing Mise-en-Scène of Anthropological Fieldwork«. In: Ders. (Hg.), Ethnography through Thick and Thin, Princeton/NJ: Princeton University Press, S. 105–132.

Martin, Emily (1998): »Anthropology and the Cultural Study of Science«. Science, Technology & Human Values 23 (1), S. 24–44.

Mol, Annemarie (2002): The Body Multiple: Ontology in Medical Practice, Durham: Duke University Press.

Oppenheim, Robert (2007): »Actor-Network Theory and Anthropology after Science, Technology, and Society«. Anthropological Theory 7 (4), S. 471–493.

Peterson, Kristin (2009): »Phantom Epistemologies«. In: James D. Faubion/George E. Marcus (Hg.), Fieldwork Is Not What It Used to Be. Learning Anthropology's Method in a Time of Transition, Ithaca; London: Cornell University Press, S. 37–51.

Pratt, Mary, Louise (1986): »Fieldwork in Common Places«. In: James Clifford/James E. Marcus (Hg.), Writing Culture. The Poetics and Politics of Ethnography, Berkeley; Los Angele: University of California Press, S. 27–50

Rabeharisoa, Vololona (2004): »Author Meets Critics. On Annemarie Mol's The Body Multiple: Ontology in Medical Practice«. Vortrag gehalten auf der Tagung der Society for Social Studies of Sciences in Paris, 25.–28. August 2004; elektronisch: http://www.csi.ensmp.fr/.

Rabinow, Paul (2004): Anthropologie der Vernunft, Frankfurt/M.: Suhrkamp.

Rabinow, Paul/Dan-Cohen, Talia (2005): A Machine to Make a Future. Biotech Chronicles, Princeton/NJ: Princeton University Press.

Rheinberger, Hans-Jörg (2002): Experimentalsysteme und epistemische Dinge. Eine Geschichte der Proteinsynthese im Reagenzglas, Göttingen: Wallstein Verlag.

Roepstorff, Andreas/Bubandt, Nils (2003): »General Introduction: The Critique of Culture and the Plurality of Nature«. In: Andreas Roepstorff/Nils Bubandt/Kalevi Kull (Hg.), Imaging Nature: Practices of Cosmology and Identity, Aarhus: Aarhus University Press.

Schillmeier, Michael/Wiebke Pohler (2006): »Kosmo-politische Ereignisse. Zur sozialen Topologie von SARS«. Soziale Welt 57(4), S. 331–349.

Shapin, Steven/Simon Schaffer (1985): Leviathan and the Air Pump. Princeton/NJ: Princeton University Press.

Simpson, Bob (2009): »Messages from the field«. Anthropology Today 25(5), S. 1–3.

Strathern, Marilyn (2004): Partial Connections. Updated Edition, Walnut Creek: Rowman & Littlefield.

Strathern, Marilyn (1999): Property, Substance and Effect. Anthropological Essays on Persons and Things, London; New Brunswick/NJ: The Athlone Press.

Sykes, Karen (2005): Arguing with Anthropology. An Introduction to Critical Theories of the Gift, London; New York: Routledge.

Thompson, Charis (2005): Making Parents: The Ontological Choreography of Reproductive Technologies, Cambridge/MA: MIT Press.

Trouillot, Michel-Rolph (2002): »Adieu, Culture: A New Duty Arises.« In: Richard G. Fox/Barbara King (Hg.): Anthropology beyond Culture. Oxford und New York: Berg, S. 37–60.

Tsing, Anna Lowenhaupt (2005): Friction. An Ethnography of Global Connections, Princeton; Oxford: Princeton University Press.

Warneken, Bernd Jürgen (2006): Die Ethnographie popularer Kulturen. Eine Einführung, Wien; Köln; Weimar: Böhlau/UTB.

Watson-Verran, Helen/Turnbull, David (1995): »Science and Other Indigenous Knowledge Systems«. In: Sheila Jasanoff/Gerald E. Markle/James C. Peterson/Trevor Pinch (Hg.), The Science Studies Reader, New York; Delhi: Sage, S. 115–139.

Welz, Gisela (2011): »Die Pragmatik ethnographischer Temporalisierung«. In: Sabine Hess, Hannes Moser, Maria Schwertl (Hg.), Neue Perspektiven volkskundlicher/ethnologischer Methoden, Berlin: im Druck.

Klassifikationen und
Rückkoppelungseffekte

MARTINA KLAUSNER

Das Thema Klassifikationen und deren Rückkoppelungseffekte berührt einen zentralen Bereich sowohl aktueller Ansätze im Feld der Science and Technology Studies als auch wissensanthropologischer Forschungen: Techno-wissenschaftliches Wissen findet nicht einfach nur in Laboren oder Elfenbeintürmen statt; vielmehr durchdringt dieses Wissen Alltagswelten in vielfältiger Weise. Das Kapitel stellt drei Ansätze vor, die sich aus unterschiedlichen disziplinären Hintergründen mit Klassifikationssystemen und deren alltäglichen Wirkweisen und Konsequenzen beschäftig haben. In der Anthropologie spielten Klassifikationssysteme in der Untersuchung fremder Kulturen über lange Zeit eine zentrale Rolle. Gerade im Kulturvergleich wurde deutlich, dass Klassifikationen nur scheinbar naturgetreue Repräsentationen darstellen, sondern vielmehr durch soziale und kulturell geprägte Ordnungen strukturiert sind. Galt diese Deutung von Klassifikationen lange Zeit ausschließlich für so genanntes ›primitives Denken‹, so hat unter anderem die Sozialanthropologin Mary Douglas gezeigt, dass nicht-wissenschaftliches Klassifizieren und wissenschaftliches Klassifizieren nach den gleichen Prinzipien funktionieren.

Der kanadische Wissenschaftsphilosoph Ian Hacking beschäftigt sich hingegen mit der historischen Bedingtheit von Klassifikationen. Neben seinen diskursanalytischen Arbeiten, die sich in enger Anlehnung an Michel Foucault der Genealogie wissenschaftlicher Wissensobjekte widmen, sind für das vorliegende Kapitel vor allem seine Konzepte des »Making Up« und der so genannte Rückkoppelungseffekt von zentraler Bedeutung: Durch Klassifikationen konstituiert sich eine neue Erfahrung des Mensch-Seins; d. h. wissenschaftliche und bürokratische Klassifikationen machen ›neue Arten‹ von Menschen. Stärker an den konkreten, alltäglichen Praxen des Klassifizierens interessiert sind die US-amerikanischen Wissenschaftlerinnen Susan Leigh Star und Geoffrey Bowker. Sie beschäftigen sich vor allem mit den Konsequenzen von Klassifikationen in bürokratischen und wissenschaftlichen Infrastrukturen. Unter Verweis auf feministische Theorieansätze kritisieren Bowker und Star die politische Indifferenz der Akteur-Netzwerk Theorie als »managerial bias« und fordern eine analytische Fokussierung auf Ausschlussmechanismen und das nicht-passförmige Monströse. Die vorgestellten drei Ansätze richten den Blick auf das Alltägliche, das Unsichtbare, scheinbar Selbstverständliche und bieten eine wichtige Problematisierung blinder Flecken in der Wissenschaftsforschung.

Weiterführende Literatur

Epstein, Steven (2007): Inclusion: the Politics of Difference in Medical Research, Chicago: University of Chicago Press.
Epstein beschreibt mit »Inclusion« das Spannungsfeld gesundheitspolitischer und biomedizinischer Regulierung von Diversität und Gleichheit in den USA. Nachdem lange Zeit »Mann, weiß, mittleres Alter« als das Standardstudienobjekt biomedizinischer Forschung galt, forderten seit den 1980er Jahren unterschiedliche Interessenvertretungen die Berücksichtigung von so genannten Minderheitengruppen in biomedizinischen Studien. Ironischerweise führte dieses neue »difference-and-inclusion«-Paradigma jedoch auch zu neuen Essentialisierungen.

Bowker, Geoffrey (2005): Memory Practices in the Sciences, Cambridge, MA: The MIT Press.
Bowker untersucht die Informations- und Speichertechnologien dreier wissenschaftlicher Disziplinen in unterschiedlichen Epochen: der Geologie im 19. Jahrhundert, der Kybernetik zur Mitte des 20. Jahrhunderts und der gegenwärtigen Biodiversitäts-Forschung. Wie er in seiner detaillierten Analyse der unterschiedlichen Informationsinfrastrukturen herausarbeitet, beeinflussen Informationstechnologien vor allem auch, was vergessen wird.

EINLEITUNG

Dieses Kapitel zu Klassifikationen und den daraus resultierenden Effekten thematisiert weniger einen spezifischen theoretischen Zugang, sondern zuerst einmal ein Themenfeld: wissenschaftliche, bürokratische, alltägliche Klassifikationssysteme. Arbeiten im Bereich der Kultur- und Sozialanthropologie und der *Science and Technology Studies*, die Klassifikationssysteme beforschen, behandeln dabei sowohl die Entwicklung von wissenschaftlichen Klassifikationssystemen und deren Implementierung und Nutzung sowie die dabei entstehenden Effekte. Insbesondere für den Bereich der Medizin gibt es zahlreiche empirische Untersuchungen, die zeigen, wie Krankheitsklassifikationen entstehen und welche Auswirkungen diese Klassifikationen bei einer Diagnose auf die Betroffenen haben. Die folgende Auseinandersetzung mit Klassifikationen und deren Rückkoppelungseffekten soll verdeutlichen, dass wissenschaftliches Wissen und wissenschaftliche Praxen unsere Alltage in vielfältiger Weise prägen und verändern. Noch vor unserer Geburt werden wir vermessen und nach wissenschaftlichen Normen bewertet. Ob wir als gesund oder krank, als zu dick oder zu dünn klassifiziert werden, prägt unser Selbstverständnis und die Handlungsmöglichkeiten, die uns zur Verfügung stehen.

Wir sind Techniknutzerinnen, Patienten, Bürgerinnen, Konsumenten, Klienten und damit Teil vielfältiger bürokratischer sowie technowissenschaftlicher Netzwerke. Klassifikationssysteme umgeben uns überall, meist ohne, dass es uns bewusst ist. In das Bewusstsein treten Klassifikationssysteme in der Regel dann, wenn etwas nicht passt, eine Irritation entsteht. Vor allem weil Klassifikationssysteme scheinbar unüberwindbare Grenzen setzen und Exklusionseffekte erzeugen können, haben Klassifikationen immer auch eine moralische und eine politische Dimension. Ein Ziel des Kapitels ist, deutlich zu machen, welche Arbeit hinter diesen oft unsichtbaren, scheinbar selbstverständlichen Klassifikationen steckt. Wie die Untersuchung der Genese von Klassifikationssystemen deutlich macht, sind diese selbst Bestandteil und Produkt soziomaterieller Praxen und immer auch eingebunden in lokale Kontexte. Ihre ›Produktionsbedingungen‹ zu analysieren, bedeutet damit auch immer eine Problematisierung ihrer scheinbaren Natürlichkeit und Universalität.

Klassifikationen und deren Rückkoppelungseffekte berühren einen zentralen Bereich sowohl der *Science and Technology Studies* als auch wissensanthropologischer Forschungen: Techno-wissenschaftliches Wissen findet nicht in Laboren oder Elfenbeintürmen statt; vielmehr durchdringt dieses Wissen Alltagswelten in vielfältiger Weise, schafft neue Kollektive, Wissensformen und Praxismuster und ist dabei selbst grundlegend eingebettet in kulturelle, soziale, historische Kontexte (vgl. Downey/Dumit 1997).

In der Sozial- und Kulturanthropologie, ebenso wie in der Soziologie, diente die Untersuchung von Klassifikationssystemen allgemein immer wieder auch als Ausgangspunkt für grundlegende sozialtheoretische Fragen: Wie interagieren Individuum und Kollektiv, Gesellschaft und Gruppen, wie funktioniert soziale Ordnung? Wie verändern und stabilisieren Klassifikationssysteme unseren Alltag? Die Ansätze, die in diesem Kapitel vorgestellt werden, haben sich aus verschiedenen disziplinären Perspektiven mit Klassifikationssystemen beschäftigt und dabei immer auch jene angedeuteten sozialtheoretischen Fragen mit verfolgt. Die britische Anthropologin Mary Douglas ist der Frage nachgegangen, wie Klassifikationen individuelles Denken und Handeln formen und zur Aufrechterhaltung der sozialen Ordnung von Institutionen, bzw. sozialen Gruppen beitragen. Klassifikationen stehen bei Douglas also für kollektiv geteilte Denkweisen, die sich in Symbolen und Ritualen oder auch alltäglichen Gewohnheiten ausdrücken. Dabei hat Douglas unter anderem gezeigt, dass alltägliches, nichtwissenschaftliches Klassifizieren und wissenschaftliches Klassifizieren nach den gleichen Prinzipien funktionieren. Für den Wissenschaftsphilosophen Ian Hacking sind Klassifikationen wirkmächtige Zuschreibungen, die in Diskurse, Institutionen und Praxen eingebettet sind. Hacking geht es dabei um die Interaktion zwischen einer Klassifikation und den klassifizierten Individuen sowie die Rückwirkungen – Hacking nennt sie Looping-Effekte –, die aus dieser Interaktion entstehen. Die Erforschung dieser Interaktion und deren Effekte ist für Hacking eng mit der Frage verknüpft, was es eigentlich bedeutet, ein Individuum zu sein. Geoffrey Bowker und Susan Leigh Star zeigen anhand vielfältiger Beispiele, dass Klassifikationen das Grundgerüst von Informationsinfrastrukturen in unserer modernen Welt sind. Sie betonen die politische Dimension von Klassifikationssystemen und die damit verbundenen Inklusions- und Exklusionsmechanismen. Für Bowker und Star sind Klassifikationen dabei immer sowohl materiell als auch symbolisch zu verstehen.

Obwohl die drei Ansätze vor unterschiedlichen disziplinären und theoretischen Hintergründen argumentieren, eint sie ein gemeinsames Interesse: Alle drei Ansätze richten ihren Blick vor allem auf die vielfältigen, alltäglichen Konsequenzen von Klassifikationen. Aus der Fülle der geistes- wie sozialwissenschaftlichen Arbeiten zu Klassifikationen ragen diese drei Ansätze deshalb heraus, weil sie die Auseinandersetzung mit Klassifikationssystemen als zentrales analytisches Moment ihrer theoretischen Ansätze verstehen und wichtige Konzepte für die Untersuchung von Klassifikationen vorgelegt haben. Entsprechend geht es im Folgenden sowohl um empirische Beispiele der Produktion und Implementierung von wissenschaftlichen Klassifikationen als auch um die Diskussion analytischer Konzepte in der Untersuchung von Klassifikationen und die von ihnen ausgehenden Rückkoppelungseffekte.

MARY DOUGLAS: KLASSIFIKATION ALS KULTUR UND KULTUR ALS KLASSIFIKATIONSSYSTEM

In der Ethnologie bzw. Kultur- und Sozialanthropologie haben Klassifikationssysteme in der Untersuchung fremder Kulturen eine zentrale Rolle gespielt. Verwandtschaftssysteme, Nahrungsmitteltabus, Kosmologien wurden als kulturell geprägte Klassifikationsmuster mit spezifischen Funktionen für die jeweilige soziale Gruppe beschrieben. Es waren diese Themen, die Douglas' Studium der Anthropologie in Oxford prägten. Sie studierte dort nach dem Zweiten Weltkrieg bei Edward Evans-Pritchard, und führte ihre Feldforschungen in Afrika durch. Gemeinhin werden Douglas' Arbeiten dem britischen Strukturalismus zugeordnet. In ihrem späteren Hauptwerk »Purity and Danger« aus dem Jahr 1966 setzt sie sich mit den Klassifikationen von Reinheit und Schmutz und deren Bedeutungen in unterschiedlichen kulturellen Kontexten auseinander. Dabei zeigt Douglas, dass das, was als schmutzig oder als rein bezeichnet wird, von dem jeweiligen (kulturell geprägten) Klassifikationssystem abhängt: »Shoes are not dirty in themselves, but it is dirty to place them on the dining-table; food is not dirty in itself, but it is dirty to leave cooking utensils in the bedroom, or food bespattered on clothing. [...] In short, our pollution behaviour is the reaction which condemns any object or idea likely to confuse or contradict cherished classifications.« (Douglas 2009 (1966): 44f.)

Drei Aspekte sind zentral für Douglas' Verständnis von Klassifikationssystemen: Erstens, Klassifikationen erscheinen auf den ersten Blick als unproblematisch und natürlich. Schmutz, so könnte man meinen, sei eben ›realer‹, ›absoluter‹ Schmutz; ihn zu erkennen bedürfe keiner Interpretation. In zahlreichen Vergleichen macht Douglas hingegen deutlich, dass Klassifizieren immer kulturell geprägt ist: »There is no such thing as absolute dirt: it exists in the eye of the beholder.« (ebd.: 2) Schmutz ist eine Frage der Perspektive; Klassifikation ist Kultur. Und zweitens: Kultur ist Klassifikation. Klassifikationen sind, so Douglas, die Grundlagen sozialer Ordnung; sie prägen das individuelle Denken und Handeln der einzelnen Mitglieder einer sozialen Gruppe, sie entscheiden über Zugehörigkeit und Ausschluss, über richtiges und falsches Verhalten, sogar über richtiges und falsches Denken. Für Douglas funktioniert diese Art Internalisierung von Klassifikationen wie das Erlernen einer Sprache bei einem Kind. Jegliche Form der Kognition ist, in ihrem Sinne, sozial strukturiert und rekurriert auf bestehende Klassifikationen. Drittens, haben Klassifikationen immer auch eine moralische Dimension: »any choosing for is also a choosing against« (Douglas 1996: xiv). Schmutz steht in diesem Sinne nur als Beispiel für ›Devianz‹ generell, für das, was unsere Ordnung stört.

Klassifikationen werden uns meistens dann bewusst, wenn ihre scheinbare Problemlosigkeit nicht mehr garantiert ist, wenn sie nicht mehr ›geräuschlos‹ funktionieren. Doch in der Regel bleibt das, was durch funktionierende Klassifikationen ausgeschlossen ist, unsichtbar; d. h. auch: Klassifikationen haben Konsequenzen. Gerade im Rahmen ›devianter‹ Ereignisse werden moralische Grenzziehungen und die soziale Ordnung einer Gruppe oder Gesellschaft sichtbar. Das Beispiel Schmutz macht zudem deutlich, dass es Douglas vor allem um das Alltägliche und Gewöhnliche geht; sie untersucht die selbstverständlichen Rituale und Aktivitäten des Alltags und zeigt wie hier soziale Ordnung reproduziert wird. Douglas ging dabei von einer Vielfalt an Bedeutungsmöglichkeiten aus, die von unterschiedlichen Gruppen jeweils ›realisiert‹ werden.

Im Laufe ihrer Karriere nahm Mary Douglas eine ganze Bandbreite von Klassifikationssystemen und sozialen Institutionen in den Blick (wobei Institutionen bei ihr ein Synonym für soziale Kollektive sind): von dem kongolesischen Volk der Lele, dem britischen und schwedischen Arbeitsmarkt, spirituellen Hindu-Rituale in Indien, über den bereits erwähnten Schmutz in unterschiedlichen kulturellen Kontexten bis hin zur Umweltbewegung in den USA. In ihrem einflussreichen, 1986 veröffentlichten Buch »Wie Institutionen denken« breitet sie ihre theoretischen Grundlagen sozialer Ordnung aus.

Die Hauptfrage ist, wie Institutionen (also soziale Gruppen) individuelles Denken und Handeln prägen. Douglas' Antwort: durch Klassifikationen. Sie bezieht sich in ihrer theoretischen Auseinandersetzung auf den polnischen Biologen und Wissenschaftstheoretiker Ludwik Fleck und den französischen Soziologen Émile Durkheim, der zusammen mit seinem Kollegen Marcel Mauss einen mittlerweile klassischen Aufsatz über *primitive Klassifikationen* veröffentlicht hatte. (Durkheim/Mauss 1903) Sowohl Durkheim als auch Fleck betonen in ihren Arbeiten den fundamentalen Einfluss, den die *kollektiven Vorstellungen* einer *sozialen Gruppe* (Durkheim) bzw. der *Denkstil* eines *Denkkollektivs* (Fleck) auf die Erkenntnisfähigkeit des Individuums haben. Knapp zusammengefasst: Der Denkstil einer Gruppe setzt den Rahmen für jede individuelle Erkenntnis; er prägt unser Wahrnehmungsvermögen und setzt den Kontext und die Grenzen für jedes Urteil über die Realität; und zu seinen wesentlichen Merkmalen gehört, dass er den Mitgliedern des betreffenden Denkkollektivs verborgen bleibt. (WISSENSCHAFTSTHEORIE)

Soziale Gruppen prägen fundamental, wie wir denken und handeln und sie tun dies unter anderem durch die Etablierung von Klassifikationen. In dem erwähnten Aufsatz über Klassifikationen in so genannten primitiven Gesellschaften konstatieren Durkheim und Mauss den sozialen Ursprung jeglicher Klassifikation. Klassifikationen als Beschreibungen und Strukturierungen der Welt seien nie einfach nur Abbildungen natürlich vorhandener Ordnungen von Dingen, Tieren etc., sondern immer eine Projektion sozialer Strukturen und Kategorien *auf die* Natur. Ähnlich argumentiert Douglas, dass die Natur an sich nicht über eine gegebene Ordnung verfüge; es ist die Analogisierung sozialer Klassifikationen mit einer scheinbar natürlichen Ordnung, die den sozialen Klassifikationen Legitimität verleiht. Entscheidend für die Wirkmächtigkeit von Klassifikationen sei dabei, dass dem Einzelnen der soziale Ursprung jeglicher Klassifikation und deren Einschreibung in die Natur verborgen bleibt. Dieser Mechanismus der Analogisierung von sozialer Ordnung und Natur und die dabei stattfindende Reifikation sozialer Klassifikationen seien, so Douglas, das stabilisierende Prinzip von sozialen Institutionen:

»Es bedarf einer Analogie, dank derer die formale Struktur eines wichtigen Komplexes sozialer Beziehungen in der natürlichen Welt, in der übernatürlichen Welt, im Himmel oder sonst wo wiederzufinden ist, wobei es allein darauf ankommt, dass dieses ›sonst wo‹ nicht als gesellschaftlich erzeugtes Konstrukt erkennbar ist. Wenn die Analogie von der Natur auf einen Komplex sozialer Beziehungen und von dort auf einen anderen Komplex und von dort wiederum auf die Natur übertragen wird, dann gräbt sich diese wiederholt auftretende formale Struktur ins Bewusstsein ein, und das Hin und Her dieser Übertragungen stattet sie mit einer Wahrheit aus, die für sich selbst spricht.« (Douglas 1991 (1986): 84)

Es gibt keine Klassifikationen, die eine a priori existierende Realität beschreiben, jedes Klassifikationssystem und jegliche Erkenntnis hat eine soziale Grundlage, »jede Realität ist soziale Realität« (Douglas 1975: 5). Die wiederholte Analogisierung gräbt diese Struktur in unser Denken ein. Der entscheidende Schritt bei Douglas, der sie letztendlich mit Fleck gegen Durkheim argumentieren lässt, ist dass dies nicht nur auf ›primitive‹ Kulturen und Religion zutrifft, sondern im gleichen Maße auf moderne Gesellschaften wie auf Wissenschaft.[1] Auch wissenschaftliche Erkenntnis, so Douglas, ist eine grundlegend soziale Erkenntnis und kann niemals objektiv im Sinne einer reinen Beschreibung ›natürlicher Tatsachen‹ sein. Ihre Arbeiten durchzieht eine fundamentale Kritik an der zu ihrer Zeit üblichen anthropologischen Unterscheidung zwischen so genannten primitiven Wissenssystemen und denen der modernen, so genannten zivilisierten Welt.

Douglas' Forderung nach einer analytischen Gleichsetzung von ›primitiven‹ und ›modernen‹ Denken bleibt keine abstrakte, theoretische Formulierung, sondern zeigt sich auch in der Bandbreite ihrer empirischen Arbeitsfelder. Es ist diese Erweiterung von Durkheims Wissenssoziologie auf ›moderne‹ Gesellschaften und wissenschaftliche Institutionen, die sie als

---

1 »But instead of showing us the social structuring of our minds, he [Durkheim] showed us the minds of feathered Indians and painted aborigines. With unforgivable optimism he declared that his discoveries applied to them only.« (Douglas 1975, S. XX) Ihr Lösungsvorschlag: Nur eine Woche Feldforschung hätte gereicht, um ihn eines Besseren zu belehren. Der Wissenschaftssoziologe David Bloor, zentraler Vertreter der Edinburgh School, bietet eine etwas versöhnlichere Lesart von Durkheims und Mauss' klassischem Aufsatz an, in dem er die beiden nicht nur gegen Angriffe wie die von Douglas verteidigt, sondern deren Konzept erweitert und auf wissenschaftliche Klassifikationen anwendet. (Bloor 1982)

Vorreiterin einer kulturvergleichenden Wissensanthropologie ausweist. (Crick 1982) Auch wenn das von ihr angewandte funktionalistische Interpretationsmuster heute mitunter sehr formalistisch wirkt, ist es die Radikalität mit der sie auf die soziale Basis *jeglichen* Wissens hinweist, die sie für das Feld der *Science and Technology Studies* relevant und produktiv machte.[2] Douglas kritisiert die blinde Autorisierung angeblicher wissenschaftlicher Objektivität, deren Dekonstruktion sie für längst überfällig hält und fordert auch für die Auseinandersetzung mit wissenschaftlichen Institutionen und Wissen »aktive Theorien von Wissen«, die auf die Wandelbarkeit und konstante Revision wissenschaftlicher Erkenntnis fokussieren. (Douglas 1975: xviii)

Klassifikationen (und auch Theorien) sind in diesem Sinne ebenso wandelbar wie es die sozialen Institutionen sind, die sich durch interne wie externe Faktoren, Phasen der Krise und neue Bedürfnisse verändern und weiterentwickeln. Douglas' Vorstellung von Wissen und Klassifikationen ist somit in ein explizit dynamisches Modell eingebettet: Institutionen, deren Klassifikationssysteme und die betreffenden Individuen befinden sich in einem unendlichen Kreislauf »von Menschen, die Institutionen schaffen, zu Institutionen, die für Klassifikationen sorgen, zu Klassifikationen, die Handeln anleiten, zu Handlungen, die nach Benennung verlangen, zu Menschen und anderen Lebewesen schließlich, die positiv oder negativ auf die Benennung reagieren.« (Douglas 1991 (1986): 167) Menschen, Institutionen und Klassifikationen interagieren und verändern sich wechselseitig. Douglas geht noch einen Schritt weiter: Klassifikationen »schaffen zum Teil sogar erst die Realität, auf die sie sich beziehen.« (ebd.: 164) Mit der Hervorbringung von Klassifikationen, so Douglas, findet immer auch eine Rückkoppelung statt. Douglas entwickelt diesen Gedanken in enger Auseinandersetzung mit den Arbeiten des Philosophen Ian Hacking, um den es im Folgenden gehen wird.

---

2 So erhält die Grande Dame der Sozialanthropologie 1994 eine für Anthropologen bis dahin eher ungewöhnliche Auszeichnung. Die »Society for Social Studies of Science« (*die* US-amerikanische Institution der STS; www.4s.org) verleiht Mary Douglas den Bernal Preis für ihren »herausragenden Beitrag zum Feld der Science and Technology Studies«.

IAN HACKING: »MAKING UP PEOPLE« UND DER »LOOPING EFFECT«

Ian Hacking ist ein kanadischer Philosoph und Wissenschaftstheoretiker, der seine Arbeiten selbst zwischen einer Foucault'schen Wissensarchäologie und der Mikrosoziologie Erving Goffmans positioniert.[3] Hacking beschreibt Klassifizierungsprozesse als »Making Up People« (auf Deutsch: Menschen durch Etikettierung machen) und untersucht die Konsequenzen dieses Klassifizierens als so genannten »Looping Effect« (Rückkoppelungseffekt). In Hackings Untersuchungen geht es in erster Linie um bürokratische und wissenschaftliche Klassifikationssysteme. »Making Up People« verweist darauf, wie neue wissenschaftliche Klassifikationen – wie z. B. die medizinische Klassifikation »Multiple Persönlichkeit« – neue Konzeptionen und *ebenso* neue Erfahrungen des Mensch-Seins hervorbringt, die vorher nicht existiert haben. Hacking formuliert prägnant, dass hierdurch neue »Arten von Menschen« entstünden. Interessant ist nun, dass Hacking mit der Bezeichnung »Looping Effect« die Veränderung betont, die durch die Interaktion zwischen einer (wissenschaftlichen) Klassifikation und den klassifizierten Menschen auf beiden Seiten entstehen. Nicht nur das Mensch-Sein, sondern auch die Klassifikation verändern sich durch die Interaktion.

Wie bereits angedeutet, ist Ian Hackings Wissenschaftsphilosophie stark beeinflusst von den Arbeiten Michel Foucaults, den man ebenfalls als »Klassifikationsforscher« bezeichnen kann. Ohne an dieser Stelle auf Foucault eingehen zu können, sei hier erwähnt, dass im Verständnis von Foucault und Hacking in Klassifikationssysteme immer Machtverhältnisse eingeschrieben sind und Klassifizierungsprozesse meist mit Kontrolle verknüpft sind. Ähnlich wie Foucault arbeitet Hacking diskursanalytisch und rekonstruiert in seiner Analyse historische Entwicklungsstränge wissenschaftlichen Wissens und Genealogien von Klassifikationen. Hacking geht in seinen Arbeiten der Frage nach, wie zu einer spezifischen historischen Zeit neue Wissensobjekte konstituiert werden: »how theses various concepts, practices, and corresponding institutions, which we can treat as objects of knowledge, at the same time disclose new possibilities for human

---

3 Seine ausführliche Selbstverortung, auch als Einführung in sein wissenschaftliches Denken, ist nachzulesen in Hacking 2004.

choice and action«. (Hacking 2002: 4) Seine Arbeiten verweisen also in zwei Richtungen: Zum einen geht es ihm um die Frage, wie in den Wissenschaften neue Phänomene geschaffen werden (*Creation of Phenomena*) und neue Klassifikationen entstehen.[4] Zum anderen geht es ihm um die Konsequenzen, die wissenschaftliche Klassifikationen haben, und wie sie neue Arten von Menschen hervorbringen (*Making Up People*).

In seiner 1995 veröffentlichten Studie »Rewriting the Soul. Multiple Personality and the Sciences of Memory« beschreibt Hacking beides: Wie das psychiatrische Phänomen »Multiple Persönlichkeit« in einer bestimmten historischen Situation wissenschaftlich hergestellt wurde, aber auch wie diese Klassifikation neue Handlungsmöglichkeiten und andere Formen des Mensch-Seins hervorbrachte. (Hacking 1995) Zwei historische Zeiträume sind für Hacking entscheidend für die wissenschaftliche ›Herstellung‹ von Multipler Persönlichkeit: Während die Jahre 1874–1886 in Frankreich den Boden für die wissenschaftliche Formierung des Krankheitsbildes bereiteten, führte die ›Wiederentdeckung‹ der Krankheit in den 1970er Jahren in den USA innerhalb weniger Jahre zu einer Epidemie von Multiplen Persönlichkeiten. Anhand dieser Wandlungsfähigkeit der Klassifikation Multiple Persönlichkeit, deren Entstehen, Verschwinden und Wiederauftauchen zu bestimmten historischen Situationen in begrenzten lokalen Kontexten, arbeitet Hacking heraus, wie einerseits wissenschaftsinterne Faktoren, die Verbreitung neuer diagnostischer Methoden oder theoretischer Ansätze, neue Klassifikationen schaffen, aber auch, wie spezifische gesellschaftliche Konstellationen und Vorstellungen von ›gültigem‹ Wissen an deren Produktion beteiligt sind.

Wie ein Archäologe gräbt Hacking in den überlieferten Fallbeschreibungen und Fachartikeln der Jahre 1874–1886 die zugrunde liegende Konfiguration von Wissen heraus, die Multiple Persönlichkeit als Wissensobjekt möglich machten: Die zweite Hälfte des 19. Jahrhunderts in Frankreich beschreibt er als entscheidende Umbruchphase für Psychologie und Psychiatrie, in der sich die von ihm als »sciences of memory« bezeichneten neuen wissenschaftlichen Bereiche zu formieren begannen. Mit »sciences of memory« bezeichnet Hacking Ansätze in Neurologie, Experimenteller Psychologie und Psychodynamik, die Erinnerung als beobachtbare psychologische Prozesse und Kräfte erforschen und damit zu einer Verwissenschaftlichung

---

4 Siehe beispielsweise Hacking 1983.

der Seele beitragen. Es sind die in diese spezifischen Wissenskonfigurationen eingeschriebenen Konzepte von Seele und Psyche, von Gedächtnis und Persönlichkeit, die das Krankheitsbild Multiple Persönlichkeit überhaupt denkbar und damit diagnostizierbar und behandelbar, aber auch erlebbar und erfahrbar machten. Während er einerseits die wissenschaftlichen Diskurse und klinischen Praxen sowie die institutionellen als auch kulturellen Kontexte beschreibt, zeigt er ebenso deutlich, wie sich die betroffenen Menschen an die wissenschaftlichen Diskurse und Klassifikationspraxen jener Zeit anpassen. Als die Klassifikation der Multiplen Persönlichkeit aufgrund veränderter wissenschaftlicher Konstellationen (Hacking nennt u. a. die zunehmende Dominanz psychoanalytischer Konzepte) nicht mehr dem Geist der Zeit entsprach, verschwand das Krankheitsbild für einige Jahrzehnte nicht nur aus den wissenschaftlichen Diskursen und klinischen Praxen der Medizin, sondern auch als »a way of being«.

Anfang der 70er Jahre begann in den USA eine zweite Konjunktur der Klassifikation von Patienten als Multiple Persönlichkeit. Bis dahin hatte es zwar immer wieder einige wenige Fälle sogenannten dissoziativen Verhaltens gegeben, die aber meist unter anderen Krankheitsbildern, vor allem Schizophrenie, subsumiert wurden. Nachdem die Diagnose der Multiplen Persönlichkeitsstörung 1972 das erste Mal (wieder) benannt wurde, stieg die Anzahl von Patienten mit den entsprechenden Symptomen in den 70er Jahren rapide an. 1980 wurde Multiple Persönlichkeitsstörung als Diagnosekategorie im »Diagnostic and Statistical Manual of Mental Disorders« offiziell anerkannt; 1982 sprach man zum ersten Mal von einer Epidemie. Als Ursache für die Störung vermutete man sexuellen Missbrauch in der frühen Kindheit, der verdrängt worden war und zu einer »Spaltung« der Persönlichkeit führte. Immer mehr Menschen erinnerten sich in Therapien plötzlich ihres verdrängten, sexuellen Missbrauchs. Wie Hacking feststellt: Eine Multiple Persönlichkeit zu sein »became a way of being a person.«

Dass die Klassifikation Multiple Persönlichkeit in den 1970er Jahren in den USA denkbar, diagnostizierbar und erfahrbar wurde, hatte wie Hacking zeigt, wiederum sowohl wissenschaftsinterne als auch gesellschaftlich kulturelle Gründe. Multiple Persönlichkeit »passte« zu den Hypothesen der Entwicklungspsychologie und zu neuen Theorien über biochemische Veränderungen im Rahmen traumatischer Erfahrung (vgl. Young 1995). Hacking arbeitet heraus, wie durch spezifische Messinstrumente und Validierungsmethoden neue Fakten produziert wurden und die Klassifikation Multiple Persönlichkeit wissenschaftlich objektiviert wurde. Die Herstellung Multipler Persönlichkeit als wissenschaftliches Objekt war zudem erst möglich aufgrund gesellschaftlich veränderter Vorstellungen von Kindheit und Sexualität. Vorangetrieben wurde die epidemische Verbreitung dieser Diagnoseklassifikation aus Hackings Sicht vor allem durch die massive Medialisierung, Popularisierung und vor allem auch Politisierung von Multipler Persönlichkeit.

Auch wenn es, wie Hacking immer wieder betont, keine universelle Theorie des Making Up People geben könne, arbeitet er am Beispiel der Multiplen Persönlichkeit generalisierbare Elemente heraus, die einen analytischen Rahmen auch für andere Klassifikationsdynamiken anbieten:

»We have (a) a *classification*, multiple personality, associated with what at the time was called a ›disorder‹, Multiple Personality Disorder. This is the *kind* of person that is a moving target. We have (b) the *people*, those people I call unhappy, unable to cope, or whatever relatively non-judgmental term you might prefer. We have (c) *institutions*, which include clinics, annual meetings of the International Society for the Study of Multiple Personality and Dissociation. Afternoon talk shows on American Television [...]. Weekend training programs for therapists [...]. There is the (d) *knowledge*, by which I do not mean justified true belief [...]. [Rather] the presumptions that are taught, disseminated, refined, within the context of the institutions. [...] For example that multiple personality is caused by early sexual abuse [...] and the like.« (Hacking 2006: 3f.)

Auch wenn es in Psychiatrie wie Wissenschaft heftige Kontroversen über die ›Echtheit‹ der Diagnose Multiple Persönlichkeitsstörung bzw. Dissoziativen Persönlichkeitsstörung, wie die Diagnose heute genannt wird, gab und gibt, wird die Diagnoseklassifikation in klinisch-psychiatrischen Praxen bis heute verwendet. Hierzu ein Beispiel aus meiner eigenen Feldforschung in der Psychiatrie:

Es ist mein zweiter Feldforschungstag auf einer psychiatrischen Station eines Bezirkskrankenhauses, ich sitze zusammen mit dem Stationsarzt, einer Patientin und der Oberärztin in einem der Behandlungszimmer. Der Stationsarzt hatte die Oberärztin zum Gespräch dazu gebeten, weil er sich mit der Diagnose bei der Patientin nicht ganz sicher ist. Die Oberärztin bittet die Frau ihr zu erzählen, aufgrund welcher Probleme sie in der Psychiatrie sei. Frau M. fängt leise und stockend an zu erzählen:

Zuerst berichtet sie von quälenden Stimmen, die sie ständig begleiten; dann beschreibt sie, dass sie manchmal mit der U-Bahn irgendwo hinfahren will und dann plötzlich wie aus einer Trance auftaucht und gar nicht weiß, wo sie ist und wie sie dorthin gekommen ist. Manchmal findet sie in ihrer Wohnung Zettel, die sie geschrieben haben muss, oder Dinge, die sie eingekauft haben muss, und kann sich gar nicht mehr daran erinnern. Die Oberärztin hakt zwischendurch nach: Was das denn für Dinge seien? Und wie wäre die Handschrift auf den Zetteln, erkenne sie die als ihre Handschrift wieder? Ohne dass ich vorher mit dem Stationsarzt über die mögliche Diagnose gesprochen hatte, wird mir sehr schnell klar, worauf die Erzählungen der Patientin und die Nachfragen der Oberärztin hinauslaufen: Multiple Persönlichkeit. Ich bin irritiert, weil ich davon ausging, dass man dieses Krankheitsbild mittlerweile stark anzweifelt und diese Diagnose nicht mehr verwendet wird. Nach dem Gespräch habe ich Gelegenheit, den Arzt nach der Diagnose Multiple Persönlichkeit zu fragen. Das nenne man nicht mehr Multiple Persönlichkeit, erklärt er mir, sondern Dissoziative Störung. Und doch, das gäbe es. Er hätte das schon mehrmals sehr eindrucksvoll erlebt, wie Patienten mit einer dissoziativen Persönlichkeitsstörung im Verlauf eines Gesprächs plötzlich »switchen«. Das wäre wirklich unheimlich, so etwas zu beobachten. Bei der Patientin von eben wäre er sich aber nicht so sicher, sie würde zu offensichtlich die richtigen Erzählungen anbieten. Einmal hätte sie in einem Gespräch mit ihm auch so einen plötzlichen Wechsel im Verhalten und auch in der Stimmlage gezeigt, aber er hatte da eher den Eindruck sie würde ihm etwas vorspielen. Deshalb hatte er letztendlich auch die Oberärztin dazu gebeten, die sei auf diesem Gebiet sehr versiert.

Ein Jahr später, bei meinem zweiten Feldforschungsaufenthalt auf derselben psychiatrischen Station, begegnet mir die Patientin Frau M. zufällig wieder; wieder sitze ich im Arztgespräch dabei. Dieses Mal sind die Erzählungen jedoch irgendwie anders. Sie erzählt von Ängsten, die sie hat und wie alleine sie sich oft fühlt. Ich frage den Assistenzarzt später nach dieser Veränderung. Ja, die Patientin hätte das Team letztes Jahr mit diesen Erzählungen ganz schön beschäftigt, fast hätten sie ihr die Multiple Persönlichkeit abgenommen. Nach einigem Hin und Her hat sie dann die Diagnose Abhängige Persönlichkeitsstörung bekommen. Das Verhalten der Patientin wäre durchaus typisch für diese Patienten. Sie seien nicht in der Lage, direkt um Hilfe zu bitten, sondern versuchten, über solche dramatischen Geschichten Aufmerksamkeit zu bekommen.

Diese Episode aus meiner Feldforschung lässt sich mit dem analytischen Instrumentarium, das Hacking entwickelt, besser einordnen: Wir haben die

Klassifikation Multiple Persönlichkeitsstörung bzw. Dissoziative Störung. Wir haben den *Menschen*, der wie Hacking es beschreibt: »»unhappy, unable to cope« ist. Wir haben die *Institution* Klinik, in der diese Klassifikation relevant ist, die sie zuschreibt oder auch aberkennt; und wir haben das *Wissen*, über das nicht nur die Psychiater als *Experten* verfügen, sondern auch die Patientin. Im Übergang zur Diagnose »Abhängige Persönlichkeitsstörung« entstehen neue Loopingeffekte, andere Erzählungen, eine ›neue‹ Patientin. Zusammengefasst: Etwas zu kategorisieren, zu benennen, zu klassifizieren führt also dazu, dass sich die so Klassifizierten der Klassifikation entsprechend verhalten.

Wie in diesem empirischen Beispiel sowie auch in den Fachdebatten über die ›Echtheit‹ der Diagnose Multiple Persönlichkeit offenkundig wird, reflektieren die Experten und Expertinnen in der Psychiatrie diese mögliche Rückkoppelung der Benennungspraxen auf die Selbst-Wahrnehmung der Patienten durchaus. Im psychiatrisch-psychologischen Fachjargon wird in diesem Zusammenhang in der Regel von potentiellen Labeling-Effekten[5] gesprochen: Jemanden als psychisch krank zu ›labeln‹, führe zu einer veränderte Selbstwahrnehmung des so Klassifizierten. Im Unterschied zu Hackings Konzept beschränkt sich der Ansatz allerdings tatsächlich auf den individuellen Akt der Zuschreibung, die Diagnose, und reflektiert weniger die Einbettung der Klassifikationen von »kinds of people« in weitergehende Diskurse und Wissenssysteme.

Seinen Ansatz bezeichnet Hacking als *dynamic nominalism*: »the claim of dynamic nominalism is not that there was a kind of person who came increasingly to be recognized by bureaucrats or by students of human nature but rather that a kind of person came into being at the same time as the kind itself was being invented.« (Hacking 1999 (1986): 165) Sein Ansatz des dynamischen Nominalismus solle keinesfalls mit sozialkonstruktivistischen Ansätzen verwechselt werden, betont Hacking. Ihm ginge es nicht darum zu fragen: »Is it real?« Oder nachzuweisen, etwas sei »nur konstruiert«. Sein Interesse liegt auf den Effekten wissenschaftlicher Zuschreibungen

---

5 Der so genannte Labeling Approach wurde ursprünglich in der Devianz-Soziologie entwickelt: Deviant, so eine klassische Formulierung, sei derjenige, auf den das Label »deviant« erfolgreich übertragen wurde (vgl. Becker 1973). In psychiatrisch-psychologischen Fachdiskursen steht dieser Ansatz in einem engen Zusammenhang mit Debatten über die stigmatisierende Wirkung psychiatrischer Diagnosen.

und den Prozessen, in denen sie für die Betroffenen Realität annehmen und ihre Erfahrungsweisen wie Selbstsichten prägen und letztendlich wiederum die Klassifikation verändern. Während Mary Douglas die epistemologische Frage nach Klassifikationen, verstanden als alltägliche Wissensformen sozialer Gruppen, zum Ausgangpunkt ihrer Untersuchungen gemacht hat, stehen für Hacking vielmehr ontologische Fragen im Vordergrund: die Frage nach dem »coming into being«, einer neuen Konstitution von (In der Welt) Sein.

Auch wenn Hacking in erster Linie diskursanalytisch und nicht empirisch-ethnografisch arbeitet, ist es gerade diese Frage nach den im Alltag von Menschen relevanten Effekten, nach dem spezifischen »way of being a person«, die seine Perspektive produktiv für ethnografische Arbeiten macht, die sowohl wissenschaftliche Wissensproduktion wie auch alltägliche Praxis untersuchen und in ihren Konsequenzen für Wissenspraxen von Menschen beschreiben.

GEOFFREY BOWKER UND SUSAN LEIGH STAR: INFRASTRUKTUREN UND MONSTER

In ihrer »Klassifikationsstudie« »Sorting Things Out. Classification and its Consequences« untersuchen Geoffrey Bowker und Susan Leigh Star eine Bandbreite von Klassifikationssystemen: das internationale medizinische Diagnoseklassifikationssystem ICD, die Klassifikation von Pflegepraxen in US-amerikanischen Krankenhäusern, Rasseklassifikationen während der Apartheid in Südafrika, sowie die historisch sehr unterschiedlichen Klassifizierungen von Viren und Tuberkulosekranken. Sie interessiert, wie Klassifikationen produziert werden, wie sie sich verbreiten und welche Konsequenzen Klassifikationen haben. Ihr Blick liegt im Vergleich zu Douglas und Hacking stärker auf der tatsächlichen, alltäglichen Arbeit, die in die Herstellung und Aufrechterhaltung von Klassifikationssystemen investiert wird.

Dabei betonen Bowker und Star, dass Klassifikationssysteme immer Teil eines komplexen Gefüges sozialer, symbolischer, technologischer, moralischer, historischer und organisatorischer Komponenten sind. Ihr besonderes Interesse gilt den Klassifikationssystemen, die in Arbeitsroutinen und Organisationsstrukturen eingebettet sind und auf komplexen technologischen Entwicklungen basieren. Neue Infrastrukturen entstehen, so Bowker und Star, wenn »systems of classifications form a juncture of social organization, moral order, and layers of technical integration.« (Bowker/Star 2000: 33) Infrastrukturen sind Routineabläufe und Technologien, die historisch eingebettet sind und auf sozialen Aushandlungsprozessen einer Vielzahl von *communities of practice* basieren, also verschiedenen Akteuren, die durch die Partizipation in einem bestimmten Handlungskontext und geteiltes (praktisches) Wissen miteinander verbunden sind. Entsprechend der Komplexität der zu untersuchenden Gefüge, sind auch die Materialien, die Bowker und Star für ihre Analysen heranziehen, äußerst vielfältig: belletristische Literatur und Film ebenso wie Interviews und Forschungsliteratur, historische Quellen oder Statistiken.

Ein klassisches Beispiel für eine solche komplexe Infrastruktur stellt die ICD (*International Statistical Classification of Diseases and Related Health Problems*) dar, auf die Bowker und Star in ihrem Buch ausführlich eingehen.[6] Sie untersuchen den historischen Hintergrund der Entwicklung der ICD als Informationsinfrastruktur, und beschreiben, wie sich durch die Implementierung elektronischer Informationsinfrastrukturen medizinische Arbeitspraxen und entsprechende »worlds of knowledge« grundlegend verändert haben.

Das ICD-System entwickelte sich im 19. Jahrhundert aus dem Internationalen Todesursachenverzeichnis und wurde innerhalb weniger Jahrzehnte zu einem weltweit von Staatsapparaten, Versicherungsanstalten und Krankenhäusern verwendeten Diagnoseklassifikationssystem. Als Grundlage für eine Vielzahl von Datenbanken und Gesundheitsstatistiken wird das Klassifikationssystem mittlerweile von Medizinstudenten weltweit im Rahmen ihrer Ausbildung gelernt und ist damit fest verankert in den alltäglichen professionellen Praxen von Akteuren im Gesundheitssystem und staatlicher Bürokratie. Zugleich wären die Entwicklung und Verbreitung des ICD-Systems ohne moderne Informationstechnologie nicht möglich gewesen, die wiederum Form und Struktur des Klassifikationssystems maßgeblich beeinflusst hat. Hier gehen Bowker und Star einen entscheidenden Schritt weiter als Douglas (und auch Hacking), wie sie selbst betonen: In ihrer Analyse von Infrastrukturen als Klassifikationssystemen ginge es nicht wie bei Douglas darum, diese als Projektionen des Sozialen auf das

---

6 Siehe Kapitel 2 und 3 in Bowker/Star 2000.

Natürliche zu verstehen. Bowker und Star sind der Überzeugung, dass sie anhand ihrer Untersuchungen zeigen können, dass Klassifikationssysteme aus einer Ko-Konstruktion von Natur und Gesellschaft hervorgehen. (Bowker/Star: 61) Klassifikationssysteme seien in diesem Sinne immer als Hybride zu verstehen: »classifications are *material*, as well as symbolic.« (ebd.: 39)

Klassifikationen haben für Bowker und Star nicht nur eine symbolische, soziale Bedeutung; sie sind ebenso materiell zu verstehen. In ihren Augen bedeutet die Untersuchung von Klassifikationssystemen, dass man einen analytischen Fokus auf die Beziehungen zwischen Menschen und Objekten legen kann: »We draw attention here to the places [...] where human and non-human are constructed to be operationally and analytically equivalent.« (Bowker/Star 1997: 196) Infrastrukturen und Klassifikationssysteme könnte man demnach als Ergebnis von Translationsprozessen im Sinne der Akteur-Netzwerk Theorie verstehen. (AKTEUR-NETZWERK THEORIE) Tatsächlich beziehen sich Bowker und Star explizit auf die ANT, verstehen ihre Arbeit aber auch als kritische Erweiterung. Ihrer Ansicht nach schenkt die ANT der konkreten Arbeit, die in die Herstellung von Akteur-Netzwerken eingeht, zu wenig Aufmerksamkeit. Im Gegensatz dazu ginge es ihnen vor allem »to explore the terrain of the politics of science in action.« (Bowker/Star 2000: 48) Die Untersuchung von Klassifikationssystemen, wie sie üblicherweise vorgenommen werden, offenbare außerdem einen weiteren blinden Fleck der ANT – der Fokus müsse auf Kokonstruktionsprozesse gelegt werden, die nicht von einem Akteur gemacht oder verändert werden, sondern von Kollektiven, von »*communities of practice*«. Und schließlich bleibe man blind gegenüber dem, was ausgeschlossen und unsichtbar gemacht wird, wenn man nur den »mächtigen« Akteuren in ihren Netzwerken folge. (STS UND POLITIK)

Bowker und Star machen einen – wie sie es nennen – »managerial bias« der ANT-orientierten Arbeiten für diese blinden Flecke der Analyse verantwortlich, eine einseitige Aufmerksamkeit für wissenschaftliche und technologische Erfolgsgeschichten. Susan Leigh Star kritisierte dies bereits in einem ihrer früheren Texte, der den Untertitel »On being allergic to onions« trägt. In dem Artikel beschreibt sie unter anderem wie sie aufgrund einer Allergie in einem Fastfood-Restaurant einen Hamburger ohne Zwiebeln bestellt – erfolglos. Sie nimmt dieses Scheitern an den Standards einer Fastfood-Kette als Ausgangspunkt, um über alternative analytische Modelle in der Untersuchung soziotechnischer Netzwerke und deren Stabilisierungsprozesse nachzudenken. Sie konstatiert, dass der Fokus auf die machtvollen Produzenten zum einen ausblende, dass für die Stabilisierung von Netzwerken sehr viel *unsichtbare Arbeit [invisible work]* von Nöten ist – eben nicht nur die Arbeit der Wissenschaftler, sondern auch die der Laborassistentinnen oder Sekretärinnen, wie Star mit Verweis auf Latours Laborstudien betont; zum anderen werden diejenigen, die nicht in die Standards der Infrastruktur passen, doppelt unsichtbar gemacht: durch die Klassifikationen der Infrastruktur, die sie zu Außenseitern macht oder disziplinierend einpasst; und zum zweiten Mal durch einen analytischen Bias (bspw. der ANT), der auf die sichtbaren Macher abzielt. Star fordert als Alternative, das Heterogene, das nicht-passförmige Monströse, den Cyborg als Ausgangspunkt für die Analyse von soziotechnischen Netzwerken zu nehmen.

Mit der Figur des Cyborg verweist Susan Leigh Star auf die feministische Wissenschaftstheoretikerin Donnay Haraway, die mit dem Cyborg das Sinnbild des Hybriden, der Maschine-Mensch-Kreatur, des sowohl Sozialen wie auch Materiellen wie auch Fiktiven, immer Partiellen skizzierte. In Stars Worten: »that which is between the categories, yet in relationship to them«. (Star 1991: 39)

Insgesamt sind Bowker und Star weniger an grundlegenden ontologischen Fragen interessiert, wie dies Hacking mit seinem Begriff des dynamischen Nominalismus ist, als an den konkreten politischen Implikationen und moralischen Konsequenzen, die Klassifikationen haben. Ihr Ziel ist es, die politische Dimension einer Akteur-Netzwerk Theorie stark zu machen und den analytischen Blick auf die Außenseiter, das ›Unreine‹, den Cyborg zu richten. Die Betonung der Konsequenzen, die Klassifizierungen für die klassifizierten Menschen haben, kündigt sich bereits im Untertitel ihres Buches an: »Classification and its Consequences«. Ähnlich wie Douglas betonen Bowker und Star dabei die moralische Dimension von Klassifikationsprozessen: »Each standard and each category valorizes some point of view and silences another. [...] For any individual, group or situation, classifications and standards give advantage or they give suffering.« (ebd.: 5ff.)

Gerade das, was unsichtbar gemacht und zum Schweigen gebracht wird, steht im Fokus der Arbeiten von Bowker und Star. Klassifizierungssysteme seien machtvolle Werkzeuge um Menschen, die nicht in dominante Kategorien der Privilegierten passen, zu disziplinieren und zu kontrollieren.

Dieses Einwirken auf Menschen durch Klassifikationen belegen sie mit dem Begriff »torque«, ein schwer übersetzbarer Begriff, der im eigentlichen Sinne die physikalische Größe der Drehkraft beschreibt. Menschen werden mit massivem Kraft- bzw. Machtaufwand in Kategorien hinein gepresst und in eine neue Form eingepasst. Ohne auf das konkrete Bild ausführlicher eingehen zu können, sei hier festgestellt, dass es gerade im Vergleich zu Hackings relativ neutralem Begriff des »Making Up People« um einen Akt massiven, gewaltsamen Einwirkens, des »Zurechtstutzens« von Menschen geht. Anschaulich wird dieses massive Einwirken auf Menschen durch Klassifikationen in einem der beiden Beispiele, die Bowker und Star wählen, um den Zusammenhang von Klassifikation und deren Auswirkungen auf Biografien zu verdeutlichen: eine »Torquing-Studie« der Rasseklassifikationen und Re-Klassifikationen während der Apartheid in Südafrika, die die Biografien von Menschen massiv verändert haben (Bowker/Star 1997: 195–225).

Zwischen 1950 und dem Ende des Apartheid-Regimes 40 Jahre später, herrschte in Südafrika ein äußerst rigides und vor allem allumfassendes Regime von Rasseklassifikationen. Die Bevölkerung war in vier Rasse-Gruppen eingeteilt – weiß/Europäisch, Bantu (schwarz), Asiatisch und Farbig (»mixed race«) – und entsprechend dieser Aufteilung wurden die Menschen in ihrem alltäglichen Leben segregiert. Anhand zahlreicher Einzelschicksale demonstrieren Bowker und Star, wie diese rassistische Segregation massiv in den Arbeitsalltag der Menschen, ihre Familienbeziehungen, Wohnmöglichkeiten und Bildungschancen eingriff bis hin zur Einschränkung ihrer Bewegungsmöglichkeiten im eigenen Land. Bowker und Star zeigen vor allem die konkreten Mechanismen und Techniken der Rasseklassifikation und beschreiben, wie im südafrikanischen Apartheits-Regime Rasseklassifikationen hergestellt, begründet und naturalisiert wurden. Entstanden ist über die Jahrzehnte ein Kafkaeskes Kontrollsystem, das vor allem deutlich wird, wenn man sich die Lebensläufe der Menschen ansieht, die nur schwer in die vier Hauptkategorien von Rassezugehörigkeit eingepasst werden konnten. Auf dem Papier gab es ausschließlich jene vier Kategorien – klassische aristotelische Klassifikationen, die nach eindeutigen Zuschreibungen verlangen. In dieser Logik ist ein Mensch entweder eindeutig weiß oder er ist eindeutig nicht weiß, etwas dazwischen gibt es nicht.

Bowker und Star interessiert aber gerade dieses Grenzgebiet der Nicht-Eindeutigkeiten, der nicht passförmigen Menschen, die brutal in eine der vier Kategorien gepresst wurden, mit oftmals tragischen Konsequenzen für ihre weiteren Biografien. Obgleich die Kategorien offiziell »wissenschaftlich begründet« und »objektiv nachweisbar« waren, mussten sich die zuständigen südafrikanischen Behörden einiges einfallen lassen, um eine Eindeutigkeit der Zuschreibung zu produzieren. Dabei schockieren nicht nur die von Bowker und Star zusammengetragenen absurden »Messtechniken«, sondern vor allem die Willkürlichkeit mit der über das Leben von Menschen entschieden wurde. Tatsächlich war es gerade die Gleichzeitigkeit von idealtypischen, aristotelischen Klassifikationen und so genannten prototypischen Klassifikationen, die dieses machtvolle rassistische System stabilisierte. So konnte es beispielsweise passieren, dass Kinder, deren Eltern beide als ›weiß‹ klassifiziert wurden und die nach der aristotelischen Klassifikationslogik ebenfalls als ›weiß‹ eingestuft werden sollten, aber aufgrund dunklerer Haut, krausem Haar oder einer spezifisch geformten Nase, also aufgrund prototypischer Kriterien, als Angehörige der ›schwarzen‹ Rasse deklariert wurden – mit massiven Konsequenzen. Es war gerade die Tatsache, dass der bürokratische (Re-) Klassifizierungsprozess inkonsistent ablief, die den Machthabenden Akteuren umso mehr Privilegien und Möglichkeiten der Unterdrückung und des Ausschlusses gab – und all dies im Namen wissenschaftlicher, objektiver Klassifikationen.

Auch wenn das letzte Beispiel vor allem die dramatischen negativen Konsequenzen für die Klassifizierten verdeutlicht, behaupten Bowker und Star nicht grundsätzlich, dass Klassifikationen an sich etwas Schlechtes seien, aber eine Klassifizierung wäre immer eine moralische Entscheidung, der man nicht entgehen kann. Im Moment des Klassifizierens liegt ihres Erachtens nach aber auch ein potentieller Widerstand, weil »any given classification provides surfaces of resistances, blocks against certain agendas, and smooth roads for others« (ebd.: 324). Anhand ihrer unterschiedlichen Beispiele betonen Bowker und Star mit »Sorting Things Out« auch die Wandlungsfähigkeit und vor allem die Handlungsfähigkeit der einzelnen Akteure und Akteurinnen. Klassifikationssysteme sind daher immer auch vieldeutig, verhandelbar und lokalen Anpassungen ausgesetzt. »There is a permanent tension between the formal and the empirical, the local and the situated, and attemps to represent information across localities.« (ebd.: 291) Ziel empirischer Untersuchungen sei es, Klassifizierungsprozesse transparent zu machen und dieses Spannungsverhältnis, das jedem Klassifikationssystem innewohnt, zu beschreiben.

FAZIT

Mit Klassifikationssystemen und den daraus resultierenden Konsequenzen beschäftigen sich zahlreiche Arbeiten in der Sozial- und Kulturanthropologie sowie der *Science and Technology Studies*. Im vorliegenden Kapitel wurden drei Ansätze vorgestellt und in ihrer Relevanz für europäisch-ethnologische Forschung im Feld der *Science and Technology Studies* diskutiert. Die Arbeiten der britischen Sozialanthropologin Mary Douglas betonen die grundlegend soziale Basis von Klassifizierungen und deren Funktion zur Aufrechterhaltung sozialer Ordnung. Douglas problematisiert, wie Klassifikationen durch ihre scheinbare »Naturgegebenheit« spezifische Formen des Ein- und Ausschlusses erzeugen und zugleich als natürlich erscheinen lassen; sie müssen deshalb immer auch in Bezug auf ihre Konsequenzen analysiert werden. Durch die von Douglas eingeforderte prinzipielle Vergleichbarkeit klassischer ethnologischer Felder wie »primitive« Verwandtschaftssysteme oder Kosmologien und modernen wissenschaftlichen Klassifikationssystemen ermöglichte sie entscheidende Anknüpfungspunkte zwischen ethnologischen Arbeiten und Ansätzen der *Science and Technology Studies*. Der Wissenschaftsphilosoph Ian Hacking bietet mit seinem Konzept des *Making Up People* ein analytisches Modell, den *dynamischen Nominalismus*, um die Wirkungen von wissenschaftlichen Klassifikationen auf Menschen und vice versa zu analysieren. Hackings Frage danach, wie Menschen durch wissenschaftliche Zuschreibungen *gemacht werden* und dabei neue Handlungsmöglichkeiten und Selbstverständnisse entstehen, bietet produktive Anhaltspunkte, um im Rahmen ethnografischer Forschung veränderte alltägliche Praxismuster und Selbstzuschreibungen herauszuarbeiten.[7] Hackings historische Analyse der Herstellung wissenschaftlicher Wissensobjekte und seine Skizzierung der Genealogien spezifischer Wissensbestände und -konfigurationen bietet zudem zahlreiche Anknüpfungspunkte für eine ethnografische Untersuchung gegenwärtiger technowissenschaftlicher Wissensproduktionen.

Ebenfalls interessiert an den Genealogien von Klassifikationssystemen, aber vor allem an den konkreten Arbeitspraxen des Klassifizierens

---

7 Beck (2011) beispielsweise schlägt einen, auf Hacking rekurrierenden, »erweiterten Loopingeffect« vor, der stärker als Hacking die gesellschaftliche Dimension der implizierten Prozesse thematisiert.

sind Geoffrey Bowker und Susan Leigh Star. Ähnlich wie Hacking analysieren sie sowohl die Produktion von Klassifikationssystemen, als auch die Konsequenzen für die Klassifizierten. Sie ergänzen die beiden ersten Ansätze durch ihr spezifisches Interesse an modernen Informationstechnologien als Teil von Infrastrukturen und Arbeitsroutinen. Bowker und Stars' Fokus auf die Materialität von Klassifikationssystemen knüpft dabei an Konzepte der Akteur-Netzwerk Theorie an, problematisiert jedoch deren relative Indifferenz gegenüber der politischen Dimension wissenschaftlichen Arbeitens.

In der Untersuchung von Klassifikationssystemen ist den drei Ansätzen vor allem ihr genuines Interesse an der Alltäglichkeit und den moralischen Konsequenzen gemein. Klassifikationen, gerade auch wissenschaftliche Klassifikationen, sind überall, wenn auch meist unsichtbar; sie ermöglichen oder beschränken unser Tun, unser Wünschen, unser Mensch-Sein in vielfältiger Weise. Sichtbar werden sie oftmals erst, wenn Menschen nicht einfach in Klassifikationskategorien passen (und das tun sie selten). Es sind die massiven Konsequenzen von Klassifizierungen, wie sie in diesem Kapitel beschrieben wurden, die der Untersuchung von Klassifikationssystemen vor allem auch eine politische Dimension verleihen. In diesem Sinne: »The only good classification is a living classification.« (Bowker/Star 2000: 326)

LITERATUR

Beck, Stefan (2011): »Epistemische Dreiecksbeziehungen: Überlegungen zur Ko-Konstruktion von Krankheit, Individuum und Gesellschaft. « In: Sascha Dickel, Martina Franzen, Christoph Kehl (Hg.): Herausforderung Biomedizin. Gesellschaftliche Deutung und soziale Praxis. Bielefeld: transcript, S. 157–182.

Becker, Howard (1973): Außenseiter. Zur Soziologie abweichenden Verhaltens, Frankfurt am Main: Fischer.

Bloor, David (1982): »Durkheim and Mauss Revisited: Classifications and the Sociology of Knowledge«. Stud. Hist. Phil. Sc. 13(4), S. 267–297.

Bowker, Geoffrey/Star, Susan Leigh (1997): »How Things (Actor-Net)Work: Classification, Magic and the Ubiquity of Standards«. Philosophia 25 (Special Issue »Thinking in the World – Humans, Things, Nature«), S. 195–220.

Bowker, Geoffrey/Star, Susan Leigh (2000): Sorting Things Out, London: MIT Press.

Crick, Malcolm R. (1982): »Anthropology of Knowledge«. Annual Review of Anthropology 11, S. 287–313.

Douglas, Mary (1966): Purity and Danger: an Analysis of Concepts of Pollution and Taboo, London: Routledge.

Douglas, Mary (1975): Implicit Meanings. Essays in Anthropology, London: Routledge.

Douglas, Mary (1991 (1986)): Wie Institutionen denken, Frankfurt/M.: Suhrkamp.

Douglas, Mary (1996): Thought Styles: Critical Essays on Good Taste, London: Sage.

Douglas, Mary/Hull, David (1992): How Classification Works, Edinburgh: University Press.

Downey, Gary Lee/Dumit, Joseph (1997): Cyborgs & Citadels: anthropological interventions in emerging sciences and technologies, School of American Research and Advanced Seminar Series: SAR Press.

Durkheim, Émile/Mauss, Marcel (1967 (1903)): Primitive Classification, Chicago: University of Chicago Press.

Hacking, Ian (1995): Rewriting the Soul. Multiple Personality and the Sciences of Memory, Princeton: Princeton University Press.

Hacking, Ian (1999): Was heißt »soziale Konstruktion«? Zur Konjunktur einer Kampfvokabel in den Wissenschaften, Frankfurt am Main: Fischer Taschenbuchverlag.

Hacking, Ian (2002): Historical Ontology, Cambridge/ London: Harvard University Press.

Hacking, Ian (2004): »Between Michel Foucault and Erving Goffman: between Discourse in the abstract and face-to-face Interaction«. Economy and Society 33(3), S. 277–302.

Star, Susan Leigh (1991): »Power, Technology, and the Phenomenology of Conventions: on Being Allergic to Onion«. In: John Law (Hg.), A Sociology of Monsters - Essays on Power, Technology, and Dominations, London: Routledge.

Young, Allan (1995): The Harmony of Illusions: Inventing Post-Traumatic Stress Disorder, Princeton: Princeton University Press.

Transnationale Infrastrukturen des Humanen

Technologien als Mittel gesellschaftlicher Autopoiesis

STEFAN BECK

In dem folgenden Kapitel wird gefragt, wie sich aus der Perspektive der Science and Technology Studies die Nutzung der Biomedizin untersuchen lässt. Hierfür werden drei Konzepte vorgestellt: der Begriff des Dispositivs von Michel Foucault, der Begriff der Plattform, wie er von Peter Keating und Alberto Cambrosio eingeführt wurde, und schließlich das Konzept der Infrastruktur, das von Susan Leigh Star und Karen Ruhleder vorgeschlagen wurde. Alle drei Konzepte machen deutlich, dass Technik und Technologie stets als eingebettet in einem Netzwerk zu untersuchen ist, das unterschiedliche Wirklichkeitsbereiche miteinander verbindet: etwa ökonomische Kalküle, moralische Motive, wissenschaftliche Überzeugungen und Machtbeziehungen. Die drei Begriffe verdeutlichen zudem, dass für die Nutzer die Biomedizin und die komplexen Netzwerke aus Wissen, Dingen, Institutionen und Akteuren zum Zeitpunkt ihrer Nutzung nur teilweise sichtbar sind. Hierfür wird der Begriff der »Transparenz« eingeführt: er verweist auf die unproblematische »Gegebenheit«, das Nicht-Problematisch-Werden von Technologien im Rahmen normaler Nutzung. Der Begriff der Transparenz ermöglicht aber auch, besser zu verstehen, wann Technik und Technologie problematisch werden. Dieser Zusammenhang wird am Beispiel einer empirischen Untersuchung eines zypriotischen Programms zur Behandlung von Leukämie-Patienten erläutert.

Weiterführende Literatur

Hayden, Cori (2003): When Nature Goes Public. The Making and Unmaking of Bioprospecting in Mexico. Princeton: Princeton University Press.
Auf Grundlage einer umfangreichen Ethnographie in Mexiko und den USA untersucht Hayden »Bioprospecting« – die Suche von Wissenschaftlern der »Ersten Welt« nach neuen pharmakologisch wirksamen Substanzen in der »Dritten Welt« – als eine komplexe, fragile und moralisch hoch umstrittene Praxis, die wissenschaftliches Wissen und »indigenes Wissen«, unterschiedliche Interessen, moralische Ökonomien und Politiken (mit großen wie kleinem P) in einer neuen globalen Form verbindet. Die Studie greift verschiedene Ansätze der STS auf und entwickelt sie für eine Analyse globaler Machtbeziehungen und »lokaler« Effekte weiter.

Sanal, Aslihan (2011): New Organs Within Us. Transplants and the Moral Economy. Durham, London: Duke University Press.
Die Transplantationsmedizin wird von Sanal auf der Grundlage intensiver ethnographischer Forschung vor allem in der Türkei als global verfügbare, soziale Form interpretiert, die neue Relationen stiftet – zwischen Wissenschaftlern, Medizinern und Patienten, zwischen Wissenschaft und Ökonomie, zwischen Patienten und Organspendern, zwischen (trans-)nationalen Regulationen und »eingeborenen« Moralitäten. Die Studie greift einige STS-Ansätze auf, gewinnt ihre Stärke aber vor allem durch die Perspektive der kritischen Medizinanthropologie – sie kann als Beispiel für das neue Schnittfeld zwischen STS und Medical Anthropology herangezogen werden.

Fullwiley, Duana (2011): The Encultured Gene. Sickle Cell Politics and Biological Difference in West Africa. Princeton University Press.
Die Studie analysiert auf Basis einer Ethnographie in Westafrika, Frankreich und den USA wie medizinische Konzepte und Praktiken auf der einen und »volkstümliche«, »laienhafte« Konzepte der Sichelzell-Anämie auf der anderen Seite neue Assoziationen zwischen Patienten, zwischen Wissenschaft und Alltag sowie zwischen Gesundheitspolitik und Ökonomie herausbilden. Im Zentrum stehen Fragen, wie Wissen verkörpert wird, welche Subjektivitäten sich durch die Annahme verschiedenen Wissens ergeben und wie diese neuen sozialen Formen in Globalisierungsprozesse eingebettet sind.

EINLEITUNG

Was ist die Aufgabe der Europäischen Ethnologie und der Sozial- und Kulturanthropologie im Feld der Wissenschafts- und Technikforschung? Zieht man die umfassende Fach-Definition der »American Anthropological Association« heran, dann ergibt sich nicht gerade ein bescheidenes Frageprogramm: »Anthropology is the study of humans, past and present. To understand the full sweep and complexity of cultures across all of human history, anthropology draws and builds upon knowledge from the social and biological sciences as well as the humanities and physical sciences.« Obwohl nicht ausdrücklich erwähnt, ist offensichtlich, dass die Menschheit in all ihrer Diversität und historischen Entwicklung ohne Wissen darum, wie sie zu unterschiedlichen Zeiten und an unterschiedlichen Orten Wissenschaft und Technik nutzt(e), nicht recht verstanden werden kann: Denn indem Menschen Wissen und Technik nicht nur produzieren, sondern in Gesellschaften auch systematisch auf sich selbst anwenden, entsteht erst das Erkenntnisobjekt der Anthropologie. Damit sind zwei Zusammenhänge impliziert: Erstens darf Technik nicht auf sichtbare und vergegenständlichte »Dinge« eingegrenzt werden, mit denen sich ein überschaubarer, transparenter und in seinen Folgen überschaubarer Umgang pflegen ließe. Eine zu einfache, überwiegend materialistisch ausgerichtete Epistemologie gegen-über komplexen technologischen Artefakten verfehlt ihre analytischen Aufgaben. Zweitens ist es offensichtlich, dass Technik keine »sozialen Folgen« in einem einfachen Sinne hat: Wissenschaft und Technik müssen als Teil gesellschaftlicher Selbsteinwirkung und als Motor sozialer wie kultureller Selbstreflektion interpretiert werden. Als ein konstitutiver Teil von sozialen Praktiken formieren sie Kultur ebenso wie die sie äußere und innere menschliche »Natur« und Selbstverständnisse transformieren helfen.

Anhand von zwei Beispielen aus dem medizinischen Bereich erläutert das Kapitel den prinzipiell für unterschiedliche Zwecksetzungen offenen, nicht deterministischen Charakter wissenschaftlich-technologischer Innovationen: 1. am Beispiel der Möglichkeit, durch genetische Tests Vorhersagen über Krankheitsdispositionen zu machen und dadurch Gruppen von Menschen zu klassifizieren; und 2. an der Arbeit einer transnational tätigen Biobank zur Behandlung von Leukämie-Kranken. In beiden Fällen werden die Optionen der Technologie vor dem Hintergrund kultureller Relevanzsetzungen und sozialer wie politischer Konstellationen eingesetzt – um diesen Zusammenhang analysieren zu können, werden drei theoretisch ähnlich gelagerte Begriffe vorgestellt – *Dispositiv*, *Plattform* und *Infrastruktur* –, die im Feld der STS mit einigem Erfolg eingesetzt werden.

GENETISCHE TRANSPARENZ UND DIE HERSTELLUNG VON POPULATIONEN 2.0

Am zehnten November 2005 veröffentlichte ein Autorenteam aus isländischen und US-amerikanischen Humangenetikern in der Fachzeitschrift »Nature Genetics« (Helgadottir et al. 2005) Ergebnisse eines mehrjährigen Forschungsprojektes, die aus gleich mehreren Gründen für einigen Wirbel in der internationalen Tagespresse sorgten. Das Aufsehen erregendste Ergebnis der Studie war dabei nicht, dass bei isländischen Patienten ein Gen entdeckt worden war, das bei den jeweiligen TrägerInnen mit einem leicht erhöhten Risiko für die Entstehung von Herzinfarkten korreliert ist.[1] Sensationell erschien vielmehr in der nicht-wissenschaftlichen Rezeption der Befund, dass dieses in der isländischen Bevölkerung ebenso wie in anderen europäischen Bevölkerungen recht verbreitete Gen bei Menschen mit gemischter afrikanischer und europäischer Herkunft – wie dies vor allem bei vielen Afro-Amerikanern in den USA der Fall ist – zu einem mehr als dreifach erhöhten Risiko führt, einen Herzinfarkt zu erleiden.

Diese Studie geht wesentlich auf Befunde einer Arbeitsgruppe der isländischen Firma *decode Genetics* zurück, einem privatwirtschaftlich finanzierten Forschungsinstitut, das auf der Grundlage einer Kooperation mit dem isländischen Staat nach Genen sucht, von denen angenommen wird, dass sie zur Entwicklung von weit verbreiteten »Volks«-Krankheiten, wie etwa Asthma, Herzinfarkt oder Krebs beitragen. (Pálsson/Rabinow 1999) Für dieses sehr ambitioniert angelegte Forschungsprogramm kombiniert die

---

1 Das Gen, das den Namen *HapK* erhielt, codiert ein Eiweiß, dass an einem biochemischen Stoffwechselpfad beteiligt ist, der Entzündungsprozesse im Körper verstärkt, die wiederum zu einem Aufbrechen von Fettablagerungen in den Arterien führen können, die – in einem weiteren Schritt – Herzkranzgefäße verstopfen und zu Infarkten führen können.

Firma drei unabhängige Datenquellen, die in dieser Kombination nur in Island verfügbar sind: *Erstens* individuelle Krankheitsgeschichten, die durch die öffentliche Gesundheitsverwaltung Islands in den vergangenen Jahrzehnten in Form von Patienten-Akten gespeichert wurden, *zweitens* Informationen über die Familien- und Abstammungsverhältnisse der ausgewählten Kranken, wobei auf genealogische Datenbanken zurückgegriffen wird, die in jahrzehntelanger Kleinarbeit von isländischen Hobby-Genealogen zusammengestellt wurden, und *drittens* hochmoderne genetische Diagnoseverfahren, mit denen gezielt genetische Mutationen und Variabilitäten bei Kranken gesucht werden. Ziel dieser Integration heterogener Datenquellen ist es, einen statistischen Zusammenhang zwischen genetischen, in Familien gehäuft auftretenden Varianzen und gesundheitlichen Risiken zu demonstrieren. (Pálsson/Rabinow 2001) Die Verlässlichkeit der Analysen erhöht sich dabei durch die historische Tiefe des verfügbaren Datenmaterials aus Patientengeschichten, Familienstammbäumen und weiteren populationsgenetischen Analysen bedeutend. (Helgason et al. 2000; Pálsson/Harðardóttir 2002)

Das weiter gesteckte Ziel der Firma *deCode Genetics* besteht dabei darin, auf der Basis dieses Wissens neuartige Diagnoseverfahren, vor allem aber neue Medikamente zu entwickeln, die die molekularbiologischen *Ursachen* und nicht mehr nur – wie in der klassischen, medizinischen Praxis – die organischen *Symptome* von Volkskrankheiten wie Diabetes, Asthma, Bluthochdruck oder Herzinfarkte bekämpfen. Dieses auch international viel diskutierte und vor allem wegen der kommerziellen Nutzung von höchst intimen Gesundheitsdaten schon seit längerem viel kritisierte Programm (Rose 2001; Sigurdsson 2001) sieht vor, dass die isländische Bevölkerung für die Überlassung ihrer Gesundheitsdaten an die Privatfirma *deCode Genetics* einen privilegierten und vor allem verbilligten Zugang zu denjenigen Medikamenten erhält, die auf der Grundlage dieser Studien möglicherweise entwickelt werden.

Die überraschende Ironie dieser unter der schreierischen Überschrift »heart risk gene hits African Americans hardest« (Vince 2005) popularisierten Forschungsergebnisse ist dabei – für humangenetische Studien allerdings nicht unüblich – ihre überwiegende Folgenlosigkeit: Weder ist ein Medikament in Sicht, mit dem ein erhöhtes Herzinfarktrisiko reduziert werden könnte, noch hat die Studie wirklich Relevanz für die Isländer, die mit ihren Daten diese Forschungen erst ermöglichten. Der so verlockend erscheinende *deal*, im Gegenzug zur Bereitschaft, dem Unternehmen die Gesundheitsdaten zur Verfügung zu stellen, eine Art *ethnisches Vorkaufsrecht* für die neuesten Medikamente zu erhalten, geht zumindest in diesem Fall nicht auf: Das menschliche Genom ist zu universell, als dass »ethnische Demarkationsversuche« erfolgreich sein könnten.[2] Stattdessen belegen die Ergebnisse, dass die Isländer – wenn auch möglicherweise unfreiwillig oder unwissend – durch die Firma *deCode Genetics* zu einem Element eines globalen Netzwerkes biomedizinischer *Invention* und *Intervention* gemacht wurden: Ein Sachverhalt, der sich mit Gísli Pálsson und Paul Rabinow (2005) auch positiv interpretieren lässt als die Partizipation an emergenten »transnationalen Märkten ziviler Tugend«, die sich als die ›andere Seite‹ ökonomischer Globalisierung entwickeln.

Doch zurück zu den schwer interpretierbaren Forschungsergebnissen der *deCode*-Studie: Es ist offensichtlich, dass es nicht das »Gen« ist, dass die Herzinfarkte auslöst – wie in den Überschriften der internationalen Presse ebenso prägnant wie falsch dargestellt –, sondern es ist das entsprechende Genprodukt, das offenbar in den Stoffwechselpfaden unterschiedlicher Populationen auf unterschiedliche Weise wirkt. Es ist mithin das komplexe Zusammenspiel des unterschiedlichen *genetischen Hintergrundes* des individuellen Stoffwechsels und einer sehr unterschiedlichen Umwelt, das bestimmt, ob das Risiko für einen Herzinfarkt erhöht ist oder nicht.[3] Es

---

2 Selbst im Fall der vermeintlich so homogenen isländischen Bevölkerung gilt, dass eine hohe Heterogenität der Abstammungslinien festgestellt werden muss, die auf eine große Zahl von verschiedenen Verbindungen zum Europäischen Festland hindeuten, die in Zuge der Besiedlungsgeschichte Islands in einer spezifischen Form aggregiert wurden. So stellten etwa Helgason et al. auf der Grundlage umfangreicher Analysen isländischer mitochondrialer DNA fest: »The last 1,100 years of mtDNA evolution in Europe have principally been a history of lineage redistribution, within populations because of drift and between populations because of migration. The settlement of Iceland was equivalent to a migrational sampling event of existing genetic diversity at one or more locations in Europe. The subsequent genetic history of the Icelanders has primarily involved stochastic sampling of these founder lineages between generations (interspersed with a small number of mutation events)«. (Helgason et al. 2000: 1012)

3 Vgl. zu analogen Befunden bzgl. der bei unterschiedlichen Menschen sehr verschiedenen Wirkungen des Koffeins auf Herzinfarkt-Risiken die Studie einer Kanadischen Forschergruppe, die schlussfolgert, dass Ernährungsstudien nur bedeutsam sind, wenn sie mögliche genetische Diversität in Rechnung stellen. (Cornelis

liegt daher nahe, diese Pressemeldung schnell in die lange Kette der populären, einem platten genetischen Determinismus huldigenden Verlautbarungen unter der Rubrik »Gen-für-XY-entdeckt« einzuordnen. Aber es ist eben durchaus auch in der Linie konventioneller, nicht weniger platter Technikkritik, diese Meldung vor allem als weiteres Beispiel für die potentiellen, negativen *Effekte* der neuen Genetik zu interpretieren und die potentiell *ethnisierenden, essentialisierenden* oder gar *neo-rassistischen* Wirkungen solcher biologischer Klassifikationen anzuprangern (KLASSIFIKATIONEN). Es wird befürchtet, dass hier *Populationen 2.0* erzeugt werden, Gruppen von Menschen, in deren Leben – verstanden als Biologie plus Lebensstil – eingegriffen werden kann.

Doch auch fern solcher ebenso simplen wie falschen Erfolgsmeldungen oder Skandalisierungen ist es natürlich alles andere als harmlos, wenn mit afro-amerikanischen Herzinfarkt-Patienten ausgerechnet eine sozial und ökonomisch bereits vielfach benachteiligte Gruppe, die aufgrund ihrer schlechten Lebensbedingungen ein erhöhtes Risiko für Herzkreislauf-Erkrankungen aufweist, nun auch noch als Träger einer riskanten genetischen Mutation ausgemacht wird. Aber selbst wenn sich aus der Feststellung einer solchen Korrelation eine mögliche Stigmatisierung ergeben könnte, ist noch nicht entschieden, welche sozialen Effekte dies zeitigen kann. Denn diese Mechanismen einer negativen sozialen Klassifikation legen es auch nahe, dass sich die Betroffenen selbst politisch zusammen schließen, um sich gegen eine drohende Benachteiligung zur Wehr zu setzen. Für solche Prozesse der Fremd- wie Selbstklassifikation prägte der amerikanische Kulturanthropologe Paul Rabinow bereits 1992 den Begriff der *Biosozialität*, um auf die »Bildung neuer kollektiver und individueller Identitäten« hinzuweisen, die sich in den USA nach dem Muster der dort schon seit langem bestehenden Patientengruppen zu formieren begannen. Wie Rabinow in ironischer Pointierung formulierte:

---

et al. 2006) Mit dem gleichen Recht ließe sich deshalb auch argumentieren, dass es der *diffuse genetische Hintergrund* oder besser: dass bislang unbekannte Faktoren des *Stoffwechsel-Interaktoms* dafür verantwortlich sind, ein erhöhtes Herzinfarkt-Risiko zu bedingen. Ein solcher Befund wäre jedoch kaum Schlagzeilengängig und würde kaum die Aufnahme von Risiko-Kapital am internationalen Finanzmarkt erleichtern.

»Man [kann] sich soziale Gruppen vorstellen, die sich um Chromosom 17, Lokus 16.256, Position 654.376 und Allele mit Guanin-Vertauschung bilden. Solche Gruppen werden über medizinische Spezialisten, Labors, Geschichten und Traditionen ebenso verfügen wie über eine ganze Anzahl pastoraler Betreuer, die ihnen behilflich sein werden, ihr Schicksal zu erfassen, zu teilen, zu beeinflussen und zu ›verstehen‹«. (Rabinow 2004: 143)

In diesem Sinne könnte tatsächlich spekuliert werden, ob sich eine Vereinigung von Betroffenen bilden wird, die die Interessen der vor allem von dem »Herzinfarkt-Gen« betroffenen Afro-Amerikaner gegenüber dem Gesundheitssystem vertritt – etwa um eine frühzeitige Diagnose über die Krankenkassen zu finanzieren – oder um bei der Pharmaindustrie Lobby-Arbeit zu betreiben mit dem Ziel, nicht nur die Entwicklung von Medikamenten zu beschleunigen, die diese Risiken minimieren, sondern vor allem die Lebensbedingungen der Betroffenen nachhaltig zu verbessern. Denn natürlich besteht durchaus die Gefahr, dass das erhöhte Herzinfarktrisiko von Afro-Amerikanern nun nicht mehr vorwiegend mit schlechten Lebensbedingungen erklärt wird; mit Umweltfaktoren, die folglich als dringend der Veränderung bedürftig erscheinen. Werden dagegen die Krankheitsursachen überwiegend *genetisch* erklärt, besteht die Möglichkeit, dass die *Prävention* damit aus dem Bereich des sozialpolitisch Veränderbaren implizit entfernt wird und stattdessen die *Behandlung der Symptome* in den Kompetenzbereich der Medizin abgeschoben wird.[4] Im hier diskutierten Zusammenhang ist allerdings entscheidend, dass diese *Identitäts-* und *Gruppenbildungseffekte* von Rabinow aus einer Perspektive analysiert werden, die keinen deterministischen Zusammenhang von Tech-

---

4 Vgl. kritisch zu den Mechanismen einer »Genetisierung« von Herz-Kreislauf-Erkrankungen die Studien des Kulturgeographen Edward Hall (2004, 2005). Hall analysiert die heterogenen Netzwerke der Wissensproduktion und arbeitet heraus, wie unterschiedliche, konkurrierende Erklärungsansätze etwa aus einer sozialmedizinischen, einer klassisch medizinischen oder einer biomedizinischen Perspektive (Herzinfarkt als Ergebnis »riskanten Lebensstils«, als Krankheit sozialer Ungleichheit, als Ergebnis genetischer Disposition) zu einer tentativen, stets bestreitbaren wissenschaftlichen Hypothese: »Herz-Kreislauf-Erkrankungen besitzen eine genetische Komponente« amalgamiert werden. »Genetisierung« wird in dieser wissensanthropologischen Studie als unabgeschlossener Integrationsversuch widerstreitender Epistemologien rekonstruiert.

nik und ihren »Folgen« annimmt. Entsprechend behauptet er nicht einfach, dass mit der Neuen Genetik eine neue machtvolle Klassifikationsmaschinerie in die Welt komme, die – ähnlich wie die Alte Genetik und die aus ihr entwickelte Eugenik oder ein genetisch argumentierender Rassismus – Gruppen willkürlich konstruiere und Menschen in diese Schubladen stecke. Sondern Rabinow analysiert zutreffend jene sozialen und kulturellen Mechanismen, über die die Neue Genetik daran beteiligt sei, der Menschheit neue Mittel der Selbsteinwirkung und -erschaffung (Autopoiesis) zur Verfügung zu stellen; es entstehe momentan »eine neue Gestalt von [gesellschaftlicher] Autopoiesis, die ich ›Biosozialität‹ nenne. Handelte es sich bei der [alten] Soziobiologie um eine Form von Kultur, die auf der Grundlage einer biologischen Metapher konstruiert ist, dann wird die Natur in der Biosozialität auf der Grundlage von Kultur modelliert werden, wobei ich Kultur als Praxis verstehe.« (Rabinow 2004: 139)[5]

Ausgehend von Rabinows Hinweis auf Prozesse der gesellschaftlichen Autopoiesis wird klar, dass biomedizinische Innovationen nicht durch simple Technikkritik, die einen linearen Zusammenhang zwischen neuen Artefakten (hier: einem Gentest) und sozialen Wirkungen (hier: Stigmatisierung und Diskriminierung) annimmt, ausreichend zu analysieren sind. Vielmehr ist mit ambivalenten und widersprüchlichen Effekten zu rechnen: Es ist »Kultur als Praxis«, also komplexe Prozesse der Aneignung, Umformung, Re-Definition und Anwendung, in denen biomedizinische Artefakte in konkreten Situationen *realisiert* werden als Teil gesellschaftlicher Selbsteinwirkung.

23 UND ICH?
ZUR DIALEKTIK INDIVIDUALISIERTER MEDIZIN

Mit der Einführung der Begriffe »Autopoiesis«, »Kultur« und »Praxis« ist auf die Komplexität der Effekte verwiesen, wenn eine neue Technologie in einer Gesellschaft freigesetzt wird. Wenden moderne Gesellschaften etwa

---

5 Das Zitat geht weiter: »Natur wird mit Hilfe von Technik erkannt und neu hergestellt werden. Und sie wird schließlich artifiziell werden, genauso wie Kultur natürlich werden wird.«

genetische Diagnoseverfahren auf ihre Bevölkerungen an, werden offensichtlich Wirkungen hervorgerufen, die sich nicht im Einfach-Vokabular
einer deterministisch-mechanischen Folgen-Rhetorik beschreiben lassen
(SOZIALE KONSTRUKTION VON TECHNOLOGIE). Auf diese Komplexi-
tätseffekte versuchen die Begriffe *Autopoiesis*, *Kultur* oder *Praxis* zu
reagieren: Sie verweisen auf rekursive Prozesse der Selbststeuerung gesellschaftlicher Systeme, auf Kreativität und soziale Innovativität ebenso wie
auf die Eigen-Logik der Nutzung, die eigensinnige Aneignung durch Nutzer und ihre Selbstbeobachtung. Zugleich wird durch den Einsatz von
Technologien in modernen Gesellschaften ein spezifischer Modus der
Selbstreferentialität nahe gelegt: Denn solche sozialen Systeme müssen –
um Technologien entwickeln, implementieren und nutzen zu können – sich
»in ihren elementaren Operationen auf sich selbst beziehen [...] also auf die
Elemente des Systems selbst, auf die Operationen des Systems selbst, auf
die Einheit des Systems selbst.« (Luhmann 1987: 159) Dieses Konzept der
Selbst*referenz* – darauf hat die Darmstädter Philosophin Petra Gehring
(2006) hingewiesen – überschreitet ein einfaches Verständnis von gesellschaftlicher Selbstorganisation in einem sehr entscheidenden Punkt:
Selbst*referentialität* beziehe sich eben nicht nur einfach auf *Strukturen*,
sondern zusätzlich stets auch auf *symbolische* und *kommunikative Operationen*. (Gehring 2006: 344) Obwohl Luhmann selbst (1995: 398) den Begriff der Kultur als einen der schlimmsten, je gebildeten Begriffe cha-
rakterisierte, weil er ein adäquates Verständnis gesellschaftlicher
Selbstbeschreibung und -referenz verhindere, erscheint aus sozialanthropologischer Perspektive die Charakterisierung solcher, durch technologische Entwicklungen vorangetriebener selbstreferentiellen Operationen als
kulturelle Praxen mehr als nahe liegend. (Luhmann 2004; Beck 2009)

Hier ist momentan nur festzuhalten, dass die Begriffe Autopoiesis, Kultur und Praxis *ent-simplifizieren*, indem sie soziologische wie kulturanthropologische Gesellschaftstheorien anrufen und vor prognostischen wie de-
skriptiven Einfach- und Fehlverständnissen warnen. (Zimmerli 1990: 258)
Entsprechend verweist das Wort Technologie nicht auf homogene »Dinge«,
denen eine einfache Wirkung nachgesagt werden könnte (SOZIALE KON-
STRUKTION VON TECHNOLOGIE), sondern es ist allenfalls ein Etikett,[6] das in

---

6 Vgl. zu dieser Unterscheidung zwischen *Etikett* und *Begriff* Keating/Cambrosio
2003: »[a label] merely isolates a set of practices and objects without showing

einer ersten provisorischen, noch vor-begrifflichen Annäherung auf heterogene, hochgradig zeitgebundene Arrangements von Dingen, Wissen, Praxen und Normen wie Normierungen geklebt werden kann (AKTEUR-
NETZWERK THEORIE). Das wird gut deutlich, wenn man die Geschichte der
isländischen Entdeckung weiter verfolgt: Was 2005 noch utopisch erschien,
ist nach nur sechs Jahren »normalisiert« und kommerzialisiert. Mehrere
Firmen – so etwa die vom Google-Gründer Sergey Brin finanziell unter-
stützte Firma »23andme« – bieten über das Internet Test-Kits an, mit denen
Interessenten bequem zu Hause Speichelproben erfassen und zur genetischen Analyse per Post einschicken können. Angeboten wird, Dispositionen für Krankheiten wie Diabetes, potentielle Sucht-Abhängigkeiten, Besonderheiten des Stoffwechsels (wie etwa die Fähigkeit, Koffein schnell
abzubauen) oder Nahrungsmittelunverträglichkeiten zu klären. Außerdem
wird auf Grund des genetischen Profiles eine »ancestry-Map« erstellt, die
individuelle Zugehörigkeit zu Populationen – Kunden können so erfahren,
dass etwa einige ihrer Vorfahren südeuropäischer, afrikanischer oder nord-
europäischer Herkunft waren.[7] (Pray 2008) Zum Geschäftsmodell gehört
aber auch ein – tatsächlich revolutionärer – Ansatz: Die genetischen Daten
der Kunden werden, wenn dazu ein Einverständnis vorliegt, zur weiteren
Forschung verwandt. Das Versprechen ist hier, dass die Kunden doppelt
profitieren können: einerseits, in dem sie altruistisch Forschung und Fortschritt fördern, andererseits, in dem sie von der Firma direkt benachrichtigt
werden, wenn neue Erkenntnisse, die auf ihr persönliches genetisches Profil
zutreffen, verfügbar sind. (Dolgin 2010)

Natürlich ist es eine triviale Feststellung, dass ein solches, simpel aus-
sehendes Instrument wie das zum Preis von momentan 99 $ verschickte
»test-kit« nicht zureichend verstanden werden kann, wenn es als isoliertes
technisches Artefakt wie etwa ein Fieberthermometer untersucht wird. Die
Herausforderung besteht gerade darin, das im Artefakt Abwesende, nämlich
die sehr komplexe Infrastruktur, die im Hintergrund in Gang gesetzt wird,
und die moralischen Ökonomien – etwa die Mischung aus Eigennutz, dem

---

what holds them together and qulifies them as a set. As such, it cannot be used as
an analytical resource.« (S. 326)

7 So wirbt etwa die Homepage von 23andme: »Gain insight into your traits, from
baldness to muscle performance. Discover risk factors for 97 diseases. Know your
predicted response to drugs, from blood thinners to coffee. And uncover your an-
cestral origins.« (www.23andme.com)

Ziel, für die eigene und die Zukunft der Familie nützliche Prävention zu betreiben, und dem Gefühl, am Fortschritt teilhaben zu können – zu analysieren, deren in der Öffentlichkeit sichtbare Spitze das harmlos scheinende Kästchen ist. Es muss vermieden werden, Technik zu schnell auf das sichtbare und vergegenständlichte »Ding« einzugrenzen, mit dem sich ein überschaubarer, transparenter und in seinen Folgen absehbarer Umgang pflegen ließe.

Eine zu einfache, überwiegend *materialistisch ausgerichtete Epistemologie* verfehlt ihre analytischen Aufgaben gegenüber komplexen technologischen Artefakten ebenso wie *symboltheoretische Ansätze* zur »Dingbedeutsamkeit«, wie sie in Teilen der Ethnologie immer noch dominieren, weil sie die oben angesprochene Thematik der Selbstreferentialität vernachlässigen. Ebenso wenig hilfreich sind Ansätze, die davon ausgehen, dass Technik »Folgen« in einem einfachen Sinne hätte: So wäre es natürlich unsinnig, anzunehmen, dass die Veröffentlichung der Studie zum »Herzinfarkt-Gen« notwendig die Gründung von Patientengruppen zur Folge habe oder die Verfügbarkeit von »genetischen Dienstleistungen« wie der durch »23andme« offerierten zu einer durchgreifenden, massenhaften genetischen Transparenz führten. Ganz offensichtlich sind hier komplexere Prozesse der Koppelung und reflexiven Relationierung am Werk. Und auch die »Patienten« müssen – folgt man Rabinow in seinem Vorschlag – als Teil einer emergenten Kultur und als Träger gesellschaftlicher Praxisformen angesprochen werden und nicht als von Technik »Betroffene« und auf Innovationen »Reagierende«. Zudem – und dies ist der entscheidende Punkt – muss stets mit dialektischen Wirkungen technologischer Innovationen gerechnet werden: Angebote wie »23andme«, die auf den ersten Blick als Beispiel eines Trends hin zu einer »individualisierten Medizin« interpretiert werden können, haben durchaus das Potential, zu neuen Kollektivierungsformen beizutragen.

Ich gehe im Folgenden deshalb von drei sehr schlichten Prämissen aus: *erstens*, dass Technik kein »Gegenstand« oder »Ding« ist, sondern die Bedingungen für einen spezifischen Modus moderner Selbstreferentialität (i.S. der Selbsteinwirkung und der Selbstreflexivität) erzeugt; dass Technik *zweitens* keine »Folgen« in einem mechanistisch-deterministischen Sinne hat, sondern dass mit durchaus eigen-willigen und unvorhergesehenen Wirkungen gerechnet werden muss; und dass sich *drittens* über Technik nur sprechen lässt, wenn die Praxen der Akteure analysiert werden. Und ich gehe weiter davon aus, dass diese schlichten Prämissen recht komplexe theoretische Umstellungen und neue Perspektivierungen dessen nahe legen, was aus europäisch-ethnologischer Perspektive als »Technik« analysiert und als »Technikforschung« betrieben werden sollte. (Vgl. Beck 1997) Dazu möchte ich auf einige Begriffe zurückgreifen, die mir gut geeignet erscheinen, kultur- und sozialanthropologische bzw. europäisch-ethnologische Fragestellungen zu verfolgen.

DISPOSITIF/APPARATUS – PLATTFORM – INFRASTRUKTUR

Ich möchte im Folgenden drei Begriffe knapp einführen, die den Debatten der internationalen *Science and Technology Studies* eine prominente Rolle spielen, und sie punktuell erweitern. Danach werde ich in einem weiteren Schritt – an einem Beispiel aus meiner eigenen Feldforschung – erläutern, warum ich sie als analytisch tauglich einschätze.

Der erste Begriff geht auf Michel Foucault zurück: er prägte das Konzept des *dispositifs* ab der Mitte der 70er Jahre, um damit soziale Arrangements der Kontrolle und Herrschaft zu bezeichnen. Dabei betonte er, dass ein *dispositif* eine große Zahl sehr unterschiedlicher, heterogener und oft widersprüchlicher Elemente in ein gemeinsames Netzwerk integriere. Ein solches Netzwerk, wie es etwa das um die öffentliche Gesundheitsvorsorge organisierte *dispositif* darstelle, umfasse demnach Diskurse um »Volksgesundheit«, Institutionen und architektonische Arrangements wie etwa Krankenanstalten und Asyle, politische Programme, Gesetze, Verwaltungsmaßnahmen, wissenschaftliche Aussagen etwa über das Kranke und Gesunde, philosophische, moralische und philanthrophische Grundannahmen über Rechte und wechselseitige Pflichten des Einzelnen gegenüber dem Kollektiv – kurz: es umfasse Gesagtes wie nicht-Gesagtes, das in einer spezifischen, zeittypischen Weise miteinander verknüpft werde (STS UND POLITIK).

Entscheidend ist, dass in diesem Konzept *Materielles* (Maschinen, Gebäude), *Diskursives* (Wahrheitsansprüche, wissenschaftliche Fakten, Moral) und *Institutionelles* (Politik und Verwaltung) nicht nur unter einem gemeinsamen Etikett versammelt werden, sondern dass Foucault einen *systematischen Zusammenhang*, ein Netzwerk dieser Elemente mit dem Begriff des *dispositifs* postuliert. Und dieses Netzwerk produziert Effekte, ähnlich wie eine komplexe Maschine, wie ein »apparatus«, um einen weiteren, oft synonym von Foucault verwendeten Begriff zu nennen. (Vgl. Rabinow/Rose 2003) So analysiert er die Gesundheitspolitik des 18. Jahrhunderts als eine Politik der sozialen Apparate, die ihre Objekte – etwa die Armen oder die gebärenden Frauen – strategisch auswählten, die Zielgruppen mit zunehmend wissenschaftlichen Methoden spezifizierten und sie dann der Kontrolle und ihrem »Schutz« unterwarfen. (Foucault 2001 (1994): 282–311.) Wichtig im hier diskutierten Zusammenhang ist vor allem, dass Foucault im Begriff des *dispositifs* konventionell voneinander getrennte Wirklichkeitsbereiche – also etwa Politik und Wissenschaft, Architektur und Moral –, die zudem üblicherweise von unterschiedlichen Wissenschaften behandelt werden, in *einem* analytischen Rahmen betrachtet (vgl. hierzu den Begriff der Heterogenität im Kapitel AKTEUR-NETZWERK THEORIE). Weiter ist entscheidend, dass der Begriff des *dispositifs* die Dynamik der jeweils geknüpften Netzwerke, ihre Zeitgebundenheit und ständige Transformation betont: Die von Foucault analysierten Kontroll-, Überwachungs- und Regulationsapparate sind hochgradig flexible, verteilte und flüchtige Gebilde, die sich weder räumlich noch zeitlich klar abgrenzen lassen.

Der zweite Begriff, den ich knapp skizzieren möchte, ist der der *Plattform*, der starke Parallelen mit Foucaults Konzept des *dispositifs* aufweist, sich aber auf den engeren Bereich von Wissenschaft und Technik konzentriert und im Gegensatz zu Foucaults Konzept des *dispositif* keine gesamte gesellschaftliche und kulturelle Formation zu erklären versucht. Ich entlehne ihn Überlegungen zur Entwicklung der Biomedizin, die die kanadischen Wissenschaftsanthropologen Peter Keating und Alberto Cambrosio, die beide an der McGill University in Montreal lehren, vor einigen Jahren vorlegten. (2000; 2003) Sie analysieren die Entwicklung der Diagnostik für Blutkrebs seit Mitte des 20. Jahrhunderts, insbesondere die Veränderungen, die sich auf der Grundlage neuartiger molekularbiologischer Untersuchungsverfahren und durch die Verfügbarkeit immunologischer Analysetechniken in der Leukämie-Diagnostik ergeben haben.

Ähnlich wie Foucault behandeln Keating und Cambrosio die Bereiche von Wissenschafts- und Technikentwicklung in einem einheitlichen analytischen Rahmen und heben damit die nicht nur für weite Teile der sozialwissenschaftlichen Wissenschaftsforschung konventionelle Unterscheidung zwischen Wissenschaft, verstanden als Domäne der Wahrheitsproduktion, und Technik und Technologie, verstanden als Domäne der Anwendung von wissenschaftlichem Wissen, auf. Ihr Argument ist, dass ein Verständnis der modernen Biomedizin notwendig eine Betrachtungsweise erfordere, die Technik als einen konstitutiven *Bestandteil* epistemischer Praxen analysiere – und eben nicht nur als einfaches »Werkzeug« der Wissensproduktion. Ihre Perspektive wendet sich explizit sowohl gegen sozialdeterministische oder besser sozialkonstruktivistische Theorien der Wahrheitsproduktion als auch gegen technikdeterministische Sichtweisen bei der Analyse von Wissenschaft und Medizin. (Keating/Cambrosio 2003: 21)

Stattdessen prägen sie den Begriff der *biomedizinischen Plattform*, um damit die Kombination von heterogenen Elementen zu beschreiben, von denen jedes seine eigene Genealogie aufweist, die jedoch zu einer funktionierenden Form zusammengebracht werden. Es sind Techniken, Instrumente, Institutionen, chemische Reagentien, handwerkliche und kognitive Fertigkeiten, biologische Faktoren wie Zellproteine oder Gene, Repräsentationsweisen, diagnostische und prognostische Verfahren sowie ätiologische Verständnisse, die – einmal in Gang gesetzt – die Diagnose »Leukämie« produzieren können. Ähnlich wie bei Foucault erscheinen biomedizinische Plattformen bei Keating und Cambrosio als zugleich materielle wie diskursive Arrangements, als – in der Foucault'schen Diktion – Kombination von Gesagtem und Nicht-Sagbarem. Diese Plattformen koordinieren über einen Zeitraum hinweg medizinische und wissenschaftliche Praxen und fungieren als Werkbank, auf der schließlich auch neue Konzepte des Pathologischen erzeugt werden können. Keating und Cambrosio wollen mit ihrem Konzept insbesondere auch einige der Übertreibungen eines zu idealistisch geratenen Konstruktivismus korrigieren, der die Wirkungen von Technologien, die Materialität von Forschungsgegenständen oder die konstitutiven Effekte von Instrumenten vernachlässige.[8] (Keating/Cambrosio 2000: 386)

Als einen dritten Begriff möchte ich kurz den der *Infrastruktur* einführen, der von der US-amerikanischen Wissensanthropologin Susan Leigh Star und ihrer Kollegin Karen Ruhleder für die Analyse eines computergestützten, virtuellen Laboratoriums für Wissenschaftler (eines »collaboratory« Systems) geprägt wurde. Diese Software sollte die Nutzer dabei unter-

---

8 Vgl. hierzu auch die Debatte zwischen den Richtungen Sociology of Scientific Knowledge und Akteur-Netzwerk Theorie (SOCIOLOGY OF SCIENTIFIC KNOWLEDGE).

stützen, ihre Forschungsergebnisse vorstellen und mit über 1400 Fachkollegen weltweit diskutieren zu können; sie stellte also die Infrastruktur für Kommunikation und Austausch zur Verfügung. (Star/Ruhleder 1996) Star und Ruhleder analysierten die Nutzungsmuster und -erwartungen der Benutzer dieses virtuellen Kommunikations- und Interaktionsraumes zwischen 1991 und 1994 auf der Grundlage teilnehmender Beobachtungen und Interviews. Es ist dabei durchaus bemerkenswert, dass die *gefühlte historische Distanz* zu dieser Epoche, in der Browser wie *Mosaic* oder Software wie *Gopher* gerade in ersten beta-Versionen verfügbar wurden, weit größer erscheint als die tatsächlich seitdem vergangenen Jahre dies erwarten liessen. Mag also der Gegenstand der Studie von Star und Ruhleder schon längst dem digitalen Vergessen anheim gefallen sein, das Konzept der *Infrastruktur*, das sie zur Analyse dieser Kommunikationsoberfläche entwickelten, und der Vorschlag, ein komplexeres Verständnis der *Ökologien der Infrastruktur-Nutzung* zu entwickeln, bleibt hoch aktuell.

Erhellend ist vor allem ihr Vorschlag, nicht zu fragen *was* eine Infrastruktur sei, sondern *wann* eine Infrastruktur sei. Dahinter steht eine praxistheoretische und performanztheoretische Sicht auf individuelles und kollektives Handeln sowie auf Wahrnehmung: Infrastruktur ist demnach etwas »that emerges for people in practice, connected to activities and structures.« (Star/Ruhleder 1996: 112) Zentral ist, dass damit ein strikt *relationales* Konzept der Infrastruktur eingeführt wird: Infrastruktur ist Infrastruktur nur in Bezug auf konkrete, organisierte Praxisformen; sie ist eingebettet in soziale Arrangements und Routinen; sie ist für die Handelnden »transparent«, indem sie verborgene Hilfestellung bei Handlungen leistet; ihre Selbstverständlichkeit wird in Rahmen von Mitgliedschaften in »communities of practice« (Lave/Wenger 1992) erlernt; und Infrastrukturen besitzen in der Regel eine Reichweite, die die lokalen Kontexte der Praxisformen weit überschreitet. Diese relationale, praxistheoretische Perspektive unterscheidet den Infrastruktur-Begriff deutlich von Foucaults Konzept des *dispositifs* und ebenso von Keating und Cambrosios Plattform-Konzept.

Wichtig ist zudem, dass Star und Ruhleder hier einen etwas eigenwilligen Begriff der Transparenz einführen – er verweist bei ihnen darauf, dass die Infrastruktur im Handlungsprozess quasi unsichtbar (transparent) sei, dass sie sich nicht in den Aufmerksamkeitsfokus der Akteure schiebe. Star und Ruhleder gehen weiter davon aus, dass sich eine Infrastruktur dann »ereigne«, wenn die Spannungen zwischen dem Lokalen und dem Globalen aufgelöst würden: »That is, an infrastructure occurs when local practices are afforded by larger-scale technology, which can be used in a natural, ready-to-hand fashion[9]. It becomes transparent as local variations are folded into organizational changes, and becomes an unambiguous home – for somebody. This is not a physical location or a permanent one, but a working relation – since no home is universal.« (Star/Ruhleder 1996: 114)

Die Begriffe Dispositif, Plattform und Infrastruktur können ein analytisches Instrumentarium bereit stellen, mit dem Technik stets *kontextualisiert*, das heißt im Zusammenhang einer historisch spezifischen Situation, und eingebunden in konkrete Praktiken konkreter, sozial verorteter Menschen zum Thema gemacht wird. Gemeinsam ist diesen Begriffen[10] weiter, dass sie materielle, diskursive, institutionelle und epistemische Dimensionen zugleich thematisieren, und damit vorschnelle Vergegenständlichungen oder materialistische Fehlschlüsse vermeiden helfen. Und die Begriffe verbindet schließlich, dass sie lokale Praktiken mit Prozessen höherer sozialer Ordnung verbinden – seien es nationalstaatliche Gesundheitsprogramme, internationaler Austausch in Wissenschafts-*communities* oder weltweit entwickelte und verfügbar gemachte biomedizinische Plattformen. Die aus der Perspektive der Europäischen Ethnologie interessante – wenn auch grammatikalisch etwas unbeholfen wirkende – Frage lautet dann: *Wann* ist für *wen* die Biomedizin? Und konkreter: Welche Prozesse der *Infrastrukturierung* – verstanden als eine *Normalisierung von Biomedizin* i.S. ihres Transparent-Werdens für die Handelnden – können beobachtet werden? Wie werden diese Prozesse mit den vorherrschenden, möglicherweise widersprüchlichen *Dispositiven* verknüpft? Wie verändern sich im Gebrauch dieser Infrastruktur, indem sich Nutzer in ein neues Verhältnis zu den technischen Optionen bringen, ihre Einstellungen, Normativitäten, Selbstverständnisse und Selbstverhältnisse? Wie lernen etwa Nutzer des

---

9 Dies wird im Sinne der Heidegger'schen *Zuhandenheit* (Heidegger 1993) konzipiert; entsprechend gehen Star und Ruhleder davon aus, dass Infrastrukturen in ihren tatsächlichen Dimensionen und in ihrer ganzen Komplexität erst wieder im Moment ihres Zusammenbruches sichtbar werden: sie büßen dann ihre Transparenz ein, werden opak, *weil* sie den Handelnden Widerstand entgegensetzen.

10 Die Begriffe taugen damit durchaus als Elemente einer »middle-range theory« i.S.v. Robert K. Merton's Diktum (1968: 39), dass zwischen Arbeitshypothesen und umfassend konzipierten Großtheorien Theorien mittlerer Reichweite entwickelt werden müssten, die den Austausch mit anderen Disziplinen ermöglichten.

von 23andme verschickten test-kits ihren Körper und dessen Zukunft anders zu sehen als sie dies bislang taten?

Es ist offensichtlich, dass diese Perspektive über eine Analyse von »Technikfolgen« nicht nur hinaus geht, sondern Untersuchungen konkreter Techniknutzungen erst auf praxistheoretische Füße zu stellen vermag. Um an einem Beispiel diese Perspektive zu verdeutlichen, möchte ich abschließend einige Aspekte dieser *Normalisierung der Biomedizin* an eigenem Feldforschungsmaterial skizzieren, das auf ein seit Frühjahr 2005 von mir in Zypern durchgeführtes Projekt zurückgeht. Aus Platzgründen muss die Darstellung des Materials ebenso wie die Interpretation sehr skizzenhaft erfolgen. Zypern führe ich aber auch deshalb als Beispiel an, weil sich an diesem Beispiel sehr gut jene Prozesse der Biosozialität analysieren lassen, die Rabinow als typisch für die »neue Gestalt« gesellschaftlicher Autopoiesis ansieht.

ΚΑΡΑΙΣΚΑΚΕΙΟ ΙΔΡΥΜΑ – INFRASTRUKTUR EINES GLOBALISIERTEN ALTRUISMUS

Die zypriotische Knochenmark-Spender-Datenbank ist als eine Realisation und Konkretisierung der gleichen biomedizinischen Plattform anzusehen, die Keating und Cambrosio beschreiben: Tiefgefrorene Gewebeproben von freiwilligen Spendern, Computer, Datenbanken, Leitzordner, Laborreagentien und -apparate, gut qualifizierte Labortechniker und Genetiker, die in den USA oder Europa ausgebildet wurden, ebenso wie internationale Forschungskooperationen, in die das Labor eingebunden ist, werden hier mobilisiert, um Leukämiekranke korrekt zu diagnostizieren und ihnen durch Vergleich mit den Datenbanken der internationalen Knochenmarksspender-Datenbanken eine lebensrettende Transplantation von Blut bildendem Knochenmark zu vermitteln.

Träger dieser Einrichtung ist die Karaiskakio Stiftung (Καραισκακειο Ιδρυμα), die von einem wohlhabenden Zyprioten namens Andreas Karaiskakios gegründet wurde, nachdem sein Sohn an Leukämie gestorben war, weil für ihn nicht rechtzeitig ein geeigneter Knochenmarksspender gefunden werden konnte. Als Direktor der Stiftung konnte ein junger zypriotischer Humangenetiker gewonnen werden, der in den USA an einem der renommiertesten Universitätskliniken als Spezialist für Blutkrebs-Diagnostik und Immunogenetik ausgebildet worden war. Die Labors ebenso wie die Administration der Karaiskakio-Stiftung, die inzwischen neun Angestellte in Administration und Labor hat, sind in einem kleinen ehemaligen Wohnhaus in der Hauptstadt der Insel untergebracht, das selbst einer vierköpfigen Familie große Kompromissfähigkeiten bezüglich ihrer Raumansprüche abverlangen würde, müsste sie dort wohnen. Jeder verfügbare Winkel des Hauses ist mit Aktenschränken, Computern, Laborbänken, Schreibtischen und Kühlschränken voll gestopft, in denen die Gewebeproben der Stiftung aufbewahrt werden.

In einem kleinen Hinterzimmer ist ein Labor um eine Analysemaschine herum gebaut, mit der bis zu 1.000 Gewebeproben pro Tag immunogenetisch typisiert werden können. Die Stiftung ist sehr stolz, dass in diesem kleinen Raum eines der modernsten und leistungsstärksten immunogenetischen Labore weltweit betrieben wird. Diese enorme Kapazität scheint auf der kleinen Insel im östlichen Mittelmeer völlig deplaziert, sie zu installieren war jedoch notwendig geworden, nachdem sich im März 2000, in der kurzen Zeitspanne von nur 25 Tagen, mehr als 57.000 Freiwillige als Knochenmarkspender registrieren ließen – immerhin fast 10% der Gesamtbevölkerung. Diese überwältigende Welle der Hilfsbereitschaft war Ergebnis einer Pressemeldung in der griechisch-sprachigen Presse und folgenden Meldungen auch im türkischen Teil der Insel, die darauf hingewiesen hatten, dass die Stiftung Spender für zwei Leukämie-kranke Jungen suche, den griechischen Zyprioten Andreas Vassiliou und den türkischen Zyprioten Kemal Saraçoğlu. Über diese Suche wurde wegen der außergewöhnlichen Symbolik auch von der internationalen Presse berichtet. Tatsächlich gelang es schließlich unter maßgeblicher Beteiligung von Friedensaktivisten und gegen viele politische Widerstände der Regierungen beider Landesteile, die Spendenaktion zu einem überwältigendem Erfolg zu machen: Über die damals noch hermetische, streng überwachte und militärisch gesicherte Grenze hinweg, mit der der Kontakt zwischen der griechischsprachigen und der türkischsprachigen Bevölkerungsgruppe auf der Insel nahezu völlig unterbunden wurde, konnte ein Zeichen gegen die ethnische Spaltung beider Volksgruppen auf Zypern gesetzt werden.

Die Kampagne für die beiden Kinder sollte es – nach der Idee der Organisatoren – griechischen wie türkischen Zyprioten erlauben, in einer kritischen politischen Phase mit der Spende ihres Blutes ein Zeichen der Menschlichkeit zu setzen. Denn die Bemühungen der internationalen Ver-

handlungsgruppe um UNO und EU, eine einvernehmliche Verhandlungslö-
sung zwischen beiden Bevölkerungsgruppen noch vor dem EU-Beitritt des
griechischen Teils der Insel zu erzielen, waren in den Wochen vor der
Spendenkampagne einmal mehr in eine aussichtslos erscheinende Krise geraten. Während es für die Organisatoren und Aktivisten der griechisch- und
türkisch-zypriotischen NGOs nicht zuletzt darum ging, mit der Spendenaktion ein an Symbolik kaum zu übertreffendes Signal für die Versöhnung
zwischen den verfeindeten Gruppen auf der Insel zu setzen, betrachteten
viele der Spender ihre Beteiligung als *rein humanitären Akt*, der sich gegen
jede politische Indienstnahme verwahrte. Ein 38–jähriger Sport-Trainer, der
lange in den USA gelebt hatte, erklärte so etwa auf meine Frage, ob es sich
bei der Spenden-Aktion um einen außergewöhnlichen und gar symbolischen Akt gehandelt habe:

»Politiker mögen das als ›besondere‹ Situation ansehen – ich denke aber nicht so.
Politiker machen ihre Tricks, durch indirekte Handlungen. Symbolisch – vielleicht,
weil die Insel hier getrennt ist, ja. Aber wenn du von einer humanitären Grundlage
her denkst, dann denke ich nicht, dass es etwas Besonderes ist. Wenn jemand Hilfe
braucht – warum würdest du die Hilfe verweigern, wenn du helfen kannst? Deshalb
sind die Menschen auf beiden Seiten der Grenze zum Spenden gekommen. Arme
Leute denken nicht an Politik. Warum sind sie gekommen? Hat sie jemand getrie-
ben? Nein!«[11]

Alle Spender, mit denen ich Gespräche führen konnte, hatten sich sehr für
die Herkunft »ihrer« strikt anonym bleibenden Empfänger interessiert und
bei vielen war die anfängliche Überraschung, dass der Empfänger ihres
Knochenmarks kein Zypriote, sondern ein Europäer, ein US-Amerikaner
oder Australier war, einem deutlichen Stolz gewichen, Teil eines internationalen Netzwerkes der Humanität zu sein. Eine 30–jährige Verwaltung-
sangestellte etwa streicht die humanitäre Motivation heraus, die alle nationalen oder ethnischen Differenzen überwinde:

---

11 Interview L.K., 26.2.2005, Nikosia; ich danke Dr. Pavlos Costeas, Karaiskakeio
   Stiftung, und seinen Mitarbeitern für die Hilfe bei der Anbahnung der Interviews,
   die Zeit, die sie für Gespräche fanden, und die Geduld, den neugierigen Sozialwissenschaftler an ihren beengten Arbeitsplätzen zu dulden.

»Anfangs war ich überrascht [dass der Empfänger Italiener war] aber es macht ja keinen Unterschied [...] Nationalität ist kein Thema. [...] ich kenne die Person nicht, und er kennt mich nicht – aber wir haben das gleiche Ziel.«[12]

Für die Stiftung gestaltete sich die überwältigende Beteiligung sowohl der griechisch- als auch der türkisch-sprachigen Zyprioten aus mehreren Gründen problematisch: Einerseits waren die Laborkapazitäten nicht darauf ausgerichtet, eine solche große Zahl von Gewebeproben in so kurzer Zeit daraufhin zu untersuchen, ob sich unter den Tausenden Freiwilligen ein immuno-kompatibler Spender befand; doch natürlich erwarteten Organisatoren wie die Öffentlichkeit schnelle Resultate. Zudem schien die Autonomie der Stiftung auch dadurch gefährdet, dass schon allein zur Konservierung der Gewebeproben auf Kühleinrichtungen staatlicher Einrichtungen zurück gegriffen werden musste. Staatliche Institutionen waren nur zu schnell bereit, »in die Bresche zu springen«. Und auch die Politisierung der Spenden durch Aktivisten und die nationale wie internationale Presse gefährdete schließlich die strikt neutrale Position, die die gemeinnützige Stiftung als notwendig erachtete, um unbehelligt über alle politischen Grenzen hinweg ihren humanitären Zielen nachgehen zu können. Hierzu ist sie auf die Kooperation oder zumindest die Duldung der politisch Herrschenden auf beiden Seiten der Grenze dringend angewiesen – eine zu große symbolische Aufladung schien dies zu gefährden.

Ich kann hier diesen Konflikten und Ambivalenzen nicht weiter nachgehen – wichtig ist im hier diskutierten Zusammenhang aber vor allem die Tatsache, dass Plattformen wie die gerade beschriebene offen sind für ganz unterschiedliche, symbolische, politische, rein humanitäre oder eigenwillige »In-Dienst-Nahmen«. Und entscheidend ist weiter, dass biomedizinische Plattformen von denjenigen, die sie betreiben, in ihren Wirkungen nicht kontrolliert werden können. So ist der eigentliche Zweck der biomedizinischen Plattform, wie er von Wissenschaftlern und Technikern entwickelt und als internationaler Standard in Kliniken durchgesetzt wurde, die Diagnose unterschiedlicher Leukämien, vor allem aber der Feststellung der immunologischen Kompatibilität potentieller Spender. Entsprechend setzt die Stiftung das Labor als eine *Maschine zur Herstellung immunologischer Differenz und Ähnlichkeit* ein: sie produziert *Singularitäten* – immunotypi-

---

12 Interview E.T., 24.2.2005, Nikosia.

sierte Kranke und immunkompatible Spender. Von den politisch motivierten Organisatoren der Spendenkampagne hingegen wurde die Plattform zur Demonstration *politischer Gleichheit* und einer *verbindenden Humanität* genutzt – zur Produktion von *Kollektivitäten*.

INFRASTRUKTURIERUNG – INTRASTRUKTURIERUNG

Diese Unterschiede sind keine Frage von »richtigem Gebrauch« oder »Missbrauch«. Aus der Perspektive der Europäischen Ethnologie geht es darum, kulturelle Muster und Kosmologien (Sahlins 1996) zu rekonstruieren, die unterschiedliche, sozial akzeptable Nutzungsweisen orientieren. Bei beiden Nutzungsweisen – der symbolisch-politischen ebenso wie bei der rein humanitären, medizinischen – geht es um gute und ehrenhafte Zwecke, doch sind diese Zwecke eingebunden in unterschiedliche *Dispositive*, in *soziale Apparate*, die zwar letztlich beide Leben retten oder Lebensbedingungen verbessern wollen, die in diesem Fall jedoch um Ressourcen und gesellschaftliche Aufmerksamkeit konkurrieren. Das eine Dispositiv ist organisiert um die Frage der Gesundheit und Krankenfürsorge, das andere Dispositiv um die Frage der politischen Freiheit, der Gleichheit und der Menschenrechte. Um die Metapher der Plattform aufzunehmen: Zu ihr führen viele Wege und viele Wege führen von ihr weg; ebenso, wie sie heterogene Fakten und Artefakte mit ganz unterschiedlichen Genealogien verbindet, verknüpft eine biomedizinische Plattform unterschiedliche Zwecke mit verschiedenen Mitteln innerhalb eines soziotechnischen Rahmens. Das heißt, sie ermöglicht sehr unterschiedliche und teils gegenläufige oder widersprüchliche, jedoch gleich legitime Praxisformen.

Auch aus Sicht der Spender und Empfänger stellt sich die Situation jeweils radikal anders dar. Die Frage, *wann* für sie Infrastruktur ist, und *welche* Infrastruktur dies jeweils ist, ist eng an ihre konkreten Positionen und sozialen Situationen gebunden. So haben die an Leukämie Erkrankten keinen direkten Kontakt mit den Laborwissenschaftlern, die die Art ihres Blutkrebses diagnostizieren oder die ihre immunologischen Werte feststellen; ihr Berührungspunkt mit dem biomedizinischen System ist der behandelnde Klinikarzt. Und von diesem Arzt erfahren sie – wenn ihnen das Glück günstig ist –, dass irgendwo auf der Welt ein passender Spender für sie gefunden wurde. Im Falle einer erfolgreichen Transplantation folgen Tests, medikamentöse Einstellungen und weitere Behandlungen – denn die Kranken müssen stets damit rechnen, dass das Transplantat abgestoßen werden kann. (Vgl. Quenzler 2005) Für sie ist die immunologische Plattform vollkommen transparent – sie verschwindet im Hintergrund klinischer Praxen und ihres andauernden, chronischen Leidens. Ähnlich transparent stellt sich die Plattform auch für die Spender dar, wenn sie sich erstmals registrieren und danach zur Spende aufgefordert werden: Sie werden von einer Spenderorganisation kontaktiert und nach weiteren immunologischen Tests wird ihnen in einem kurzen, schnell verheilenden Eingriff blutbildendes Gewebe entnommen; schon am nächsten Tag können sie in der Regel ihr normales Leben wieder aufnehmen.

Ganz anders ist jedoch die Situation zwischen Spendern und Empfängern: Hier herrscht – entsprechend internationaler Bioethik-Richtlinien – strikte Anonymität: So wissen die Spender in der Regel nicht, ob der Empfänger ihrer Spende überlebt hat oder nicht. Wie in meinen Gesprächen mit Knochenmarksspendern immer wieder deutlich wurde, empfinden diese die Anonymität und das erzwungene Nicht-Wissen als ungerechte psychische Belastung und Zumutung. Denn für sie stellt der Akt der Spende vor allem ein *spirituelles Verhältnis* zum Empfänger her: fast alle Spender berichten mir von der Existenz eines *geistigen Bandes* zum Empfänger ihrer Zellen, sei es, dass sie Vorahnungen hatten, die die Gesundheit des jeweiligen Empfängers betrafen und die sich später als zutreffend herausstellten. Oder das Verhältnis zwischen Spendern und Empfängern wird von ihnen als eines der *Kreation* verstanden – wie mir ein Spender sagte: »Sein Vater gab ihm sein erstes Leben, ich gab ihm sein zweites.«[13] Was die von mir befragten Spender mit großer Intensität spüren, ist eine – in beiderlei Wortsinne zu verstehende – *Verbindlichkeit* zwischen Spender und Empfänger, eine spirituelle Nähe, die Raum, Zeit, Geschlecht und fremde ethnische Zugehörigkeit überbrückt. (Vgl. Beck 2011) Bemerkenswert ist, dass die hochtechnologische Basis dieser Verbindung, die *immunologisch-biotechnologische Plattform*, die diese Nähe erst ermöglicht hat, für sie völlig verschwindet. Gegenüber dieser positiv erlebten Transparenz erfahren sie die *bioethischen Regulationsmechanismen*, die Teil des »apparatus« sind, als völlig destruktiv: Der Zwang zur Anonymität verhindere, dass sie ihren »natürlichen«

---

13 Interview A.A., 25.2.2005, Limassol.

Impulsen nachgeben und dem »natürlichen« Verhalten nachgehen zu können – nämlich ihr neues Geschwister, den Menschen, der in ihrer Überzeugung »Fleisch von ihrem Fleische ist«, auch körperlich in den Arm nehmen und spüren zu können. Hier wird die Infrastruktur plötzlich »sichtbar«, sie verliert ihre Transparenz und wird Gegenstand von Beschwerden und Protest, Versuchen, die Anonymitätsregeln zu umgehen, oder schließlich Anlass für Enttäuschung und Resignation.

Der *Infra*strukturierung, also dem Verschwinden der biotechnologischen Plattform im Moment ihrer Nutzung durch Spender und Empfänger, entspricht eine komplexe *Intra*strukturierung: mit der neuen Technologie werden Bedingungen und Regeln für neue Verbindlichkeiten geschaffen, die oft als »natürlich« erscheinen, und es entsteht die kulturelle Herausforderung, zivilisatorisch neue Mischungsverhältnisse von Hochtechnologie und Emotion zu erproben. Dies ist eine der Dimensionen der Biosozialität, wie sie mit biomedizinischen Plattformen in der Gesellschaft frei gesetzt wird – eine neue Form der Autopoiese. Für die Nutzer erfordert dies neue Arten der (Selbst-)Reflexion; und für die Sozialwissenschaft, die diese Wirkungen analysiert, erfordert dies ein komplexes Verständnis des Zusammenhanges zwischen Technik und Technologie – verstanden als Infrastruktur – einerseits und andererseits Nutzungsmustern und Handlungsorientierungen. Analog zu dem in einem Teil der *Science and Technology Studies* modisch gewordenen Begriff der Ko-Produktion schlage ich vor, diesen Zusammenhang symmetrisch – aber auch nicht-deterministisch – als Ko-Konstitutionsverhältnis zu untersuchen (vgl. Giddens 1988). Zu analysieren wären mithin die entstehenden transnationalen, teilweise marktförmig organisierten Zonen des humanitären und altruistischen Tausches, die widerstreitenden Dispositive sowie die sich dort bildenden moralischen Praxen.

LITERATUR

Beck, Stefan (1997): Umgang mit Technik. Kulturelle Praxen und kulturwissenschaftliche Forschungskonzepte, Berlin: Akademie Verlag.

Beck, Stefan (2004): »Fryst altruism, varm solidaritet och kall etik. Om en
biobank på Cypern«. In: Susanne Lundin (Hg.), En ny kropp. Essäer om
medicinska visioner och personliga val, Lund: Nordic Academic Press,
S. 43–76.

Beck, Stefan (2009): »Vergesst Kultur – wenigstens für einen Augenblick!
Oder: Zur Vermeidbarkeit der kulturtheoretischen Engführung ethnolo-
gischen Forschens«. In: Sonja Windmüller/Beate Binder/Thomas Hen-
gartner (Hg.), Kultur – Forschung. Zum Profil einer volkskundlichen
Kulturwissenschaft (Studien zur Alltagskulturforschung, Bd. 6), Berlin:
Lit Verlag, S. 48–68.

Beck, Stefan (2011): »Staging bone marrow donation as a ballot. Reconfig-
uring the Social and the Political using Biomedicine in Cyprus«. Body
& Society 17(2/3), Special Issue: Medical Migrations, S. 93–119.

Cornelis, Marilyn C./El-Sohemy, Ahmed/Kabagambe, Edmond K./Cam-
pos, Hannia (2006): »Coffee, CYP1A2 Genotype, and Risk of Myocardial Infarction«. Journal of the American Medical Association 295, S.
1135–1141.

Dolgin, Elie (2010): »Personalized investigation«. Nature Medicine 16(9),
S. 953–955.

Foucault, Michel (1994): »The Birth of Social Medicine«. In: Paul Rab-
inow/ Nikolas Rose (Hg.), The Essential Foucault. Selections from Essential Works of Foucault 1954–1984, New York: Pantheon Books, S.
319–337.

Foucault, Michel (2001): In Verteidigung der Gesellschaft. Vorlesungen am
Collège de France (1975–76), Frankfurt/M.: Suhrkamp.

Gehring, Petra (2006): »Selbstorganisation und Selbstreferenz. Vom wissenschaftlichen Selbstorganisationsparadigma zu Luhmanns Theorie sozialer Systeme«. In: Vec, Miloš/Marc-Thorsten Hütt/Alexandra M.
Freund (Hg.), Selbstorganisation. Ein Denksystem für Natur und Gesellschaft, Köln: Böhlau, S. 341–354.

Giddens, Anthony (1988): Die Konstitution der Gesellschaft. Grundzüge
einer Theorie der Strukturierung. Mit einer Einführung von Hans Joas,
Frankfurt/M.: Suhrkamp.

Hall, Edward (2004): »Spaces and Networks of Genetic Knowledge Making: the ›Genetisation‹ of Heart Disease«. Health & Place 10, S. 311–318.

Hall, Edward (2005): »The ›Genetisation‹ of Heart Disease: a Network Analysis of the Production of New Genetic Knowledge«. Social Science and Medicine 60, S. 2673–2683.

Heidegger, Martin (1993): Sein und Zeit, Tübingen: Max Niemeyer Verlag.

Helgadottir, Anna et al. (2005): »A Variant of the Gene Encoding Leukotriene A4 Hydrolase Confers Ethnicity-specific Risk of Myocardial Infarction«. Nature Genetics 10. 11., advance online publication: doi:10.1038/ng1692.

Helgason, Agnar et al. (2000): »mtDNA and the Origin of the Icelanders: Deciphering Signals of Recent Population History«. American Journal of Human Genetics 66(3), S. 999–1016.

Keating, Peter/Cambrosio, Alberto (2000): »Biomedical Platforms«. Configurations 8, S. 337–387.

Keating, Peter/Cambrosio, Alberto (2003): Biomedical Platforms: Realigning the Normal and the Pathological in Late-Twentieth-Century Medicine, Cambridge/MA: MIT Press.

Lave, Jean/Wenger, Etienne (1992): Situated Learning: Legitimate Peripheral Participation, Cambridge: University of Cambridge Press.

Luhmann, Niklas (1987): »Archimedes und wir. Interviews, hg. von Dirk Baecker/Georg Stanizek, Berlin: Merve.

Luhmann, Niklas (1995): Die Kunst der Gesellschaft. Frankfurt/M.: Suhrkamp.

Luhmann, Niklas (2004): »Sinn, Selbstreferenz und soziokulturelle Evolution«. In: Günter Burkart/Gunter Runkel (Hg.), Luhmann und die Kulturtheorie, Frankfurt/M.: Suhrkamp, S. 241–289.

Merton, Robert K. (1968): »On Sociological Theories of the Middle Range«. In: Robert Merton (Hg.), Social Theory and Social Structures, New York, S. 39–73.

Pálsson, Gísli/Harðardóttir, Kristín (2002): »For Whom the Cell Tolls: Debates about Biomedicine«. Current Anthropology 43(2), S. 271–301.

Pálsson, Gísli/Rabinow, Paul (1999): »Iceland. The Case of a National Human Genome Project«. Anthropology Today 15(5), S. 14–18.

Pálsson, Gísli/Rabinow, Paul (2001): »The Icelandic Genome Debate«. Trends in Biotechnology 19(5), S. 166–171.

Pray, Leslie (2008): »Direct-to-Consumer Genetic testing: 23andme, DNA Direct and Genelex«. Nature Education 1(1), http://www.nature.com/scitable/topicpage/dtc-genetic-testing-23andme-dna-direct-and-674, abgerufen am 24. August 2011.

Quenzler, Miriam (2005): »Langzeitpatienten und ihre Ärzte: eine partnerschaftliche Beziehung. Das Beispiel Knochenmarkstransplantation«. In: Gisela Welz/Gesa Heinbach/Nadja Losse/Annina Lottermann/Sabrina Mutz (Hg.), Gesunde Ansichten. Wissensaneignung medizinischer Laien, Frankfurt/M.: Kulturanthropologie Notizen, Bd. 74, S. 115–132.

Rabinow, Paul (2004): Anthropologie der Vernunft. Studien zu Wissenschaft und Lebensführung, Frankfurt/M.: Suhrkamp.

Rabinow, Paul/Rose, Nikolas (2003): »Introduction – Foucault Today«. In: Paul Rabinow/Nikolas Rose (Hg.), The Essential Foucault: Selections from the Essential Works of Foucault, 1954–1984, New York: New Press, S. vii–xxxv.

Rose, Hilary (2001): The Commodification of Bioinformation: The Icelandic Health Sector Database. With a foreword by Marilyn Strathern, London: The Wellcome Trust.

Sahlins, Marshall (1996): »The Sadness of Sweetness. The Native Anthropology of Western Cosmology«. Current Anthropology 37, S. 395–428.

Sigurdsson, Skuli (2001): »Yin-yang genetics, or the HSD deCode controversy«. New Genetics and Society 20, S. 103–117.

Star, Susan Leigh/Ruhleder, Karen (1996): »Steps toward an Ecology of Infrastructure: Design and Access for large Information Spaces«. Information Systems Research 7(1), S. 111–134.

Vince, Gaia (2005): »Heart risk gene hits African Americans hardest«. newScientist, 11.11., online publication: http://www.newscientist.com/article/dn8300-heart-risk-gene-hits-african-americans-hardest.html, abgerufen am 24. August 2011.

Zimmerli, Walther Ch. (1990): »Wie viel Akzeptanz erträgt der Mensch? Bemerkungen zu den Hintergründen der Technikfolgenabschätzung«. In: Ernst Kistler/Dieter Jaufmann (Hg.), Mensch – Technik – Gesellschaft, Opladen, S. 247–260.

Post-Akteur-Netzwerk Theorie

ESTRID SØRENSEN

Das Hauptanliegen der Akteur-Netzwerk Theorie hat darin bestanden, die Konstruktion von Wissen und Technologie nicht länger als singulären und linearen Prozess darzustellen, sondern als Netzwerk, d. h. als in und durch Beziehungen erst konkrete Form annehmendes Phänomen. Diese Netzwerk-Metapher hat seit ihrer ersten Formulierung immer wieder Kritik angezogen: sie wurde einerseits als zu einengend empfunden und durch weitere analytische Metaphern ergänzt, wie z. B. durch die räumlichen Metaphern von Annemarie Mol und John Law. Andererseits haftete ihr immer eine gewisse Statik und Homogenität an, die durch konsequenter praxistheoretisch gedachte Ansätze aufgelöst werden konnte. Wissen und Technologie werden in aktuellen Forschungen daher häufig als Phänomene konzeptualisiert, die erst in Alltagspraxen ihre jeweils konkreten Formen annehmen. Sie können in verschiedenen Praxen verschiedene Formen annehmen. Sie werden dadurch in sich vielfältig und heterogen, manchmal widersprüchlich, immer more than one and less than many. *Diese zunehmende Komplexität untersuchen Studien, die Post-ANT, mit einem Fokus auf das Verhältnis von unterschiedlichen Praxisformen zueinander: agieren diese passförmig zu- und miteinander, kreieren sie Spannungen, unterstützen oder unterlaufen sie sich, produ-zieren sie Fixpunkte oder sind sie kontinuierlich im Fluss? Für die europäische Ethnologie ist diese neue Entwicklung der Akteur-Netzwerk Theorie von Bedeutung, weil die Erforschung der Komplexität verschiedener Ordnungen und die Spannungen zwischen diesen Ordnungen eine aufmerksame Feldforschung erfordert, die vorschnellen Interpretationen nicht nachgibt, sondern der Forscherin oder dem For-*

scher die Möglichkeit gibt, eine Vielfalt von Beziehungen zu etablieren, um hierdurch den Motiven, Handlungsoptionen und »Verstrickungen« verschieden situierter Akteure auf die Spur kommen zu können. Die Praxeographie bietet hierbei als eine aus der Ethnographie abgeleitete Methode (ETHNOGRAPHIE) einen geeigneteren Zugang, der in neueren Studien dieser Ausrichtung zunehmend eingesetzt wird.

Weiterführende Literatur

De Laet, Marianne/Mol, Annemarie (2000): »The Zimbabwe Bush Pump: Mechanics of a Fluid Technology«. Social Studies of Science 30(2): 225–263.
Am Beispiel der Untersuchung von einer in Simbabwe eingesetzten, handgetriebenen Wasserpumpe zeigen de Laet und Mol, wie eine Technologie mit Hilfe der neuen Methaphern der Akteur-Netzwerk Theorie als multipel, flexibel, und vor allem fluide dargestellt werden kann.

Mol, Annemarie (2002): The Body Multiple: Ontology in Medical Practice, Durham: Duke University Press.
Eines der zentralen Argumente dieses ethnographischen Werkes ist, dass Praktiken in Krankenhäusern nicht nur Körper abbilden und repräsentieren, sondern auch ›performieren‹. Die Seiten des Buches sind graphisch zweigeteilt. Oben sind die empirischen Erzählungen zu lesen, unten die eher theoretischen Auseinandersetzungen. Dabei nähert sich die Autorin der Spannung zwischen diesen zwei Bereichen der Wissensproduktion in eigener, ›performativer‹ Art und Weise.

Verran, Helen (2001): Science and an African Logic, Chicago: University Press.
In Science and an African Logic untersucht die Autorin die Einführung eines englischen Mathematik-Curriculums in Nigerianischen Schulen und zeigt, dass es verschiedene Mathematik-Kulturen gibt. Diese existieren aber nicht parallel zu einander, sondern sind miteinander verflochten. Über die Auseinandersetzung mit Mathematik-Praktiken hinaus debattiert Verran, wie man im Feld der STS die Spannungen, die durch die Verflechtung von Logiken entstehen, wissenschaftlich repräsentieren kann.

EINLEITUNG

Im Jahre 1997 trafen sich in Keele in Großbritannien die für die Akteur-
Netzwerk Theorie zentralen Forscherinnen und Forscher Steven Brown,
Michel Callon, John Law, Bruno Latour, Nick Lee, Annemarie Mol,
Ingunn Moser und Helen Verran, um die Entwicklung dieses Forschung-
sansatzes zu diskutieren. (AKTEUR-NETZWERK THEORIE) Die Akteur-
Netzwerk Theorie genoss schon zu dieser Zeit weite akademische Verbreitung, und mehrere ihrer Begriffe waren bereits in den *Science and Technology Studies* etabliert. Gerade wegen dieser Verbreitungs- und Stabilisierungstendenzen war jedoch ein gewisser Unmut unter den Teilnehmenden
des Treffens aufgekommen. Dieser Unmut war der Anlass für die Tagung
zu der Frage, was nach Akteur-Netzwerk Theorie kommt. Viele sahen die
Entwicklung nicht nur als einen Erfolg, sondern sorgten sich um die ur-
sprüngliche Idee der Akteur-Netzwerk Theorie als ein Instrument des An-
dersdenkens und des Infragestellens von etablierten Vorstellungen der
Sozialwissenschaften: die Gegenüberstellung von Kultur und Natur, von
Technologischem und Humanem und von Mikro und Makro. Viele mein-
ten, die Akteur-Netzwerk Theorie als ein etablierter und kanonisierter Forschungsansatz riskiere, ihr Potenzial zum Neu- und Anders-Denken zu verlieren. Auf dem Treffen in Keele herrschte die Meinung vor, dass etwas
geschehen müsse, um diese Stabilisierungstendenzen zu brechen.

Ausgehend von diesem Treffen wurde 1999 der Sammelband »Actor-
Network Theory and After« von John Law und John Hassard herausgegeben. Dieser Titel hat dazu geführt, dass die neueren Entwicklungen in der
Akteur-Netzwerk Theorie oft unter *Post-ANT* oder *After-ANT* firmieren.
Solche Bezeichnungen erwecken leicht den Eindruck, dass es sich um einen
neuen Ansatz oder sogar eine neue ›Schule‹ der Akteur-Netzwerk Theorie
handelt. Dies ist aber nicht der Fall: Die neuen theoretischen Entwicklungen sind zwar vor allem entlang einer Kritik an der Akteur-Netzwerk Theorie entwickelt, weisen aber starke theoretische, methodische und personelle
Kontinuitäten mit dieser auf. Denn wie aus der Teilnehmendenliste der Tagung hervorgeht, haben mehrere der Diskutantinnen und Diskutanten, die
in Keele die Kritik prägen, gleichzeitig auch einige Jahre zuvor die Akteur-
Netzwerk Theorie maßgeblich mitentwickelt.

In diesem Kapitel wird daher kein neuer kohärenter Ansatz vorgestellt
und auch keine einheitlichen Sichtweisen, sondern eher die spezifischen

›Sensibilitäten‹ dieser neuen Tendenzen, die besondere methodologische und theoretische Aufmerksamkeiten mit sich bringen und die Richtungen und Prioritäten für eine Re-Vision der Akteur-Netzwerk Theorie andeuten.

KONTINUITÄTEN

Vier zentrale Prinzipien der ANT (AKTEUR-NETZWERK THEORIE) werden nun weiterentwickelt:

- Heterogenität: Jedes Phänomen setzt sich aus verschiedenen Elementen zusammen, die sich hinsichtlich ihres ontologischen Status' unterscheiden; also sind alle Phänomene sowohl sozial, als auch materiell.
- Generelle Symmetrie: Forschung soll wahre wie falsche und soziokulturelle wie materielle Phänomene mit den gleichen Methoden untersuchen (SOCIOLOGY OF SCIENTIFIC KNOWLEDGE und AKTEUR-NETZWERK THEORIE).
- Übersetzung: Repräsentationen oder das Sichtbarmachen von Phänomenen verändert die Phänomene selbst (Callon 1986).
- Inspiration durch die Pragmatik: Statt die Handlungsträgerschaft [*agency*] von Entitäten als eine ihnen innewohnende Eigenschaft zu untersuchen und *Was*- und *Warum*-Fragen zu stellen, stellt die Akteur-Netzwerk-Theorie *Wie*-Fragen. Sie richtet ihr Augenmerk darauf, wie Entitäten einen Beitrag zu bestimmten Prozessen leisten, wie sie in Bezug zu anderen Entitäten gesetzt werden und wie sie dadurch erst definiert werden. Hier zeigt sich die starke praxistheoretische Orientierung der Akteur-Netzwerk Theorie (Law 2009).

Im Verlauf des Kapitels soll erklärt werden, wie sich die Akteur-Netzwerk Theorie in den letzten Jahrzehnten über diesen Ausgangspunkt hinaus entwickelt hat. Vor allem wird auf die Prinzipien *Räumlichkeit*, *Multiplizität* und *Performativität* Gewicht gelegt, die als kritische Alternativen zum Netzwerk-Begriff verstanden werden, und die in Bezug auf die Methoden und Repräsentationsweisen der früheren Akteur-Netzwerk Theorie erläutert werden sollen. Dem vorangehend soll ein empirisches Beispiel präsentiert werden, dass schon heute als ›klassisches‹ Beispiel der neueren Entwicklungen der Akteur-Netzwerk Theorie gilt, und auf das auch in diesem Kapitel immer wieder zurückgegriffen werden wird, um die begrifflichen Neuerungen zu erklären.

EIN EMPIRISCHES BEISPIEL: DIE SIMBABWISCHE BUSCHPUMPE

Im Jahre 2000 veröffentlichten die Anthropologin Marianne de Laet und die Philosophin Annemarie Mol den Aufsatz *The Zimbabwe Bush Pump: Mechanics of a Fluid Technology* in der Zeitschrift *Social Studies of Science*, in der zentrale Debatten des STS Feldes ausgetragen werden. Die Hauptfigur des Aufsatzes ist eine handbetriebene Wasserpumpe, die in mehreren Dörfern in Simbabwe installiert wurde. Das erste Modell dieser hydraulischen Pumpe wurde im Jahr 1933 im damaligen Rhodesien entwickelt, und seither haben Designer an ihrer Weiterentwicklung gearbeitet, experimentiert und immer wieder das Design verändert. Die Pumpe, die de Laet und Mol beschreiben, wird »Zimbabwe Bush Pump ›B‹ type« genannt. Eine ihrer Aufgaben ist es, Dörfer mit sauberem Wasser zu versorgen. Der simbabwische Staat fördert die Verbreitung der Wasserpumpe als Teil des Ausbaus der Wasserinfrastruktur des Landes. Ziel dieser Initiative ist eine flächendeckende Versorgung der Bevölkerung mit fließendem Wasser im Haus auch für diejenigen, die bislang nur eine Pumpe im Hof haben oder kilometerweit zur nächsten Wasserversorgungsstelle laufen müssen.

Bevor die Pumpe in einem Dorf installiert wird, muss die Expertise lokaler Wünschelrutengänger erfragt werden, um den geeigneten Ort für die Pumpe zu lokalisieren. Die Dorfbewohner bohren gemeinsam das Loch für die Pumpe und bauen sie gemeinsam auf. Das Dorf teilt die Verantwortung für Installation, Betrieb und für die Instandhaltung der Pumpe, die als gemeinsames Eigentum des Dorfes gilt.

Es gibt technische Standardzeichnungen der Pumpe sowie Beschreibungen der zugehörigen Ersatzteile. Ein besonderes Merkmal der Pumpe ist aber, dass ihre Konstruktion so flexibel ist, dass es durchaus möglich ist, auch andere Plastik-, Holz- oder Metalldinge, die den Dorfbewohnern zur Verfügung stehen, als Ersatzteile einzusetzen. Das ist wichtig, da es den Dorfbewohnern nicht immer möglich ist, die im Handbuch angegebenen Ersatzteile zu besorgen. Ein sich daraus ergebender Effekt ist, dass die

»Zimbabwe Bush Pump ›B‹ type« mit der Zeit und von Dorf zu Dorf ein sehr unterschiedliches Aussehen annimmt.

De Laets und Mols Analyse der Simbabwischen Buschpumpe hat diese zu einer zentralen und typischen Figur der neueren Entwicklungen der Akteur-Netzwerk Theorie gemacht. Ursprünglich standen in der Konzeption der ANT vor allem Praktiken im Mittelpunkt, in denen westliche Wissenschaft und Technologie, und damit spezifische Formen von Rationalität und Fortschritt, dominant waren. Zunehmend werden nun Praktiken untersucht, in denen Wissenschaft und Technologie zwar eine Rolle spielen, aber nie auf einfache Weise dominant, hegemonial oder machtvoll werden. Wissenschaft und Technologie müssen sich stattdessen in lokalen Diskursen, Settings und Alltagen mit alternativen Ordnungsvorstellungen und -praktiken auseinandersetzen. Verschiedene Rationalitäten (z. B. Hydraulik und Wünschelrutenweisheit) werden so in historischen wie sozial spezifischen Alltagen miteinander verschränkt [entangled], stehen in Spannung zueinander, konkurrieren, oder passen sich gegenseitig an. Wissenschaft und Technologie werden in den neueren Entwicklungen der Akteur-Netzwerk Theorie nicht als Endprodukte, sondern in ihren alltagspraktischen Einbettungen beforscht, wo sie oft einen eher peripheren, zerbrechlichen und trivialen Charakter haben (Kontopodis et al. 2011; Mol 2008; Mol et al. 2010; RATIONALITÄT).

VON NETZWERK ZU RÄUMLICHKEIT

Es ist immer eine zentrale Ambition der Akteur-Netzwerk Theorie gewesen, eine kontinuierliche Auseinandersetzung dem Aufbau eines gemeinsamen Theoriegebäudes und der Konsolidierung eines Vokabulars vorzuziehen (siehe auch Despret 2004; Gomart 2004; Latour 2004a). Mit der Stabilisierung des Netzwerkbegriffs der ANT in den Sozial-, Kultur- und Geschichtswissenschaften wurde diese Ambition kompromittiert. Immer häufiger nahm der Begriff in seiner Anwendung einen von Latour (1999) und anderen Vertreterinnen und Vertretern des Ansatzes nicht gewünschten Modell-Charakter ein und leistete damit einer Art zu forschen Vorschub, der hauptsächlich versuchte, empirische Daten in ein stabiles Netzwerk-Modell einzupassen. Zentral für die neueren Entwicklungen der

Akteur-Netzwerk Theorie ist dementsprechend ein Überdenken des Netzwerkbegriffes.

Die ANT definiert ein Netzwerk als ein Gefüge, das heterogene Entitäten verbindet, von denen jede eine besondere Arbeit oder einen Einsatz [effort] leistet, um das gesamte Netzwerk zusammen und intakt zu halten. Laut Akteur-Netzwerk Theorie sind Phänomene in der Welt nicht gegeben, sondern sie werden kontinuierlich konstruiert. Dementsprechend beschäftigt sich die Forschung der Akteur-Netzwerk Theorie oft mit der Beschreibung solcher Konstruktionsprozesse; etwa mit der Frage, wie spezifische Entitäten zusammenkommen, um ein Netzwerk zu bilden und welche Arbeit jede Entität ständig leisten muss, um das Netzwerk zusammenzuhalten. Die Akteur-Netzwerk Theorie beschreibt, wie Wissen, Tatsachen und Technologien entwickelt und stabilisiert werden. Stabil sind sie dann, wenn sie Unveränderlichkeit [immutability] erreicht haben. Dieses Verständnis, das Unveränderlichkeit notwendigerweise als zentralen Fluchtpunkt der Entwicklungen von Technologien oder Tatsachen darstellt, wird in den neueren Entwicklungen der Akteur-Netzwerk Theorie in Frage gestellt. Mit der Diskussion der Buschpumpe betonen de Laet und Mol, dass es Technologien und Wissensformen gibt, die nicht darauf ausgerichtet sind, Prozesse festzulegen und Netzwerke stabil und damit unveränderlich zu konfigurieren. Zum einen veränderte sich die Buschpumpe ständig in ihrem Aufbau und ihrer Konstruktionsweise, zum anderen waren ihre Schöpfer und Verfechter nur zeitweise an ihrer Konstruktion beteiligt. Der Erfolg der Pumpe, so de Laet und Mol, sei der Fähigkeit geschuldet, dass ihre Form fluide ist.

Wir haben es hier nicht mit einer unveränderlichen Technologie zu tun, deren konstituierende Teile immer die gleiche Arbeit leisten, um die Funktionalität der Technologie aufrechtzuerhalten – so, wie es auch der Netzwerk-Begriff vorgibt. Der Definition von Netzwerken in der ANT zufolge sollte eine solche Technologie erst gar nicht gelingen. Das tut die Simbabwe Bushpumpe aber, indem sie stabil, funktionstüchtig und erfolgreich ist. De Laet und Mol schlagen den Begriff *fluide* vor, um die Stabilität einer Technologie als eine prozessuale Dauerhaftigkeit zu charakterisieren, die durch eine Kontinuität der Technologie gekennzeichnet ist und nicht durch ihre Unveränderlichkeit. Kontinuität weißt hier darauf hin, dass die Veränderung einer Technologie meistens nicht sprunghaft stattfindet. Und die Veränderlichkeit hat Grenzen. Es ist nicht möglich, alle Teile der Pumpe gleichzeitig durch andere zu ersetzen oder gar wegzulassen. Auch erscheint es nur schwer vorstellbar, dass die unterschiedlichen Funktionen der Pumpe radikal von heute auf morgen zu verändern wären, sie z. B. ausschließlich zum Festbinden von Vieh zu benutzen und somit ihren Beitrag zur simbabwischen Wasserinfrastruktur zu ignorieren. Das Phänomen Simbabwische Buschpumpe Typ ›B‹ bezeichnet eine Pumpe, die es in vielen *Versionen* gibt. Jede Version steht in Verbindung zu den anderen; sie ist eine Fortsetzung oder Kontinuität der anderen. Die Konstitution der einen Pumpe entsteht als eine neue Version anderen. Sowohl jede einzelne Pumpe wie auch die Vielfalt der Pumpen befinden sich in ständiger Veränderung. Dass diese Technologie sich ständig verändert, heißt nicht, dass sie nicht stabil sei, argumentieren de Laet und Mol. Die Stabilität der Simbabwe Bushpumpe Typ ›B‹ ist aber eine andere als die Stabilität eines Netzwerkes. Sie besteht darin, dass die Variationen sich nur stufenweise entfalten. Es finden keine Brüche zwischen den früheren oder anderen Versionen und den aktuellen Versionen statt. Dass eine fluide Technologie stabil oder gleich bleibt, heißt also, dass ihre aktuelle Konstitution in prozessualer Verbindung mit ihrer früheren oder mit anderen Versionen steht (vgl. Law 2002b; Law/Mol 2001; Law/Singleton 2005; Mol/Law 1994; de Laet/Mol 2000; Moreira 2000; Sørensen 2009).

Der Fluiditäts-Begriff bietet nicht nur die Möglichkeit, Technologie und Wissen neu zu konzipieren, er unterstreicht auch den Versuch der Akteur-Netzwerk Theorie, Technologien und Wissen nicht substanzphilosophisch zu verstehen, sondern als verteilt und prozessual. Die analytische Aufmerksamkeit verschiebt sich von Entitäten und ihren Positionen in Netzwerken und zu Charakteristika der Gefüge selbst. Es geht um die Muster, die durch Gefüge von Beziehungen gebildet wurden, und um die Art und Weise, wie diese sich verändern. Ferner geht es um analytische Metaphern, die diese Muster und Dynamiken adäquat fassen können, wie beispielsweise die Metapher der Fluidität. Mol und Law (1994) bezeichnen diesen Fokus als einen räumlichen: Räumlichkeit [*spatiality*], weil es weder um eine einzelne Dimension – Entitäten – geht, noch um zwei Dimensionen – Verbindungen oder Beziehungen –, sondern um drei Dimensionen, nämlich um die sich herausbildenden Muster von Verbindungen. Mol und Law bezeichnen die Untersuchung von Räumlichkeit auch als eine topologische Analyse.

Der Netzwerk-Begriff beschreibt eine mögliche Räumlichkeit – ein Muster, das durch Verbindungen von heterogenen Entitäten gekennzeichnet ist.

Solange wir uns allerdings nur *eines einzigen* räumlichen Begriffes bedienen – dem Netzwerk – um Räumlichkeit zu charakterisieren, fehlt uns das Vokabular, um zu beschreiben, wie Räumlichkeiten auch anders als in Netzwerken organisiert sein können. Law und Mol (e.g. Law 2002a; Mol 2002; Mol/Law 1994) schlagen daher drei weitere räumliche Metaphern vor, deren Muster von dem des Netzwerks abweichen: Fluide, Feuer und Region. Damit lenken sie unsere Aufmerksamkeit auf Variationen von räumlichen Formen und damit auch auf die Konfigurationen, die Technologien und Wissen in verschiedenen Praxen annehmen können. Die Metapher *Netzwerk* beschreibt Räumlichkeiten, in denen unveränderliche Verbindungen zwischen den Entitäten entscheidend sind. Die Metapher Region hilft dabei, uns Felder vorzustellen, die durch Grenzen markiert sind und homogenen Entitäten beinhalten. Eine Räumlichkeit, die durch kontinuierliche Variationen gekennzeichnet ist, wie z. B. die Buschpumpe, nennen sie Fluide. Und die Metapher Feuer beschreibt Räumlichkeiten, die durch ra- sches Umschlagen zwischen zwei oder mehreren Zuständen charakterisiert werden können – ohne dass sie sich dabei verändern. Diese kurze Zusammenfassung der räumlichen Metaphern von Law und Mol kann nur andeuten, wie die neueren Entwicklungen der Akteur-Netzwerk Theorie unsere Aufmerksamkeit auf Räumlichkeiten lenken. Die einzelnen Metaphern erläutern Law und Mol in weiteren Aufsätzen (z. B. Law 2002a; Mol 2002; Mol/Law 1994).

Der Unterschied zwischen ›Raum‹ und ›Räumlichkeit‹ soll hier unterstrichen werden: Unter anderem wird der Raum-Begriff in der Europäischen Ethnologie häufig verwendet, um Praktiken geographisch zu verorten oder um soziale, symbolische und kognitive Aktivitäten zu rahmen und von anderen abzugrenzen, beispielsweise im Sinne von *Möglichkeitsräumen* oder *Imaginationsräumen.* (z. B. Lefebvre 1991) Hier wird der Begriff ›Raum‹ verwendet um einen Ort zu definieren, in dem sich etwas befindet (etwa Möglichkeiten oder Vorstellungen). In den neueren Entwicklungen der Akteur-Netzwerk Theorie wird der Raum-Begriff verwendet, um verschiedene Charakteristika von Praktiken zu verstehen.

MULTIPLIZITÄT

Michel Callon beschreibt in seinem Aufsatz *Some Elements of a Sociology of Translation: Domestication of the Scallops and the Fishermen of St. Brieuc Bay* (1986), wie Jakobsmuscheln durch einen Prozess, bei dem sie mehrmals durch Aktivitäten von Wissenschaftlern und Fischern ›übersetzt‹ werden, zu spezifischen Jakobsmuscheln werden: nämlich solchen, die sich verankern (AKTEUR-NETZWERK THEORIE). Vergleichen wir diese Beschreibung mit der Simbabwischen Buschpumpe, entdecken wir eine wichtige Wende in der Akteur-Netzwerk Theorie. Die Pumpe pumpt sauberes Wasser, sie hält Menschen gesund, sie ist Eigentum eines Kollektivs und sie trägt dazu bei, Simbabwe als Nation zu formen, da eine Wasserinfrastruktur im Dorf staatliches Handeln präsent macht und damit eine Form der Identifikation und Verbundenheit schafft. Entscheidend für diese Pumpe – und für die Art und Weise, wie de Laet und Mol die Pumpe analysieren – ist, dass sie nicht *einen* besonderen Charakter zugeordnet bekommt, nicht ein festgelegtes Wesen, sondern mehrere Charaktere, Zwecke und Funktionalitäten. Sie erhält diesen *multiplen* Charakter dadurch, dass sie gleichzeitig Teil von mehreren Ordnungen oder Räumlichkeiten ist. Entscheidend für das Konzept der Multiplizität ist dabei, dass nicht ein und dieselbe Pumpe verschiedene Dinge tut und in verschiedenen Kontexten involviert ist; vielmehr sind diese verschiedenen Ordnungen ontologisch relevant, d. h. jede Ordnung produziert eine andere Pumpe. Die Pumpe wird multipel. Ein anderes Beispiel soll dies weiter erläutern.

In ihrem Buch *The Body Multiple* geht es für Annemarie Mol (2002) darum, den menschlichen Körper als multipel darzustellen. Ihr Forschungsgegenstand ist Arteriosklerose (Arterienverkalkung) und der Ort ein Krankenhaus in den Niederlanden. Hier untersucht Mol, wie Arteriosklerose in verschiedenen Praxen hergestellt wird. Sie beschreibt, wie Arteriosklerose in der klinischen Praxis als Beziehung zwischen Berichten von Patienten über ihre Alltagserfahrungen, Empfindungen und Bewältigungsstrategien, diagnostischen Kategorien, Testergebnissen, Einträgen in den Patientenakten usw. entsteht. In der Praxis des pathologischen Labors dagegen ist Arteriosklerose eine Verbindung von unter anderem Mikroskopen, Querschnitten von Arterien, die zwischen dünnen Glasscheiben platziert sind, das Hantieren der Labortechniker mit Pinzetten, Messern, Farbstoffen und Messungen von Arterienwänden. Mol beschreibt weitere Praxen, in denen

Arteriosklerose auf unterschiedliche Weisen, aus einer Vielfalt von sozio-materiellen Komponenten konstituiert wird.

In jeder Praxis ist Arteriosklerose etwas anderes. Sie ist aber nicht *entweder* ein klinisches Objekt *oder* ein pathologisches Objekt, sie ist beides (und mehr). Mol macht deutlich, wie diese vielen Arteriosklerosen auch miteinander koordiniert und verbunden sind und dass sich genau durch diese gleichzeitige Kontinuität und Diskontinuität, wie sie durch die verschiedenen, aber koordinierten Teilnahmen in verschiedenen Praktiken entstehen, die Krankheit als multipel beschreiben lässt. Mit dem Fokus auf *Multiplizität* zielen neuere Arbeiten der Akteur-Netzwerk Theorie auf Beschreibungen und Analysen von Wissenschaft und Technologie im Alltag als etwas, das immer durch mehrere Ordnungen bestimmt und in diesem Sinne komplex ist. Damit stellt sich einerseits die Frage, wie verschiedene Ordnungen ineinander verflochten und miteinander koordiniert sind und werden, andererseits, wie Phänomene durch diese Komplexität eine gleichzeitige Kontinuität und Multiplizität erhalten (vgl. Law 2002a; Law/Mol 2002; Mol 2002; Mol/Law 1994; INFRASTRUKTUREN).

PERFORMATIVITÄT

Die Betonung von Multiplizität hat vor allem mit der Art und Weise zu tun, wie Forscherinnen und Forscher ihre Forschungsgegenstände repräsentieren, wie sie sie beschreiben und zu Wort bringen. In diesem Zusammenhang grenzt Annemarie Mol (2002) Multiplizität von Pluralität ab. Pluralität entstammt dem Vokabular des Sozialkonstruktivismus und kennzeichnet Ansätze des Strong Programmes (SOCIOLOGY OF SCIENTIFIC KNOWLEDGE) oder der Sozialen Konstruktion von Technologie. (SOZIALE KONSTRUKTION VON TECHNOLOGIE) Pluralität in diesem Sinne geht von einer singulären materialen Welt aus, die aber erst durch eine spezifische Perspektive auf diese Welt sinnhaft (für die menschlichen Akteure) wird. Pluralität ist hier also epistemologisch zu verstehen: es existieren viele verschiedene Perspektiven auf eine Welt, ein Ding. Mol kritisiert, dass ein solcher Perspektivismus sich nur mit Perspektiven, Sprachspielen und Interpretationen beschäftigt, wobei der materielle Forschungsgegenstand in den Hintergrund gerät; als gäbe es im Prinzip nur *eine* Krankheit oder *eine* Pumpe, die nur jeweils unterschiedlich verstanden wird bzw. sinnhaft wird.

Diese Perspektive geht letztlich davon aus, dass die Pumpe immer gleich ist (Ontologie), aber unterschiedlich gewusst wird (Epistemologie). Diese Trennung wird sinnlos, wenn man davon ausgeht, dass Dinge immer nur so sind, wie sie in einer konkreten Praxis gemacht werden. Wie man etwas weiß, lässt sich dann nicht mehr davon trennen, wie etwas in diesem Moment ist.

In den neueren Arbeiten der Akteur-Netzwerk Theorie wird oft der Begriff *Performativität* genutzt, um darauf hinzuweisen, dass Phänomene in der Welt erst durch die Praxen hervorgebracht werden, deren Teil sie selbst sind. Mit dem Hinweis auf die Performativität der Forschungsgegenstände betont etwa Mol, dass die Phänomene, die wir in unseren Forschungen beobachten, durch Technologien, Methodologien, Materialien, Praxen und Diskurse der Beobachtung *gemacht* werden. Durch unsere Repräsentationen, Erzählungen oder Reportagen berichten wir nicht nur *über* unseren Forschungsgegenstand, sondern wir tragen dazu bei, ihn mit herzustellen. Nicht ›wir‹ alleine oder der isolierte Forscher oder die Forscherin, sondern die sozio-materiellen Praktiken, die die Forscherin oder den Forscher und ihre oder seine Repräsentationen sowie andere sozio-materielle Komponenten umfassen, konstituieren den Forschungsgegenstand.

Dies bedeutet, dass in den neueren Entwicklungen der Akteur-Netzwerk Theorie nicht nur gefragt wird, wie Muscheln durch Meeresbiologen und Fischer »performiert« werden, sondern auch, wie Callon mit seinen Begriffen dazu beitrug und inwieweit der Forschungskontext selbst auch in Performativitäten eingebunden war. Statt in einem endlosen Regress zu landen, in dem immer wieder nur eine weitere Reflexionsebene hinzugefügt werden kann, die die vorherige reflektiert, versuchen neuere Arbeiten der Akteur-Netzwerk Theorie ihren Beitrag zum Gegenstand deutlich zu machen. In ihrer Diskussion der Simbabwischen Buschpumpe zeigen de Laet und Mol, dass die Beschreibung einer Technologie nicht notwendigerweise aus der Distanz erfolgen muss. Sie muss nicht entweder politisch neutral sein oder ethisch bewertet werden. Statt aus der Distanz den Forschungsgegenstand zu beobachten, wird die Forschung notwendigerweise zu einem Teil des Gegenstandes selbst.

Der Begriff der Performativität wird oft neben den der Performanz gestellt. Diese Begriffe sind einerseits verwandt, andererseits sind deren theoretische Begründungen fundamental unterschiedlich. Goffman (1969) betont mit seinem Begriff der Performanz, dass das soziale Sein der Teilnehmer einer sozialen Situation, in ständigen und gegenseitigen Anpassungen hervorgebracht wird. Butler (1991) nutzt »Performanz«, um zu erklären, wie biologische Körper soziale Geschlechter annehmen können. Sie argumentiert, dass man zwar mit einem besonderen Körper geboren ist, aber man ein Geschlecht erst durch die Art und Weise realisiert, wie dieser Körper performiert wird.

Die Akteur-Netzwerk Theorie führt den Begriff der Performativität auf einer anderen Grundlage ein: Sie argumentiert, dass Phänomene (wie zum Beispiel Körper) immer erst durch spezifische Praxen überhaupt existieren. Performativität in der Akteur-Netzwerk Theorie dreht sich nicht nur um die Formierung oder Prägung von etwas, dass es schon gibt, sondern darum, dass dieses ›etwas‹ überhaupt erst durch seine sozio-materielle praktische Performativität realisiert wird.

Die durch den Feminismus (z. B. Haraway 1997) und den Interaktionismus (Blumer 1969, Mead 1934) beeinflusste Forscherin Susan Leigh Star (1991) hat kritisiert, dass Callon und Latour sich in ihren Analysen auf Helden oder Beinahe-Helden (near heroes) konzentrieren: Auf Menschen und Dinge, die von großer Bedeutung und umfassender Macht sind. Zum Beispiel verdeutliche der Titel von Latours (1988) Buch »The Pasteurisation of France«, dass hier eine Heldengeschichte analysiert wird, nämlich wie Louis Pasteur es erreicht habe, sich mit einer Menge von »heterogenen Entitäten zu alliieren« (wie es Latour ausdrücken würde), um ganz Frankreich unter den Einfluss seiner Methoden zu stellen. Damit ist angesprochen, dass Pasteur sowohl die Hygienebewegung, die medizinische Profession, wie auch Landwirte und große Teile der Bevölkerung und Entscheidungsträger dazu bringen konnte, sich seinen mikrobiologischen Begriffen und Methoden zur Bekämpfung von Mikroben anzuschließen. Latour (1987) hat ebenfalls untersucht, wie Rudolf Diesel den Erfolg des Diesel-Motors zuwege brachte und wie es der Doppelhelix gelungen ist, das allgemein anerkannte Modell des menschlichen Erbguts zu werden. Der Fokus wird also darauf gelegt, was Erfolg hat, was machtvoll ist oder wird. »Some of us«, schreibt Star bescheiden, »begin not with Pasteur, but with the monster, the outcast.« (1991: 29) Viele von diesen *some* sind durch den Feminismus inspiriert und möchten auf das Periphere, das Kurzlebige, das Unsichtbare und das Übersehene achten. Anders gesagt wollen sie das Machtlose, das, was fehlschlägt oder die, die den Standards nicht entsprechen, dokumentieren. Wie schon in der Einleitung erwähnt wurde, hat diese

Kritik zunehmend dazu geführt, dass nicht nur wissenschaftliche oder technologische Erfolgsgeschichten, sondern auch Felder erforscht werden, in denen Technologie und Wissen nicht unbedingt dominant sind.

Die Kritik an den klassischen Werken der Akteur-Netzwerk Theorie befasst sich aber nicht nur mit den Arten von Feldern, die untersucht werden. Es geht auch um die Art und Weise wie Phänomene repräsentiert werden. Auch die ›Monster‹, das ›Machtlose‹ und das Fehlgeschlagene können aus einer distanzierten göttlichen Perspektive [*God's-eyes view*] beschrieben werden (vgl. Haraway 1997), die die Welt von oben sieht und alles in einem System existierend und als zueinander passend wahrnimmt. Neuere Arbeiten der Akteur-Netzwerk Theorie versuchen solche Perspektiven zu vermeiden.

Mols Diskussion von Arteriosklerose ist ein Versuch, die Performativität ihrer eigenen Forschung deutlich zu machen, indem sie immer wieder neue Positionen einnimmt, durch die die Krankheit neue Realitäten bekommt. Ein weiteres Beispiel ist die Arbeit der australischen Wissensforscherin Helen Verran (1999): »Staying true to Laughter in Nigerian Classrooms«. Verran berichtet von ihrer ethnographischen Forschung in Nigeria, die aus ihrer Arbeit an der Obafemi Awolowo Universität hervorging, wo sie die Aufgabe hatte, nigerianischen Lehrerinnen und Lehrern das englische Mathematik-Curriculum beizubringen. Der Aufsatz widmet sich der Frage, wie verschiedene kulturelle Logiken, die englische und nigerianische, ko-existieren können. Kulturelle Logiken werden hier durch praxisorientierte Beobachtungen während des Unterrichts über das Thema Länge in nigerianischen Klassenräumen beforscht. Verran beschreibt, wie verwirrt [*disconcerted*] sie war, als ein Lehrer, Mr. Ojo, den Schülern Länge als eine Vervielfachung von Stücken erklärte, statt sie – wie es die englische Logik vorschreibt – als eine kontinuierliche Strecke zu beschreiben. Verran musste lachen, weil diese zwei Logiken prinzipiell inkompatibel sind, in der Praxis aber funktionieren.

Verrans inhaltlicher Punkt besteht in der Feststellung, dass verschiedene (mathematische) Logiken in der Praxis kombiniert werden, selbst wenn sie (rein) logisch inkonsistent sind. Verran kritisiert, dass die Akteur-Netzwerk Theorie und andere konstruktivistische Wissensforschungen typischerweise solche »scheinbaren Paradoxe« durch eine Unterordnung der Logik unter die Praxis erklären würden. Dadurch wird die Spannung, die zwischen Logiken und Praktiken in den Daten existiere, weggeredet. Anders gesagt, wird ein einheitlicher Bericht formuliert, in dem die Spannung weg-performiert wird. Stattdessen versucht Verran ihre Beobachtungen so zu beschreiben, dass Praxis und Logik den gleichen Stellenwert erhalten, und die *Spannung*, die zwischen Praxis und Logik existiert und die das Lachen verursachte, performativ im Text aufrechtzuerhalten.

Es geht für die neueren Entwicklungen der Akteur-Netzwerk Theorie darum, nicht als außenstehender Beobachter zu agieren und den Forschungsgegenstand von außen zu beurteilen, sondern sich auf die Phänomene sehr weitgehend einzulassen. Die Forschung muss sich von dem Forschungsgegenstand beeinflussen lassen (*be affected*, Latour 2004b). Diese Art der wechselseitigen Beeinflussung von Beobachter und Feld hat in der Sozial- und Kulturanthropologie eine lange Tradition. Schließlich stellt die teilnehmende Beobachtung im Feld eine zentrale Methode der Ethnographie dar. Mol (2002) lehnt ihre Arbeitsweise an ethnographisches Arbeiten an, grenzt sie aber mit dem Begriff *Praxeographie* gleichzeitig davon ab. (ETHNOGRAPHIE) Ethno- und Praxeographie betonen zwar beide die zentrale Stellung von Teilnahme und Beobachtung als interaktive soziale Praxis, die Art und vor allem die Konsequenzen dieser Teilnahme aber sind in den beiden Ansätzen unterschiedlich.

Ethnographen unterstreichen die kritische Reflexion ihrer Beobachtungen. Weil ihre Perspektiven und Interpretationen der Praxis, an der sie teilgenommen haben, von ihrer Person, ihren fachlichen Interessen und einem anderen kulturellen Hintergrund geprägt sind, als die der »indigenen« Teilnehmer, betont die Ethnologie die Selbstreflexion der Beobachtung. Statt den Blick vom Feld reflexiv auf die Ethnographin oder den Ethnographen zu wechseln, behält die Praxeographie den Blick auf die zu untersuchende Praxis, von der der Praxeograph oder die Praxeographin aber ein Teil ist. Statt auf der kulturellen Bedeutung der Praxis, liegt der Fokus auf einer Praxis, die durch die Teilnahme sowohl der beforschten humanen und nicht-humanen Akteure wie auch des Praxeographen oder Praxeographin hervorgebracht werden. (ETHNOGRAPHIE) Man kann hier das Begriffspaar »Witness« und »Withness« benutzen, um den Unterschied zwischen der klassischen Position der Ethnographin oder Ethnographen und der der Praxeographin bzw. des Praxeographen hervorzuheben (vgl. Sørensen 2009). Als etabliertes Verständnis von Wissenschaft gilt, dass die Forscherin oder der Forscher die »Zeugin« oder der »Zeuge« ihres oder seines Forschungsgegenstandes – sei es nun in experimentellen Prozessen oder das Geschehen im ethnographischen Feld – ist. Von einer Zeugin oder einem Zeugen kann der Forschungsgegenstand aus der Distanz beobachtet oder beschrieben werden. Distanz ist dabei nicht im geografischen Sinne zu verstehen, sondern meint, dass die Forscherin oder Forscher sich selbst unabhängig von der beobachteten Praxis reflektiert. Der praxeographische »Withness« hingegen sieht sich und seine Beschreibungen als eingebettet in der beobachteten Praxis, und eventuelle Reflexionen über seine Position im Feld sind als eine spezifische Art der Teilnahme in der beobachtete Praxis, eben als Daten zu behandeln.

FAZIT

Neuere Entwicklungen der Akteur-Netzwerk Theorie sind aus der Kritik am Netzwerk-Begriff und dessen Stabilisierung entstanden. Durch die Entwicklung mehrerer räumlicher Metaphern neben der des Netzwerkes, um verschiedene Praxismuster charakterisieren zu können, die unterschiedlich geordnet sind, sowie durch die Hervorhebung von Begriffen wie Multiplizität und Performativität hat sich die ANT in eine neue Richtung entwickelt. Gad und Jensen (2010) unterstreichen, dass eine Trennlinie zwischen Praxis und Theorie dabei nicht mehr aufrechterhalten werden kann. Weil die Aktivitäten des Forschers oder der Forscherin sich immer *unter* den Beforschten entfaltet, muss die Frage, was Praxis ist, immer neu rekonstruiert werden: »It appears that doing ›theory‹ is a very specific and practical, yet ›inventive‹ endeavor« (Gad/Jensen 2010:77). Mit Verweis auf den Begriff Multiplizität könnte man sagen, dass die neueren Entwicklungen der Akteur-Netzwerk Theorie vor allem der Frage nachzugehen versuchen, was Praxis (im Plural verstanden) »ist«, als multiples Phänomen, und wie die unterschiedlichen Räumlichkeiten einer multiplen Praxis in Spannung zu einander stehen; und schließlich wird gefragt, wie diese Spannung in einer wissenschaftlichen Publikation erhalten und fortgesetzt werden kann.

LITERATUR

Butler, Judith (1991): Das Unbehagen der Geschlechter, Frankfurt am Main: Suhrkamp.

Blumer, Herbert (1969): Symbolic Interactionism: Perspective and Method, Berkeley: University of California Press.

Callon, Michel (1986): »Some Elements of a Sociology of Translation: Domestication of the Scallops and the Fishermen at St. Brieuc Bay«. In: John Law (Hg.) Power, Action and Belief, London: Routledge and Keagan Paul, S. 196–233.

De Laet, Marianne/Mol, Annemarie (2000): »The Zimbabwe Bush Pump: Mechanics of a Fluid Technology«. Social Studies of Science 30(2), S. 225–263.

Despret, Vinciane (2004): »The Body We Care For: Figures of Anthropo-zoo-genesis«. Body and Society Special Issue on Bodies on Trial 10(2–3), S. 111–134.

Gad, Christopher/Jensen, Casper Bruun (2010): »On the Consequences of Post-ANT«. Science, Technology and Human Values 35(1), S. 55–80.

Gane, Nicholas/Haraway, Donna (2006): »When We Have Never Been Human, What Is to Be Done? Interview with Donna Haraway«. Theory, Culture & Society 23(7–8), S. 135–158.

Goffman, Erving (1969): Wir alle spielen Theater: die Selbstdarstellung im Alltag, München: Piper.

Gomart, Emile (2004): »Surprised by Methadone: In Praise of Drug Substitution Treatment in a French Clinic«. Body and Society Special Issue on Bodies on Trial 10(2–3), S. 85–110.

Haraway, Donna (1997): Modest Witness@Second_Millenium.Femaleman ©_Meets_Oncomouse™, New York: Routledge.

Kontopodis, Michalis/ Niewöhner, Jörg/Döring, Martin/Madarász, Jeannette/Heintze, Christoph (2011): »Cardiovascular Disease and Obesity Prevention in Germany: An Investigation into a Heterogeneous Engineering Project«. Science, Technology and Human Values 36(5), S. 723–751

Latour, Bruno (1987): Science in Action: How to Follow Scientists and Engineers through Society, Cambridge, MA: Harvard University Press.

Latour, Bruno (1988): The Pasteurization of France, Cambridge, MA: Harvard University Press.

Latour, Bruno (1998): Wir sind nie modern gewesen: Versuch einer symmetrischen Anthropologie, Frankfurt/M.: Fischer.

Latour, Bruno (1999): »On Recalling ANT«. In: John Law/John Hassard (Hg.) Actor Network Theory and after, Oxford: Blackwell Publishers, S. 15–25.

Latour, Bruno (2004a): »How to Talk About the Body? The Normative Dimensions of Science Studies«. Body and Society Special Issue on Bodies on Trial 10(2–3), S. 205–229.

Latour, Bruno (2004b): »Why Has Critique Run out of Steam? From Matters of Fact to Matters of Concern«. Critical Inquiry 30, S. 225–248.

Latour, Bruno/Woolgar, Steve (1986): Laboratory Life: The Construction of Scientific Facts, Princeton: Princeton University Press.

Law, John (2002a): Aircraft Stories - Decentring the Object in Technoscience, Durham: Duke University Press.

Law, John (2002b): »Objects and Spaces«. Theory, Culture and Society 19(5–6), S. 91–105.

Law, John (2009): »Actor Network Theory and Material Semiotics«. In Bryan S. Turner (Hg.), The New Blackwell Companion to Social Theory, Oxford: Wiley-Blackwell, Kap. 7.

Law, John/Hassard, John (1999): Actor Network Theory and After, Oxford: Blackwell Publishers.

Law, John/Mol, Annemarie (2002): Complexities: Social Studies of Knowledge Practices, Durham: Duke UP.

Law, John/Mol, Annemarie (2001): »Situating Technoscience: An Inquiry into Spatiality«. Environment and Planning D: Society and Space 19, S. 609–621.

Law, John/Singleton, Vicky (2005): »Object Lessons«. Organization 12(3), S. 331–355.

Lee, Nick/Brown, Steven D. (1994): »Otherness and the Actor Network – The Undiscovered Continent«. The American Behavioral Scientist 37(6), S 772–790.

Lefebvre, Henri (1991): The Production of Space, Oxford/ Cambridge, MA: Blackwell.

Mead, George Herbert (1934): »Mind, Self, and Society«. In: Charles W. Morris (Hg.), Mind, Self, and Society, Chicago: University Press.

Mol, Annemarie (2002): The Body Multiple: Ontology in Medical Practice, Durham: Duke University Press.

Mol, Annemarie (2008): The Logic of Care. Health and the Problem of Patient Choice, London: Routledge.

Mol, Annemarie/Law, John (1994): »Regions, Networks and Fluids: Anaemia and Social Topology«. Social Studies of Science 24, S. 641–671.

Mol, Annemarie/ Moser, Ingunn/Pols, Jeannette (2010): Care in Practice: On Tinkering in Clinics, Homes and Farms, Berlin: Transkript Verlag.

Moreira, Tiago (2000): »Translation, Difference and Ontological Fluidity: Cerebral Angiography and Neurosurgical Practice (1926–45) «. Social Studies of Science 30(3), S. 421–446.

Sørensen, Estrid (2009): The Materiality of Learning: Technology and Knowledge in Educational Practice, New York: Cambridge University Press.

Star, Susan Leigh (1991): »Power, technology and the phenomenology of conventions: On being allergic to onions«. In: John Law (Hg.), A Sociology of Monsters: Essays on Power, Technology and Domination, London: Routledge, S. 26–56.

Verran, Helen (2000): Science and an African Logic, Chicago: University Press.

Verran, Helen (1999): »Staying true to laughter in Nigerian Classrooms«. In: John Law/ John Hassard (Hg.), Actor Network Theory and After, Oxford: Blackwell Publishers, S. 136–155.

Autorinnen und Autoren

Katrin Amelang, Studium der Kulturanthropologie und Europäischen Ethnologie sowie Politologie in Frankfurt am Main, zurzeit Doktorandin am Institut für Europäische Ethnologie an der Humboldt Universität zu Berlin mit einer ethnografischen Studie zur Herstellung von Alltag und Normalität nach Lebertransplantation. Forschungsschwerpunkte: Körper, Wissen, Arbeit.

Stefan Beck, Studium der Empirischen Kulturwissenschaft und Geschichte in Tübingen, seit 2007 Professor für Europäische Ethnologie an der Humboldt-Universität zu Berlin. Forschungsschwerpunkte: Wissenskulturen in Alltag und Wissenschaft (*science and technology studies*), materielle Kultur, Kulturtheorie.

Christoph Kehl studierte Umweltnaturwissenschaften in Zürich und Philosophie in Berlin. In seiner 2011 abgeschlossenen Doktorarbeit hat er sich mit Theorie und Praxis der biomedizinischen Gedächtnisforschung auseinandergesetzt. Seine Forschungsschwerpunkte liegen an der Schnittstelle von empirischer Wissenschafts- und Technikforschung sowie Wissenschaftstheorie.

Martina Klausner, Studium der Europäischen Ethnologie und Kulturwissenschaft in Berlin, seit 2009 wissenschaftliche Mitarbeiterin und Doktorandin am Institut für Europäische Ethnologie der Humboldt-Universität. Forschungsschwerpunkte: Wissensanthropologie, Ethnografie medizinischer Praxen (insbesondere Psychiatrie).

Michi Knecht, Studium der Sozialanthropologie, Soziologie und Psychologie in Köln, Promotion an der Universität Tübingen, wissenschaftliche Mitarbeiterin am Institut für Europäische Ethnologie an der Humboldt-Universität zu Berlin sowie im Sonderforschungsbereich SFB 640, »Repräsentationen sozialer Ordnung im Wandel«. Forschungsschwerpunkte: Kultur- und Sozialanthropologie der Lebenswissenschaften, kulturelle Kodierungen sozialer Ungleichheiten, Religion_Politik_ Geschlecht, Methoden und Wissenschaftstheorien der Ethnologie.

Tom Mathar beendete 2010 seine Promotion am Institut für Europäische Ethnologie (Labor: Sozialanthropologie der Lebenswissenschaften) zu Telemedizin und arbeitet jetzt in der Marktforschungsabteilung der Handelskammer von Edinburgh.

Jörg Niewöhner, Studium der Umweltwissenschaften, Soziologie und Psychologie an der University of East Anglia, Norwich, GB. Lehrt und forscht am Institut für Europäische Ethnologie und im Schwerpunkt Mind and Brain Research der Humboldt-Universität zu Berlin zur Anthropologie der Medizin/Lebenswissenschaften sowie zur Sozialanthropologie urbaner Ökologien.

Estrid Sørensen, Studium der Psychologie in Kopenhagen, seit 2010 Juniorprofessorin für Kulturpsychologie und Anthropologisches Wissen an der Ruhr-Universität Bochum. Forchungsschwerpunkte: Lernen, Kulturpsychologie, Materialität, STS, Zirkulation von Wissen und Technologie, Wissen über Gefährdung durch Computerspiele.

Personenindex

Sachindex

VerKörperungen/MatteRealities – Perspektiven empirischer Wissenschaftsforschung

SASCHA DICKEL, MARTINA FRANZEN,
CHRISTOPH KEHL (HG.)
Herausforderung Biomedizin
Gesellschaftliche Deutung und soziale Praxis

2011, 368 Seiten, kart., 32,80 €,
ISBN 978-3-8376-1946-1

CHRISTOPH KEHL
Zwischen Geist und Gehirn
Das Gedächtnis als Objekt
der Lebenswissenschaften

August 2012, ca. 370 Seiten, kart., ca. 33,80 €,
ISBN 978-3-8376-2113-6

MARTIN LENGWILER, JEANNETTE MADARÁSZ (HG.)
Das präventive Selbst
Eine Kulturgeschichte moderner
Gesundheitspolitik

2010, 390 Seiten, kart., zahlr. Abb., 32,80 €,
ISBN 978-3-8376-1454-1

Leseproben, weitere Informationen und Bestellmöglichkeiten
finden Sie unter www.transcript-verlag.de

VerKörperungen/MatteRealities – Perspektiven empirischer Wissenschaftsforschung

Jörg Niewöhner, Christoph Kehl, Stefan Beck (Hg.)
Wie geht Kultur unter die Haut?
Emergente Praxen an der Schnittstelle von Medizin, Lebens- und Sozialwissenschaft

2008, 246 Seiten, kart., 25,80 €,
ISBN 978-3-89942-926-8

Jörg Niewöhner, Janina Kehr, Joëlle Vailly (Hg.)
Leben in Gesellschaft
Biomedizin – Politik – Sozialwissenschaften

2011, 366 Seiten, kart., 32,80 €,
ISBN 978-3-8376-1744-3

Willy Viehöver, Peter Wehling (Hg.)
Entgrenzung der Medizin
Von der Heilkunst zur Verbesserung des Menschen?

2011, 312 Seiten, kart., zahlr. Abb., 29,80 €,
ISBN 978-3-8376-1319-3

Leseproben, weitere Informationen und Bestellmöglichkeiten
finden Sie unter www.transcript-verlag.de

VerKörperungen/MatteRealities – Perspektiven empirischer Wissenschaftsforschung

Susanne Bauer,
Christine Bischof,
Stephan Gabriel Haufe,
Stefan Beck,
Leonore Scholze-Irrlitz (Hg.)
Essen in Europa
Kulturelle »Rückstände«
in Nahrung und Körper
2010, 196 Seiten, kart., 24,80 €,
ISBN 978-3-8376-1394-0

Michalis Kontopodis,
Jörg Niewöhner (Hg.)
Das Selbst als Netzwerk
Zum Einsatz von Körpern
und Dingen im Alltag
2010, 228 Seiten, kart., 24,80 €,
ISBN 978-3-8376-1599-9

Katharina Liebsch,
Ulrike Manz (Hg.)
Leben mit den Lebenswissenschaften
Wie wird biomedizinisches Wissen
in Alltagspraxis übersetzt?
2010, 282 Seiten, kart., 28,80 €,
ISBN 978-3-8376-1425-1

Thomas Mathar
Der digitale Patient
Zu den Konsequenzen eines
technowissenschaftlichen
Gesundheitssystems
2010, 284 Seiten, kart., zahlr. Abb., 28,80 €,
ISBN 978-3-8376-1529-6

Sonja Palfner
Gen-Passagen
Molekularbiologische und
medizinische Praktiken im Umgang
mit Brustkrebs-Genen. Wissen –
Technologie – Diagnostik
2009, 390 Seiten, kart., 33,80 €,
ISBN 978-3-8376-1214-1

Leseproben, weitere Informationen und Bestellmöglichkeiten
finden Sie unter www.transcript-verlag.de